COLLECTION
DES MÉMOIRES

RELATIFS

A L'HISTOIRE DE FRANCE.

———

MÉMOIRES DE HENRI DUC DE ROHAN, TOME I.

A PARIS, DE L'IMPRIMERIE DE A. BELIN,
rue des Mathurins S.-Jacques, n°. 14.

COLLECTION
DES MÉMOIRES

RELATIFS

A L'HISTOIRE DE FRANCE,

DEPUIS L'AVÈNEMENT DE HENRI IV JUSQU'A LA PAIX DE PARIS
CONCLUE EN 1763;

AVEC DES NOTICES SUR CHAQUE AUTEUR,
ET DES OBSERVATIONS SUR CHAQUE OUVRAGE,

Par M. PETITOT.

TOME XVIII.

PARIS,
FOUCAULT, LIBRAIRE, RUE DE SORBONNE, N°. 9.
1822.

MÉMOIRES
DU DUC DE ROHAN

Sur les choses advenues en France depuis la mort de Henri-le-Grand jusques à la paix faite avec les Réformés au mois de juin 1629;

AUGMENTÉS D'UN QUATRIÈME LIVRE.

AVERTISSEMENT.

Les mémoires historiques que le duc de Rohan nous a laissés sur le règne de Louis XIII, depuis 1610 jusqu'en 1629, ont été imprimés pour la première fois en 1644 (1), six ans après sa mort. Cette première édition est due à Sorbière, qui s'étoit procuré le manuscrit en Languedoc. Mais il paroît qu'il n'avoit eu qu'une copie défectueuse et incomplète ; car on remarque que plusieurs noms propres et plusieurs dates sont laissés en blanc dans le texte, qui n'est pas divisé par livres, et qui s'arrête à la paix de 1626. Le prince de Condé, qui étoit très-maltraité dans ces mémoires, fit acheter et détruire presque tous les exemplaires (2). Ils sont devenus tellement rares, que ni le P. Lelong, ni Lenglet (3), n'ont pu constater si l'édition étoit de 1644 ou de 1645. En 1646, l'année même où mourut le prince de Condé, on en fit une seconde édition sur un manuscrit très-correct : les mémoires y sont divisés en quatre livres ; les fautes de l'édition de 1644 y sont corrigées, les lacunes remplies, et le récit ne se termine qu'au mois de juin 1629, époque à laquelle fut signée la dernière paix avec les protestans. Les mémoires occupent le premier volume, le second contient les discours politiques du duc de Rohan, la relation de ses voyages, celle de l'assemblée de Saumur, et quelques lettres. D'autres éditions ont été données en 1661, en 1665 et en 1756. Nous avons choisi le texte de celle de 1661, qui a été jugé le meilleur par les bibliographes.

Les premiers mémoires de Rohan, et ceux qu'il a compo-

(1) Amsterdam, 1 vol. *in*-16. — (2) Lettre de Dupuis à Saumaise, du 4 mai 1645. — (3) Lenglet disoit ne les avoir trouvés dans aucun catalogue, excepté dans celui de Lancelot.

sés plus tard sur les guerres de la Valteline, étant des mémoires historiques et militaires dans lesquels on trouve peu de détails sur la vie de cet homme célèbre, nous avons cru devoir y suppléer par une Notice.

Comme nous avons vérifié avec soin tous les faits, et rétabli ceux que Rohan avoit pu avoir intérêt à dénaturer, ou à présenter sous un faux point de vue, il a été inutile de relever les nombreuses inexactitudes qui existent dans le texte des mémoires. Nous n'y avons ajouté qu'un petit nombre de notes indispensables.

Parmi les discours politiques de Rohan, il y en a quelques-uns qui forment pour ainsi dire le complément de ses mémoires. Non-seulement ils offrent des particularités curieuses et peu connues, mais ils expliquent la position de Rohan et les motifs qui l'ont fait agir. Nous avons placé ces discours à la suite de chacun des quatre livres auxquels ils se rattachent.

NOTICE

SUR

HENRI DUC DE ROHAN,

ET SUR SES OUVRAGES.

Henri, duc de Rohan, pair de France, prince de Léon, naquit au château de Blain, en Bretagne, le 21 août 1579. Il descendoit des vicomtes de Rohan, qui étoient issus d'une branche cadette des anciens souverains de Bretagne, et qui avoient conservé le titre et le rang de princes. Sa famille, l'une des plus illustres du royaume, avoit été féconde en grands hommes; elle s'étoit plus d'une fois alliée aux maisons de France, de Navarre (1), de Lorraine, de Savoie, etc. René de Rohan (2), père de l'auteur des mémoires, avoit été élevé dans la religion catholique; mais Jeanne, reine de Navarre, mère de Henri IV, l'ayant attiré près d'elle, lui fit embrasser la réforme. Elle eut d'autant moins de peine à l'y déterminer, qu'une bulle du pape Jules II (3) avoit servi de prétexte

---

(1) La reine Jeanne de Navarre avoit épousé, en 1377, Jean II, vicomte de Rohan. Marguerite de Rohan, mariée à Jean, comte d'Angoulême, fut la grand'mère de François Ier. Isabeau de Navarre, sœur de Henri d'Albret, aïeul maternel de Henri IV, avoit épousé René de Rohan, grand-père de l'auteur des mémoires. — (2) Il est plus souvent désigné, dans les histoires du temps, sous le nom de seigneur de Frontenay ou de seigneur de Pontivy. — (3) Cette bulle avoit déclaré

pour dépouiller de ses Etats Jean d'Albret son aïeul. La femme qu'il épousa dut contribuer à le rendre ennemi plus implacable des catholiques ; c'étoit Catherine de Parthenay-l'Archevêque (1), dont le premier mari, Quellenec, baron de Pont, avoit été massacré devant elle à la Saint-Barthélemi.

La reine Jeanne, ayant reconnu dans René de Rohan des talens supérieurs et un grand caractère, l'avoit fait, quoiqu'il fût très-jeune encore, lieutenant général de Navarre. Il devint un des plus fermes appuis des protestans, et leur rendit d'importans services. Tout sembloit annoncer qu'il joueroit un grand rôle dans les troubles qui agitoient la France; mais il fut enlevé par une attaque d'apoplexie à l'âge de trente-six ans (2).

Il laissoit cinq enfans, deux fils et trois filles (3). Henri, l'auteur des mémoires, étoit l'aîné de ses fils;

Jean d'Albret déchu du trône, et donné le royaume de Navarre au premier occupant. Ferdinand-le-Catholique s'en empara en 1512, et se prévalut de la bulle pour légitimer son usurpation. Jean d'Albret ne conserva que le Béarn et le comté de Foix.

(1) Héritière de la maison de Lusignan. Benjamin, second fils de René, prit le nom de la seigneurie de Soubise qu'elle avoit apportée en dot. — (2) Il mourut à La Rochelle en 1585, suivant plusieurs historiens. Tronchin place l'époque de sa mort au mois d'avril 1586, dans l'oraison funèbre du duc de Rohan. — (3) Les enfans de René, vicomte de Rohan, furent, 1°. Henri de Rohan, l'auteur des mémoires ; 2°. Benjamin de Soubise, qui prit une part très-active aux guerres civiles, mais qui n'avoit ni les talens, ni le courage, ni la loyauté de son frère. Après la paix de 1629 il se retira en Angleterre, et y mourut en 1640 ; 3°. Henriette, qui ne fut point mariée ; 4°. Catherine, qui épousa Jean de Bavière, duc de Deux-Ponts, prince palatin du Rhin; 5°. Anne, protestante aussi zélée que sa mère : elle avoit cultivé les lettres avec succès ; elle lisoit la Bible en hébreu ; elle a composé une tragédie qui fut représentée à La Rochelle pendant le siége. On a conservé d'elle des stances sur la mort de Henri IV, qui ne sont pas sans

il n'avoit que six ans quand il perdit son père. Deux autres fils que sa mère avoit eus avant lui étoient morts presque en naissant; peu s'en fallut qu'il ne fût lui-même victime de l'ignorance des médecins, qui crurent sa mère hydropique lorsqu'elle devint grosse de lui, et qui faillirent tuer l'enfant qu'elle portoit, en voulant la guérir d'une maladie qu'elle n'avoit pas.

La vicomtesse de Rohan veilla avec le plus grand soin à l'éducation de ses enfans ; elle ne négligea rien pour les rendre dignes du nom qu'ils portoient : ses fils, entretenus sans cesse par elle des exploits de leurs aïeux, brûloient de marcher sur leurs traces. Zélée protestante, elle s'attacha surtout à les affermir dans les principes de la prétendue réforme, à préparer des défenseurs habiles à la secte nouvelle, et des ennemis redoutables aux catholiques.

Le jeune Henri de Rohan se distinguoit dans tous les exercices du corps par sa force et par son adresse. Persuadé, presque dès son enfance, qu'il étoit appelé aux plus hautes destinées, il s'habituoit de bonne heure à la fatigue et aux privations, se condamnoit volontairement à passer des jours entiers sans prendre aucune nourriture, et des nuits sans dormir. Il se livroit avec ardeur à l'étude de l'histoire, de la géographie et des mathématiques, qui étoient, selon lui, la véritable science d'un prince ; mais il dédaignoit le grec et le latin, « ne pouvant se persuader, disoit-« il, que ces deux langues fussent absolument né-« cessaires pour faire un grand homme. » On a même

mérite, mais qui, suivant le goût du temps, sont beaucoup trop surchargées d'antithèses.

prétendu qu'il ne voulut jamais les apprendre (1). Cependant lorsqu'il a écrit en 1601 la relation de ses voyages, dont nous parlerons plus tard, il a puisé une partie de ses matériaux dans des ouvrages latins qui n'étoient pas encore traduits à cette époque; et d'après son caractère connu on ne peut pas supposer que cette relation, qu'il donne comme le résultat de ses propres observations et de ses recherches, ait été composée par un autre.

La première lecture qui frappa vivement son imagination fut celle des hommes illustres de Plutarque. Il se passionnoit pour les héros de l'antiquité, et il attendoit avec impatience le moment où son âge lui permettroit de travailler comme eux à se couvrir d'une gloire immortelle. On a remarqué, sans indiquer les causes de cette préférence, que ses héros favoris étoient Epaminondas, Scipion et César.

Lorsque Rohan eut terminé ses études, Henri IV, qui n'avoit pas d'allié plus proche que lui, le fit venir à la cour, et peu de temps après le conduisit au siége d'Amiens dont les Espagnols s'étoient emparés : pendant ce siége, qui fut, comme il le dit lui-même, *sa première école de guerre*, il ne laissa échapper aucune occasion de se distinguer, eut un cheval tué sous lui, et étonna les plus vieux capitaines par cette

(1) Histoire de Henri duc de Rohan, imprimée sans nom d'auteur en 1667. L'épître dédicatoire est signée F. D. (Fauvelet Du Toc, suivant le P. Lelong). L'auteur, quel qu'il soit, a composé une apologie plutôt qu'une histoire. Cependant il donne sur Rohan des détails très-curieux que l'on ne trouve point ailleurs. C'est lui qui a servi de guide à l'abbé Pérau, au baron de Zur-Lauben, à Turpin, et à tous ceux qui ont écrit la vie du duc de Rohan.

intrépidité calme que l'on n'acquiert ordinairement qu'à la suite de plusieurs campagnes. Il n'avoit alors que dix-huit ans.

Après la prise d'Amiens le traité de Vervins [1598] mit, à son grand regret, un terme à la guerre. Il resta auprès de Henri IV. Les plaisirs de la cour, si séduisans pour un jeune homme, ne le touchèrent point ; il conserva toute l'austérité de ses mœurs, malgré les exemples qu'il avoit sous les yeux. Le luxe n'avoit aucun attrait pour lui ; ses vêtemens étoient simples, sa nourriture sobre, l'eau sa seule boisson. Il ne se permettoit d'autre amusement que la chasse ; le reste du temps étoit consacré à l'étude, il se délassoit d'un travail par un autre. Le goût très-prononcé qu'il avoit pour l'histoire et pour la géographie lui donna le désir de connoître par lui-même les divers Etats de l'Europe. Le Roi approuva son projet, et le fit recommander par ses ambassadeurs dans les pays qu'il devoit parcourir.

Il partit au commencement du mois de mai de l'année 1600, visita la Lorraine, le Palatinat, la Bavière, le Tyrol, l'Italie, retourna en Allemagne, traversa la Hollande et la Flandre, s'embarqua pour l'Angleterre, passa en Ecosse, et revint en France après une absence de vingt mois. Partout il fut accueilli avec distinction : la reine Elisabeth, qui se plaisoit à converser avec lui, l'appeloit *son chevalier* ; et Jacques, roi d'Ecosse (1), voulut qu'il fût parrain de son fils (2). Dans toutes les villes où il s'arrêta il recueillit des notes sur leur origine, sur la forme des gouverne-

---

(1) Depuis Jacques Ier., roi d'Angleterre.—(2) L'infortuné Charles Ier., qui fut roi d'Angleterre, et périt sur l'échafaud.

mens, sur les changemens qu'ils avoient subis à différentes époques ; il étudia l'esprit des peuples, leurs forces et leurs ressources, rechercha les causes de leur agrandissement et de leur décadence. A son retour, il rédigea la relation de son voyage, qu'il dédia à sa mère, et aujourd'hui, où nous sommes si riches en ouvrages de ce genre, celui que Rohan composa avant d'avoir atteint sa vingt-quatrième année, ne se lit pas sans intérêt (1). Le cadre que nous avons adopté ne nous permet pas d'entrer dans de plus longs détails sur cette relation ; cependant nous croyons devoir en citer un passage qui nous semble donner une juste idée de la manière de voir des grands à cette époque. Après avoir peint le gouvernement de Strasbourg, qui étoit alors une république où le peuple avoit la principale autorité, Rohan ajoute : « Les gens de Strasbourg n'ont point de canons « de batterie ; leur raison tient fort du roturier, car, « à ce qu'ils disent, ils ne veulent attaquer personne, « mais seulement se défendre. »

Henri IV avoit une tendre amitié pour le jeune Rohan, et le voyoit avec plaisir annoncer toutes les qualités qui caractérisent les grands hommes. Il le créa duc et pair en 1603, et voulut le marier avec la fille de Charles, duc de Sudermanie, depuis roi de Suède, et père de Gustave-Adolphe. Des difficultés s'étant élevées sur le douaire, la négociation fut rompue, et Henri IV fit épouser au duc de Rohan Catherine de Béthune, fille de Sully ; comme elle étoit encore très-jeune, on tint les deux époux séparés pen-

(1) Ce voyage a été imprimé plusieurs fois avec les mémoires de Rohan.

dant quelques années. Catherine étoit belle, elle avoit de l'esprit, du courage et de la résolution. Elle montra autant d'ardeur que son mari pour la cause des protestans, partagea sa haine contre les catholiques, et ne fut étrangère à aucune de ses entreprises. Quelque temps après son mariage, Rohan obtint la charge de colonel-général des Suisses et des Grisons, qui devoit lui fournir les moyens de se signaler si la guerre se déclaroit.

Henri IV avoit entièrement pacifié son royaume, ramené l'abondance dans les provinces, et rétabli l'ordre dans ses finances ; ses arsenaux étoient bien garnis ; il avoit mis en réserve, depuis plusieurs années, des sommes considérables, sans fouler ses peuples ; des alliés puissans étoient dévoués à ses intérêts, qu'il avoit su leur rendre communs ; jamais la France n'avoit encore été dans un état aussi prospère. Le Roi méditoit une grande entreprise, qui avoit pour objet d'abaisser la maison d'Autriche, et d'assurer sur des bases solides la tranquillité future de l'Europe. Tout étoit prêt pour l'exécution lorsque l'Empereur, en s'emparant de Juliers(1), fit lui-même, comme dit Mézerai, *une ouverture spécieuse de guerre*. L'ordre fut donné de réunir les troupes françaises et celles des alliés. Le duc de Rohan se rendit à l'armée, où il prit le commandement des Suisses.

---

(1) Jean-Guillaume, duc de Clèves, de Juliers et de Berg, étoit mort le 25 mars 1609. Plusieurs princes prétendoient à sa succession. Le marquis de Brandebourg et le duc de Neubourg paroissoient être ceux dont les droits étoient les plus fondés. Ils convinrent de posséder tous deux ces États en commun et par indivis ; cet arrangement fut approuvé par Henri IV. L'Empereur, sur ces entrefaites, se rendit maître par surprise de la ville de Juliers et la séquestra.

Le Roi devoit, après le couronnement de la Reine, aller en personne diriger l'expédition ; Rohan, qui attendoit avec impatience la nouvelle de son départ, reçut celle de sa mort [14 mai 1610]. Sully, en lui annonçant que la France avoit perdu le plus grand et le meilleur de ses Rois, l'engageoit à marcher, avec six mille Suisses, sur Paris, où il ne se croyoit pas lui-même en sûreté. Rohan étoit déjà en route lorsque Sully, dont les craintes étoient calmées, lui manda de ne pas s'éloigner du camp (1). On a imprimé à la suite des mémoires de Rohan un morceau qu'il écrivit à cette époque, et dans lequel il peint, de la manière la plus énergique et la plus touchante, la douleur profonde que lui causa la mort de Henri IV. « Pleurons avec raison, dit-il, le plus grand roy qui « fust sur la terre, qui faisoit du bien à plusieurs, et « mal à personne. N'est-ce pas à moy un assés grand « suject de plaindre la seule occasion de tesmoigner « à mon Roy, mais ô Dieu, à quel Roy ! mon courage, « ma fidélité, mon affection ? certes, quand j'y songe, « le cœur me fend. Un coup de picque, donné en sa « présence, m'eust plus contenté que de gaigner « maintenant une bataille. J'eusse bien plus estimé « une louange de luy en ce mestier, duquel il estoit « le premier maistre de son temps, que toutes celles « de tous les capitaines qui restent vivans. » — « Je « veux, ajoute-t-il plus loin, séparer ma vie en deux, « nommer celle que j'ai passée heureuse, puisqu'elle « servit Henry-le-Grand, et celle que j'ay à vivre mal- « heureuse, et l'employer à regretter, pleurer, plaindre « et souspirer ; et pour l'honneur de sa mémoire, je

(1) Mémoires de Bassompierre.

» veux servir le reste de mes jours (l'empire de Dieu
» estant dans son entier) la France, puisqu'il l'a gou-
» vernée, le Roy, puisqu'il est son fils, la Reyne,
» comme ayant été sa chère compagne. »

Personne, en effet, ne devoit être plus affligé que le duc de Rohan de la mort de Henri IV, qui lui avoit toujours témoigné la tendresse d'un père, qui s'étoit chargé de sa fortune, et qui, l'ayant déjà comblé de faveurs avant qu'il eût pu rendre aucun service à l'Etat, avoit ouvert la plus vaste carrière à son ambition. Au lieu d'avoir un roi puissant pour protecteur, il alloit trouver des ennemis dans le gouvernement de la Régente. Aussi croit-il devoir répondre à l'avance à ceux qui supposeroient que son intérêt personnel augmente ses regrets. « Ce ne sont point,
« dit-il, les espérances de mon advancement, ny la
« crainte de la ruine du parti de ceux de la religion,
« qui me le font plaindre : j'avois assez et trop de
« cognoissance de la jalousie qu'il portoit à ceux de
« ma condition et religion ; et cognois bien que nous
« ne fusmes jamais plus considérables qu'à présent,
« car, pour n'avoir plus de princes du sang de nostre
« costé, nous n'en sommes que plus forts. Alors nous
« n'estions maintenus d'eux, mais nous les mainte-
« nions, et faisions leurs affaires à nos despens. La
« France estoit divisée par la maison de Bourbon et
« de Lorraine, mais le prétexte se prenoit de la divi-
« sion des religions. Maintenant qu'ils sont catholiques
« romains et les uns et les autres, ils perdent l'ancien
« prétexte, et, séparant en deux la religion papiste,
« nous laissent le choix de l'un des deux pour nous y
« joindre. »

Ce passage doit fixer l'attention sous plusieurs rapports; il prouve non-seulement que le duc de Rohan avoit très-bien calculé la position des protestans, et les résultats que devoit avoir, pour leurs affaires, l'abjuration des princes de la maison de Bourbon, mais encore que l'esprit de secte étoit poussé chez lui jusqu'au point de lui faire oublier les bienfaits qu'il avoit reçus de Henri IV.

Le gouvernement de la régence abandonna la grande entreprise que le feu Roi avoit conçue, et que lui seul pouvoit exécuter. On licencia l'armée, à l'exception de 8,000 hommes de pied et de 1,000 chevaux, qui, avec quelques troupes alliées, firent le siége de Juliers. Le duc de Rohan fut désigné pour cette expédition. Le maréchal de La Châtre, sous les ordres duquel il devoit servir, ayant été obligé de s'absenter, lui laissa le commandement. Le siége fut dirigé par le célèbre Maurice de Nassau, que Rohan avoit connu dans ses voyages.

Après la prise de la ville, Rohan retourna à la cour où il trouva le duc de Sully, son beau-père, en butte aux attaques des ministres, qui, divisés entre eux sur presque tous les points, s'étoient réunis pour perdre l'ancien ami de Henri IV. Déjà ils l'avoient forcé à donner sa démission du gouvernement de la Bastille et de la surintendance des finances; ils vouloient encore qu'il se démît de la charge de grand-maître de l'artillerie et du gouvernement du Poitou. On le menaçoit de rechercher son administration financière, et même de confisquer ses biens, s'il ne consentoit pas à se dépouiller volontairement; mais avant de pousser les choses aux dernières extrémités, et pour ne pas éprouver d'obstacles, on tenta de lui enlever l'appui des protestans, qui tenoient alors une assemblée à Saumur (1).

Le maréchal de Bouillon, homme d'esprit et de tête, qui avoit grand crédit parmi eux, se chargea de conduire cette intrigue, et il employa, sans scrupule, tous les moyens pour la faire réussir; il chercha même à séduire Rohan; mais celui-ci, loin de tomber dans le piége, dévoila les intelligences du maréchal avec la cour, et lui fit perdre toute influence dans le parti. Maître alors des délibérations de l'assemblée, il y fit déclarer que les intérêts du duc de Sully étoient inséparables de ceux des églises protestantes, et qu'elles devoient prendre sa défense s'il étoit attaqué injustement.

Le duc de Rohan nous a conservé un des discours qu'il prononça à l'assemblée de Saumur (2). Il y flatte avec beaucoup d'art les passions des protestans; il s'attache à leur donner une haute idée de leurs forces, à leur prouver qu'ils sont en position d'exiger plus qu'ils n'avoient obtenu sous le feu Roi, qu'ils ne doivent être retenus par aucune considération, attendu qu'on a besoin d'eux, et *que la loi des Etats change suivant les temps.* « Si le Roi est bien con- » seillé, ajoute-t-il, il n'hésitera pas à nous satisfaire; » si mal, il vaut mieux s'en apercevoir de bonne » heure qu'attendre l'extrémité. » Les cahiers que l'on présenta à la cour furent rédigés suivant les désirs

(1) Cette assemblée, convoquée d'abord à Châtellerault, avoit été transférée à Saumur par ordre de la Régente. Elle fut ouverte le 25 mai 1611. — (2) Ce discours ne se trouve pas dans les mémoires, mais il a été imprimé avec une relation de l'assemblée de Saumur, et avec quelques autres pièces composées par le duc de Rohan.

du duc de Rohan, qui eut soin de faire répandre avec profusion, dans les provinces et à l'étranger, la relation de ce qui s'étoit passé à Saumur; à l'issue de l'assemblée il se rendit aux Etats de Bretagne.

Les ministres ne pardonnoient pas au duc de Rohan d'avoir fait échouer leurs projets contre Sully. Ils voyoient d'ailleurs avec inquiétude l'ascendant qu'il avoit pris parmi les protestans, dont il étoit déjà considéré comme le chef; ils résolurent de l'abaisser avant qu'il se fût rendu plus redoutable. Des ordres sont donnés pour lui enlever la ville de Saint-Jean-d'Angely dont il avoit eu le gouvernement sous Henri IV: averti à temps de l'entreprise, il arrive inopinément dans la place, et se met en mesure pour la conserver. La Reine-mère le mande à Paris, lui fait des reproches sur la conduite qu'il a tenue à l'assemblée de Saumur; il répond avec fermeté; puis, craignant d'être retenu malgré lui, il suppose des lettres qui l'appellent auprès de son frère malade en Poitou, va prendre congé de Marie de Médicis, part en sortant du Louvre, retourne à Saint-Jean-d'Angely, fait un appel aux protestans de la Saintonge, et résiste ouvertement aux ordres de la cour.

On s'aperçut trop tard de la faute qu'on avoit faite; sa mère, sa femme et sa sœur, qui étoient restées à Paris, furent arrêtées; les députés qu'il envoya à la Reine-mère furent mis à la Bastille, et on fit marcher des troupes contre lui. Mais au moment où cette affaire sembloit prendre le caractère le plus grave, elle fut terminée par un accommodement, dans lequel, dit un historien, « la cour eut pour elle les apparences et Rohan la réalité. »

Le duc de Rohan a composé un écrit fort curieux sur la situation des affaires à cette époque (1) [1612]. Il y attaque avec aigreur le gouvernement de la régence ; il montre le royaume divisé entre trois partis : celui de la Reine-mère, qui veut abaisser les grands avec l'aide des Guise et du duc d'Épernon ; celui des princes, auquel leur changement de religion a ôté toute sa force ; enfin celui des protestans, qui est d'autant plus redoutable qu'il est soutenu par tous les protestans de l'Europe. Pour sauver la France, il falloit, selon lui, que les princes se joignissent aux protestans afin d'empêcher l'alliance que l'on négocioit avec l'Espagne, et qu'il considéroit comme devant produire des maux irréparables.

Cependant le traité contre lequel Rohan s'élevoit avec tant de force étoit résolu ; Louis XIII devoit épouser Anne d'Autriche, et sa sœur Elisabeth étoit destinée au prince d'Espagne, depuis Philippe IV. Le maréchal de Bouillon fut chargé d'aller faire part de cette double alliance à Jacques I, roi d'Angleterre. Quoique protestant lui-même, il avoit promis à la Reine-mère de faire tous ses efforts pour indisposer ce prince contre les protestans de France, et pour obtenir de lui l'assurance qu'il ne leur accorderoit ni secours ni protection. Il cherchoit à se venger de l'affront qu'il avoit reçu à l'assemblée de Saumur, où le duc de Rohan l'avoit emporté sur lui. Mais un émissaire du duc trouva moyen de voir secrètement le roi

---

(1) Cet écrit est intitulé : *Discours sur l'estat de la France pendant la persécution de Saint-Jean* (d'Angely). Il a été imprimé avec d'autres écrits de Rohan.

Jacques avant la première audience du maréchal, qui échoua dans sa négociation.

Les protestans, voyant l'Angleterre disposée à les soutenir, devinrent plus entreprenans. Dans une assemblée tenue à Privas, ils divisèrent les provinces en cercles (1). Ils établirent dans chaque cercle des conseils qui devoient correspondre entre eux, et donner à la fois la même impulsion sur tous les points. Enfin, pour que le parti ne fût privé d'aucune de ses ressources, les chefs, jusqu'alors divisés par des intérêts particuliers, signèrent un acte de réconciliation. Bouillon lui-même parut oublier sa haine contre Rohan. L'acte fut signé en outre par tous les gouverneurs des places de sûreté.

Les ministres, effrayés des entreprises de cette assemblée, firent rendre contre elle des arrêts auxquels on n'eut aucun égard, et ils fermèrent les yeux sur ce qu'ils ne pouvoient empêcher. Le gouvernement rival qu'on avoit laissé former à côté de celui du Roi fit bientôt sentir sa force. Le connétable de Montmorency ayant voulu rétablir le gouverneur d'Aigue-Mortes qui avoit été renvoyé par les protestans, Rohan, au moyen des cercles, souleva en un instant toute la province; la cour fut obligée de négocier, et Rohan pour prix de sa révolte obtint de nouveaux avantages. L'affaire de Saint-Jean-d'Angely l'avoit rendu très-puissant dans la Saintonge, celle d'Aigue-Mortes lui assura le Languedoc; et lors des guerres civiles ces deux provinces lui restèrent toujours dévouées.

(1) Cette division avoit été projetée par l'assemblée de Saumur; celle de Privas l'exécuta.

Les ministres n'avoient pas cru pouvoir acheter trop cher la soumission du duc de Rohan, au moment où le prince de Condé cherchoit à rallier à lui tous les mécontens du royaume. Ce prince, après avoir quitté la cour dans les premiers jours de janvier 1614, écrivit au duc pour l'engager de la manière la plus pressante à faire cause commune avec lui; mais Rohan, qui n'ignoroit point que Condé négocioit déjà avec les ministres, et qui voyoit le maréchal de Bouillon, son ennemi, diriger toute cette intrigue, rejeta sa proposition; il écrivit même à la Reine-mère qu'elle pouvoit compter sur lui, si on ne donnoit aucun sujet de plainte aux protestans.

Cependant il falloit faire marcher des troupes contre le prince de Condé; les ministres avoient besoin des régimens suisses dont Rohan étoit colonel-général; ils n'osoient pas lui en confier le commandement, et ils craignoient de le blesser en le donnant à un autre. Ils lui firent proposer de se démettre de cette charge; Rohan y consentit d'autant plus volontiers, qu'elle n'étoit qu'un vain titre pour lui dans la position où il se trouvoit; il en traita moyennant une somme considérable.

Le prince de Condé ayant fait son accommodement à Sainte-Menehould, le duc de Vendôme refusa d'y accéder, et continua la guerre en Bretagne. Trop foible pour se soutenir, il réclama l'appui de Rohan, qui refusa de quitter Saint-Jean-d'Angely, et lui conseilla de traiter.

Après la signature de la paix, le duc de Rohan eut avec le prince de Condé une conférence dont on trouvera le détail dans ses mémoires. Le prince avoit suspendu et non abandonné ses projets; il fondoit, pour leur exécution, de grandes espérances sur les Etats-Généraux que l'on alloit convoquer; Rohan prévoyoit qu'ils seroient soumis aux volontés de la cour; la conférence n'eut aucun résultat.

La conduite que Rohan avoit tenue pendant les derniers troubles l'avoit tout-à-fait réconcilié avec la Reine-mère : il vit cette princesse lorsqu'elle conduisit le Roi en Bretagne, et en reçut le meilleur accueil. Les Etats-Généraux s'assemblèrent; le prince de Condé, ainsi que Rohan l'avoit prévu, n'y exerça aucune influence, et la Reine-mère, qui conservoit l'autorité après avoir fait déclarer la majorité de son fils, les congédia lorsqu'elle eut obtenu ce qu'elle désiroit [25 février 1615].

Condé, trompé dans son attente, quitta la cour, leva de nouveau l'étendard de la révolte, et fit ses dispositions pour s'opposer de vive force au voyage du Roi qui alloit à Bordeaux épouser Anne d'Autriche.

On a vu plus haut que Rohan s'étoit fortement prononcé contre cette alliance, qu'il considéroit comme le plus grand malheur qui pût arriver au royaume, et surtout à ceux de sa religion; on a vu qu'il demandoit que les protestans se réunissent aux princes pour y mettre obstacle. Cette réunion qu'il avoit si vivement désirée s'offroit à lui ; les princes avoient pris les armes les premiers ; ils paroissoient beaucoup plus animés contre la cour que l'année précédente. Ils étoient soutenus par un bien plus grand nombre de mécontens ; ils faisoient des démarches auprès des protestans, qui, inquiets de quelques résolutions proposées par les Etats-Généraux, s'agitoient dans les provinces, et n'attendoient que le signal de leurs chefs pour se soulever. Jamais Rohan n'avoit pu espérer un concours de circonstances aussi favorables; s'il n'en profitoit pas, l'alliance qu'il avoit tant redoutée alloit se conclure irrévocablement. Ces chances de succès ne le séduisirent point. Rien n'explique dans ses mémoires, ni dans les autres écrits du temps, la conduite extraordinaire qu'il tint à cette époque remarquable : non-seulement il fut sourd à toutes les propositions des princes, mais il donna des conseils (1) à Marie de Médicis sur les moyens d'exécuter le voyage de Bordeaux malgré l'opposition des mécontens.

Ses conseils n'ayant été suivis qu'en partie, son amour-propre fut blessé; il commença à se repentir de la détermination qu'il avoit prise. Sur ces entrefaites, on lui refusa le gouvernement du Poitou dont le duc de Sully se démettoit en sa faveur, et dont on lui avoit formellement promis les provisions. Il prend tout à coup son parti, et se décide à faire la guerre à outrance; il parcourt les provinces, appelle les protestans aux armes, les excite par ses discours et par son exemple, et veut regagner par son activité le temps qu'il a perdu. La Reine-mère essaie de le ramener en lui faisant les offres les plus brillantes; il les rejette avec dédain, et ne songe qu'à se venger.

Mais les princes, qui ne s'étoient révoltés que pour arracher à la cour de nouvelles faveurs, entroient déjà en négociation. Rohan s'efforce en vain de les rompre; on traite malgré lui; il voit avec un inconcevable dépit qu'en se déclarant pour les princes il n'a fait que leur procurer les moyens d'imposer plus

(1) On trouvera ces conseils à la suite du premier livre des mémoires.

facilement des conditions à la cour; que la paix se conclut aux dépens des protestans qu'il a soulevés, et qu'on menace de réunir contre eux les troupes royales à celles des princes, s'ils refusent de signer le traité dans un délai de quelques jours. Il lui fallut se soumettre à ce qu'il ne pouvoit empêcher. Ses intérêts personnels ne furent cependant point oubliés; il obtint le gouvernement de Poitou qu'on lui avoit refusé avant la guerre (1).

Lorsqu'il alla à la cour pour recevoir les provisions, il ne chercha point à s'excuser d'avoir pris les armes; il dit franchement à la Reine-mère que se voyant méprisé il avoit voulu prouver qu'il n'étoit pas sans crédit; il ne dissimula point son ressentiment contre les princes, et déclara que si on vouloit oublier le passé il serviroit fidèlement la cour contre tous ses ennemis, quels qu'ils fussent, les protestans exceptés. Marie de Médicis accepta avec joie ses propositions.

Peu de temps après le prince de Condé revint à la cour et y fomenta de nouvelles intrigues; du consentement de la Reine le duc de Rohan eut avec lui une entrevue dans laquelle on se tint, de part et d'autre, sur la réserve; il y eut quelques explications relativement au traité de Loudun, et on se sépara avec des protestations vagues de vivre en bonne intelligence à l'avenir. Le prince avoit le projet de s'emparer de la direction des affaires; on a même prétendu qu'il portoit plus loin son ambition, mais il n'avoit pas de plan fixe: tantôt il vouloit sacrifier le maréchal d'Ancre, qui étoit devenu l'objet de la haine publique; tantôt

(1) L'édit de pacification, appelé l'édit de Loudun, fut signé le 4 mai 1616.

il le croyoit utile au succès de ses desseins, et prenoit ouvertement sa défense. Les ministres profitèrent de ses irrésolutions pour s'assurer de sa personne. Rohan, qui se tenoit alors éloigné de toutes les cabales, faillit être arrêté en même temps que le prince. On trouve dans un écrit de la duchesse de Rohan (1) des détails curieux et peu connus sur le danger qu'il courut au Louvre. « M. de Rohan, dit-elle, s'estoit
« ce jour-là trouvé au conseil pour quelques affaires
« particulières des députés de Bretagne : au sortir du
« conseil, ignorant ce qui s'y passoit, il suivit M. le
« prince chez la Reine, où estant entré dans la chambre
« en mesme temps que M. de Thémines approcha de
« M. le prince, M. de Saint-Géran, qui estoit mon
« parent et nostre ami particulier, s'approcha de M. de
« Rohan sans faire semblant de le regarder, lui dit
« tout bas : *Faites bonne mine si vous êtes innocent.* En mesme temps M. le prince se voyant arrêté,
« se tournant vers M. de Rohan lui dit tout haut :
« *Monsieur, monsieur de Rohan, me laissez-vous*
« *prendre ainsi ?* M. de Rohan lui répondit : *Monsieur, je suis très-fâché de votre déplaisir; mais*
« *je ne suis pas ici pour m'opposer aux volontés*
« *de la Reine.* Peu de temps après, M. de Saint-
« Géran lui avoua qu'il avoit ordre de l'observer, et
« que s'il eût témoigné vouloir se retirer ou estre
« étonné, de l'arrêter. Il le mena au cabinet de la
« Reine qui le reçut très-bien. Depuis cela, très-in-

---

(1) Manifeste de madame la duchesse de Rohan. (Manuscrit de la bibliothèque du Roi. Sond S.-Victor, n° 1081.) C'est le mémoire qu'elle composa en 1646, lorsqu'elle voulut faire déclarer Tancrède fils du duc de Rohan. Ce mémoire, qui a été imprimé avec les plaidoiries et avec l'arrêt du parlement, contient des particularités curieuses sur le duc.

« justement, M. le prince ne lui a pas pardonné, etc. »

Le duc de Rohan n'approuvoit pas l'emprisonnement du prince de Condé ; cependant il refusa de se joindre aux autres princes qui prirent les armes pour forcer la cour à lui rendre la liberté ; il fit plus, il servit contre eux sous les ordres du comte d'Auvergne, et eut une action brillante près des murs de Villers-Coterets.

La guerre contre les mécontens se poursuivoit avec succès, lorsque la mort du maréchal d'Ancre (1) changea subitement la face des affaires.

A la première nouvelle de cet événement, les hostilités cessèrent sur tous les points ; on ne pensa ni à traiter, ni à faire des conditions ; les princes et leurs amis, les chefs des armées royales, revinrent à la cour, afin de veiller eux-mêmes à leurs intérêts. La Reine-mère, dépouillée de l'autorité, prisonnière dans ses appartemens, voyoit tous ses anciens partisans rechercher la faveur de de Luynes qui s'emparoit du gouvernement de l'Etat. Rohan fut du très-petit nombre de ceux qui n'abandonnèrent pas cette princesse dans sa disgrâce ; il demanda et obtint la permission de la voir. Dans cette entrevue, elle l'engagea elle-même à ne pas trop faire paroître l'intérêt qu'il lui portoit, parce qu'il se nuiroit sans la servir. Peu de temps après elle fut reléguée à Blois.

Cependant de Luynes prodiguoit les grâces pour se faire des créatures. Rohan devoit s'attendre à y avoir part ; sa conduite et ses services pendant la dernière guerre civile sembloient lui donner des droits incontestables aux faveurs de la cour ; mais il ne tarda

(1) 24 avril 1617.

pas à s'apercevoir que de Luynes accordoit tout aux seigneurs qui avoient pris les armes contre le Roi, et qu'il négligeoit entièrement ceux qui étoient restés fidèles à leurs devoirs. Il ne voulut pas rester à la cour après cette injustice; il demanda à aller servir en Piémont, où les Espagnols avoient remporté plusieurs avantages, y déploya de grands talens militaires, et revint à la cour en 1618, lorsque la paix fut signée.

Il y trouva la puissance de de Luynes solidement établie; les premières familles du royaume s'étoient disputé l'alliance de ce favori, qui avoit donné la préférence à Marie de Rohan, fille du duc de Montbazon (1). Le duc de Rohan, devenu son allié par ce mariage, *le rechercha comme les autres*, ce sont ses propres expressions, et vécut pendant quelque temps avec lui dans une sorte d'intimité.

Le prince de Condé étoit toujours en prison, et la Reine-mère, reléguée à Blois, craignoit à chaque instant de se voir enfermée dans un château fort. De Luynes reconnoissoit la nécessité de traiter avec l'un ou avec l'autre; mais comme il les redoutoit également tous les deux il hésitoit à prendre un parti. Le duc de Rohan, qui haïssoit le prince de Condé, décida le favori pour la Reine-mère, et fut chargé des négociations. Mais les agens qu'il employa le trahirent; ils entraînèrent Marie de Médicis dans de fausses démarches dont ils profitèrent pour accuser cette princesse de vouloir s'emparer, de vive force, de

(1) Après la mort de de Luynes elle épousa le duc de Chevreuse, et se rendit célèbre par ses intrigues. Il sera souvent question d'elle dans les mémoires sur le règne de Louis XIII, et sur les troubles de la Fronde.

l'autorité, lorsque le désir qu'elle avoit de revenir à la cour la faisoit souscrire aux conditions les plus humiliantes. Rohan se trouva compromis; et de Luynes, trompé par les apparences, le menaça de la colère du Roi s'il ne révéloit pas tous les secrets de cette intrigue. Le duc, indigné, répondit qu'il n'étoit pas un espion, qu'en servant la Reine-mère il n'avoit rien fait contre le service du Roi : il refusa d'entrer dans aucun détail, et le favori, qui n'étoit plus habitué à trouver de la résistance parmi les grands, résolut de le perdre.

Les négociations ayant été rompues avec Marie de Médicis, cette princesse se sauva de Blois dans la nuit du 21 au 22 février 1619, et alla joindre le duc d'Epernon qui avoit rassemblé des troupes pour la protéger dans sa retraite. Aussitôt qu'elle fut en liberté, son premier soin fut d'écrire à Rohan, afin qu'il se déclarât pour elle; mais celui-ci, piqué de ce qu'elle s'étoit adressée à d'Epernon plutôt qu'à lui avant de quitter Blois, répondit qu'il avoit pris des engagemens avec la cour, qu'il n'agiroit cependant pas contre la Reine-mère, et qu'il l'aideroit même de tout son pouvoir à faire un accommodement avantageux. Marie de Médicis n'avoit point assez de troupes pour résister à celles du Roi, et de Luynes ne jugeoit pas qu'il fût, pour le moment, de son intérêt de pousser trop loin les choses. L'accommodement fut bientôt conclu.

Des troubles étoient sur le point d'éclater dans le Béarn : depuis cinquante ans les protestans s'étoient emparés des biens du clergé catholique, et les avoient employés à l'entretien de leurs églises. Un arrêt du conseil venoit de rendre ces biens aux catholiques ; les Béarnais réclamoient avec force à la cour. Rohan se joignoit à eux, menaçoit de faire prendre parti dans cette affaire à tous les protestans du royaume, et forçoit ainsi à suspendre l'exécution de l'arrêt.

Cependant de Luynes, qui avoit fait sortir le prince de Condé de prison, et qui s'étoit assuré de son appui, jugea les circonstances favorables pour se venger de Rohan. Il lui fit un crime d'avoir acheté sans la permission du Roi le gouvernement de Maillezais, et lui envoya l'ordre de démolir une maison fortifiée qu'il avoit également achetée dans le Poitou.

Ces tracasseries n'étoient que le prélude d'entreprises plus sérieuses contre le duc de Rohan ; elles le déterminèrent à aller trouver la Reine-mère à Angers, où les chefs des mécontens se concertoient pour allumer un embrasement général dans le royaume (1). Déjà la Normandie étoit soulevée ; le Roi y entre avec des troupes levées à la hâte, soumet cette province, et marche sur l'Anjou. Le duc de Rohan jugea qu'il étoit dangereux de rester à Angers ; il conseilla à la Reine-mère de se retirer à Bordeaux dont le parlement étoit bien disposé pour elle. Ses avis ne furent point écoutés ; les troupes royales arrivèrent, le Pont-de-Cé fut emporté presque sans coup férir, et Marie de Médicis s'estima heureuse de signer le traité qui avoit été ménagé à l'avance pour elle par Richelieu, alors évêque de Luçon [1620]. Rohan, ainsi que les autres seigneurs qui avoient pris les armes, et qui auroient voulu prolonger la guerre civile, furent sacri-

(1) La duchesse de Rohan, qui étoit enceinte, partit de Paris pour aller rejoindre son mari à Angers où elle fit ses couches.

fiés. Richelieu, dans cette circonstance, sut concilier les intérêts de la Reine et les siens avec ceux de l'Etat.

La tranquillité du royaume étant assurée par ce traité, de Luynes pensa sérieusement à terminer l'affaire du Béarn; il conseilla à Louis XIII d'y employer son armée victorieuse, qui étoit grossie des troupes que les mécontens avoient été obligés de licencier. Les Béarnais n'essayèrent pas même de résister; non-seulement l'arrêt qui restituoit les biens au clergé catholique fut exécuté, mais cette province, à laquelle Henri IV, devenu roi de France, avoit conservé ses lois particulières et ses priviléges, fut définitivement réunie à la couronne.

Les protestans des autres provinces ne voyoient pas sans alarmes ce qui se passoit dans le Béarn; cependant rien n'annonçoit de leur part des intentions hostiles; leur assemblée de Loudun s'étoit même dissoute au premier ordre qu'elle en avoit reçu; mais Favas, un de leurs députés à la cour, n'ayant pas obtenu une grâce qu'il sollicitoit pour son fils, écrivit de tous côtés que la ruine des protestans étoit résolue, et qu'il n'y avoit pas un instant à perdre pour se mettre en défense. Soudain les protestans les plus fougueux s'assemblent à La Rochelle, et se préparent ouvertement à la guerre; un huissier vient leur signifier une déclaration du Roi qui interdisoit toute assemblée aux religionnaires; ils lui répondent : « Puisque « vous avez fait votre charge, vous vous en irez quand « vous voudrez. » Et s'arrogeant les droits des parlemens, ils envoient des remontrances à la cour. [Janvier 1621.]

Rohan et les autres seigneurs protestans n'approuvoient point cette assemblée; ils faisoient tous leurs efforts pour la rompre et pour arrêter les effets de la juste indignation du Roi. Rohan surtout, qui s'étoit fixé à la cour, paroissoit désirer vivement le maintien de la paix. Toutes ses négociations ayant échoué à La Rochelle, il a une conférence à Niort avec les chefs de l'assemblée; là, on débute par lui déclarer qu'il a été pris des résolutions dont on ne se départira pas; qu'on ne lui demande pas de conseils sur la conduite que les protestans doivent tenir, mais sur les moyens de se procurer des soldats et de l'argent. Il essaie de calmer les esprits, de prouver qu'il seroit facile d'apaiser le Roi par une apparence de soumission; il ajoute que si l'assemblée persiste, elle s'expose à être abandonnée par tous les seigneurs du parti. On lui répond que s'il ne veut pas soutenir la cause des protestans on saura se passer de lui, et trouver des seigneurs plus zélés que lui pour la défense de la religion.

La fermeté de Rohan ne tint pas contre cette menace; il craignit qu'on ne le soupçonnât de trahir les intérêts de sa religion, à laquelle il étoit sincèrement attaché; il craignit sans doute aussi de voir les protestans se choisir d'autres chefs, de séparer sa cause de la leur, et de se trouver livré seul à la disposition des ennemis qu'il avoit à la cour. Il promit donc d'exécuter toutes les décisions de l'assemblée de La Rochelle, lors même qu'elles seroient contraires à son opinion. Son frère Soubise, et La Trémouille, prirent le même engagement.

C'étoit la cinquième fois que Rohan se révoltoit contre le Roi: nous ne chercherons pas à justifier sa conduite; mais le lecteur ne doit pas oublier qu'à cette époque les princes et les grands prenoient les armes aussitôt qu'ils croyoient avoir quelques sujets de mécontentement. A Saint-Jean-d'Angely et à Aigue-Mortes, en 1612, il s'étoit mis en état de faire la guerre; mais des accommodemens avoient prévenu le commencement des hostilités; en 1615 il ne s'étoit déclaré que fort tard, n'avoit pu jouer qu'un rôle secondaire en se réunissant au prince de Condé, et la paix s'étoit faite malgré lui; en 1620 il n'avoit pu faire prévaloir ses conseils, et Marie de Médicis avoit été obligée de signer un traité par lequel elle sacrifioit tous ses partisans. Dans la nouvelle guerre qui se préparoit, il n'alloit plus être sous l'influence des princes; son nom, sa réputation, ses talens, devoient lui assurer la principale direction des affaires; mais il s'étoit soumis lui-même aux assemblées protestantes, qui, loin de reconnoître son dévouement et ses services, agirent souvent contre lui.

L'assemblée de La Rochelle, dès qu'elle fut assurée d'avoir des chefs habiles pour commander les troupes, ne songea plus qu'à commencer la guerre, et Rohan la seconda avec son activité accoutumée. Le Roi publia plusieurs déclarations qui avoient pour objet d'intimider ou de ramener les rebelles; des négociations furent entamées avec les seigneurs protestans; elles réussirent auprès du maréchal de Bouillon, de La Trémouille, de Châtillon, et de quelques autres qui abandonnèrent le parti protestant; mais rien ne put changer les résolutions de l'assemblée de La Rochelle, qui, depuis quelque temps, exerçoit tous les pouvoirs souverains. Elle faisoit des réglemens d'administration, de police et de finances pour les cercles, confisquoit tous les biens des églises catholiques, disposoit des deniers royaux, distribuoit les emplois militaires et civils dans les provinces, y nommoit des gouverneurs, etc. Rohan (1) devoit commander dans le haut Languedoc et la haute Guienne; son frère, Benjamin de Soubise, dans le Poitou et la Bretagne.

Lorsqu'il n'y eut plus aucun espoir de conserver la paix, le Roi se mit à la tête de ses troupes, et alla assiéger Saint-Jean-d'Angely. Le duc de Rohan avoit prévu que les premières attaques seroient dirigées contre cette place, qui lui appartenoit; il en avoit confié la défense à son frère Soubise, et lui avoit donné pour conseil un des plus habiles officiers du parti. Les fortifications étoient en bon état, la garnison nombreuse et composée de soldats aguerris; la ville étoit abondamment pourvue de vivres et de munitions, la résistance sembloit devoir être longue; mais on poussa le siége avec tant de vigueur que Soubise fut obligé de capituler; la garnison obtint la permission de se retirer en prêtant serment de ne jamais porter les armes contre le Roi. Soubise renouvela ce serment entre les mains de Louis XIII; mais à peine fut-il libre qu'on le vit reparoître à la tête des rebelles.

Après la prise de Saint-Jean-d'Angely, Rohan apprit successivement la réduction de quelques autres places, et la défection de plusieurs seigneurs qui avoient fait leur paix avec le Roi. Favas lui-même, le premier

(1) Il avoit envoyé la duchesse de Rohan en Bretagne, où elle ne fut pas inquiétée pendant quelque temps; mais après la mort de de Luynes le gouverneur de la province la fit arrêter et conduire à Angers; elle y fut gardée à vue, puis tranférée à Lyon; elle ne recouvra sa liberté qu'à la paix.

auteur de la guerre, avoit signé son accommodement. Rohan ne fut point ébranlé par ces revers; il jugea que le Roi alloit marcher contre lui avec toutes ses forces, et se disposa à faire tête à l'orage. Pendant qu'il réunissoit des troupes, et qu'il mettoit les places en état de défense, de Luynes lui proposa une entrevue qu'il accepta. On trouvera les détails de cette conférence dans les mémoires; il suffit de remarquer ici que de Luynes offroit à Rohan un traité particulier, et que celui-ci, refusant de séparer ses intérêts de ceux des protestans, ne vouloit entrer en négociation que pour un traité général. Il ne s'écarta jamais de cette règle par la suite; et s'il a flétri plus d'une fois sa gloire en se révoltant contre le Roi, du moins doit-on reconnoître que jamais il ne sacrifia son parti à ses intérêts.

La guerre se fit avec acharnement, comme toutes les guerres de religion; le Roi, qui avoit ouvert la campagne d'une manière si brillante, échoua devant Montauban, et y perdit l'élite de ses troupes. C'étoit Rohan qui dirigeoit presque toutes les opérations militaires; il avoit pris, au commencement de 1622, le titre de *chef général des églises réformées du royaume dans la Guienne et dans le haut Languedoc*. Mais, malgré ce titre pompeux, il avoit souvent peine à se faire obéir; sa position étoit celle de tout homme qui se met à la tête des factieux, et dont l'autorité est subordonnée à leurs caprices. Les intrigues qui se fomentoient dans son parti ne lui donnoient pas moins d'embarras que les armées royales; plusieurs complots se formèrent contre lui, et il eut besoin de toute son habileté pour n'en être pas victime.

Le mauvais succès du siége de Montauban devant faire traîner la guerre en longueur, le Roi, qui jusqu'alors avoit usé de ménagemens à l'égard des rebelles, déclara le duc de Rohan criminel de lèse-majesté, déchu de tous ses titres, et ordonna aux gouverneurs de places de lui courir sus. Mais, avant de faire enregistrer cette déclaration au parlement et de la publier, on tenta encore, sans succès, de nouvelles négociations. Un pareil édit fut rendu contre Soubise qui avoit été défait par les troupes royales, et qui étoit allé solliciter des secours auprès du roi d'Angleterre.

Tout rapprochement sembloit impossible; le Roi avoit donné à La Rochefoucault le gouvernement de Poitou dont Rohan étoit dépouillé, et se montroit décidé à ne poser les armes qu'après avoir entièrement soumis les protestans. Mais les ministres étoient divisés; les uns vouloient continuer la guerre, les autres penchoient pour la paix; ce dernier parti l'emporta. Le maréchal de Lesdiguières, qui avoit abjuré, et auquel le Roi avoit donné l'épée de connétable, eut plusieurs conférences avec Rohan; les succès remportés sur divers points par les armées royales, les divisions des protestans, l'épuisement de leurs ressources, l'impossibilité d'éviter une ruine complète s'ils persistoient à soutenir une lutte inégale, facilitèrent le traité qui fut signé le 19 octobre 1622. Les choses furent remises partout sur le même pied où elles étoient avant la guerre. Ainsi il y avoit eu beaucoup de sang répandu, de villages détruits, de campagnes ravagées, sans que ni d'un côté ni de l'autre on eût tiré le moindre avantage. L'édit contre Rohan fut révoqué ; on ne lui rendit ni le gouvernement de Poitou ni celui de Saint-Jean-d'Angely, mais ses pensions furent rétablies, et on lui donna, par engagement, le duché de Valois pour une somme de 600,000 francs qui lui étoit accordée à titre d'indemnité; on lui fit payer en outre 200,000 francs comptant, et il eut les gouvernemens de Nîmes et d'Uzès (1).

Le jour même où le traité fut signé, il se rendit auprès du Roi, et lui demanda à genoux pardon de sa révolte. Ce prince le releva avec bonté, lui dit qu'il oublioit d'autant plus volontiers le passé, qu'il avoit l'assurance de trouver désormais en lui une fidélité à toute épreuve, et il l'engagea à revenir à la cour aussitôt que le licenciement des troupes protestantes seroit terminé. Lorsque le duc fut de retour, Louis XIII prit plaisir à sa conversation, crut l'avoir gagné par ses bienfaits, lui témoigna de l'affection et de la confiance, et l'emmena avec lui en Provence et en Dauphiné.

Pendant ce voyage Rohan fut en grande faveur; il s'employa avec zèle à faire exécuter le traité par les protestans, mais il ne négligea pas leurs intérêts, et insista pour que les conditions qui leur étoient favorables fussent également exécutées. La cour cherchoit à éluder deux articles importans : la démolition du fort Louis, qui avoit été construit auprès de La Rochelle pendant la guerre, et l'évacuation de Mont-

(1) Soubise obtint aussi des dédommagemens considérables. L'auteur de la vie du duc de Rohan remarque que les deux frères furent les seuls seigneurs du parti compris dans le traité; les autres chefs et gouverneurs des places avoient fait leur paix particulière.

pellier par les troupes royales (1). Les protestans se plaignoient, Rohan appuyoit leurs plaintes ; il pressoit surtout l'évacuation de Montpellier, où l'on étoit sur le point de procéder à l'élection des consuls, et où la présence de la garnison devoit faire prévaloir les catholiques.

[1623] Le Roi, cédant à ses instances, lui donne pour Valençay, gouverneur de Montpellier, des lettres qu'il porte lui-même. Valençay lui ayant promis une prompte satisfaction, il va dans le comté de Foix et dans le Rouergue : pendant qu'il est occupé dans ces provinces à faire démolir les fortifications des places protestantes (2), il apprend que Valençay tente une entreprise sur les Sevennes ; il revient aussitôt à Montpellier, où le peuple l'accueille avec les plus vives acclamations ; tous les principaux habitans s'empressent à lui faire honneur.

Le moment de l'élection approchoit ; le gouverneur prend sur lui de faire un coup d'autorité ; il va trouver Rohan lorsque la foule est dissipée, l'engage à partir à l'instant même, et, sur son refus, le fait prisonnier. Toutes les réclamations de Rohan étant inutiles, il envoie à Paris un courrier qui y arrive précisément le jour où la duchesse de Rohan, sa femme, devoit danser un ballet devant la Reine. Cette circonstance, si frivole en elle-même, augmenta l'embarras des ministres ; ils auroient voulu gagner du temps, mais la duchesse refusoit de dan-

(1) Elles y étoient entrées avec le Roi, et il avoit été convenu qu'elles en sortiroient aussitôt après son départ. — (2) D'après le traité, les nouvelles fortifications que les protestans avoient faites à leurs places pendant la dernière guerre devoient être démolies.

ser tant qu'on n'auroit pas rendu justice à son mari; on ne pouvoit se passer d'elle, la fête étoit dérangée, et toute la jeunesse de la cour joignoit ses sollicitations aux siennes. L'ordre fut expédié de mettre Rohan en liberté; mais le Roi lui écrivit que sa présence à Montpellier donnoit de l'ombrage, et qu'il devoit aller dans le haut Languedoc accélérer la démolition des fortifications des places protestantes.

Il sortit de Montpellier, où, pendant sa prison, les consuls avoient été choisis, moitié parmi les protestans, moitié parmi les catholiques; alla dans les Sevennes, signifia qu'il y resteroit jusqu'à ce qu'on en eût retiré les troupes; puis, ayant obtenu satisfaction sur ce point, il fixa sa résidence à Castres. Il se fit adresser dans cette ville les procès-verbaux qui constatoient que les protestans avoient démoli toutes les fortifications de leurs places, les envoya à la cour, et demanda avec de nouvelles instances l'exécution des deux articles relatifs à la garnison de Montpellier et au fort Louis. Ayant appris que, loin d'avoir égard à ses prières, on faisoit construire une citadelle à Montpellier, il réclama vivement contre cette infraction au traité; mais le Roi lui défendit de s'entremettre davantage dans ces affaires [13 juillet 1623].

En lui envoyant la lettre du Roi, d'Herbaut, secrétaire d'Etat, avec lequel il étoit lié d'amitié, lui fit des reproches sur les plaintes continuelles dont il fatiguoit le Roi, lui manda qu'on ne voyoit pas sans inquiétude son séjour prolongé dans une province où il y avoit beaucoup de fermentation; il l'engagea à venir passer quelque temps à la cour, ou à se retirer dans ses terres. Rohan répondit que, dans l'état où se trouvoient les choses, il ne pouvoit se rendre à la cour sans alarmer tous les protestans du royaume, ni se retirer dans ses terres, qui étoient peu éloignées de La Rochelle, sans être accusé de vouloir exciter de nouveaux troubles, et qu'il devoit rester à Castres tant qu'on n'auroit pas exécuté le dernier traité (1).

Il étoit difficile que Rohan servît avec plus de dévouement et de persévérance la cause des protestans ; cependant il fut accusé de s'être vendu aux ministres ; on prétendit même que son emprisonnement à Montpellier n'avoit été qu'un jeu concerté avec eux. Ces accusations prenoient d'autant plus de consistance, que Rohan, sans exiger aucune garantie, avoit fait démolir les fortifications des places protestantes, et qu'il sembloit avoir voulu ainsi mettre son parti hors d'état de forcer la cour à exécuter le traité. Il crut devoir répondre, et publia une justification de sa conduite que l'on trouvera à la suite du livre deuxième de ses mémoires.

Divers changemens avoient eu lieu dans le ministère depuis la mort de Luynes, arrivée peu de jours après la levée du siége de Montauban : Puisieux, fils du chancelier de Sillery, profitant d'un moment de faveur, avoit fait ôter la surintendance des finances à Schomberg, pour la donner à La Vieuville, qui n'avoit pas tardé à le faire disgracier lui-même, et le cardinal de Richelieu avoit renversé ce nouveau favori avant qu'il eût eu le temps de s'affermir.

(1) Ces différentes lettres se trouvent parmi les *Preuves de l'histoire de Languedoc*.

[1624] Lorsque Richelieu entra au conseil, il fit répandre le bruit que sa santé ne lui permettoit pas de se livrer au travail qu'exigeoit l'expédition des affaires; mais son génie et l'appui de la Reine-mère le rendirent bientôt maître de tout. Rohan ne vit d'abord en lui qu'un favori qui succédoit à un autre; dans les mémoires qu'il a composés en 1630, il parle avec mépris de l'ambition et de l'insolence du nouveau ministre, et ne paroît pas lui supposer plus de talens qu'à ses prédécesseurs. On avoit été d'abord d'autant plus loin de croire que Richelieu dût consommer en peu d'années la ruine des protestans, qu'il avoit débuté par un acte qui manifestoit des dispositions favorables à leur égard. D'après ses conseils, le Roi avoit déclaré qu'il ne souffriroit point qu'on opprimât les protestans d'Allemagne; mais lorsqu'on insista pour la démolition du fort Louis, au lieu d'y consentir il ordonna de nouveaux ouvrages avancés qui resserroient davantage la ville de La Rochelle, et nomma un gouverneur en remplacement de celui qui venoit de mourir.

Les Rochelois, se voyant menacés d'un blocus, *résolurent*, dit Bassompierre, *de faire quelque noble représaille, afin que, rendant ce qu'ils auroient pris, on leur remît le fort qui les incommodoit.* Ils s'adressèrent à Soubise, qui alla trouver le duc de Rohan à Castres, afin d'arrêter définitivement avec lui le plan d'une expédition qu'il méditoit sur le port de Blavet, où se trouvoit une flotte que l'on supposoit être destinée contre La Rochelle. Il fut convenu que Soubise agiroit seul, que Rohan se joindroit à lui s'il réussissoit, mais qu'il le désavoueroit s'il échouoit dans son entreprise. Rohan donne dans ses mémoires, et surtout dans son apologie, l'explication de cette convention qui paroît singulière au premier coup d'œil.

L'Angleterre et la Hollande venoient de signer une ligue avec la France; non-seulement les protestans ne pouvoient compter sur leur appui, mais ils devoient craindre d'indisposer contre eux ces deux puissances en rompant la paix : d'un autre côté, les embarras que Rohan avoit éprouvés pendant la dernière guerre, soit par la défection, soit par la mésintelligence des chefs des protestans, lui donnoient de sérieuses inquiétudes pour l'avenir; enfin, comme il le dit lui-même, *ses affaires domestiques ne l'obligeoient qu'à la continuation de la paix ; ses persécutions avoient cessé avec la faveur du chancelier de Sillery et de Puisieux, et il avoit ses assignations pour la récompense de ses gouvernemens* (1).

[1625] Quelque puissans que fussent ces motifs, il ne put se décider à attendre le résultat de l'expédition de Soubise. Il chercha à soulever la Guienne, le Languedoc et le Dauphiné; mais quelques-uns de ses émissaires furent arrêtés, et il fallut avoir recours à d'autres moyens. La duchesse de Rohan, chargée de ses instructions, parcourut une partie du Languedoc. Comme elle étoit en deuil d'une de ses parentes, elle voyageoit ordinairement la nuit dans un carrosse de deuil attelé de huit chevaux noirs, avec grand nombre de gens qui portoient des flam-

---

(1) Apologie du duc de Rohan sur les derniers troubles de la France à cause de la Religion.

beaux. Elle espéroit, par cette marche singulière et lugubre, frapper l'esprit des peuples; mais des ordres avoient été donnés aux gouverneurs des places et aux échevins des villes; et, loin de parvenir à agiter la province, elle ne fut pas même accueillie sur son passage avec les honneurs dus à sa naissance.

L'expédition de Soubise ne s'annonçoit pas sous des auspices plus favorables; il étoit enfermé dans le port de Blavet, et ne paroissoit pas pouvoir en sortir. Les députés généraux des protestans, le plus grand nombre des villes de leur parti, les Rochelois eux-mêmes, le désavouoient hautement. On le croyoit perdu lorsqu'on apprit qu'il avoit surmonté tous les obstacles, qu'il s'étoit emparé de l'île d'Oléron, et qu'il tenoit la mer avec une flotte formidable.

La France ayant alors des démêlés sérieux avec l'Espagne, les protestans, enhardis par les succès de Soubise, pouvoient faire une diversion inquiétante; Richelieu essaya de la prévenir. Il réunit à Paris les députés généraux, ceux de La Rochelle, et les principaux seigneurs du parti. Il séduisit les uns en promettant d'exécuter le traité de Montpellier, les autres en leur offrant des emplois importans dans l'armée; il fut convenu que Rohan auroit un commandement supérieur, et que Soubise seroit le général de l'armée de mer.

Mais Rohan, qui connoissoit les inquiétudes secrètes de Richelieu, crut devoir profiter des circonstances, se refusa à tout accommodement, et, pour prouver, suivant ses expressions, que ce n'étoit pas par impuissance qu'il n'avoit pas agi ouvertement plus tôt, il se décida sur-le-champ à prendre les armes; sa résolution fut blâmée par l'Angleterre et par la Hollande.

Le duc de Rohan avoit donc plus à craindre qu'à espérer de la part des puissances étrangères; la majorité des protestans du royaume désapprouvoit hautement son entreprise; les autres la regardoient avec indifférence. Ces difficultés ne l'effrayèrent point; il s'attacha d'abord à justifier la nouvelle guerre aux yeux des protestans, et à leur persuader qu'elle étoit indispensable pour prévenir la ruine de leur religion. Il alla de ville en ville, accompagné de plusieurs ministres qui portoient la Bible devant lui; en arrivant, il ne parloit à personne avant d'avoir été au temple, où il restoit long-temps à genoux; il faisoit distribuer des prières composées avec art, dans lesquelles on demandoit à Dieu de sauver la religion, et de protéger ceux qui s'armoient pour sa défense. Tous ses discours, toutes ses actions, tendoient à éveiller un zèle fanatique parmi les peuples. Malgré ses efforts, il ne put rassembler que deux mille hommes de pied et quatre cents chevaux, avec lesquels il se mit en campagne. Une première expédition tentée contre la ville de Lavaur ne réussit pas; mais les cercles du haut Languedoc commencèrent à se joindre à lui, et il reprit le titre de *chef général des églises réformées*.

Cependant les troupes royales étoient entrées dans la province et la dévastoient. Rohan cherchoit beaucoup moins à s'opposer aux dégâts qu'à augmenter ses forces. Avec sa petite armée, il parcouroit les villes protestantes, forçoit les habitans à signer un acte d'union, et déclaroit être de bonne prise les biens de ceux qui abandonnoient la cause commune.

Lorsque Rohan se fut mis en mesure, il y eut divers engagemens entre les troupes royales et celles des protestans, mais point d'action décisive. La duchesse de Rohan, qui étoit restée à Castres, montra beaucoup d'habileté et de courage; après avoir repoussé le maréchal de Thémines qui menaçoit la ville, elle tira des soldats des garnisons des places voisines, et envoya à son mari des secours dont il avoit le plus grand besoin pour réparer un échec qu'il venoit d'éprouver à Vianes. Les revers et les succès étoient à peu près balancés de part et d'autre; mais il paroissoit difficile que les protestans, qui n'étoient pas unis entre eux, pussent soutenir longtemps la guerre. On cherchoit à faire des accommodemens particuliers; déjà les Rochelois avoient entamé des négociations; on étoit d'accord sur presque tous les articles, et une suspension d'armes avoit été signée. Soubise profita de la sécurité de la trêve pour surprendre la flotte royale, et se déshonora en remportant une victoire qui n'étoit due qu'à la trahison; les Rochelois, fiers de ce succès, devinrent plus exigeans. Rohan, qui connoissoit la position et les véritables intérêts du parti, essaya vainement de faire accepter les conditions que la cour avoit offertes; on s'obstina à les rejeter. Mais bientôt les protestans furent battus sur terre et sur mer, et les Rochelois eurent recours à lui pour obtenir la paix.

On envoya des députés à Saint-Germain-en-Laye; le Roi leur répondit qu'il pardonneroit à toutes les provinces et à toutes les villes qui avoient pris part à la révolte, si elles acceptoient les conditions déjà offertes : *pour La Rochelle*, ajouta-t-il, *c'est une autre chose*. Les députés de cette ville firent de nouvelles instances, et on leur déclara qu'ils ne seroient compris dans le traité qu'en sacrifiant une partie de leurs priviléges.

En isolant ainsi les intérêts de la ville de La Rochelle, on jetoit de nouveaux élémens de discorde parmi les protestans, qui, dans plusieurs provinces, n'avoient pris les armes que malgré eux, et qui étoient disposés à faire la paix à tout prix. Rohan eut beaucoup de peine à empêcher le haut Languedoc d'envoyer son acceptation, et fut même obligé d'user de violence dans une assemblée qui se tint à Castres. Habile à se créer des ressources, il négocioit avec l'Espagne et l'Angleterre, sans rompre entièrement avec la cour. L'Espagne promettoit des secours, l'Angleterre se montroit disposée à faire obtenir des conditions plus favorables aux Rochelois. Richelieu, qui avoit besoin de quelques années de paix pour préparer l'exécution de ses grands desseins, fit quelques concessions, et le traité fut signé le 5 février 1626. Toutes les villes protestantes y adhérèrent, et l'édit général de pacification fut rendu le 6 avril suivant.

Le duc de Rohan, comme chef général des églises réformées, le fit publier à Nîmes avec beaucoup de pompe ; le soir, il alluma lui-même le feu de joie, en présence des personnes les plus considérables de la ville, et dit, en jetant le flambeau dont il s'étoit servi, qu'il éteignoit pour toujours sa *généralité*.

Ce traité, que l'on avoit eu tant de peine à conclure, devoit être bientôt rompu ; il n'y étoit pas fait mention du fort Louis, mais l'Angleterre s'étoit engagée à en faire obtenir la démolition peu de temps après la publication de la paix, et cet engagement ne pouvoit se concilier avec les projets de Richelieu. A peine l'édit de pacification fut-il publié, qu'il traita avec l'Espagne. Les protestans prirent de l'ombrage; l'Angleterre et la Hollande, qui comptoient faire une ligue avec la France contre la maison d'Autriche, ne dissimulèrent pas leur mécontentement. Plusieurs autres circonstances se réunirent pour rallumer la guerre.

Rohan s'étoit fait, dans son parti même, beaucoup d'ennemis, par les violences qu'il avoit exercées pendant les derniers troubles. Richelieu sut entretenir leurs ressentimens, et, dans un synode général des églises protestantes qui eut lieu à Castres au mois de septembre, non-seulement il fut décidé à la pluralité des voix que l'entrée de la ville seroit refusée au duc de Rohan, mais peu s'en fallut qu'on ne le déclarât excommunié. Piqué de cet affront qui montroit la diminution de son crédit parmi les protestans, il déploya toute son activité pour faire élire des consuls qui lui fussent entièrement dévoués; il réussit à Nîmes et dans quelques autres villes, et mit les nouveaux magistrats en fonctions, malgré les ordres de la cour. Son frère, Soubise, qui, avant la signature du traité, avoit été obligé, à la suite d'une défaite, de se réfugier en Angleterre, y étoit resté, et intriguoit contre la France; il éveilloit l'ambition du duc de Buckingham, favori de Charles I, en lui représentant que, s'il envoyoit une armée en France, tous les protestans du royaume se soulèveroient, et l'aideroient à reprendre la Guienne et les autres provinces qui avoient autrefois appartenu à l'Angleterre. La proposition étoit séduisante, et d'ailleurs Buckingham ne pardonnoit pas à Richelieu d'avoir signé un nouveau traité avec l'Espagne ; mais, avant de rien entreprendre, il vouloit que les protestans de France portassent plainte au roi d'Angleterre de l'inexécution du dernier traité dont le prince s'étoit rendu garant.

Un émissaire fut envoyé à Rohan pour entamer des négociations à ce sujet. Rohan répondit que la démarche demandée mettroit à découvert une entreprise qui devoit être tenue secrète jusqu'au moment où l'on pourroit agir ; qu'il se chargeoit, lorsqu'il en seroit temps, de réclamer l'assistance de Charles I, au nom de tous les protestans du royaume ; qu'un agent sûr iroit trouver ce prince de sa part, avec des instructions détaillées sur toutes les infractions faites au traité, et sur les moyens de commencer la guerre de la manière la plus avantageuse. Cet agent partit pour Londres peu de temps après, et la guerre fut résolue. Un nouvel émissaire anglais vint annoncer à Rohan que trois expéditions alloient être dirigées contre la France (1), qui seroit attaquée en même temps par le duc de Savoie ; on l'engageoit de son côté à se mettre à la tête des protestans dans la Guienne, afin d'aller au devant des troupes anglaises, et de seconder leurs opérations. Il répondit qu'il n'agiroit qu'après le débarquement, et qu'alors il se faisoit fort de soulever au premier signal le haut et le bas Languedoc, le Rouergue et les Sevennes.

Ces négociations, conduites avec une grande ha-

(1) Les Anglais devoient descendre en même temps dans l'île de Ré, en Guienne, et en Normandie.

bileté, avoient échappé à la vigilance du cardinal de Richelieu. Un courrier intercepté lui avoit fait connoître qu'il existoit des intelligences entre le duc de Rohan et Buckingham; mais, malgré cette indication, ses espions n'avoient pu découvrir les fils de l'intrigue. Pendant l'année de paix qui venoit de s'écouler, il avoit triomphé de ses ennemis à la cour; son pouvoir étoit consolidé; il pouvoit se livrer tout entier à l'exécution des projets qu'il avoit conçus pour assurer la tranquillité dans l'intérieur, et pour établir la prépondérance de la France au dehors. Avant d'attaquer la maison d'Autriche, il falloit mettre les protestans hors d'état d'exciter de nouveaux troubles; aussi, loin d'être disposé à faire droit à leurs plaintes relativement au dernier traité, il avoit résolu de réduire La Rochelle, qui, suivant l'expression d'un auteur contemporain, *estoit le nid où avoient accoustumé d'éclore tous les desseins de rébellion.* Les négociations de Rohan avec l'Angleterre le portoient à presser les préparatifs de cette entreprise.

Telle étoit la situation des affaires lorsque la flotte anglaise parut devant La Rochelle, le 20 juillet 1627. La mère et la sœur de Rohan s'étoient rendues dans cette ville, où les partisans de Richelieu eurent néanmoins assez de crédit pour faire refuser pendant quelque temps l'entrée du port à Buckingham.

Ce fut une lettre de Richelieu qui apporta à Rohan la première nouvelle de l'arrivée de la flotte anglaise; le cardinal lui faisoit les offres les plus brillantes s'il vouloit s'engager à contenir les protestans du Languedoc. Des lettres avoient été en même temps envoyées à toutes les villes protestantes, pour leur rappeler la fidélité qu'elles devoient au Roi, et pour leur inspirer de l'horreur contre l'invasion de l'étranger. On exigeoit d'elles des déclarations portant qu'elles ne se joindroient jamais aux ennemis de l'État. Ces dépêches embarrassèrent Rohan; presque toutes les villes désiroient le maintien de la paix, et il n'étoit pas encore lui-même en état d'encourager par son exemple celles qui auroient pu être tentées de prendre part à une nouvelle guerre. Ne pouvant s'opposer à ce qu'on donnât les déclarations demandées par la cour, il y fit insérer la condition expresse que le dernier traité seroit exécuté dans tous ses points, ce qui laissoit la liberté de tenir ou de rompre l'engagement, suivant les circonstances.

Un message des Rochelois vint augmenter son embarras; on lui annonçoit que les Anglais avoient débarqué dans l'île de Ré; on lui donnoit connoissance des propositions du duc de Buckingham; on lui demandoit son avis; on lui envoyoit en outre des lettres pour les principales villes du Languedoc, que l'on vouloit consulter avant de prendre une détermination définitive. Rohan voyoit avec peine l'hésitation des Rochelois; il craignoit avec raison, s'il envoyoit les lettres, qu'il n'y eût point d'accord dans les réponses des villes, et qu'il n'en résultât des germes de discorde; il n'osoit pas non plus, ne s'étant pas encore déclaré ouvertement lui-même, convoquer une assemblée générale, parce qu'aucune ville n'auroit voulu être la première à nommer des députés. Il se décida à retenir les lettres de La Rochelle, et à écrire séparément à chaque ville, comme s'il n'avoit eu à traiter avec elles que d'affaires particulières. Il demandoit qu'on lui envoyât des députés à Nîmes, et ne faisoit mention d'aucun projet d'assemblée générale.

Ce stratagème réussit; les députés arrivèrent de toutes parts au jour indiqué, et il se rendit avec eux à Uzès, où il jugeoit sa présence nécessaire. On trouvera dans ses mémoires le discours qu'il prononça en ouvrant l'assemblée. Comme l'instant étoit décisif, il n'oublia rien de ce qui pouvoit émouvoir les députés; il eut même recours aux larmes, et produisit une telle impression, qu'il fut prié avec instance de reprendre sur l'heure son ancien titre de chef général des églises réformées. On lui donna pouvoir de lever des troupes, et de faire tout ce qu'il jugeroit utile au soutien de la cause; non-seulement on confirma l'alliance avec l'Angleterre, mais on réclama celle de tous les princes qui pouvoient prendre la défense des protestans, et on s'engagea à ne faire aucun traité particulier. Cet acte fut signé le 11 septembre 1627. Plusieurs villes qui n'avoient pas de députés à Uzès envoyèrent leur adhésion, mais un grand nombre d'autres, telles que Milhaud, Montauban, Castres, etc., firent des protestations, et déclarèrent *qu'elles s'opposeroient, tant à M. de Rohan, qu'à ceux qui voudroient entreprendre sur l'État;* ajoutant *qu'elles détestoient et abhorroient les armes du roi d'Angleterre* (1).

Ainsi Rohan alloit avoir des ennemis à combattre, même parmi les protestans.

Sur ces entrefaites il apprend que les Anglais sont arrêtés devant le fort Saint-Martin, dans l'île de Ré,

(1) On trouve ces protestations dans le Mercure français de 1627.

qu'ils concentrent toutes leurs forces de ce côté, qu'ils renoncent au plan convenu, que la descente qu'ils devoient faire en Guienne pour agir de concert avec lui n'aura pas lieu, et qu'une armée royale commence le blocus de La Rochelle. Ces divers événemens dérangeoient tous ses projets, mais il étoit trop avancé pour revenir sur ses pas, et d'ailleurs les difficultés donnoient un nouvel essor à son courage. Il délivre des commissions pour la levée des troupes, fait les armemens à ses frais dans la crainte de mécontenter le peuple en lui imposant de nouvelles charges, ordonne différentes expéditions, et publie un manifeste dans lequel, après avoir exposé ses prétendus griefs et ceux des protestans, et cherché à justifier son alliance avec les Anglais, il ajoute qu'il *n'a aucune pensée qui tende à s'écarter de l'obéissance et fidélité à laquelle la nature et sa conscience l'obligent envers le Roi, son souverain seigneur;* qu'il ne veut que l'exécution des anciens édits, et qu'il est prêt, lorsque les protestans auront obtenu justice, à s'exiler volontairement (1), afin d'ôter tout ombrage pour l'avenir (2). Il avoit en effet résolu de s'expatrier si les

---

(1) « Je suis prest de m'exiler, dit-il, de passer ma vie parmi les
« estrangers en homme privé, dussé-je y mendier mon pain, pourvu
« que je puisse célébrer la bonté de Dieu de m'avoir rendu instrument
« de la délivrance de ce pauvre peuple, qui gemit soubs une dure et
« servile persécution. » — (2) Auguste Galland fit une réponse très-
virulente à ce manifeste; on peut en juger par le début: « Un ancien
« disoit, à la recommandation des Gaules, qu'elles ne produisent point de
« monstres; mais ce siècle, fécond en toutes sortes de désordres, ne nous
« produit que trop souvent des prodiges dont la naissance et les effects
« sont en estonnement, et dont la mémoire et le nom seront en exé-
« cration et en horreur à la postérité. Nous avons veu les subjects du
« Roy desbauchez soubs des couleurs empruntées de religion, ses villes

protestans succomboient dans cette lutte qui sembloit devoir être la dernière, et il avoit pris ses me-

« surprises ou réduites, ses deniers saisys, ses vaisseaux arrestés par les
« sieurs de Rohan et de Soubize portés par une insatiable avarice et
« desir de s'accroistre... Je veux examiner son manifeste (de Rohan), le
« prendre par toutes les parties, l'abbattre, renverser et anéantir, et
« faire cognoistre, voire au plus prévenu, que non la religion, non la
« conscience, mais la seule avarice et légèreté ont donné subject à toutes
« les prises d'armes du duc de Rohan, et que ceste dernière est dam-
« nable, sans cause, sans subject, et indigne d'excuse. »

Pour démontrer, suivant ses expressions, *l'impudence grossière et le mensonge manifeste du manifeste*, il passe successivement en revue toutes les allégations du duc de Rohan, prouve que les faits qu'il a avancés sont faux ou dénaturés, et en conclut qu'il n'a suscité une nouvelle guerre civile, et appelé l'étranger en France, que pour satisfaire son ambition et son avarice. Rohan avoit dit dans son manifeste, en parlant de l'entreprise de Blavet : *elle eut le succès que chacun sait.*
« Oui, répond Galland, chacun sait le succès de Blavet, mais chacun
« ne sait pas quel a été le succès du traité de M. de Rohan. Il a touché
« les 800,000 liv.; les 150,000 liv. auparavant payées lui sont demeu-
« rées, et il a été gratifié de 18,000 liv. de pension. » Nous n'entrerons pas dans de plus longs détails sur cette réponse qui se trouve parmi les manuscrits de la bibliothèque du Roi (Fonds de Saint-Magloire, numéros 45 et 46). Les expressions n'en sont pas très-mesurées, mais elle est forte de raisonnemens, et les raisonnemens sont toujours appuyés sur des faits positifs. Galland, qui étoit protestant lui-même et commissaire ordinaire du Roi près les synodes des églises réformées, connoissoit à fond toutes les affaires des protestans, et le duc de Rohan avoit en lui un adversaire redoutable. A la même époque on publia, sous le titre de *l'Anti-huguenot*, une autre réfutation, dans laquelle on s'attache surtout à tourner en ridicule le duc de Rohan, dont la théologie, suivant son adversaire, *étoit mêlée de poudre à canon*. On n'y épargne pas les injures au duc; on va jusqu'à le comparer au valet dont parle Marot dans une épître à François I :

> J'avois un jour un valet de Gascogne,
> Gourmand, yvrogne, et assuré menteur,
> Pipeur, larron, joueur, blasphémateur,
> Sentant le hart de cent pas à la ronde,
> Au demeurant le meilleur fils du monde.

Cependant il y a quelques plaisanteries d'assez bon goût. Rohan se plai-

sures en conséquence. La duchesse de Rohan, dans le mémoire que nous avons déjà cité, rapporte que dès le mois de juillet son mari l'avoit fait partir pour Venise (1), et l'avoit chargée de lui ménager une retraite sur les terres de la république.

Le Roi étoit allé prendre en personne le commandement du siége de La Rochelle, et il avoit envoyé le prince de Condé contre les protestans du Languedoc et de la Guienne. Comme le duc de Rohan avoit été le principal moteur de la guerre, on ne crut pas devoir différer plus long-temps de sévir contre lui. Le parlement de Toulouse eut ordre (2) de lui faire son procès, *nonobstant tous priviléges, même ceux de la pairie, dont il étoit déclaré déchu et indigne, attendu l'énormité du crime de rébellion et attentats par lui criminellement avoués contre l'autorité du Roi et le repos du royaume* (3). Trois mois après, le parlement le condamna, par arrêt du 29 janvier 1628, à être traîné sur la claie avec ses armoiries, à faire amende honorable en chemise, tête et pieds nus, le *hart* au cou, et à être ensuite tiré à quatre chevaux jusqu'à ce que son corps fût démem-

---

gnoit avec beaucoup d'amertume des persécutions auxquelles il prétendoit avoir été en butte sans y avoir donné lieu. « Ce langage, dit l'Anti-« huguenot, me fait ressouvenir du conte que l'on fait d'un Normand « qui, rencontrant par les chemins un sien voisin, lui demanda ce qu'on « faisoit à Paris. Croiriez-vous, luy respond celuy-cy, que ces mes-« chantes gens-là ont fait pendre, ces jours passés, le plus homme de « bien de notre village, pour avoir seulement dérobé un pauvre calice? »

(1) Elle arriva à Venise le 7 août 1627, et fut autorisée à y exercer publiquement sa religion sur le même pied que les ambassadeurs protestans. — (2) Le 14 octobre 1627. — (3) Dans son manifeste, Rohan déclaroit positivement qu'il avoit réclamé l'appui des Anglais, et provoqué leur expédition contre la France.

bré (1). Ses descendans étoient déclarés roturiers, il leur étoit défendu de porter le nom de Rohan; tous ses biens étoient confisqués (2), ses maisons fortes devoient être rasées, et ses bois de haute futaie coupés à la hauteur de trois pieds; sur ses biens on prélevoit une somme de 150,000 francs pour servir de récompense à ceux qui le livreroient mort ou vif : « ce qui « donna, dit Rohan, volonté à trois ou quatre malheu- « reux de l'entreprendre, qui n'eurent qu'une corde « ou une roue pour récompense. » Aussitôt que la saison le permit, il se mit en campagne ; le détail des opérations militaires se trouvant dans les mémoires, nous nous bornerons à indiquer ici la série des événemens principaux.

Les protestans eurent d'abord du désavantage; non-seulement leurs troupes furent battues sur divers points, mais ils perdirent quelques places. Cependant ils parvinrent à rétablir leurs affaires ; les succès et les revers furent à peu près balancés comme pendant la guerre précédente. Le prince de Condé et Montmorency agissoient de concert contre Rohan qui leur tenoit tête avec des forces inférieures. On s'enlevoit réciproquement des villes et des châteaux; on dévastoit le pays sous prétexte d'exercer des représailles ; on combattoit avec plus d'acharnement encore que dans les autres guerres, et l'on eut à se reprocher de part et d'autre le massacre des prisonniers.

Le duc de Rohan, qui ne se soutenoit que par une

---

(1) Le duc de Rohan fut exécuté en effigie à Toulouse, le 1er. février ; par représailles il fit exécuter en effigie le premier président du parlement. — (2) Ils furent donnés au prince de Condé, qui travailloit à s'en faire mettre en possession lorsqu'ils furent rendus à Rohan par le traité de paix.

activité excessive, voyoit avec inquiétude les ressources des protestans s'épuiser. Il négocioit avec l'Espagne et la Savoie pour obtenir des secours, et réclamoit l'exécution des promesses qui lui avoient été faites par l'Angleterre. L'Espagne et la Savoie ne lui donnoient que des espérances éloignées, et l'Angleterre, après avoir inutilement équipé plusieurs flottes, n'avoit pu empêcher la capitulation de La Rochelle. La mère et la sœur de Rohan, qui s'étoient opposées aussi long-temps qu'elles l'avoient pu à cette capitulation, et qui avoient courageusement refusé d'y être comprises, furent conduites au château de Niort, où elles restèrent prisonnières jusqu'à la paix.

La réduction de La Rochelle porta le découragement parmi les protestans de la Guienne et du Languedoc, qui s'attendirent à se voir bientôt attaqués par toutes les forces du royaume. Fatigués d'une guerre dans laquelle Rohan les avoit engagés malgré eux, et qui jusqu'alors n'avoit eu d'autre résultat que la dévastation de leurs campagnes, l'avenir ne leur offroit que des chances plus désastreuses encore. Ils manifestoient donc hautement le désir de traiter. Comme on ne leur avoit fait prendre les armes que sous le prétexte de sauver La Rochelle, et que cette place étoit perdue, ils voulurent implorer la clémence du Roi avant d'être réduits aux dernières extrémités. Richelieu, instruit par ses agens de la disposition des esprits, fit promettre les conditions les plus avantageuses aux particuliers et aux villes qui donneroient l'exemple de la soumission. Un édit très-sévère fut en même temps publié contre ceux qui, après un délai de quinze jours, persisteroient dans leur révolte.

Ces menaces et ces promesses produisirent l'effet qu'on devoit en attendre; plusieurs villes envoyèrent des députés au Roi, et traitèrent isolément. Le duc de Rohan essaya d'arrêter les défections en exerçant les plus grandes rigueurs contre les protestans qui abandonnoient ainsi la cause commune. Afin de rétablir l'union dans le parti, il convoqua une assemblée générale; il n'osa pas s'y prononcer ouvertement contre la paix, mais il fit sentir que des traités particuliers perdroient sans ressources les protestans en isolant leurs intérêts, tandis qu'une paix générale les maintiendroit en force dans l'Etat, leur ménageroit l'appui de l'étranger, et leur garantiroit les droits dont ils devoient jouir en vertu des anciens édits. L'assemblée confirma l'engagement qu'on avoit déjà pris de rejeter toute négociation qui ne seroit pas consentie par toutes les villes protestantes.

La terreur qu'avoit d'abord causée la réduction de La Rochelle se dissipoit. On étoit informé que le Roi, au lieu de réunir toutes ses forces contre le Languedoc et la Guienne, se préparoit à entrer en Italie, où il auroit à combattre les Espagnols et les troupes du duc de Savoie. Rohan faisoit espérer en outre l'intervention des puissances étrangères auprès desquelles il avoit des agens. L'Espagne, qui étoit intéressée à entretenir la guerre civile en France, s'engageoit à lui fournir des secours d'argent dont il avoit le plus grand besoin (1). Le duc de Savoie lui promettoit de

(1) Rohan conclut avec l'Espagne, dans les premiers jours de mai 1629, un traité dont les principales dispositions méritent d'être rapportées. L'Espagne devoit lui fournir un subside annuel de 300,000 ducats. De son côté il s'engageoit à entretenir la guerre en France tant qu'il plairoit au roi d'Espagne, à ne traiter qu'après avoir obtenu son consente-

faire une invasion dans le Dauphiné, et il pressoit le roi d'Angleterre de profiter du moment où l'armée seroit occupée dans le Piémont pour effectuer une descente en Normandie et en Guienne. L'expédition d'Italie sembloit donc devoir donner aux protestans le temps de se mettre en défense; ils pouvoient croire qu'ils ne seroient pas abandonnés à eux-mêmes, et que des diversions importantes prolongeroient la guerre.

Ces espérances ne tardèrent pas à être détruites. L'Espagne envoya quelque argent, mais le duc de Savoie n'osa point dégarnir son pays de troupes; l'Angleterre, tout en paroissant adopter les projets de Rohan, négocioit secrètement avec Richelieu, et promettoit de ne rien entreprendre contre la France; enfin le Roi, par la rapidité de ses succès dans le Piémont, força le duc de Savoie à signer le traité de Suze (1) [le 11 mars 1629], et un mois après l'Angleterre fit la paix avec la France, sans y comprendre les protestans. Rien n'empêchoit plus le Roi d'employer contre eux ses troupes victorieuses, et, afin que la guerre ne traînât pas en longueur, il fit avan-

ment, et à rompre la paix toutes les fois qu'il en seroit requis par Sa Majesté Catholique. Nous citerons textuellement un des articles qui fait connoître les projets et les espérances de Rohan. « Le cas advenant que « ledit sieur de Rohan, et ceux de son parti, se pussent rendre si forts « qu'ils se pussent cantonner et faire un Estat à part, il promet aux « catholiques le libre exercice de leur religion, etc. » Ce traité, signé à Madrid par J. Bilella pour le roi d'Espagne, et par de Clausel pour le duc de Rohan, se trouve à la suite d'une copie des mémoires. (Man. de la bibliothèque du Roi, n°. P. 80.)

(1) « Dieu permit, dit Rohan, que le Roi allât, vît et vainquît; car « forcer le pas des montagnes, prendre la ville de Suze, ravitailler « Casal et faire la paix avec le roi d'Espagne et le duc de Savoie, « furent une même chose. »

cer d'autres corps de tous les points du royaume.

« Voilà, dit Rohan, que six armées en même temps
« fondent sur nos bras, qui font plus de cinquante
« mille hommes, avec l'équipage de cinquante ca-
« nons, et de quoi tirer cinquante mille coups, etc. »
Les troupes royales envahissent le pays, font le dégât
dans les environs de Montauban, de Milhaud, de
Castres et de Nîmes; toutes les villes attaquées appellent Rohan, et le menacent d'ouvrir leurs portes s'il
ne vient à leur secours : il manque d'argent pour lever
des soldats, pour les entretenir, et pour réparer les
fortifications; le sac de Privas jette partout l'épouvante;
aucun officier ne veut plus prendre le commandement
des places qui peuvent être assiégées, les garnisons
refusent d'y rester; les chefs, désunis entre eux, ne
songent qu'à assurer leur salut, et méconnoissent l'autorité de Rohan, qui seul montre un courage inébranlable. Il ne se dissimuloit cependant pas qu'il étoit
impossible de résister plus long-temps (1), et qu'il
falloit se résoudre à accepter les conditions que la
cour dicteroit; mais il vouloit qu'il y eût un traité
fait au nom et de l'aveu de tous les protestans du
royaume, qui par là conserveroient au moins une
partie de leurs droits, et il étoit décidé à ne poser les
armes qu'après l'avoir obtenu. Il lui étoit d'autant plus
difficile de réussir, que l'on n'ignoroit pas la situation
des affaires des protestans, et qu'on pouvoit profiter de
leur foiblesse et de leurs discordes pour les accabler.

Il écrivit à la cour *qu'il mourroit gayement avec*

---

(1) Il restoit à peine trente places aux protestans. D'après un état
dressé vers la fin du siècle précédent, ils en avoient possédé plus de
deux cent vingt, et mille à onze cents châteaux forts.

la pluspart de ceux de son party, plustost que de n'obtenir une paix générale; qu'il estoit dangereux d'oster tout espoir de salut à des personnes qui ont les armes à la main; qu'il ne la traiteroit jamais tout seul, mais que si on lui donnoit quatre jours sans rien entreprendre, et sûreté pour consulter l'assemblée générale, il promettoit qu'on la feroit (1). Richelieu avoit intérêt à terminer les affaires des protestans, afin de pouvoir exécuter les projets qu'il méditoit depuis plusieurs années pour l'abaissement de la maison d'Autriche ; d'ailleurs la guerre sembloit être sur le point de se rallumer en Italie; il falloit envoyer des forces de ce côté, et tout le fruit des succès obtenus dans la Guienne et dans le Languedoc étoit perdu, si l'on dégarnissoit ces provinces de troupes avant de les avoir entièrement pacifiées. Il n'hésita donc point à accorder la trève. Les négociations faillirent être rompues par quelques villes protestantes qui offrirent de traiter isolément, et contre lesquelles le duc de Rohan crut devoir prendre des précautions : sa démarche fut présentée comme une infraction à la trève ; mais cet incident n'eut pas de suite, et le traité fut signé le 27 juin 1629. Dès le lendemain l'édit de pacification fut publié.

Richelieu, qui vouloit ramener les protestans, n'avoit point abusé de leur position ; il leur conservoit tous leurs droits, promettoit l'oubli du passé, mais il avoit exigé la démolition des fortifications de toutes leurs places. Rohan avoit chargé les députés de régler ce qui le concernoit personnellement, lorsque toutes les difficultés auroient été levées sur les affaires générales.

(1) **Discours sur les derniers troubles.**

Un article du traité annula l'arrêt rendu contre lui par le parlement de Toulouse, le rétablit dans tous ses biens, honneurs et dignités. Le Roi, par un article secret, lui accorda 100,000 écus pour le dédommager du dégât qui avoit été fait dans ses châteaux et dans ses terres. Il en dépensa les quatre cinquièmes pour payer les gens de guerre qui avoient servi sous lui.

On a vu plus haut que Rohan, dans son manifeste publié au commencement de la guerre, avoit annoncé l'intention de quitter la France à la paix. Les circonstances dans lesquelles il se trouvoit placé ne lui permettoient pas d'hésiter à accomplir cette promesse. Il s'étoit rendu trop redoutable pour se mettre à la merci de Richelieu, et il n'avoit aucun appui à espérer des protestans qui étoient abattus, et parmi lesquels d'ailleurs il comptoit presque autant d'ennemis que parmi les catholiques [1]. Il demanda la permission de se retirer à Venise, et l'obtint d'autant plus facilement, que Richelieu n'auroit pas vu sans inquiétude son séjour dans le royaume. On chargea le duc de La Vallette de l'accompagner pendant son voyage, et l'ordre fut donné de le traiter avec une distinction particulière jusqu'à Toulon, où il trouva pour lui et pour sa suite deux galères équipées qui le transportèrent à Gênes. Il y fut accueilli très-honorablement, se rendit à Parme, s'embarqua sur le Pô, et arriva à Venise le 5 août 1629.

L'historien de sa vie remarque que dans cette ré-

---

[1] Les reproches que lui adressoient de toutes parts les protestans le forcèrent de publier une apologie de sa conduite. Comme cette apologie présente des faits et des détails très-curieux, nous la donnerons à la suite des mémoires.

publique, où l'on étoit si scrupuleux sur le cérémonial et sur l'étiquette, on s'écarta des règles ordinaires pour le duc de Rohan, et qu'on lui fit une réception aussi brillante qu'à un souverain.

Le duc de Rohan retrouva à Venise sa femme et sa fille, qui y étoient restées pendant la guerre. Cette ville, qu'il avoit vue en 1600, avoit alors vivement frappé son imagination. Après en avoir fait une description brillante dans la relation de ses voyages dont nous avons déjà parlé, il ajoutoit : « Contente-« toy donc, ma mémoire, de te ressouvenir qu'ayant « veu Venise tu as veu un des cabinets de merveilles « du monde, duquel je suis party aussi ravy et con-« tent, tout ensemble, de l'avoir veue, que triste d'y « avoir demeuré si peu, méritant, non trois ou quatre « semaines, mais un un siècle pour la considérer à « l'égal de son mérite. »

Les hommes qui ont vécu pendant un grand nombre d'années au milieu des troubles et qui ont été à la tête des factions, ont ordinairement peine à s'habituer à une vie calme et tranquille. Rohan ne parut pas s'apercevoir du changement ; *il ne pouvoit comprendre comme un homme raisonnable se pouvoit ennuyer ; cela n'arrivoit, disoit-il, qu'à ceux qui, n'ayant aucunes qualités d'esprit, ne subsistent que par la fortune; et quand elle les abandonne, et qu'ils ont perdu l'air fainéant et enchanteur de la cour, ils demeurent exposés au chagrin, et tombent dans des inquiétudes qui les rendent incapables de repos et de plaisir.* Il partagea son temps entre la lecture, le travail et la conversation des savans et des personnages les plus considérables de la ville. Les étrangers de distinction recherchoient sa société, et étoient curieux d'entendre un homme dont le nom avoit fait tant de bruit en Europe.

Ce fut pendant son séjour à Venise qu'il composa ses premiers mémoires, qui commencent à la mort de Henri IV, et finissent au mois de juin 1629. « Je les laisse à la postérité, dit-il dans sa préface, « afin qu'après ma mort la vérité des choses que j'ai « veues ne demeure obscurcie par les fables des « flatteurs, et par les invectives des persécuteurs; je « n'y apporte déguisement ny passion, et laisse à un « chacun la liberté d'en juger à sa fantaisie. » Néanmoins, dans cette même préface, il oublie déjà l'impartialité qu'il annonce, et qui seule peut faire ajouter foi aux récits d'un historien. Non-seulement il accuse avec aigreur les puissances étrangères de n'avoir point fait ce qu'elles devoient faire pour sauver les protestans, mais il traite encore plus mal les protestans eux-mêmes. Il attribue à leur lâcheté, à leur avarice, à leur corruption, tous les revers qu'ils ont éprouvés ; et après avoir vanté le courage et le dévouement de ceux qui ont introduit la religion prétendue réformée en France, il ajoute : « A peine nos « nepveux pourront-ils croire qu'ils soient issus de si « braves ayeux et de si infames peres. » Aigri par le mauvais succès de ses entreprises, il accuse tout le monde, et ne peut se décider à reconnoître qu'elles ont été mal conçues ou mal dirigées. Dans ses mémoires, il rejette tout le blâme sur ceux qui ont pris part aux troubles, et se présente toujours comme étant seul à l'abri de tout reproche. Enfin, lorsqu'il ne peut imputer ses défaites, ni à l'étranger, ni à ses partisans, il y voit un effet de la colère céleste que les protestans ont attirée sur eux par leur relâchement et par leur impiété. Jamais il ne confesse qu'il a eu tort ou qu'il s'est trompé.

S'il juge avec sévérité les hommes qui ont combattu pour la même cause que lui, on ne doit pas s'attendre qu'il ait plus d'indulgence pour ses adversaires. Tous ceux dont il a eu à se plaindre sont flétris dans ses mémoires, et l'on voit avec peine que le ressentiment étouffe chez lui toute idée de justice. Aussi Grotius, qui avoit lu les mémoires manuscrits de Rohan, en 1638 écrivoit-il à Oxenstiern (1) : « Ce « livre ne sera bien reçu ni en Angleterre, ni dans les « Provinces-Unies, ni en France. Le roi de la Grande-« Bretagne et les Etats-Généraux y sont accusés d'avoir « abandonné les intérêts de leur religion, et fourni « même de quoi la détruire ; les principaux seigneurs « réformés de la France sont taxés de trahison et de « perfidie ; enfin le génie de ceux qui sont encore ici « au timon des affaires y est vivement dépint. » L'abbé Legendre considère l'ouvrage sous un autre point de vue : « Les mémoires de Rohan, dit-il, sen-« tent son homme de qualité, qui parle également « bien de la guerre et du cabinet ; hors quelques « phrases surannées, et quelques vieux termes, la « diction en est assez pure, le style clair et laconique : « ce duc narre agréablement, et donne à tout ce qu'il « dit un air à se faire croire, dans les occasions même « où il doit être le plus suspect. »

Cette dernière observation est très-juste ; Rohan

(1) Grand chancelier de Suède.

parle toujours en homme convaincu, et l'on est séduit malgré soi par le ton de franchise et d'assurance qui règne dans ses récits. Il est certain cependant que si l'on ne consultoit que ses mémoires pour tout ce qui concerne l'histoire des premières années du règne de Louis XIII et des guerres de religion, on n'auroit le plus souvent que des idées fausses sur les hommes et sur les choses. Mais comme les auteurs contemporains du parti opposé ont, de leur côté, dissimulé les fautes des catholiques, et exagéré celles des protestans, ce n'est qu'en étudiant les différentes relations, en les comparant entre elles, qu'on peut espérer de découvrir la vérité.

Personne n'a connu mieux que Rohan les affaires des protestans depuis la mort de Henri IV jusqu'à l'édit de pacification de 1629. Il a exposé avec clarté leur position, leurs forces, leurs ressources, leurs projets, leurs espérances, les moyens qu'il falloit mettre en usage pour les soulever ou pour les contenir, les intrigues qui les divisoient, et l'embarras des chefs qui ne pouvoient rien entreprendre que de concert avec les assemblées des différentes villes dont les intérêts étoient souvent opposés. Sous ce point de vue, ses mémoires sont très-instructifs. On y voit combien il étoit facile aux ambitieux d'allumer à chaque instant la guerre civile, et d'ouvrir la France à l'étranger. Aucun ouvrage ne prouve avec plus d'évidence que la tranquillité ne pouvoit jamais être assurée en France, tant que les protestans auroient des places fortifiées, des ports à eux, et un gouvernement particulier à peu près indépendant de celui du Roi. Ces mémoires ne sont pas moins curieux par les détails qu'ils donnent sur les opérations du duc de Rohan, dont on ne peut s'empêcher d'admirer le grand caractère, le génie et le courage, tout en regrettant qu'il n'ait employé ses talens supérieurs qu'à exciter des troubles dans sa patrie, et à y appeler les armées étrangères.

Si l'on en croit la duchesse de Rohan, ce seroit à cette époque que le Grand-Seigneur auroit proposé à Rohan de lui céder la souveraineté de l'île de Chypre, moyennant une somme de 200,000 écus et un tribut annuel de 20,000. Elle prétend que l'arrangement étoit à peu près conclu; que ce fut pour réunir les fonds nécessaires que son mari l'envoya en France au mois d'octobre 1630, et que la mort du patriarche Cyrille et d'autres incidens firent manquer l'affaire. Comme ces détails se trouvent dans le mémoire où elle essaie de prouver que Tancrède est fils du duc de Rohan, il est permis de les révoquer en doute, et de supposer qu'ils sont un épisode du roman. Elle assure que Sanzi, qui étoit alors ambassadeur à Constantinople, a eu connoissance du traité, et en a rendu témoignage en plusieurs lieux; mais rien ne justifie cette assertion.

Cependant la guerre s'étoit rallumée en Italie. Le duc de Savoie avoit livré passage aux Espagnols, les Impériaux s'avançoient d'un autre côté, et le duc de Mantoue, contre lequel les forces étoient dirigées, se voyoit sur le point d'être chassé de ses Etats. Le Roi lui envoya des secours, et les Vénitiens, ses alliés, firent marcher une armée qui fut mise en déroute complète devant Mantoue. Le sénat attribua la défaite au général, et confia le commandement des troupes de la république à Rohan, auquel il assigna une pension considérable pour sa vie entière (1). Rohan se disposoit à réparer l'échec que les Vénitiens avoient éprouvé, lorsque le traité de Quérasque termina la guerre [mai 1631]. N'ayant plus rien qui le retînt à Venise, il alla s'établir à Padoue, où il séjourna pendant assez long-temps. Il y composa un ouvrage intitulé *le Parfait Capitaine* (2), et, comme il désiroit de se réconcilier avec la cour, il en fit la dédicace à Louis XIII. Après avoir dit au Roi qu'il lui adresse *les marques de son oisiveté*, il établit que César a été le plus grand de tous les capitaines, et que, quoique l'invention de la poudre ait changé la manière de faire la guerre, on peut trouver dans ses *Commentaires* des préceptes et des exemples très-utiles. Il fait donc un extrait des *Commentaires de César,* en y ajoutant des observations; puis il examine l'ordre militaire chez les Grecs, et le compare à celui des Romains. Il termine en passant en revue avec détail tout ce qui a rapport à la levée des troupes, au bon choix des soldats, à leur instruction, à la discipline des corps, aux qualités que l'on doit exiger dans les chefs, aux différentes parties de la tactique, et fait à chaque article l'application des principes qu'il a posés dans le cours de son ouvrage.

On ignore l'époque précise à laquelle le livre de *l'Intérêt des Princes* a été composé (3); mais comme

---

(1) Cette pension fut portée jusqu'à 25,000 écus. — (2) *Le Parfait Capitaine,* autrement l'*Abrégé des guerres des Commentaires de César,* augmenté d'un *Traité de l'intérêt des Princes et Estats de la chrestienté.* Rouen, *in-*12, 1667. — (3) L'abbé Pérau pense que Rohan composa le traité de *l'Intérêt des Princes* pendant le séjour qu'il fit en

il a été imprimé à la suite du *Parfait Capitaine*, nous ne séparerons pas ces deux ouvrages. Le duc de Rohan dédia son *Traité de l'Intérêt des princes* au cardinal de Richelieu, et, en lisant l'épître dédicatoire, on voit combien il a de peine à faire fléchir la fierté de son caractère pour être agréable au ministre. Le plan de l'ouvrage est très-simple. L'auteur pose en principe que si les princes commandent aux peuples, l'intérêt commmande aux princes. Dès lors les princes doivent s'attacher à bien connoître leurs intérêts; ceux de leurs Etats et ceux des Etats rivaux. Après avoir examiné quels sont les véritables intérêts de la France, de l'Espagne, de l'Allemagne, de l'Angleterre, des princes d'Italie, des Suisses et des Pays-Bas, il s'attache à prouver, en rappelant tout ce qui s'est passé depuis cinquante ans, que ces différentes puissances ont obtenu des avantages lorsqu'elles ont agi suivant leurs intérêts, et qu'elles ont éprouvé des revers toutes les fois qu'elles s'en sont écartées. Nous ne nous étendrons pas plus longuement sur cet ouvrage qui annonce une connoissance approfondie de la situation de l'Europe; mais nous citerons un passage dans lequel l'auteur fait un éloge de la conduite du cardinal de Richelieu, lorsque ce ministre triompha de toutes les intrigues dirigées à Lyon contre lui pendant la maladie du

Suisse en 1633. Mais on verra qu'à cette époque il avoit beaucoup à se plaindre de Richelieu, et qu'il devoit être peu disposé à faire son éloge. Dans un des manuscrits de la bibliothèque du Roi (n°. 230) l'épître dédicatoire est datée de Paris le 1er. août 1634. Il y a donc lieu de croire que le livre *de l'Intérêt des princes* fut fait à Paris en 1634, lorsque Rohan fut appelé à la cour, et y attendit pendant plusieurs mois les ordres du Roi.

Roi. « Là parut, dit-il, la vertu de celui contre le-
« quel toutes ces machines étoient dressées ; car
« enfin il sortit de ce labyrinthe par le fil de l'hon-
« neur. Casal est glorieusement secouru, le duc de
« Mantoue restably dans ses Estats, et (ce qui sem-
« blera incroyable à ceux qui viendront après nous)
« il en est investy par l'Empereur ; les Grisons sont
« remis en liberté, l'Italie est délivrée des armes
« estrangères, et la porte luy demeure ouverte à
« son secours, et par divers manquements du duc
« de Lorraine on s'asseure de ses Estats ; par ce
« moyen-là, la communication d'Italie et de Flandre
« est rompue. »

Vers le mois d'octobre 1631, le duc de Rohan reçut des lettres du Roi, qui lui ordonnoit de se rendre
dans le pays des Grisons, que la France devoit protéger contre les entreprises de l'Espagne et de l'Empire. Ces lettres contenoient les expressions les plus
flatteuses pour le duc ; mais, en l'appelant à un commandement supérieur, on ne déterminoit pas ses
pouvoirs, on ne lui envoyoit pas l'état des troupes
qui devoient être sous ses ordres, on ne lui donnoit
pas d'instructions, et les ambassadeurs de France en
Piémont étoient chargés de lui faire connoître les
intentions ultérieures du Roi. Rohan eut d'abord des
soupçons ; il craignit qu'on ne voulût l'engager dans
une affaire qui n'auroit pas de suite, et qui pouvoit
le priver de la protection des Vénitiens. Cependant
le vif désir qu'il avoit de se rétablir dans l'esprit du
Roi l'emporta sur toute autre considération. Il alla
de Padoue à Venise, se présenta au sénat, et lui demanda la permission d'accepter le commandement

que le Roi lui donnoit, sans renoncer à celui que la république lui avoit confié. Le doge lui répondit que les Vénitiens *avoient de la joie que le Roi lui donnât matière de faire voir sa valeur et sa fidélité pour la France, et de justifier ses actions passées par celles qu'il alloit faire.* Non-seulement il ne perdit point son titre de général des armées de la république, mais on lui conserva ses pensions.

Le duc de Rohan se mit en route au commencement de décembre 1631, et il arriva bientôt à Coire, ville capitale des Grisons. C'est à cette mission que commencent ses mémoires sur la guerre de la Valteline, dont il explique l'origine et les causes dans le préambule. Sa réputation l'avoit précédé chez les Grisons, qui virent en lui un libérateur, et le nommèrent général des trois ligues (1). Le Roi, en approuvant ce choix, lui donna le commandement de toutes les troupes qui pourroient être à la solde de la France dans le pays.

L'entreprise projetée dans le pays des Grisons n'ayant pas eu lieu, Rohan fut envoyé ambassadeur extraordinaire en Suisse au mois d'avril 1632. Avant même de quitter Coire, il agit en cette qualité auprès de l'archiduc Léopold d'Autriche, pour faire respecter la ville de Mulhausen que les Impériaux menaçoient. Le principal objet de son ambassade étoit de déterminer les Suisses à refuser tout passage aux troupes autrichiennes. Après avoir obtenu ce que la cour désiroit, il s'occupoit à terminer des différends qui s'étoient élevés entre quelques cantons, lorsqu'un ordre du

(1) Les Grisons étoient divisés en trois ligues : la ligue grise, la ligue cadée; et la ligue des dix droitures.

Roi lui prescrivit de partir sur-le-champ pour Venise, où il devoit conférer avec l'ambassadeur de France. Il obéit, et fut très-étonné, quand il se présenta chez l'ambassadeur, d'apprendre que celui-ci n'étoit chargé de lui faire aucune communication. Se voyant ainsi joué par le ministère, il ne resta que peu de temps à Venise, quoiqu'il lui fût ordonné d'y prolonger son séjour; il retourna en Suisse, et écrivit à la cour que sa santé exigeoit qu'il prît les eaux de Bade.

Les mémoires du temps font diverses conjectures sur les motifs qui avoient porté le cardinal de Richelieu à expédier l'ordre dont on vient de parler. Les uns pensent que Rohan commençoit à causer de l'ombrage par le crédit qu'il acquéroit chez les Suisses et les Grisons; d'autres prétendent qu'on avoit jugé prudent de l'éloigner au moment où le duc d'Orléans entroit en France et se portoit sur le Languedoc, où Rohan avoit encore un parti considérable. Quoi qu'il en soit, il demeura à Bade pendant l'année 1633, et ses ennemis n'eurent rien à lui reprocher qui fût contraire au service du Roi. Il s'occupa à rectifier les cartes de la Valteline et du pays des Grisons, faisant scrupuleusement reconnoître tous les lieux sur lesquels on n'avoit pas des notions complètes et certaines.

Si les circonstances le lui eussent permis, il avoit également le projet de faire dresser de nouvelles cartes du duché de Milan, du comté de Bourgogne (aujourd'hui la Franche-Comté) et de l'Alsace, prévoyant que ces contrées pourroient bientôt devenir le théâtre de la guerre. Il s'occupa en outre à étudier à fond l'histoire et l'organisation intérieure de la Suisse, et il composa un *Traité du gouvernement des Treize-Cantons*.

Ses travaux furent interrompus par un ordre de la cour qui le nommoit, de nouveau, général des troupes françaises chez les Grisons et dans la Valteline, et ambassadeur extraordinaire en Suisse. Les opérations dont il devoit être chargé étoient, d'après le plan de Richelieu, subordonnées aux succès ou aux revers que les Suédois éprouvoient en Allemagne; et chaque bataille faisoit modifier ses instructions. Aussi se plaint-il, dans un manifeste (1) qu'il publia plus tard, *d'avoir eu six fois commandement d'entrer dans la Valteline, et six fois commandement de superséder.*

De nouvelles discussions s'étant élevées en Suisse entre les cantons protestans et les cantons catholiques, ces derniers accusèrent le duc de Rohan de fomenter lui-même les mésintelligences, afin d'être choisi pour chef par les protestans et de se rendre maître du pays. Ses relations avec le maréchal Horn accréditèrent ces bruits, qui inquiétèrent le ministère français, et il fut mandé à la cour, au commencement de l'année 1664. Rohan hésita, il craignoit qu'on n'attentât à sa liberté; il différa son départ, s'arrêta en route, et alla enfin trouver le Roi, qui par un accueil affectueux dissipa tous ses soupçons. En l'appelant on avoit pris pour prétexte la nécessité de conférer avec lui sur un plan de campagne, et on le laissa pendant quatre mois sans lui faire aucune ouverture.

Cependant les Suédois, qui avoient perdu la bataille de Nordlingen [6 septembre 1634], et qui se voyoient

---

(1) Manifeste du duc de Rohan sur les dernières occurrences arrivées au pays des Grisons et de la Valteline.

sur le point d'être chassés de l'Allemagne, pressoient vivement le Roi de faire occuper la Valteline, afin d'arrêter les renforts que les Espagnols envoyoient contre ceux d'Italie.

Jusqu'alors la France n'avoit fait ouvertèment la guerre qu'au duc de Lorraine ; on la déclara à l'Empire et à l'Espagne, et cinq armées furent mises sur pied. Rohan eut le commandement de celle d'Alsace au commencement de 1635. Il repoussa le duc de Lorraine, s'empara de quelques places ; mais Richelieu, qui ne vouloit que donner le change à l'ennemi, et qui destinoit cette armée à agir dans la Valteline, lui envoya subitement l'ordre de s'y porter à marches forcées. Il fut bientôt attaqué par les Impériaux, gagna sur eux trois batailles, quoiqu'il leur fût inférieur en nombre, et se montra digne d'être placé au rang des plus grands capitaines. Le roi d'Espagne essaya de le gagner en lui offrant la souveraineté du pays qu'il venoit de conquérir. Rohan fit pendre comme espion l'agent qui lui fut envoyé (1), et remporta bientôt après une quatrième victoire sur les Espagnols. [Novembre 1635.]

Ces succès lui valurent des témoignages éclatans de la satisfaction de la cour ; il reçut des lettres de félicitation du Roi, et fut chargé de donner des drapeaux blancs aux régimens qui s'étoient distingués, des brevets de maréchaux de camp aux officiers supérieurs, et des lettres de noblesse aux soldats qui avoient montré le plus de courage (2). Rohan tira parti

---

(1) Quelques-uns ont cru que cet agent avoit été envoyé, non par le roi d'Espagne, mais par Marie de Médicis alors retirée à Bruxelles. — (2) Les victoires de Rohan produisirent d'autant plus d'effet à la cour,

de ses victoires en enlevant aux Espagnols toutes les places qu'ils possédoient encore dans la Valteline. Cette campagne est l'une de celles qui honorent le plus les armes françaises ; elle est citée comme un modèle dans plusieurs ouvrages sur l'art militaire. Après avoir traité avec les Grisons pour la souveraineté et la sûreté du pays, il envahit le Milanez ; mais comme il devoit agir de concert avec le duc de Savoie, il fut arrêté par l'inaction de ce prince, et obligé de retourner dans la Valteline.

Il trouva les Grisons animés contre la France, qu'ils accusoient de manquer au dernier traité (1) qu'on avoit conclu avec eux. Il s'attachoit à les calmer lorsqu'il tomba dangereusement malade, et fut pendant plusieurs jours dans une léthargie complète. Le bruit courut qu'il étoit mort ; les Espagnols mirent le comble à sa gloire en faisant, à cette nouvelle, tirer le canon dans tout le Milanez en signe de réjouissance, et ils profitèrent de sa maladie pour traiter avec les Grisons. Lorsqu'il fut en état de s'occuper d'affaires, il chercha les moyens d'empêcher une rupture ; il pria instamment la cour d'envoyer de l'argent pour solder ce qui étoit dû aux troupes que les Grisons avoient fournies, et de les rétablir sans modification dans la souveraineté de la Valteline, ainsi qu'on en avoit pris l'enga-

---

que l'on n'avoit guère éprouvé que des revers sur les autres points. Aussi disoit-on alors assez publiquement *que sans le duc de Rohan la Gazette de Paris n'auroit pas eu grand'chose à raconter de la prospérité des armes françaises depuis la bataille d'Avein.* (Levassor, *Hist. de Louis XIII.*)

(1) On leur avoit promis de les mettre en pleine possession de la Valteline, et Richelieu ne vouloit pas la faire évacuer par les troupes françaises.

gement par le dernier traité ; il ne reçut aucune réponse. Le mal empirant chaque jour, il se fait porter à Coire, obtient des délais, écrit de nouveau à la cour, et donne des espérances qu'il ne peut réaliser : les Grisons, qui se croient à la fin joués par lui, font des dispositions pour l'arrêter, et il n'a que le temps de se jeter dans le fort du Rhin. La garnison de ce fort n'étoit que de 200 hommes ; il n'y avoit ni vivres ni munitions, et les Grisons se préparoient à l'attaquer. Dans cette extrémité il ne perd pas courage ; il demande de tous côté des secours, et les Suisses consentent à ménager un accommodement. Il fut convenu, le 26 mars 1637, que toutes les troupes françaises seroient retirées du pays des Grisons et de la Valteline avant le 5 mai suivant ; que le fort du Rhin seroit occupé par les Suisses jusqu'à ce que l'évacuation fût terminée, et que Rohan resteroit à Coire comme otage pour l'exécution du traité. Les Espagnols demandèrent que le duc leur fût livré, mais les Grisons s'y refusèrent.

Le duc de Rohan, ayant reçu de la cour l'autorisation d'évacuer la Valteline, donnoit des ordres pour la marche des troupes, lorsque le comte de Guébriant vint annoncer que le Roi avoit changé d'avis ; mais il étoit trop tard, et Guébriant reconnut lui-même qu'il étoit impossible de revenir sur les conditions du traité. Ici finissent les mémoires du duc de Rohan sur la guerre de la Valteline. Il obtint sa liberté aussitôt que toutes les places eurent été remises aux Grisons. Les principaux du pays voulurent l'accompagner jusqu'à la frontière, et, suivant l'auteur de l'histoire de sa vie, ils lui dirent en le quittant,

« que les choses qu'il avoit faites pour eux étoient si
« grandes et si extraordinaires, que quand ils lui dres-
« seroient autant de statues qu'il y avoit de rochers
« dans leurs montagnes, ils ne feroient pas encore
« assez paroître leur reconnoissance à la postérité. »

Les derniers ordres dont le comte de Guébriant avoit été porteur indiquoient la manière dont seroit reçue à la cour la nouvelle de l'évacuation de la Valteline. Le duc de Rohan ne tarda pas à apprendre qu'on blâmoit sa conduite, qu'on le rendoit responsable des événemens après lui avoir refusé tous moyens de défense [1], et que ses ennemis alloient même jusqu'à l'accuser d'avoir agi d'intelligence avec les Grisons et avec les Espagnols. Cependant le Roi ne lui donna aucune marque apparente de mécontentement. « J'eusse
« souhaité, lui écrivit-il, que l'affaire de la Valteline
« eût mieux réussi; mais puisqu'elle est sans remède
« il faut penser à relever l'honneur de mes armes,
« dans le pays même où les ennemis prétendent pro-
« fiter davantage de l'inconstance et de la légèreté des
« Grisons. Si vous ne jugez pas qu'il soit absolument
« nécessaire que vous conduisiez vous-même mes
« troupes en Italie, je trouve bon que vous veniez
« faire un tour de quelques jours auprès de moi;
« vous apprendrez plus particulièrement mes des-

---

[1] On lit dans une lettre écrite en 1668 ou 1669, que le cardinal de Richelieu avoit eu, en 1637, intention de marier un de ses neveux avec la fille du duc de Rohan, qu'il avoit chargé Priolo, secrétaire du duc, d'en faire la proposition, qui fut repoussée avec dédain; et que dès lors Richelieu résolut de perdre Rohan en lui refusant toute espèce de secours. (Quelques fragmens de cette lettre, qui étoit conservée par la famille de Priolo, ont été imprimés en 1760, dans le 3e. volume de la *Bibliothèque militaire*.)

« seins touchant la guerre de ce côté-là; en ce cas
« vous remettrez la conduite de mes troupes aux
« sieurs de Guébriant et de Lucques; je leur ordonne
« de servir en Italie. »

Nous avons cité cette lettre parce qu'elle décida du sort du duc de Rohan; il crut qu'on vouloit l'attirer à la cour pour l'arrêter, ou qu'on lui réservoit, s'il alloit en Italie, le même sort qu'au maréchal de Marillac. Il se démit du commandement et se retira à Genève, où il espéroit que la protection des Suisses le mettroit à l'abri de toute entreprise. A peine y étoit-il que le Roi lui ordonna d'entrer dans le comté de Bourgogne avec une partie de l'armée. Ces nouveaux ordres confirmèrent ses soupçons, qui furent changés en certitude par les lettres que lui écrivirent quelques amis qu'il avoit à la cour. Il chercha à gagner du temps, et demanda au Roi la permission de rester à Genève afin de rétablir sa santé (1).

Pendant son séjour dans cette ville, les Espagnols, qui le voyoient mal avec la cour, essayèrent de le gagner, et lui offrirent les mêmes avantages que le Roi venoit d'accorder au duc de Weimar, qui avoit passé du service de Suède au service de France. Le duc de Rohan, soit qu'il eût été un moment séduit par ces propositions, soit qu'il voulût seulement intimider Richelieu, ne parut pas éloigné d'entrer en négo-

(1) « Je ne prétends point décider, dit Grotius dans une lettre à « Oxenstiern, qui a tort ou raison dans cette affaire (de la Valteline); « mais il me semble que le duc de Rohan fait fort bien de demeurer à « Genève, et de ne point venir en France. » En effet, le duc de Longueville commandoit déjà dans le comté de Bourgogne; il n'étoit pas question de le rappeler, et deux généraux n'étoient pas nécessaires dans ce pays.

ciation : cependant il finit par refuser ; mais l'espèce d'hésitation qu'il avoit laissé entrevoir, et dont Richelieu avoit été informé par ses espions, le rendit encore plus suspect à la cour. Pour connoître à fond ses dispositions, le père Joseph, confident de Richelieu, imagina de lui envoyer une lettre supposée du cardinal Infant, frère du roi d'Espagne, et résidant à Bruxelles comme gouverneur des Pays-Bas. Dans cette lettre le prince prodiguoit les éloges les plus pompeux à Rohan, félicitoit l'Espagne de l'acquisition qu'elle alloit faire, et prioit le duc de mettre Sa Majesté Catholique au comble de ses vœux, en acceptant au plus tôt ses propositions. Rohan connoissoit l'écriture et la signature de l'Infant ; elles étoient parfaitement imitées ; mais, en examinant le papier, il y aperçut la marque de France, et découvrit ainsi le piège qu'on lui tendoit. Il répondit « qu'il étoit
« trop bon Français, trop passionné pour le service
« du Roi, pour écouter aucune proposition au préju-
« dice de son service ; que, quelque mauvais traite-
« ment qu'on lui fît à la cour, on pourroit bien lui
« donner quelque sujet de s'en plaindre, mais jamais
« de manquer de fidélité. »

Il espéroit que cette réponse détruiroit tous les soupçons qu'on avoit sur lui. Il n'en fut pas ainsi : toutes ses démarches étoient surveillées, et interprétées défavorablement ; on sut que les agens espagnols lui faisoient de nouvelles propositions, et qu'il entretenoit une correspondance très-active avec le duc de Weimar. Richelieu craignit qu'il ne cédât enfin aux sollicitations de l'Espagne, et encore plus qu'il ne se concertât avec le duc de Weimar pour relever le parti protestant en France. Dans l'un comme dans l'autre cas, son séjour à Genève donnoit de sérieuses inquiétudes, qu'il augmentoit lui-même par l'obstination qu'il mettoit à demeurer dans cette ville. Il eut ordre formel de se retirer à Venise.

Le duc de Rohan fut vivement piqué de cet ordre; il n'osa point rester plus long-temps à Genève (1); mais, convaincu que les dispositions étoient faites pour l'enlever sur la route s'il se rendoit à Venise, il alla à Berne (2), et proposa au duc de Weimar une entrevue à Lindebourg. Ces deux grands généraux, unis depuis long-temps par une estime réciproque et par des intérêts de religion, eurent une longue conférence (3), dans laquelle il fut convenu que le duc de Rohan se rendroit à l'armée du duc de Weimar.

Aussitôt qu'il y fut arrivé, il écrivit au Roi qu'il ne pouvoit aller à Venise que par le pays des Grisons ou par le Milanez. « Le premier chemin m'étant désormais interdit, ajoutoit-il, je ne puis passer par le « duché de Milan sans un ordre exprès de Votre « Majesté; je la supplie très-humblement de me permettre d'attendre dans l'armée de M. le duc de « Weimar ce qu'il lui plaira de me commander. »

(1) Le Roi avoit écrit aux magistrats de Genève, et les avoit engagés de la manière la plus pressante, à ne pas permettre que le duc prolongeât son séjour dans leur ville. — (2) Le jour même où il partit de Genève, des détachemens de cavalerie parurent dans les environs de Versoix, ville qui se trouvoit sur la route qu'il étoit censé devoir prendre. Rohan crut que ces détachemens avoient été envoyés pour l'arrêter. On n'a jamais connu leur véritable destination; mais ils se retirèrent aussitôt qu'ils apprirent que Rohan étoit arrivé à Berne, et la ville de Versoix appartenoit au prince de Condé. — (3) On y arrêta le mariage de la fille du duc de Rohan avec le duc de Weimar. Ce mariage n'eut pas lieu.

Cette lettre excita beaucoup d'agitation à la cour; on ne douta plus qu'il n'y eût un projet formé de soulever de nouveau les protestans. « La cour de France, « écrivoit Grotius, pense à ses propres affaires et « non pas à celles des protestans d'Allemagne; les fré-« quens entretiens des ducs de Weimar et de Rohan « lui sont suspects. S'il y avoit, ajoute-t-il, dans le « voisinage de la France une armée sous le comman-« dement d'un général protestant, les protestans du « royaume y accourroient en foule ; on croit du moins « avoir sujet de l'appréhender. »

Ces inquiétudes n'étoient point fondées ; les ducs de Weimar et de Rohan, loin de penser à rallumer la guerre civile dans le royaume, se préparoient à combattre les ennemis de l'Etat. Ils firent quitter aux troupes les quartiers d'hiver, s'emparèrent de Lauffenbourg, de Waldshut, de Seckingen, et ils étoient occupés au siége de Rhinfeld, lorsque Rohan reçut une lettre du Roi qui lui enjoignoit de se retirer à Berne, et d'y attendre ses ordres.

Au moment où ces lettres arrivèrent, on alloit avoir à combattre les Impériaux qui s'avançoient pour essayer de délivrer la ville, et il n'étoit pas dans le caractère du duc de Rohan, quelle que dût être sa détermination ultérieure, de quitter l'armée la veille d'une bataille. Le duc de Weimar lui offrit le commandement, mais il refusa, et désira servir comme simple volontaire (1). Weimar faisoit toutes ses dis-

---

(1) « Il voulut combattre comme soldat pour connoître la diffé-« rence qu'il y avoit à jouer de la tête ou de la main. » (*Histoire du duc de Rohan*, écrite à Genève en 1664.) Le manuscrit est déposé à la bibliothèque du Roi, n°. 9254, et ne porte pas le nom de l'auteur.

positions pour se tenir sur la défensive ; Rohan lui représenta qu'il n'avoit pas assez de troupes pour rester dans les retranchemens, où il seroit attaqué à la fois par les assiégés et par l'armée impériale, et qu'il falloit aller au devant de l'ennemi. Ce conseil fut suivi, et on se trouva bientôt en présence. Rohan se plaça à la tête du régiment de Nassau, qui étoit le plus avancé, reconnut la position des Impériaux, et ayant jugé l'instant favorable pour l'attaque, il en avertit le duc de Weimar, qui donna sur-le-champ le signal.

L'action fut longue et meurtrière ; Rohan, qui dans la Valteline avoit vaincu plusieurs fois les Allemands, s'indignoit de la résistance qu'il rencontroit ; il fit des prodiges de valeur, et finit par enfoncer entièrement l'aile qui lui étoit opposée. Mais comme on l'avoit facilement reconnu pour un personnage de distinction, tous les efforts avoient été dirigés contre lui ; son écuyer étoit tombé mort à ses côtés ; les officiers qui l'entouroient avoient été presque tous tués ou mis hors de combat ; lui-même s'engagea tellement dans la mêlée, que sa casaque fut brûlée, sa cuirasse percée en plusieurs endroits, et qu'il fut blessé de deux coups de mousquet, l'un au pied, l'autre à l'épaule ; son cheval ayant été renversé en poursuivant l'ennemi, ceux qu'il venoit de vaincre le firent prisonnier, le jetèrent en croupe sur un autre cheval, et l'emmenèrent avec eux en fuyant. Mais le major du régiment de Nassau parvint à les rejoindre, et délivra

---

L'histoire de Rohan, publiée plus tard, et attribuée à Fauvelet du Toc, paroît avoir été composée sur ce manuscrit, mais elle est beaucoup plus complète.

le duc, qu'il fit transporter sur un brancard à Lauffenbourg.

La victoire étoit complète à l'aile où se trouvoit le duc de Rohan, mais le centre et l'autre aile furent entièrement défaits. On perdit beaucoup de monde et une partie de l'artillerie. Cette bataille fut livrée le 1er. mars 1638 ; deux jours après, le duc de Weimar revint attaquer l'ennemi, qui, ne le croyant plus en état de reparoître, ne se tenoit pas sur ses gardes. Une terreur panique s'empara des Impériaux ; ils prirent la fuite presque sans combattre, abandonnant leurs drapeaux, leurs canons, leurs munitions et tous leurs bagages. Weimar fit un très-grand nombre de prisonniers, parmi lesquels se trouvèrent les quatre généraux des troupes allemandes (1).

Les blessures du duc de Rohan étoient plus graves qu'on ne l'avoit jugé d'abord ; il souffroit chaque jour davantage : espérant que le changement d'air lui procureroit quelque soulagement, il se fit transporter à Zurich, puis à Kœnigsfeld (abbaye fortifiée, dépendante du canton de Berne), afin de prouver que son intention étoit d'obéir aux derniers ordres de la cour. Au milieu de ses douleurs, une lettre du Roi vint lui apporter quelque consolation. Ce prince le complimentoit sur ses exploits, et lui témoignoit la part qu'il prenoit à ses blessures. Presque en même temps, Christine de France, duchesse douairière de Savoie, chargée de la régence pendant la minorité de ses enfans, lui proposa de venir à sa cour aussitôt qu'il seroit guéri, et d'y prendre la direction des affaires. Cette proposition fut très-agréable à Rohan,

(1) Le duc de Savelli, Jean de Wert, Eckenford et Sperruyter.

qui trouvoit enfin un moyen de se soustraire au despotisme de Richelieu, et de détruire les préventions qu'on avoit inspirées au Roi contre lui. Ne doutant pas que la cour de France n'eût été consultée, il accepta avec reconnoissance les offres de Christine. Mais déjà les médecins désespéroient de lui ; il succomba le 13 avril 1638, à l'âge de cinquante-neuf ans. Les uns attribuent sa mort à une attaque d'apoplexie, qui le surprit pendant qu'on lui faisoit l'extraction de la balle qu'il avoit reçue au pied ; d'autres, à l'inflammation qui étoit survenue à ses plaies. Lorsqu'on ouvrit son corps pour l'embaumer, on trouva les parties nobles flétries : « C'étoit plustôt, « dit l'historien de sa vie, un effet du chagrin qu'il « avoit eu que de sa constitution naturelle, qui étoit « excellente. »

On partagera facilement cette opinion, si on jette un coup d'œil rapide sur la carrière du duc de Rohan. Né avec les qualités qui distinguent les grands capitaines et les hommes d'Etat, il voit la carrière la plus brillante s'ouvrir devant lui sous le règne de Henri IV ; mais jusqu'à l'âge de trente et un ans les occasions lui manquent pour se signaler. Après la mort du Roi, les circonstances l'entraînent dans les factions ; il s'y livre avec toute l'ardeur de son caractère, et cherche à se rendre redoutable à la cour en se mettant à la tête des protestans. Il acquiert assez d'empire sur eux pour leur faire prendre plusieurs fois les armes, et pour les faire liguer avec l'étranger ; mais bientôt ils se soulèvent contre lui comme il les a soulevés contre le Roi, et il ne peut jamais compter sur leur fidélité, ni sur leur obéissance. Dans le cours des guerres civiles, il déploie toutes les ressources d'un génie supérieur, et n'éprouve que des contrariétés, des trahisons et des revers: en dernier résultat, ses entreprises causent la ruine entière du parti qu'il a prétendu relever, et les apologies qu'il publie de sa conduite ne le justifient pas aux yeux des protestans, qui lui reprochent l'état d'abaissement où il les a réduits. A la paix il est obligé de s'expatrier. Fatigué de vivre en exil, il essaie de regagner la confiance du Roi. Les révoltes auxquelles il a pris part, ou qu'il a suscitées, ne permettent pas de croire à sa loyauté. Il obtient enfin un commandement, mais il est toujours en butte aux soupçons. On l'éloigne, on le rappelle à différentes reprises; ses victoires donnent de l'ombrage, et on lui impute les mauvais succès, après lui avoir refusé toute espèce de secours. On lui suppose des projets hostiles quand il n'a d'autre désir que de servir l'Etat. On veut le reléguer à Venise, et la crainte qu'il a d'être enlevé sur la route le force à aller chercher un asile dans l'armée du duc de Weimar, où il reçoit une blessure mortelle. C'est ainsi qu'avec les talens les plus éminens, le caractère le plus noble et le plus désintéressé, il fut sans cesse abreuvé de dégoûts et d'amertume. Depuis l'époque à laquelle il se jeta dans les factions, si on en excepte les dernières années de sa vie, il ne dut sa célébrité qu'aux maux qu'il fit à son pays, dont il pouvoit être l'honneur et le soutien.

La duchesse de Rohan demanda aux magistrats de Genève que le corps de son mari fût inhumé dans leur ville. Sa proposition fut accueillie avec empressement; la translation et les obsèques se firent avec la plus grande pompe; ses entrailles restèrent déposées à l'abbaye de Kœnigsfeld. Il fut enterré dans une chapelle du temple de Saint-Pierre à Genève, où on lui éleva un magnifique mausolée. En mourant, il avoit légué ses armes aux Vénitiens, qui les reçurent avec une sorte de vénération, et les conservèrent précieusement. Son éloge fut composé en latin par Théodore Tronchin, traduit en français, et imprimé à Genève dans les deux langues (1). Nous ne rapporterons pas la longue épitaphe qui fut gravée en lettres d'or sur le mausolée, mais nous rappellerons les vers que Voltaire fit pour mettre au bas d'un portrait du duc de Rohan, à la demande du baron de Zur-Lauben, éditeur des mémoires sur les guerres de la Valteline.

> Avec tous les talens le ciel l'avoit fait naître.
> Il agit en héros, en sage il écrivit.
> Il fut même un grand homme en combattant son maître,
> Et plus grand quand il le servit.

On ne peut contester ni le mérite ni l'héroïsme du duc de Rohan : ses ouvrages portent le cachet de son génie; mais il faudroit plus d'impartialité dans ses mémoires pour admettre qu'il écrivit *en sage*.

De neuf enfans qu'il avoit eus, il ne lui restoit, à l'époque de sa mort, qu'une seule fille, Marguerite, qui devoit, comme on l'a déjà dit, épouser le duc de Weimar. Ce prince mourut l'année suivante, avant qu'il y eût rien de terminé. La jeune Marguerite fut recherchée par Louis de Bourbon, comte de

---

(1) Nous nous sommes procuré un exemplaire de cette oraison funèbre; le style en est très-ampoulé, et on n'y trouve aucune particularité intéressante sur Rohan que l'on compare à Moïse.

Soissons, prince du sang; la duchesse de Rohan, flattée de cette alliance, crut en assurer le succès en faisant à sa fille une donation de tous les biens qu'elle possédoit de son chef. Les événemens politiques firent différer le mariage, et le comte de Soissons, qui s'étoit mis à la tête des mécontens, fut tué dans une bataille, au mois de juin 1641. Pendant que la duchesse douairière cherchoit un parti convenable à sa fille, celle-ci pourvut elle-même à son établissement, et fixa son choix sur Henri de Chabot, dont la maison étoit alliée à celle de Rohan, mais moins opulente. Ce fut en vain que la duchesse, qui portoit ses vues beaucoup plus haut, voulut s'opposer à ce mariage; elle ne négligea rien pour l'empêcher; il eut lieu malgré elle le 6 juin 1645. Trois ans après, Chabot prit le nom de Rohan, et fut reçu duc et pair.

La duchesse douairière ne songea plus qu'aux moyens de se venger. Elle essaya d'abord de faire casser l'acte par lequel elle avoit donné tous ses biens à sa fille; la requête qu'elle avoit présentée à cet effet ayant été rejetée, elle fit paroître, sous le nom de Tancrède, un enfant qu'elle disoit avoir eu du duc de Rohan en 1630, et dont l'existence avoit été, suivant elle, tenue secrète par des considérations majeures. Elle s'adressa au parlement pour le faire reconnoître; toute la maison de Rohan se déclara contre elle; l'affaire fut plaidée avec le plus grand appareil devant toutes les chambres assemblées pendant plusieurs audiences. Par un arrêt du 6 février 1646, le parlement défendit à Tancrède de prendre le nom et les armes de Rohan. Ce Tancrède, qui espéroit être admis à se pourvoir contre l'arrêt à sa majorité, se jeta dans le parti de la Fronde afin d'avoir des appuis au parlement; il fut tué dans une escarmouche auprès de Vincennes, le 29 janvier 1649. La duchesse douairière obtint qu'il fût enterré à Genève, auprès du tombeau du duc Rohan, et le fit désigner comme son fils dans une épitaphe qui fut supprimée en 1660.

MÉMOIRES
DU DUC DE ROHAN.

LIVRE PREMIER.

Des troubles advenus durant la minorité du Roi.

[1610] Après la mort de Henri-le-Grand, chacun pensa à ses affaires : la Reine à établir son autorité, les principaux ministres de l'Etat à maintenir la leur en appuyant la sienne, comme la plus facile à être autorisée (à cause de l'absence du premier prince du sang (1), de l'imbécillité du second (2), et de la mauvaise intelligence du troisième avec eux (3)), et les autres grands à se relever de l'abaissement auquel le règne précédent les avoit soumis. Parmi tout cela les haines s'exerçoient, et les plus habiles se servoient de la passion des autres pour ruiner l'autorité de ceux qui diminuoient la leur.

Le premier homme qui fut choqué après l'établissement de la régence de la Reine, fut le duc de Sully, les services duquel l'avoient rendu le principal confident du feu Roi, et lui avoient acquis la malveillance de la plupart des autres ; car une vertu éminente comme la sienne, accompagnée de la faveur de son maître, est sujette à l'envie, qui est un mal aussi

---

(1) Le prince de Condé, qui étoit en Italie. — (2) Le prince de Conti ; il étoit sourd et muet. — (3) Le comte de Soissons.

fréquent parmi les hommes qu'indigne de ceux qui font profession d'honneur. A sa ruine se trouvèrent force gens affectionnés, et pour diverses considérations : le chancelier Villeroy et le président Jeannin, pour affermir leur autorité au gouvernement de l'Etat, et ôter de parmi eux un homme si exact en ses charges qu'il leur en faisoit honte, si clairvoyant à remarquer leurs fautes, et si hardi à les découvrir ; le comte de Soissons pour quelque haine particulière qu'il lui portoit ; le marquis d'Ancre craignant de l'avoir pour obstacle à sa fortune naissante ; tous les autres grands, pource qu'ils le croyoient trop bon ménager du trésor public ; et le prince de Condé, quand il fut arrivé à la cour, à la suscitation du maréchal de Bouillon, qui lui avoit toujours porté envie, et qui lui donna goût de la confiscation de son bien [1] ; ce qui est en ce prince un puissant aiguillon pour le faire agir.

Les principaux moyens dont on se servit pour l'éloigner des affaires, furent de faire appréhender à la Reine son humeur austère qui la contrarioit en ses libéralités, et qu'ayant affaire de la faveur du Pape pour affermir son autorité, elle ne pouvoit maintenir dans la direction du gouvernement de l'Etat un réformé : raisons puissantes envers une princesse étrangère, peu instruite aux affaires, jalouse de son autorité, et défiante de tout le monde. Mais au fond l'expérience a fait connoître que c'a été la ruine de l'Etat ; car les grands se sont élevés à la

[1] Les biens du duc de Rohan furent confisqués en 1628, par arrêt du parlement de Toulouse, et donnés au prince de Condé, qui fut obligé de les rendre à la paix de 1629. Aussi Rohan ne laisse-t-il jamais échapper l'occasion de dire du mal de ce prince.

diminution de l'autorité royale, les trésors se sont épuisés, les arsenaux se sont dispersés, et la comparaison de l'état misérable de la France à celui du florissant auquel le duc de Sully la laissa, fait voir combien son éloignement des affaires a été préjudiciable à l'Etat.

Le maréchal de Bouillon, grand de courage et d'entendement, capable de procurer à un Etat de grands biens et de grands maux, et qui avoit été tenu en bride par le feu Roi qui l'appréhendoit, se voyant comme en liberté, cherche les moyens de se rendre nécessaire. Le premier dont il se servit fut d'empiéter l'esprit du prince de Condé duquel il étoit parent, et de lui donner quelque goût de se rendre réformé, pour être chef et protecteur d'un parti qui pour lors étoit en grande considération, et usa si industrieusement de ses artifices, qu'il en donna un grand ombrage à la Reine, qui le fit rechercher pour détourner ce coup; avec laquelle ayant fait sa condition, il effaça en ce prince le désir qu'il lui avoit donné de suivre les actions vertueuses de ses prédécesseurs, en lui remontrant les épines qui se rencontrent en ce chemin glorieux, les périls et travaux qu'on y trouve, les traverses qu'on y reçoit, bref la pauvreté et la misère; qui furent de très-puissantes raisons pour le détourner d'une entreprise si répugnante à son naturel.

Durant ce temps-là le duc de Rohan, qui étoit colonel des Suisses, eut commandement d'aller au siége de Juliers, y menant un régiment de Suisses, et ayant la charge de l'armée française en l'absence du maréchal de La Châtre qui en étoit lieutenant général. [1611] Au retour de cette expédition (1) il trouve qu'on presse le duc Sully son beau-père; et après qu'on lui eut ôté la Bastille pour disposer des trésors qui étoient dedans, et la charge des finances pour voler la France en toute liberté, on se résolut de le perdre tout-à-fait afin de lui ôter le moyen de se ressentir de telles indignités. Mais, parce que par les voies ordinaires on ne pouvoit rien trouver à mordre sur son administration en aucune de ses charges, le maréchal de Bouillon, qui avoit rallié avec lui le prince de Condé et le comte de Soissons, projeta ce dessein pour le ruiner : à savoir, d'obtenir une assemblée générale des réformés, qui fut accordée à Châtellerault au 25 du mois de mai 1611, en laquelle il se promettoit de faire abandonner le duc de Sully, afin que, sans appréhension du parti réformé, on lui fît faire son procès par commissaires; et de plus se promettoit, par son autorité et industrie, de disposer tellement de ladite assemblée et de toutes les affaires de ceux de la religion, qu'il s'en rendroit du tout considérable. Pour parvenir à ce dessein, il témoigne un grand zèle aux réformés, propose d'améliorer leurs affaires, en communique particulièrement au maréchal de Lesdiguières, et à du Plessis-Mornay, par Bellugeon, domestique de Lesdiguières, qui, ayant fait les voyages, apporte dudit Plessis les mémoires suivans:

Que les provinces seront exhortées de députer les plus qualifiées et suffisantes personnes;

(1) La ville fut prise; on la remit au marquis de Brandebourg et au duc de Neubourg, suivant les conventions qui avoient été approuvées par Henri IV.

Qu'outre iceux les grands seront priés par lettres expresses de s'y trouver;

Que les députés aient pouvoir d'adhérer à la pluralité de voix, et de séjourner tous ou partie jusques à ce qu'il ait été satisfait à ladite assemblée;

Que les demandes des provinces soient toutes fondées expressément, ou en conséquence, sur les édits et concessions;

Entre autres que l'édit de Nantes nous soit rendu en son entier, tel qu'il avoit été fait avec nous, et depuis retranché en plusieurs choses sans nous;

Que le brevet des places de sûreté nous soit rendu, à savoir, la somme entière des garnisons, dont la moitié a été retranchée;

Que les places qu'on nous a fait perdre au préjudice d'icelui, par le changement de religion des gouverneurs, ou autrement, nous soient remises;

Que toutes les places de sûreté nous soient continuées, au moins pour dix ans; que le paiement s'en fasse de quartier en quartier, sans non-valeurs et sur les lieux; et ne puissent les deniers être déplacés des recettes, sous quelque prétexte que ce soit, que ledit quartier ne soit payé;

Qu'il soit pris et obtenu réglement pour la provision aux gouvernemens vacans, attendu les abus qui s'y sont commis et s'y peuvent commettre au préjudice de notre sûreté;

Qu'il soit permis d'entretenir et fortifier les places, qui, par le temps, vont en décadence, et, à faute de ce, leur seroient inutiles; qu'il faut se plaindre que, sous ombre desdits gouvernemens, on nous refuse toutes autres charges et dignités, contre l'article exprès de l'édit qui nous y admet;

Que les résignations desdites places de sûreté ne soient plus admises que du gré des Eglises de la sûreté desquelles il s'agit : le même pour les présidens et conseillers des chambres;

Que la liberté soit rendue entière pour la composition, impression, vente et distribution de tous livres de leur doctrine;

Que s'il y a quelque ville dont l'exercice de la religion soit trop éloigné, le Roi soit supplié de l'approcher, afin qu'étant plus proche des magistrats ils soient moins sujets à l'insolence des peuples;

Que l'article des cimetières, qui donne ouverture à tant de barbaries, soit réformé;

Que la somme attribuée aux églises soit augmentée, attendu le grand nombre d'icelles;

Que les prêcheurs et confesseurs qui enseignent que ceux-là sont damnés qui communiquent avec ceux de la religion, les servent et assistent, soient punis comme séditieux, perturbateurs de la sûreté publique, et infracteurs des édits par lesquels Leurs Majestés ont déclaré leur intention de réunir les volontés de leurs peuples;

Qu'il leur soit donné deux offices de maîtres des requêtes, sans finance pour la première fois, et d'un notaire en chaque siége royal, ou au moins ès places de sûreté en payant finance;

Que les jésuites ne puissent avoir leur résidence ès places de sûreté;

Qu'il soit demandé quelque place de sûreté dans les provinces où il y a nombre de personnes de la religion, et où il n'y en a point; mais qu'il soit de la prudence de l'assemblée de voir, selon le temps, jusques à quoi on portera ladite demande;

Que l'assemblée générale soit accordée de deux ans en deux ans, pour le renouvellement des députés généraux;

Qu'il soit expressément spécifié que nos députés soient ordinaires en cour, aux dépens du Roi, en nombre de deux, et nommés par ladite assemblée;

Qu'auxdits députés généraux les députés des provinces aient à s'adresser, sans être obligés d'avoir recours aux gouverneurs desdites provinces.

Lesdits mémoires furent envoyés par les provinces, où chacun d'eux les fit valoir et résoudre où leur pouvoir et créance s'étendoient. Le but de ces messieurs étoit divers; celui de du Plessis étoit sincère; celui du maréchal de Lesdiguières, comme il a montré en tout le cours de sa vie, ne tendoit qu'à son intérêt particulier, comme aussi celui du maréchal de Bouillon, qui se servoit de l'autorité des autres pour tourner le tout à son profit: car ayant rempli les provinces d'espérance d'un améliorement à leurs affaires, et, pour cet effet, leur ayant fait prendre de vigoureuses résolutions, il les publie en cour, les fait voir à Villeroy, même aux ambassadeurs d'Angleterre et de Hollande, auxquels il témoigna une grande vigueur; puis fit un voyage à Sedan, afin de donner le loisir à ceux de la cour d'appréhender l'événement de cette assemblée, et de chercher les remèdes de la rendre inutile, ce qui réussit comme il désiroit; car, à son retour, il en traita à fond avec Villeroy. Et ayant fait sa condition, à savoir, du gouvernement de

Poitou, de trois cent mille livres pour lui, ou pour distribuer comme il aviseroit, et de cent mille livres d'augmentation sur le petit état, qui étoient encore baillées à divers particuliers par son avis, il promet de faire changer toutes les résolutions de ladite assemblée, et de la faire réussir au contentement de la Reine. Ce qu'il témoigna évidemment; car, revoyant les ambassadeurs susnommés, et particulièrement Arsens, il lui tint un discours touchant les affaires des réformés, tout contraire à celui qu'il lui avoit fait avant que d'aller à Sedan; à savoir, que, durant la minorité du Roi, il falloit plutôt endurer que de penser améliorer sa condition, afin d'acquérir ses bonnes grâces; et qu'il s'en alloit à l'assemblée avec des pensées pacifiques, et du tout portées à la faire ranger aux volontés de la cour; ce qui étonna ledit Arsens, qui jugea dès lors que son traité étoit fait, et ne le dissimula à ses amis. Ensuite de cela, ses confidens commencèrent à tenir pareils discours, afin de disposer de loin le monde à son désir. Et pource que Châtellerault étoit dans le gouvernement du duc de Sully, lequel il vouloit perdre, il en fit ôter l'assemblée, et la fit mettre à Saumur, gouvernement de du Plessis, pour d'autant plus l'obliger de se joindre avec lui.

Avant la tenue de ladite assemblée [1], il fit dire à du Plessis, par diverses personnes de qualité, qu'il n'en vouloit être président, et que si on le nommoit

---

[1] Le duc de Rohan a fait une relation particulière et très-détaillée de cette assemblée de Saumur. Comme il a inséré dans ses mémoires tout ce qu'elle contient d'intéressant, nous n'avons pas dû la réimprimer dans notre collection.

il refuseroit la charge; qu'il le prioit d'en avertir ceux qu'il verroit, n'estimant pas qu'aucun grand le dût être ; ce qui fut approuvé de tous, et surtout des ducs de Rohan et de Sully, qui jetèrent les yeux sur ledit du Plessis, et l'assurèrent qu'ils l'y porteroient. Mais ledit maréchal de Bouillon étant arrivé le dernier de tous, et même ayant été attendu un jour au-delà du terme préfix, non sans quelque murmure, à cause que ses mauvais desseins se découvroient déjà, il alla voir du Plessis, auquel il dit que, nonobstant ce qu'il lui avoit mandé touchant la présidence, il désiroit d'être nommé, parce qu'il savoit bien que le duc de Sully s'étoit vanté de l'empêcher, et que c'étoit une chose que ses longs services au parti lui avoient acquise, et que si on lui dénioit cet honneur il s'en iroit dès le lendemain. Ce changement de volonté ne détourna la résolution desdits ducs, qui trouvèrent la plupart des provinces disposées à suivre leur sentiment; de façon que, quelques brigues que le maréchal de Bouillon pût faire, il n'eut les voix que de six provinces, et du Plessis de dix, lequel ayant pris la place, le ministre Chamier fut nommé pour adjoint, et Desbordes-Mercier pour secrétaire. Cette nomination déplut tellement au duc de Bouillon, qu'étant de retour à son logis, il éclata en paroles de ressentiment et de vengeance contre ceux qui l'avoient empêché d'être président, jugeant bien, par ce coup d'essai, qu'il ne feroit pas dans l'assemblée ce qu'il voudroit. Néanmoins, comme prudent, et à la sollicitation d'amis communs, il se réconcilia avec le duc de Sully, qu'il publioit lui être le plus contraire.

La première affaire traitée dans l'assemblée fut

touchant le désordre advenu à Châtillon, au préjudice de l'ordonnance du maréchal de Bouillon et du sieur Frère, commissaires du Roi en cette affaire particulière, dont ledit maréchal fit semblant de témoigner un tel ressentiment, qu'après avoir dépêché Beauchamp, l'un de ses gentilshommes, pour savoir au vrai l'excès qui s'y étoit commis, il fut d'avis que l'assemblée députât en cour Senas, avec de fortes instructions, et charge de dire que l'on ne traiteroit d'aucunes affaires avec les commissaires du Roi, que ledit excès ne fût réparé. Mais cette première ardeur fut bientôt passée, car il s'excusa de se mêler plus avant de ladite affaire, à cause que sa commission étoit expirée.

Après cela, les commissaires du Roi furent ouïs dans la compagnie, qui témoignèrent par leurs discours la conservation des réformés être nécessaire à celle de l'Etat, assurèrent de la bienveillance de Leurs Majestés, qui vouloient favorablement traiter l'assemblée en toutes ses remontrances et supplications, faire entretenir leurs édits et concessions, faire exécuter ce qui en restoit, interpréter à l'avantage d'icelle ce qui étoit obscur, et finalement donner au choix de l'assemblée de mettre ses cahiers entre leurs mains, ou de les envoyer en cour, protestant qu'ils auroient, de quelque côté que ce fût, une expédition prompte et favorable.

Sur ces bonnes promesses on conçut de bonnes espérances, et, suivant les mémoires des provinces, on dressa des cahiers, sans que le maréchal de Bouillon s'opposât à aucun article, comme ayant été l'auteur de telles demandes, lesquels furent remis ès mains de Lusignan, Aubigny et autres députés, pour représenter les principaux articles aux commissaires du Roi, qui, après quelque contestation, déclarèrent n'avoir aucun pouvoir de les résoudre; et étant entrés dans l'assemblée, lui conseillèrent de s'adresser à Sa Majesté, envers laquelle ils lui rendroient leurs bons offices, ce qui fut résolu. Et au choix des députés il se rencontra une grande brigue, qui fit résoudre de ne dresser les instructions et pouvoirs desdits députés qu'après leur nomination, afin de l'étendre ou restreindre selon les personnes élues, qui furent La Case, Courtaumer, Ferrier pasteur, Mirande et Armet, auxquels on ne donna aucun pouvoir de rien conclure, mais seulement de conférer sur leurs articles, et, après les avoir éclaircis, d'avertir l'assemblée du tout, qui leur feroit savoir sa résolution. Cette restriction ne plut à tous les députés, encore moins au maréchal de Bouillon, pource qu'il vit par là son dessein rompu.

Pendant qu'on dressoit les cahiers, il se passa deux affaires particulières dignes de remarque. La première, sur l'opposition qu'à diverses fois le maréchal de Bouillon fit sur l'article que le duc de Sully poursuivoit, que l'assemblée s'intéressât en ce qu'on le vouloit dépouiller de ses charges à cause qu'il étoit réformé, jusque-là qu'il rechercha le gendre d'abandonner le beau-père, surtout une fois qu'il étoit malade l'étant allé visiter, lui proposant qu'il étoit impossible qu'aux grandes charges qu'il avoit administrées, particulièrement en celle des finances, il ne s'y rencontrât quelques fautes faites, si ce n'étoit par lui au moins par les siens, et que si le Roi lui vouloit donner des commissaires pour examiner ses actions, l'assemblée ni les réformés ne pourroient s'en scandaliser, quand même on lui feroit quelque injustice, parce que ce seroit par les voies ordinaires qu'il la recevroit; et qu'il croyoit le duc de Rohan si homme de bien, bon Français, et si ami de l'ordre, qu'il ne s'émouvroit point de cela. Cette harangue fut mal reçue, et lui fut répondu que les grands services du duc de Sully ne méritoient qu'il fût la proie de ceux qui avoient desservi l'Etat, et que son administration, exempte de corruption et de malversation, ne pouvoit être examinée que par la cour des pairs, à cause de sa qualité; que si on en usoit autrement tous ses parens, et surtout son gendre, s'intéresseroient avec tous ses amis en sa cause. De façon qu'après diverses séances, l'assemblée, procédant sur la résolution de cet article qui étoit requis par les provinces, exhorta le duc de Sully de ne traiter de ses charges en récompense d'argent, et surtout de ne se défaire de la charge de grand-maître de l'artillerie; et qu'où, pour ce regard, il seroit recherché par voies indues, illégitimes et extraordinaires, elle promettoit de faire toute démonstration qu'elle jugeoit l'intérêt dudit duc de Sully conjoint avec l'intérêt général des églises et de la justice, et résolut de l'assister par toutes voies dues et légitimes, dont les instructions des députés généraux furent expressément chargées.

L'autre affaire regardoit Bertichères, l'un des députés du bas Languedoc, gentilhomme de qualité et de bon esprit, et qui du temps du feu Roi, qui n'en étoit satisfait à cause de ses menées et intelligences avec le connétable de Montmorency, gouverneur de ladite province, fut dépouillé par voies extraordinaires de ses gouvernemens de Sommières et Aigues-Mortes, dont ayant en vain poursuivi son rétablissement, il crut l'occasion propre pour faire embrasser son affaire par l'assemblée, à cause que c'étoient deux places de sûreté, qui, encore qu'elles fussent entre les mains de gentilshommes réformés, il présumoit que ce n'étoient gens qui eussent témoigné leur zèle au bien des églises comme lui; et que s'il avoit été contraint de prendre quelque récompense, c'étoit du gouvernement de Sommières, mais qu'il n'en avoit jamais pris de celui d'Aigues-Mortes; et que si ses services au parti réformé lui avoient procuré cette disgrâce, il étoit raisonnable qu'il embrassât la justice de sa cause. Et pource qu'il avoit apporté les pièces justificatives de ce que dessus, il demanda à la compagnie des commissaires pour les examiner, et après les lui rapporter pour en délibérer.

Faut remarquer que ledit Bertichères faisoit profession d'amitié avec le duc de Sully, qui l'avoit grandement assisté auprès du feu Roi; de façon qu'il désira pour commissaires ses plus grands amis, qui rapportèrent si favorablement son affaire dans l'assemblée, que nonobstant l'opposition du duc de Bouillon qui soutenoit Arembures, pourvu du gouvernement d'Aigues-Mortes, elle fut embrassée vivement, et les députés en cour chargés de faire toutes instances nécessaires pour lui, comme un de leurs plus importans articles: ce qu'ayant obtenu il va en cour, et change de route pour parvenir à son dessein; il promet de favoriser puissamment dans l'assemblée le parti de la cour, appuyé par le duc de Bouillon, moyennant quoi il obtint une expédition favorable pour rentrer dans Aigues-Mortes. Il s'acquiert encore le connétable pour lui, qui fit de sa cause la sienne, et comme cela revient à l'assemblée : le reste de cette affaire se verra en son lieu. Il faut retourner aux affaires générales.

Les députés de l'assemblée étant arrivés en cour, mandèrent par leur première dépêche comme ils avoient été bien reçus, notamment de la Reine, qui leur commanda de mettre leurs cahiers entre les mains de Boissise et Bullion, conseillers d'Etat, et qu'après avoir été ouïs diverses fois au conseil, ils apprenoient qu'ils étoient favorablement répondus. Mais tout d'un coup la compagnie reçut desdits députés une dépêche contraire aux autres, qui portoit qu'encore qu'on leur eût promis de mettre lesdits cahiers répondus entre leurs mains, on l'interprétoit maintenant après que les députés généraux seroient nommés, et que l'assemblée seroit séparée. Ce qui déplut grandement à la compagnie, pource qu'elle avoit écrit par les provinces leurs bonnes espérances, conçues sur les premières dépêches de leurs députés, et que c'étoit contre l'usage et observation du conseil du Roi en toutes sortes d'affaires, de renvoyer les députés sans leur réponse, et qu'en traitant avec eux on ne leur avoit jamais fait instance desdites conditions. Ce qui fit résoudre à ladite assemblée, tout d'une voix, d'insister à avoir les réponses de la cour avant leur séparation ; ce que même le maréchal de Bouillon montra approuver, et promit de faire une bonne dépêche sur cela.

Néanmoins, il se trouva de la diversité entre la lettre qu'il montra à la compagnie et celle qu'il envoya, qui portoit qu'au moins trouveroit-il bon que quelques-uns de ladite assemblée vissent la réponse des cahiers avant la séparation. Mais les députés, n'ayant rien pu obtenir, retournèrent à Saumur, où, par la bouche de Ferrier pasteur, ils firent le rapport de tout leur voyage, par lequel ils apprirent que Bullion les suivoit, qui apportoit les cahiers répondus; mais qu'avant sa venue Leurs Majestés désiroient la nomination des députés généraux, ce qui néanmoins fut sursis.

Bullion étant arrivé confirma le rapport des députés de l'assemblée, protesta, sur sa damnation, à plusieurs que les cahiers étoient répondus très-favorablement, menaça les uns de beaucoup de maux, remplit d'espérance les autres; et, pour confirmer cette crainte et cette espérance, il apporta des brevets d'augmentation de pension à Parabère et autres, et la cassation de celles des ducs de Rohan et de Soubise. De l'autre part, le maréchal de Bouillon usa de toutes sortes d'artifices pour gagner les députés de l'assemblée, par l'espérance de la députation générale, et par la disposition qu'il avoit du petit état, augmenté de cent mille livres, pour avoir plus de moyen de corrompre plus de monde. Et sur ce que la compagnie s'affermit à faire de nouvelles remontrances à Leurs Majestés, pour avoir leurs réponses avant leur séparation, il se joua un étrange stratagème; car, encore que le maréchal de Bouillon et Bullion fussent de bonne intelligence, ils firent semblant d'être de divers avis; car celui-ci assura que ce seroit peine perdue d'envoyer de nouveau en cour, et l'autre au contraire s'en promettoit un bon succès; mais c'est qu'il croyoit, par la longueur du temps, ennuyer les uns et gagner les autres, et que durant icelui il devoit se montrer zélé afin de mieux tromper les plus simples. Néanmoins, voyant qu'il ne gagnoit rien, il se résolut, avec ledit Bullion et ses confidens, de donner avis à Leurs Majestés d'écrire une lettre, dont il envoya la minute, qui portoit le commandement de la séparation de ladite assemblée, révoquant la permission de la tenue d'icelle, déclarant nulles toutes les délibérations et résolutions qui s'y seroient prises ou prendroient. Et pource que Sa Majesté étoit bien informée que tous les députés ne convenoient en cette obstination et désobéissance de subsister, elle enjoignoit auxdits députés qui voudroient obéir, de procéder entre eux à la nomination de six députés, et de recevoir des mains de Bullion lesdits cahiers répondus; et cette dépêche devoit être portée par un homme qui la sût faire valoir. Pour cela fut choisi Bellugeon, agent du maréchal de Lesdiguières, et propre à une telle commission, pour être un excellent calomniateur, sans foi et sans honneur, et dont l'esprit fin et souple s'emploie à ce qui lui est utile.

Il commence ce beau voyage en obtenant congé de l'assemblée sur un faux donné entendre; à savoir, que c'étoit pour aller en Berri voir ses parens, et même sortit de la ville sur une haquenée, mais incontinent prit la poste: ce qu'ayant été bien vérifié, comme aussi les menées qu'il fit à Paris, et les calomnies qu'il publia contre le duc de Rohan et ses amis, il fut déclaré par ladite assemblée indigne de rentrer dans icelle, ni à l'avenir en aucune autre. Mais pource qu'il avoit l'honneur d'être chargé de la procuration du maréchal de Lesdiguières, on lui en remettoit le jugement. Cette censure fâcha le maréchal de Bouillon, qui employa tout son pouvoir pour la faire lever, jusques à déclarer son voyage être fait par son commandement; mais il n'en put venir à bout, ce qui le piqua contre le duc de Rohan de telle sorte qu'ils cessèrent de parler l'un à l'autre.

Il ne se passa guère de temps qu'on ne sentît l'effet de ce voyage; car on vit arriver la lettre de divorce minutée à Saumur, et expédiée de la cour, et incontinent après Bellugeon, qui publia qu'on avoit tout contentement. Mais quand le maréchal de Bouillon eut monté au château, et qu'il eut montré ladite lettre à du Plessis et à La Force, s'efforçant de la leur faire trouver bonne, et qu'on eut appris ce qu'elle contenoit, ce fut alors que toute l'assemblée fut pleine d'étonnement et de déplaisir. Ce que voyant ledit maréchal de Bouillon, il trouva à propos que ledit du Plessis communiquât la substance d'icelle à ceux de l'assemblée qu'il trouveroit bon, afin d'essayer de trouver quelque bon expédient; et même Bullion promit de surseoir à rendre la lettre, faisant semblant de chercher quelque accommodement; pour cet effet demanda d'en communiquer à du Plessis, ce que lui ayant été permis, ils conférèrent ensemble, et convinrent que, moyennant qu'on procédât à la nomination des six députés, et qu'on trouvât contentement aux réponses qui avoient été faites, il se faisoit fort, bien que sans charge, de les faire contenter par Leurs Majestés sur les quatre ou cinq principaux points, comme sur la chambre de l'édit de Paris, provision des places vacantes, remplacement de la partie restante de neuf vingt mille écus, et restitution des places de sûreté qui nous avoient été ôtées, le tout avant la séparation de l'assemblée. Mais ainsi que du Plessis étoit prêt d'en faire rapport à l'assemblée, Bullion lui manda qu'il savoit fort bien, et de bonne part, que quelques-uns vouloient faire profit de ses propos du jour précédent, et partant qu'il les rétractoit, et désiroit entrer dans l'assemblée pour faire lire la lettre de la Reine, et s'acquitter de sa charge.

Ce changement fit connoître que toutes ces propositions n'avoient été faites que pour amuser les gens de bien de l'assemblée, afin de les surprendre sans avoir fait aucun concert, et qu'ils ne fussent préparés à ce qu'ils avoient à faire, ni sur la séparation, ni sur la députation, afin de tirer le gré et le profit de leur marchandise; mais ils se trouvèrent étonnés quand ils virent que sur ce que Bertichères se leva après la lecture de ladite lettre, et dit qu'il vouloit obéir, et qu'il falloit que tous ceux de son opinion se déclarassent, tous, d'une voix, dirent qu'ils étoient plus résolus à l'obéissance que lui, mais qu'il en falloit opiner après que le commissaire seroit retiré; ce qui se passa de la sorte.

Or, il faut ici noter qu'ayant vu les conseils ordinaires, qui se faisoient de jour et de nuit au logis du maréchal de Bouillon, de vingt-cinq de l'assemblée, qui fut tout ce qu'il put rallier, où souvent Bullion assistoit, le reste de la compagnie, au nombre de plus de cinquante, concerta de sa part, et jugea plus à propos de céder au temps que de faire un schisme, dans lequel on recevroit des députés généraux à la dévotion de la cour, et qu'il falloit tâcher de chercher des remèdes à ces maux par une autre voie.

Le maréchal de Bouillon, voyant que la résolution qu'avoient prise ses contretenans lui ôtoit le moyen de faire des députés généraux à sa dévotion, fait rechercher le duc de Rohan pour le faire consentir au rétablissement de Bellugeon, et pour séparer la députation générale entre eux deux. Le duc de Sully même s'y employa, et en pressa tant le duc de Rohan, qu'il les fit voir chez lui, où ledit maréchal le pria de se relâcher pour Bellugeon, ce qu'il lui promit; mais pour la députation, il n'en voulut point ouïr parler, jusque-là qu'au jour de l'élection ledit duc de Sully l'accusa d'opiniâtreté, et que ne voulant rien céder il perdroit tout. Néanmoins l'événement fit connoître le contraire; car s'étant assuré de dix provinces, il les fit convenir qu'ils porteroient les six députés qui seroient choisis par les pasteurs des dix provinces susdites : ce qui réussit comme il avoit été projeté; car aucun de ceux du maréchal de Bouillon n'entra en nomination, dont il montra beaucoup de déplaisir, et furent nommés Montbrun, Bertheville et Rouvray pour la noblesse, et Maniald, Boisseul et La Milletière, pour le tiers-état.

Quant au rétablissement de Bellugeon, quoique le duc de Rohan se départît de son opposition, il y eut de la peine à faire lever ladite censure. On y opina diverses fois; enfin, une partie de l'assemblée s'étant déjà levée, on la fit rayer des actes. Les réglemens de l'assemblée furent signés, mais le maréchal de Bouillon mit sous son seing la protestation de ne reconnoître les ministres pour un tiers-ordre.

Voilà le commencement de nos maux et divisions; car le maréchal de Bouillon s'en alla à la cour pour tirer la récompense de ses services, et pour nuire à ceux qui s'étoient opposés à ses desseins, particulièrement au duc de Rohan, qui s'étoit montré l'appréhender le moins, et qui lui avoit résisté avec le plus de vigueur; de sorte qu'il minuta de lui soustraire la ville de Saint-Jean-d'Angely dont il étoit gouverneur, en autorisant La Rochebeaucourt, lieutenant de roi en icelle, remontrant que si on lui ôtoit cette retraite il étoit impuissant de rien entreprendre. De l'autre part, le duc de Rohan et son frère, avant que partir de Saumur, concertèrent avec tous ceux qui avoient eu mêmes sentimens, qu'eux, qui promirent de faire entendre, chacun d'eux dans leurs provinces, comme les affaires s'étoient passées, et de les inciter à députer en cour pour faire de nouvelles instances sur leurs griefs; à quoi on travailla si heureusement, que, nonobstant les oppositions des commissaires exécuteurs de l'édit, il se trouva l'année suivante à Paris des députés de douze provinces.

Cependant le duc de Rohan alla en ses maisons de Bretagne, et de là aux Etats de ladite province; au retour desquels il eut avis des menées qui se brassoient à Saint-Jean, au préjudice de son autorité. Il y envoya Haultefontaine pour les découvrir et y apporter les remèdes convenables; lequel l'ayant averti que sa présence y étoit nécessaire, il y va fort diligemment, et en passant par le Poitou avertit ses amis, et envoya Loudrière à La Rochelle.

Cette venue inespérée étonna ses ennemis, qui néanmoins avertirent La Rochebeaucourt de venir promptement à leur secours; mais les amis du duc de Rohan y survenant à tous momens, le nombre en fut tel que ledit Rochebeaucourt n'y osa venir, et se contenta de mander en cour ce qui s'étoit passé. Sur lequel avis le Roi dépêcha audit duc Lafontan pour, en apparence, savoir ce que c'étoit, et en effet pour fortifier, par lettres de Leurs Majestés, les partisans de La Rochebeaucourt; ce que ledit duc découvrit de Lafontan, lui ayant fait faire bonne chère, et le renvoya avec assurance d'aller trouver Leurs Majestés pour rendre compte de ses actions, au premier de leurs commandemens, lesquels il reçut peu de jours après. Et aussitôt il s'achemina à la cour, menant avec lui entre autres La Rochebeaucourt et Foucault qui lui étoient suspects, et laissant dans Saint-Jean Haultefontaine, avec l'ordre requis pour ne trouver pas visage de bois à son retour. [1612] Etant en cour, il remontra à la Reine qu'il s'étoit comporté en homme de bien à l'assemblée de Saumur, et qu'il avoit résisté au maréchal de Bouillon pource qu'il ne vouloit s'autoriser dans le parti des réformés que pour se rendre plus considérable de part et d'autre, et que, s'il fût parvenu à son dessein, elle en eût été la première tyrannisée. Mais il n'y eut point d'oreilles pour sa justification, étant l'ordinaire qu'un prince préoccupé est difficile à persuader : de façon que, voyant l'élection de la mairie de Saint-Jean s'approcher, et que son séjour en cour ne lui servoit de rien, il feignit une maladie de son frère, sur laquelle ayant obtenu congé il partit dès la nuit en poste, dont bien lui en prit ; car le maréchal de Bouillon ayant appris le lendemain ce partement, il l'improuva fort, et proposa de le faire suivre ; mais il fit si bonne diligence qu'il étoit impossible de le joindre.

Etant passé au Parc en bas Poitou, il prit Soubise avec lui, avertit ses amis de Poitou et se rendit à Saint-Jean, où Foucault, capitaine de la garnison, et qu'il avoit mené à Paris, arrivant devant lui dépêché de la cour, y fit une assemblée secrète du maire et de quelques autres de sa cabale, pour ôter l'autorité de gouverneur audit duc de Rohan, offrant pour ce dessein deux mille hommes. Ce qui étant venu à sa connoissance, dès qu'il fut arrivé à Saint-Jean, il manda audit Foucault, qui pour lors étoit à trois ou quatre lieues de là, de n'y retourner plus, et au même temps dépêcha Tenis vers Leurs Majestés, pour leur faire entendre le juste sujet qu'il avoit de ne permettre audit Foucault l'entrée de Saint-Jean.

En même temps s'approchant l'élection du maire, qui se fait toujours le dimanche devant Pâques fleuries, voici une dépêche de la cour portée par Claverie, qui portoit que sur les divisions de la ville, pour le repos d'icelle, et pour éviter les brigues, le Roi vouloit que Brochart, ancien maire, fût continué, sans que cela tirât à conséquence à l'avenir, au préjudice des priviléges de la ville. Sur quoi le duc de Rohan remontre que Sa Majesté ayant été mal informée de l'état de la ville, il importoit à son service et au repos public qu'on procédât à l'élection du maire en la manière accoutumée, se promettant de le faire agréer, et que, pour cet effet, il dépêchoit en cour son secrétaire.

Or le maréchal de Bouillon, jugeant bien que le duc de Rohan résisteroit à la continuation de l'ancien maire, comme chose qui lui étoit très-préjudiciable, engagea jusqu'au bout l'autorité royale, afin de le perdre en se relâchant, ou bien en obligeant Sa Majesté de le faire obéir : de façon que deux jours après la venue de Claverie arriva Sainte-More, cadet de Montauzier et beau-frère de La Rochebeaucourt, avec une jussion beaucoup plus expresse pour le même effet. Mais ledit duc de Rohan, voyant que de la perte de Saint-Jean dépendoit la sienne, il jugea que le moins périlleux pour lui étoit de se bien assurer de la ville, de sorte qu'il ne craignit point de s'opposer à toutes ces ordonnances, comme préjudiciables au service du Roi, et de faire procéder à l'élection du maire, selon la coutume ordinaire, de trois du corps de ville, dont on envoya par députés exprès les noms à Sa Majesté pour choisir lequel il lui plairoit : et cependant, pour la sûreté de la place, les clefs des portes furent mises ès mains du premier échevin.

La nouvelle de ces choses étant arrivée en cour, il y eut un grand bruit; Tenis et Onglepied, qui avoient été envoyés depuis peu de jours à la cour par ledit duc, furent mis à la Bastille; défenses furent faites à sa mère; sa femme et ses sœurs de sortir de Paris, et fut proposé de le venir assiéger. De l'autre part, le duc, n'ignorant pas le crédit que ses ennemis avoient en cour, et jugeant bien qu'ils tâcheroient de le pousser jusqu'au bout, eut soin de faire comprendre à tous les réformés de France que la haine que l'on avoit conçue contre lui, provenoit de ce qu'il s'étoit porté vigoureusement pour le bien de leurs affaires; que sa perte et de Saint-Jean entraîneroit tout le reste; que, si leurs ennemis y trouvoient de la facilité, ils ne s'arrêteroient en si beau chemin, et se prépara le mieux qu'il lui fut possible pour faire une bonne résistance. Mais enfin, toutes choses bien considérées, il fut jugé plus à propos au conseil du Roi de porter en négociation ladite affaire, et Thémines fut envoyé vers le duc de Rohan pour la terminer à la douceur, qui accorda avec lui qu'on remettroit pour huit jours les clefs de la ville entre les mains de l'ancien maire, qu'on procéderoit à la nouvelle élection de trois dont le Roi en choisiroit un ; et qu'après cela La Rochebeaucourt et Foucault rentreroient pour faire la fonction de leurs charges; bien entendu néanmoins que le dernier en ressortiroit incontinent après.

Thémines envoie cet accommodement en cour, lequel d'abord fut approuvé ; mais quand on eut consulté les ennemis dudit duc, on ne le trouva bon, et on manda à Thémines qu'il falloit que La Rochebeaucourt et Foucault rentrassent avant la nouvelle élection; à quoi fut consenti par le duc de Rohan. Et ainsi fut ralentie, pour l'heure, la chaleur de cette affaire, en laquelle néanmoins on ne laissa de continuer à persécuter le duc de Rohan et ceux de son sentiment : premièrement en cour, où le duc de Bouillon tâcha de gagner les députés généraux, puis les diviser, et enfin de les désautoriser, et comme les provinces envoyèrent leurs députés en cour, pour témoigner leurs ressentimens des mauvaises impressions qu'on avoit données à Leurs Majestés de leur fidélité, se justifier des calomnies qu'on leur avoit imposées, et pour obtenir l'octroi des justes demandes qui étoient nécessaires pour leur subsistance. Le maréchal de Bouillon, voyant que tous ses artifices dans les provinces, ni l'envoi des commissaires en icelles, n'avoient pu empêcher lesdites députations, il s'efforça de les rendre inutiles ; alléguant que c'étoit flétrir l'autorité du Roi d'ouïr les députés des assemblées faites contre sa volonté ; que si on déféroit à leurs supplications et qu'on leur donnât quelque contentement par cette voie, on offenseroit ceux de son parti, et on réuniroit les complaignantes ; se formalisant qu'on lui rejetoit l'envie et la haine des services qu'il avoit rendus, et qu'en tout cas il prenoit sur lui tout le mal qui pourroit s'en ensuivre : de façon que s'il n'eut le pouvoir d'empêcher qu'ils fussent ouïs, au moins il empêcha qu'on leur donnât aucun contentement ; disant ouvertement aux députés généraux que ce qu'il en faisoit étoit pour le mécontentement qu'il avoit reçu de l'assemblée de Saumur.

Ces affaires ainsi passées, le maréchal de Bouillon continue ses mauvais offices aux affaires générales des réformés et aux particulières du duc de Rohan ; et obtenant l'ambassade extraordinaire d'Angleterre pour y faire trouver bonne l'alliance d'Espagne, promet aussi de faire improuver ce qui s'étoit passé en l'assemblée de Saumur ; mais le duc de Rohan trouva moyen de faire instruire le roi de la Grande-Bretagne de la vérité de toutes choses, par un gentilhomme qui accompagna ledit maréchal ; de façon qu'en ce point la réponse fut que, si la Reine étoit induite à enfreindre les édits des réformés, de telle sorte qu'il fût manifeste qu'on les persécutât à cause de la religion, Sa Majesté requiert qu'en ce cas, ni la ligue naguères faite avec la France, ni aussi cette sienne confirmation d'icelle, ne soit entendue au préjudice d'iceux ; car la nature enseigne à un chacun, quand il voit son voisin assailli pour querelle qui se rapporte à lui, de prévoir quelle issue il en doit attendre. Quant à soi, le roi de la Grande-Bretagne exhorta aussi ledit maréchal à réconciliation avec le duc Rohan, auquel il fit aussi entendre sa volonté. Et ensuite le synode national, qui se tint à Privas au même temps, y travailla, et nomma pour cet effet, outre les députés généraux, Dumoulin, Durand, pasteurs, et l'Isle-Groslot ancien, qui y travaillèrent si bien, que le seizième août 1612 les maréchaux de Bouillon et de Lesdiguières signèrent ce qui s'ensuit : à savoir, qu'ils promettoient et vouloient entendre à une sincère réunion, et donner au bien commun des affaires des réformés leurs intérêts particuliers, par un oubli de toutes injures passées, et de se départir de tous ressentimens, aigreurs et animosités, envers quelques personnes et pour quelque cause que ce fût; les aimer et honorer chacun selon son degré, sans aucun souvenir du passé, et leur rendre tous témoignages d'amitié selon que les occasions s'en présenteroient, autant que le devoir de vrais chrétiens et fidèles sujets du Roi le pouvoient requérir; protestoient aussi ne désirer rien plus que de voir, par la bonne union et concorde de tous, le règne de Dieu avancé, et les églises jouir d'un bon repos sous la très-humble obéissance de Sa Majesté; et, en outre, de s'employer de tout leur pouvoir à ce que l'autorité des synodes ne soit infirmée, ni la discipline enfreinte, et ne favoriser ni prêter aucune assistance aux personnes ou églises particulières qui voudroient, par moyens injustes ou préjudiciables, s'exempter de l'union et conformité de doctrine et discipline reçue en leurs églises. Et ensuite signèrent les ducs de Rohan, de Sully, de Soubise, La Force et du Plessis, à quoi ils requirent d'ajouter trois choses : à savoir, de faire signer ledit acte aux gouverneurs des places de sûreté et autres personnes considérables des provinces, et ce par la voie des colloques ; que clause fût ajoutée par laquelle on s'obligeroit d'observer l'ordre politique aussi bien que l'ecclésiastique, et de relever et autoriser nos députés généraux en leurs charges.

Mais tous ces beaux écrits ne firent cesser ni les mauvais desseins qu'on avoit contre les réformés et le duc de Rohan, ni leurs persécutions ; ce qui les contraignit enfin, sur les griefs de la province de Saintonge, de former une assemblée de cinq provinces, nommée Cercle, suivant le réglement de l'assemblée de Saumur.

Sur ces entrefaites il arriva un accident nouveau qui hâta ladite assemblée : c'est que Bertichères, appuyé de l'autorité du connétable, de l'arrêté de l'assemblée de Saumur, et de la faveur de la cour, voulut rentrer dans Aigues-Mortes. Mais ladite province, bien avertie de ses déportemens par Saugeon, envoyé exprès du duc de Rohan pour les en instruire, ménagea si bien cette affaire, qu'à la face du connétable elle maintint Arembures, et empêcha Bertichères d'y entrer ; dont il fut si courroucé, qu'il fit arrêter prisonnier ledit Saugeon à Villefranche en Rouergue, ne l'ayant pu faire dans son gouvernement. La nouvelle en étant venue au duc de Rohan et à la province de Saintonge, elle avoua le voyage de Saugeon, et en fit sa propre cause ; et ladite assemblée se rendit à La Rochelle, malgré les mauvais traitemens et traverses que le maréchal de Bouillon lui procura ; se montrant plus aigre que tout le conseil du Roi, nonobstant la promesse faite au roi de la Grande-Bretagne et aux députés du synode national, jusqu'à inciter le clergé de France d'aller trouver la Reine pour l'empêcher de donner des réponses favorables aux réformés ; croyant par ces rigueurs les contraindre de se jeter aux extrémités, pour vérifier qu'ils vouloient la guerre, et pour se rendre leur médiateur en cour, afin d'être nécessaire aux uns et aux autres, et y trouver toujours son compte.

D'autre part du Plessis, qui s'ennuyoit de la persécution dont il n'étoit exempt, et qui appréhendoit l'événement de ces brouilleries, s'entremit d'un accommodement, et vint à La Rochelle avec Rouvray, député général, et frère de son gendre, chargé de quelques articles non signés. Mais sa négociation n'ayant réussi selon son attente, il se retira et obligea la province d'Anjou, qui étoit une des cinq convoquées, de se séparer. Néanmoins les quatre autres demeurèrent bien unies, et députèrent vers le duc de Rohan pour le prier de venir à La Rochelle, afin de conférer avec lui de ce qu'ils avoient à faire. Ce qu'ayant fait, il fut résolu qu'ils enverroient un gentilhomme à la Reine pour accepter, quant à présent, de la part desdites provinces, les offres qui leur avoient été faites, remettant la poursuite du reste aux députés généraux. Mais sur ces entrefaites, ayant appris les brouilleries de la cour, et quelque action hardie qui s'étoit passée en la mort du baron de Luz, au déplaisir de la Reine et contre son autorité, l'assemblée prit la hardiesse de députer Le Parc, d'Archiat et Cressonnière vers Leurs Majestés, et protester de leur obéissance et offrir leur service, ne les voulant presser en cette nécessité, ains acceptant leurs offres. Bessay fit pareille harangue de la part du duc de Rohan, et tous furent bien reçus en cour. Et ainsi finit cette assemblée, qui apporta plus de fruit au public et de soulagement au duc de Rohan que la générale de Saumur; quoique traversée comme il a été dit.

Les articles accordés, et assez bien exécutés, furent qu'il seroit écrit aux procureurs du Roi de recevoir les attestations des ministres sans les vouloir contraindre d'y mettre le mot de prétendue;

Que l'on laissera jouir les ecclésiastiques de la même liberté que du temps du feu Roi;

Que l'on tolérera les conseils provinciaux pour la direction des affaires politiques, comme du temps du feu Roi;

Que les pasteurs seront exempts, à l'instar des autres ecclésiastiques de France, de toutes tailles et subsides, et à cet effet en seront expédiées les lettres nécessaires;

Qu'il sera fait une nouvelle publication des édits, avec une déclaration portant confirmation des brevets, faveurs et concessions du feu Roi, oubliances de toutes choses, et ordonnancés que toutes procédures faites contre les réformés demeureront nulles et comme non avenues;

Que ceux de La Rochelle seront libres de recherche au sujet de ce qui est arrivé au Coudray, et délivrés des ombrages qu'ils peuvent avoir à cause de l'approche des vaisseaux, qui auront commandement de s'éloigner de leurs côtes;

Que ceux du bas Languedoc seront ouïs en leurs remontrances pour le fait d'Aigues-Mortes, pour y être pourvu, et cependant la place sera remise en dépôt ès mains de Châtillon;

Que l'exécution du rasement de Vesseires sera sursise, et que les remontrances de la province du Languedoc seront sur ce ouïes;

Qu'en la basse Guienne il ne sera rien changé au Mas-d'Agénois, et La Vessière y sera remis;

Qu'il sera écrit au comte de Panjas de laisser sous lui le capitaine Pré dans Mansiat;

Qu'on fera retirer les troupes qui sont en Poitou, Saintonge et ès environs;

Que La Rochebeaucourt et Foucault seront tirés de Saint-Jean;

Que la compagnie de l'un sera donnée au duc de Rohan, et celle de l'autre au lieutenant de roi qui sera mis au lieu dudit La Rochebeaucourt, et au gré dudit duc de Rohan;

Que la charge de sergent-major de ladite place, venant à vaquer par mort ou démission, sera remplie selon et au désir dudit duc de Rohan;

Que les pensions desdits ducs de Rohan et Soubise seront payées tant pour le passé que pour l'avenir;

Qu'aucuns des amis et serviteurs dudit duc de Rohan ne seront recherchés ni maltraités, et que les pensions de ceux qui en avoient leur seront payées, selon qu'ils en jouissoient avant l'assemblée de Saumur, et qu'il ne sera fait aucun déplaisir au baron de Saugeon, ains sera mis en liberté.

[1613] Tandis que la cour brouilloit ainsi les provinces elle n'étoit exempte de ses agitations. Le maréchal d'Ancre, qui possédoit la faveur, tenoit les grands en division, afin qu'ils ne s'accordassent à empêcher son élévation; balançant les partis de telle sorte que nul ne se pût rendre supérieur, et nourrissant l'envie et la jalousie entre eux, afin qu'ils ne se pussent accorder à son dommage. Les grands, d'autre côté, se laissoient plutôt mener à leurs passions qu'à la raison, de façon qu'on y vit les princes du sang les uns contre les autres; de même ceux de la maison de Lorraine, selon qu'ils espéroient et tiroient de la faveur. Mais enfin, sur le refus que la Reine fit au prince de Condé du Château-Trompette [1614], il forma un parti de mécontens, sous prétexte du mauvais gouvernement de l'Etat; et le maréchal de Bouillon, auteur dudit parti, le traita si accortement qu'il fit sortir de la cour ledit prince, les ducs de Longueville, de Nevers, du Maine et autres; et lui sortit le dernier avec le consentement de la Reine, sous l'espérance qu'il lui donnoit de ramener tous ces princes, et ménagea si industrieusement cette affaire, qu'il en demeura toujours le maître et le moyenneur.

Il faut encore considérer une chose remarquable, c'est qu'il confia toute cette affaire aux plus affidés amis que le duc de Rohan eût dans Paris, se cachant de ceux qui avoient toujours été ses confidens, pource qu'il les savoit corrompus, et qu'il connoissoit les autres gens de bien. Le prince avec ses partisans se retira à Mézières, que le duc de Nevers possédoit proche de Sedan; le duc du Maine, qui étoit gouverneur de l'Ile-de-France, avec les villes de Soissons, Noyon et le château de Pierrefonts; le marquis de Cœuvres avec Laon (1); le duc de Vendôme avec La Fère, toutes bonnes places. Le duc de Longueville, gouverneur de Picardie, et tous les amis et serviteurs qu'il pouvoit avoir dans ces trois gouvernemens qui joignent aux frontières de l'Allemagne et de Flandre, avec le reste des mécontens de France, étoient un parti assez considérable. A quoi j'ajoute encore que, sur la retraite desdits mécontens, le duc de Vendôme ayant été arrêté et gardé dans le Louvre, quelques jours après il se sauva, et passa en Bretagne qui étoit son gouvernement, où, de son côté, il prépara une diversion.

Ces choses étant en cet état, le prince écrivit une lettre à la Reine, qui lui remontroit les désordres qui se commettoient dans l'Etat sous son autorité; que les princes du sang, ducs, pairs et officiers de la couronne n'avoient nulle part aux affaires, lesquelles étoient administrées par trois ou quatre qui, pour s'y maintenir, entretenoient la division parmi les grands, en prodiguant les finances et en disposant et des arsenaux et des places frontières qui étoient commises à des étrangers et incapables d'en répondre; qu'ils demandoient des Etats-Généraux, suivant la coutume des minorités des Rois, où la Reine trouveroit son autorité aussi légitimement maintenue, et où l'on pourvoiroit au maintien des édits et à tous

(1) Le marquis de Cœuvres étoit alors du parti de la cour; il ne se réunit aux mécontens que beaucoup plus tard, quand le prince de Condé eut été arrêté. Ce fut seulement à cette époque qu'il se retira à Laon.

ces désordres; que les remontrances se faisoient sans armes et avec tout respect.

Il écrivit aussi au parlement de Paris et à tous les grands qui n'étoient joints avec lui, pour les exhorter de s'unir à lui et aux députés généraux, leur mandant que les réformés n'étoient oubliés dans ses remontrances. Il envoya aussi Le Maretz, lieutenant de ses gardes, vers le duc de Rohan qui étoit pour lors à Saint-Jean, pour le convier de prendre les armes en sa faveur, lui protestant de n'entendre à nul accord que de son consentement. Mais ledit duc, qui avoit connoissance, d'une part, de la confiance que le maréchal de Bouillon avoit prise en ses plus confidens amis, et de l'autre se ressouvenant des continuels mauvais offices qu'il en avoit reçus depuis l'assemblée de Saumur, et n'ignorant pas que la guerre n'étoit encore qu'en paroles, et qu'on traitoit en effet, se résolut d'envoyer, avec ledit Maretz, Haultefontaine auquel il se fioit, afin de découvrir jusqu'où cette affaire pouvoit aller; et cependant répondit à la Reine qu'il demeureroit uni avec le corps des réformés, lesquels si elle contentoit elle auroit bon marché des mécontens.

Sur ces entrefaites, le prince vint à Sainte-Menehould, place forte du gouvernement du duc de Nevers qui s'en étoit saisi, et là arriva ledit Haultefontaine qui trouva le traité bien avancé, au lieu de la guerre bien déclarée. Il fut reçu avec beaucoup d'honneurs; et fut admis dans les conseils. On publia qu'il portoit offre de son maître de huit mille hommes de pied et de deux mille chevaux, afin de faire hâter le traité; et néanmoins fut dépêché avec assurance au duc qu'il n'y auroit point de traité, et prière de prendre les armes. Mais ledit Haultefontaine assura le traité être conclu, par lequel Amboise fut donné au prince, Sainte-Menehould au duc de Nevers, et de l'argent au maréchal de Bouillon, et les Etats-Généraux promis. Ce qui s'exécuta dans peu de jours; et ainsi les intérêts particuliers firent oublier les généraux.

Le duc de Vendôme, qui depuis sa sortie avoit armé en Bretagne, et qui s'étoit engagé à fortifier Blavet, se trouva bien étonné de se voir abandonné. Il envoya La Rochegiffar vers le duc de Rohan, pour l'exhorter de se joindre à lui, avec de belles promesses en faveur des réformés. Mais il lui fut répondu que le meilleur conseil qu'on lui pourroit donner étoit de digérer doucement cet abandonnement et s'accommoder, parce qu'en la résistance sa ruine étoit assurée. Néanmoins il ne pouvoit s'y résoudre; et le prince, étant venu en Poitou, tâche de lui persuader et de lui faire trouver bon la précipitation de son accommodement. Il désira aussi voir le duc de Rohan qui, pour cet effet, se rendit à La Roche-des-Aubiers en Anjou, où le prince lui remontra qu'il avoit été obligé de conclure l'accord pour ce que le maréchal de Bouillon le trompoit, et que, voulant avoir le gré et le profit de tout, il lui débauchoit la plupart de ses partisans, ne se louant tout-à-fait que du duc de Nevers, de façon qu'il avoit été contraint d'accepter Amboise; qu'il espéroit de faire tenir les Etats-Généraux, où ses partisans seroient les plus forts, parce que chacun dans sa province y travailleroit, et que ce seroit là qu'on mettroit un bon ordre aux affaires du royaume, où les grands trouveroient leurs places, ou bien que la guerre se feroit avec beaucoup plus de couleur et de puissance; que s'il avoit rebuté force gentilshommes et soldats, il n'appréhendoit point cela, pource qu'il savoit bien qu'il ne manquoit jamais de mécontens en France.

Sur quoi il lui fut répondu que les Etats se tourneroient contre lui, et, au lieu de l'autoriser, ils l'abaisseroient, pource que la crainte du mal et l'espérance du bien, qui sont les instrumens les plus puissans pour gagner les hommes, étoient en la main de la Reine, non en la sienne, et qu'on n'avoit voulu prendre les armes, quoiqu'il l'eût mandé, pource que lui-même ne les prenoit pas, et que son traité étoit fait. Sur quoi il lui fut fait quelques reproches par le duc de Rohan et son frère, dont il s'excusa le mieux qu'il put, et leur fit force protestations d'amitié. Il approuva aussi le conseil qu'ils avoient donné au duc de Vendôme; et ainsi passa cette conférence, après laquelle le prince, pour profiter de tout, écrivit au président Jeannin qu'il avoit désiré voir le duc de Rohan pour l'empêcher de se joindre au duc de Vendôme, ce qu'il avoit fait.

Les affaires s'étant ainsi passées, chaque parti s'employa à faire nommer des députés dans les provinces à sa dévotion pour les Etats-Généraux convoqués à Paris à l'hiver prochain. Et cependant le Roi et la Reine s'acheminèrent en Bretagne pour faire obéir le duc de Vendôme. Étant à Poitiers, Villeroy dépêche Villette vers le duc de Rohan, qu'il savoit être de ses amis, pour lui dire que Leurs Majestés passant à vingt lieues de lui, ils prendroient de mauvaise part qu'il ne les vînt trouver, l'assurant qu'il seroit le très-bien reçu, et que c'étoit une occasion pour le bien raccommoder, laquelle il ne devoit laisser perdre : ce qui l'y fit acheminer; où ayant été bien vu, ils l'engagèrent de se trouver aux Etats de Bretagne convoqués à Nantes, où les résolutions se prirent telles qu'ils voulurent, soit pour la députation aux Etats-Généraux, soit contre le duc de Vendôme, qui fut contraint de les venir trouver pour se soumettre à toutes leurs volontés. Ainsi ils s'en retournèrent à Paris dès l'automne, où chacun se rendit pour voir ce que produiroient les Etats. Le prince étoit fort bien avec la plus forte cabale du parlement, plutôt à cause de la haine qu'on portoit au gouvernement présent, que pour les y obliger par sa vertu et bonne conduite; car, si sa vie et ses actions eussent répondu à ses remontrances, il eût bien embarrassé le gouvernement de la Reine.

Il faut maintenant venir aux Etats, qui commencèrent à la fin d'octobre 1614, où toutes choses passèrent au désir de la Reine qui les fit séparer avant que leur répondre [1615]. Et le prince fut contraint de rendre Amboise, qu'il avoit eu par le traité de Sainte-Menehould, par l'avis même du maréchal de Bouillon qui croyoit se rendre si agréable et si nécessaire, en montrant le pouvoir qu'il avoit sur l'esprit du premier prince du sang, qui seul avoit légitime vocation de contrecarrer l'autorité de la Reine, qu'on seroit obligé de lui donner de l'emploi au maniement des affaires. Mais, reconnoissant que ses services étoient moins récompensés que ses desservices, et qu'on appréhendoit cet esprit entreprenant, toutes choses grandes; il se résolut de l'employer de nouveau à nuire; et, prenant l'occasion des mauvaises propositions faites aux Etats, des lâchetés qui s'y commirent contre l'autorité royale pour établir la papale, de la résolution qu'on y fit prendre pour l'accomplissement des mariages d'Espagne, de la grande faveur du maréchal d'Ancre universellement haï, surtout dans Paris, et même du mécontentement que les députés des Etats remportoient dans les provinces, il ménagea si bien toutes ces choses à son dessein, qu'il en ourdit une brouillerie de telle importance, que même ceux qui n'avoient point résolu de s'en mêler se trouvèrent insensiblement de la partie.

Pour bien préparer cette affaire, le maréchal de Bouillon rallia avec le prince de Condé tous les grands du royaume mécontens ou pour offense particulière ou par envie, qui est le vice le plus lâche et ordinaire de tous, ménagea le parlement de Paris si dextrement, que la plus grande partie lui étoit favorable, attira Edmond, ambassadeur d'Angleterre, qui poussa son maître à favoriser le parti, et s'assura de Rouvray*, député général, de Desbordes-Mercier et Berteville, députés à l'assemblée générale des réformés, habiles gens et en bonne réputation, en leur faisant voir les remèdes qu'il vouloit apporter aux désordres de l'Etat, et les avantages qu'en recevroient les réformés et eux-mêmes en leur particulier, à savoir, au premier l'ambassade des Pays-Bas, au second la finance d'un office de conseiller en la chambre de l'édit, et au troisième la députation générale, qui sont de puissans moyens de persuasion.

Ces choses ainsi disposées, ladite assemblée fut

accordée à Jargeau le 4 avril, qui fut jugé un lieu mal propre pour opiner avec liberté, et pour pouvoir servir aux desseins proposés; de façon que, sur les instances faites par les députés généraux et par les provinces, le lieu fut changé à Grenoble au 15 juillet 1615, sur l'assurance que le maréchal de Lesdiguières donna à la Reine qu'il la ménageroit de sorte qu'elle n'en devoit rien appréhender. Ce lieu, quoiqu'en effet suspect à cause de l'autorité et l'humeur bien connue dudit maréchal, ne put néanmoins être refusé, pource que le Dauphiné étoit une des provinces où les réformés étoient les plus puissans, et qu'il étoit dangereux de l'offenser.

Mais, durant cette négociation, on échauffoit les esprits dans Paris, si bien que le parlement donna un arrêt où il convia les princes et pairs de s'assembler avec eux. Ce qu'ayant été défendu, le 22 mai il présenta au Roi des remontrances fort hardies, qui contenoient, en substance, qu'il ne devoit commencer la première année de sa majorité par des commandemens absolus, ni s'accoutumer à des actions dont les bons rois comme lui n'usoient que fort rarement. Et après avoir exagéré les grands et signalés services rendus par ledit parlement depuis son établissement, et que toutes les plus grandes et importantes affaires de l'Etat s'étoient faites par son conseil, ou que les Rois s'en étoient repentis, il remontre le déplaisir qu'il a d'avoir vu aux Etats derniers qu'on ait voulu rendre la puissance souveraine du Roi douteuse et problématique, et renverser la loi fondamentale de son royaume; que, pour arrêter le cours de telles maximes pernicieuses, et ne permettre

que sa souveraineté, qu'il ne tient nûment et immé-
diatement que de Dieu, soit soumise à autre puissance,
pour quelque prétexte que ce soit, il est nécessaire
d'ordonner que les lois de tout temps établies dans
le royaume, et les arrêts intervenus sur icelles, soient
renouvelés et exécutés, et ceux tenus pour ennemis
de l'Etat qui veulent soumettre l'autorité royale à
aucune domination étrangère. Plus remontrèrent combien il est nécessaire d'entretenir les anciennes alliances et confédérations étrangères renouvelées par
le feu Roi, se conseiller des princes et officiers de
sa couronne et anciens conseillers, qui sont personnes
expérimentées et intéressées à l'Etat, et ne permettre
qu'aucun prenne pension des princes étrangers; que
chacun soit maintenu en la fonction de sa charge;
qu'à l'avenir il ne soit donné aucunes survivances;
que les charges militaires ne soient vénales; que les
gouvernemens des provinces, fortes places et principales charges militaires, ne soient conférés aux
étrangers; de conserver la dignité et splendeur de
la religion romaine, sans déroger aux édits de pacification; de conserver les marques de l'autorité de
l'église gallicane, et repurger les abus qui se glissent
par le moyen des confidences et coadjutoreries; ne
permettre la multiplication des nouveaux ordres de
religieux, et commettre les évêchés à personnes de
bonne famille, de vertu et d'âge convenable; que
le cours de la justice soit libre, et les choses atten-
tées au contraire soient punies, et que le conseil
ne puisse casser sur requête les arrêts du parlement, mais que ceux qui se voudront pourvoir contre
iceux ne le fassent que par les voies ordinaires de

droit et selon les ordonnances; qu'abolition ne soit donnée pour les assassinats; que les édits et arrêts sur le fait des duels soient observés; que les arrêts du conseil du Roi soient plus stables et ne se renversent à toute heure par argent ou par faveur; que les exactions et abus qui se font en la petite chancellerie, et droits qui se lèvent sans édit vérifié soient réprimés; que toutes sociétés des conseillers d'Etat, intendans et autres officiers des finances, avec les partisans, soient défendues; que les brelans publics soient ôtés; qu'il soit pourvu au désordre des finances, et les coupables punis; que les dons excessifs soient modérés; que le gouvernement des finances soit commis à peu de personnes, comme du temps du feu Roi; que la profusion des finances se juge en ce que le revenu est plus grand que du temps du feu Roi, qui dépensoit tous les ans en bâtimens et autres choses qui sont maintenant retranchées 3,000,000 de livres, et en épargnoit 2,000,000; que si les 5,000,000 avoient été épargnés tous les ans depuis sa mort, il y auroit dans le trésor 20,000,000 outre les 14,000,000 qu'il y avoit laissés, et qui sont dissipés au grand regret des bons Français, qui sont des désordres lesquels, s'il n'y est remédié, mettront la France à l'hôpital, ce qui ne peut être que par une exacte recherche de ceux qui gouvernent mal les affaires, dont ils savent Leurs Majestés entièrement innocentes. C'est pourquoi ils les supplient très-humblement de leur permettre l'exécution de leur arrêt du mois de mars dernier, 1615; promettant de faire reconnoître beaucoup de choses importantes à l'Etat et qui leur sont cachées, par le moyen desquelles on pourvoira à tous ces désordres; et, en cas que ces remontrances ne soient bien reçues par les mauvais conseils et artifices de ceux qui y sont intéressés, ledit parlement proteste solennellement que, pour la décharge de sa conscience, pour le service de Leurs Majestés et conservation de l'Etat, ils seront obligés de nommer ci-après, en toute liberté, les auteurs de ces désordres, et faire voir au public leurs mauvais déportemens, afin d'y être pourvu en temps opportun, et lorsque les affaires s'y trouveront plus disposées, et qu'il plaira au Roi d'en prendre plus de connoissance.

Ces remontrances firent l'effet qu'on désiroit; à savoir, de faire rabrouer le parlement, et l'affectionner d'autant plus au parti du prince. Il y eut là-dessus des aigreurs et paroles libres; ensuite de cela vinrent les lettres dudit prince au Roi, à la Reine, aux grands qui étoient demeurés en cour et au parlement, avec sa déclaration qui, en reprenant les affaires de devant la guerre de Sainte-Menehould, remontroit l'abus aux brigues des députés des Etats; se plaint de l'article demandé par le tiers-état, pour assurer la vie et l'autorité du Roi contre les entreprises du Pape, qu'on a éludé; des charges et autorité excessive du maréchal d'Ancre et des abus qu'il y commet, entreprenant d'enlever les gouvernemens des princes, faire passer les édits à la foule du peuple, pour assouvir son avarice et son ambition; disposer de toutes les charges du royaume, tant ecclésiastiques que séculières; ôter la liberté des Etats, auxquels fut interdit audit prince d'aller; faire gourmander le parlement de Paris sur leurs remontrances; faire résoudre les mariages d'Espagne, sans le communiquer à qui on doit, et, par ce moyen, abandonner tous les anciens alliés de la couronne, entre autres le duc de Savoie, qu'on laisse opprimer à la grande honte de la France; faire refuser à la noblesse la demande qu'on faisoit aux Etats de maintenir les édits de pacification; faire jurer au clergé l'entière observation du concile de Trente; qu'il n'est raisonnable que le marquis d'Ancre, le chancelier, le commandeur de Sillery, Bullion et Dolé, auteurs de toutes ces violences et mauvais conseils, soient maintenus en cette effrénée autorité, et qu'avant l'accomplissement des mariages d'Espagne, ledit prince requiert qu'on pourvoie à la réformation de ces conseils, et aux abus et désordres de l'Etat. Sur quoi s'étant abouché diverses fois avec Villeroy, plutôt pour l'amuser et tâcher de le surprendre que pour y apporter quelque remède, enfin Pontchartrain l'étant venu semondre au voyage de Guienne pour l'accomplissement des mariages, jugeant par là toute espérance perdue d'une bonne réformation, déclare que les armes qu'il prend n'ont but que pour rétablir l'autorité du Roi et la splendeur de l'Etat; convie de se joindre à lui tous les bons Français, tant d'une que d'autre religion, et semond les anciens alliés de la couronne de le favoriser en un si bon dessein.

Cette déclaration publiée, le prince fait ses levées en France et en Allemagne, et prend son canon à Sedan. Le Roi dresse une armée de dix mille hommes de pied et de quinze cents chevaux, commandée par le maréchal de Boisdauphin, pour s'opposer aux mécontens, et avec d'autres troupes s'achemine en Guienne (1), accompagné du duc de Guise qui devoit

(1) Voyez à la suite de ce livre les conseils donnés à la Reine-mère par Rohan sur le voyage de Guienne.

conduire Madame sur la frontière d'Espagne, et en ramener l'Infante.

En ces entrefaites, l'assemblée convoquée à Grenoble se trouve sollicitée de La Haie, député du prince, qui lui porte son manifeste, et lui remontre les avantages qu'elle retirera pour le parti des réformés si elle se joint à lui pour le rétablissement des affaires et l'opposition aux mariages d'Espagne, leur promettant de sa part de ne rien conclure que par leur avis. La partie du prince dans ladite assemblée, et ses partisans n'osoient ouvrir la bouche. Néanmoins, jugeant qu'en une occasion si importante on devoit espérer quelque faveur du Roi, elle députa vers lui Champeaux, Desbordes-Mercier et Mailleray, qui le trouvèrent à Tours, et lui présentèrent vingt-cinq articles des plus importans, auxquels ils le supplièrent très-humblement de leur donner quelque contentement. Desdits députés il y avoit Desbordes-Mercier qui étoit du parti du prince, et les deux autres du sentiment du duc de Rohan, qui croyoit le premier lui être aussi affectionné que les autres, et qu'il connoissoit pour très-habile homme; de façon qu'ayant une entière croyance en lui, il reçut de Poitiers de ses lettres qui lui témoignèrent le mécontentement qu'ils recevoient, et l'exhortoit de se joindre audit prince, l'assurant que l'assemblée en seroit satisfaite et feroit le semblable. Les deux autres députés, conduits par celui-ci, lui témoignèrent la même chose, et le mépris que Leurs Majestés faisoient de l'assemblée; si bien que joignant à cela le refus qu'on lui fit de la survivance du gouvernement de Poitou, du consentement de son beau-père, au préjudice des promesses solennelles qu'il en avoit, et les semonces du duc de Soubise, son frère, qui avoit de l'inclination pour le prince, commencèrent à l'ébranler. Mais retournant de Saint-Maixent à Saint-Jean, d'où il venoit de voir le duc de Sully, il rencontra un gentilhomme du comte de Saint-Paul qui l'exhortoit de se joindre avec lui, pour s'opposer aux mariages d'Espagne, et Saint-Angel, Savignac et Doradour, de la part de tous les gouverneurs et de la noblesse des réformés, qui le convioient à la même chose, et l'élisoient leur général, lui remontrant que le comte de Saint-Paul mettroit Fronsac entre les mains de La Force pour sûreté de sa parole.

Toutes ces choses ensemble, à savoir, l'espérance de se tirer du mépris qu'on venoit de lui témoigner, la sollicitation de son frère, et le désir de servir les réformés, le firent résoudre à passer en Guienne, où il trouva que le comte de Saint-Paul avoit fait son traité, et tous les catholiques romains avec lui, et beaucoup d'étonnement aux réformés. Néanmoins ayant assemblé La Force, Boesse-Pardaillan, Château-Neuf, Favas, Panissault et autres réformés, il fut résolu que sur le retardement du Roi à Poitiers, à cause de la maladie de Madame, on armeroit; et se promettoit-on de faire six mille hommes de pied et cinq cents chevaux, lesquels furent réduits, au premier rendez-vous, à six cents hommes de pied et cinquante chevaux, et jamais n'y eut plus de deux mille hommes ensemble; de façon que le Roi gagna fort aisément Bordeaux, d'où la Reine-mère envoya La Chénaye vers le duc de Rohan pour lui faire de belles offres, à la charge qu'il se joindroit à elle; mais ni à lui ni au Bois-de-Cargois, député de l'assemblée, et qui prit pareille charge, il ne répondit autre chose sinon qu'il ne manqueroit de parole où il l'avoit donnée. Depuis elle s'efforça de lui détacher La Force ou Boesse-Pardaillan : pour le premier il crut être obligé d'aller défendre le Béarn, et l'autre demeura ferme.

Le principal soin qu'eut le duc de Rohan fut d'engager à son parti toutes les villes et communautés réformées, et d'engager l'assemblée générale dans le parti qu'il embrassoit ; vers laquelle il envoya pour lui donner avis que, sur le refus qu'on avoit fait de répondre favorablement à leurs cahiers, et à la sollicitation de leurs députés, il s'étoit déclaré en Guienne, et son frère en Poitou ; qu'il les exhortoit de les avouer et de faire la jonction avec le prince. Le duc de Soubise, de sa part, qui étoit demeuré à Saint-Jean, dès qu'il vit le Roi passé, arma en Poitou et Saintonge, et mit en campagne quatre mille hommes de pied bien lestes, et cinq cents chevaux, qui se trouvèrent très-à propos pour recevoir le prince quand il y vint.

Cependant le duc de Guise fait la conduite de Madame en Espagne, et en ramène l'Infante ; pendant lequel temps le duc de Rohan eut le loisir de se saisir de Lectour, par le moyen de Fonteràilles qui l'introduisit dans la ville, où étant il assiégea le château, et le contraignit de se rendre avant qu'il pût être secouru du duc de Guise, ni que l'assemblée du haut Languedoc, qui étoit sur pied, pût brouiller cette affaire. De là il va au Mas-de-Verdun et à Mauvesin, qu'il ne put joindre à son parti, puis passa à Montauban qu'il fit déclarer avec beaucoup de peine. En ce voyage il vit le duc de Candale, qui lui déclara le dessein qu'il avoit de se rendre réformé, de passer en Languedoc vers l'assemblée qui s'étoit changée à Nîmes, à cause qu'elle ne se trouvoit en liberté dans Grenoble, où il travailla si dextrement et heureusement, que malgré la croyance de Châtillon, que la vertu de ses prédécesseurs lui avoit acquise très-grande, il renversa tout son crédit, se fit reconnoître général des Sevennes, et fortifia tellement l'assemblée, que les oppositions dudit Châtillon dans icelle et dans le Languedoc, n'empêchèrent qu'elle ne fît la jonction avec le prince; les partisans duquel, se voyant assistés des ducs de Rohan, de Sully et de Soubise, emportèrent pour lors la balance; et furent députés Desbordes-Mercier, Le Crusel et La Novialle, pour porter l'acte d'union audit prince, et pour lui faire signer les articles dont ils conviendroient avec lui, qui contenoient en substance : de s'opposer à la réception du concile de Trente, aux mariages d'Espagne; de procurer la réformation du conseil, l'entretien des édits des réformés; et qu'ils ne s'abandonneroient point les uns les autres, ni ne poseroient les armes, ni n'entendroient à aucun traité de paix, sinon d'un commun consentement.

Montauban fut le premier lieu où le duc de Rohan reçut des nouvelles du prince, quoiqu'il eût dépêché vers lui diverses fois. Il lui manda que, nonobstant les oppositions d'une armée complète, il avoit passé les rivières de Marne, Seine, et finalement Loire, et qu'ayant laissé l'armée ennemie derrière, il s'acheminoit en Guienne pour le joindre; qu'il le prioit de s'approcher de la rivière de Dordogne, et saisir quelques lieux sur celle de l'Isle pour favoriser son passage : ce qu'il fit promptement, ayant pris entre autres Souillac, qui est un des meilleurs passages de ladite rivière, et enlevé le régiment du comte de Lauzun en deux grands villages où il s'étoit barricadé.

Mais le prince, au lieu de ce chemin, prit celui de Poitou, où très-à propos il rencontra le duc de Soubise, car il étoit fort foible d'infanterie, et son armée tellement harassée, que sans la ville de Saint-Jean qui le reçut, et que le duc de Sully enfin, avec beaucoup de peine, se joignit à lui avec toutes les places qu'il tenoit en Poitou, il étoit en mauvais termes.

Durant ces entrefaites, Leurs Majestés reprennent le chemin de Tours, donnent le commandement de l'armée du maréchal de Boisdauphin au duc de Guise, et le duc d'Épernon avec une autre eut la charge de leur conduite. Toutes ces jonctions avec le prince l'ayant relevé du mépris, et mis en grande considération, il est recherché d'accommodement.

Or il faut noter que le duc du Maine et le maréchal de Bouillon étant joints plus étroitement avec le prince que tous les autres, et eux par conséquent plus recherchés de la cour, ils se résolurent à la paix, et d'y faire leurs conditions aux dépens de tous les autres. Pour y parvenir on fait une surséance d'armes, et on choisit la ville de Loudun pour traiter; on désire l'approche de l'assemblée générale jusques à Sainte-Foy, où le maréchal de Bouillon avoit grand crédit. Mais le duc de Rohan ayant appris par son frère ces menées, dépêcha à ses confidens de l'assemblée générale, pour leur faire entendre tout ce mystère, et qu'il falloit que ladite assemblée se rendît à La Rochelle, sans s'arrêter en chemin, où elle

9.

seroit plus considérable et plus puissante ; et lui se résout d'aller à la conférence, quoiqu'il n'y fût point convié, laissant Boesse-Pardaillan pour commander en Guienne en son absence.

Il faut encore remarquer deux choses avant que venir à la conférence : la première, l'armement du duc de Nevers sans se déclarer, en faisant le médiateur, comme pour contraindre les deux partis de s'accommoder, par l'appréhension qu'il donnoit d'emporter la balance avec celui auquel il se joindroit ; dessein faisable au roi d'Espagne ou au roi d'Angleterre, mais ridicule pour lui. L'autre n'est pas plus judicieuse, c'est l'armement du duc de Vendôme, qui, sous les commissions du Roi, se fait assez puissant, et ne se joint au prince qu'après la trêve ; de façon qu'il ne sert qu'à augmenter la condition de celui avec lequel il se joint, s'ôte le moyen de faire la sienne particulière, n'étant plus considérable de par soi, et recueille pour soi une bonne partie de la haine que l'on porte à tout le parti.

En cette conférence se trouvèrent, de la part du Roi, le maréchal de Brissac, Villeroy, le président de Thou, de Vic et de Pontchartrain, lesquels travaillèrent à diviser les ligués afin d'amoindrir leurs conditions. [1616] Le prince lassé de guerre veut la paix, ne pense plus aux affaires publiques, mais seulement demande, par écrit, les intérêts des particuliers, et surtout se résout à y trouver le sien. Il avoit promis au duc de Vendôme de ne faire nul accord sans qu'il eût eu le château de Nantes, au duc de Longueville la citadelle d'Amiens, aux réformés l'entretien des édits. Mais quand le duc du Maine et le maréchal de

Bouillon eurent obtenu leurs intérêts, ils ne pensèrent plus qu'à faire relâcher tous les autres des leurs; pour à quoi parvenir ils n'oublièrent nulle sorte d'artifices; mais ils trouvèrent une grande fermeté dans l'assemblée générale qui étoit à La Rochelle, et une grande union parmi tous les autres grands; de façon qu'ils rencontrèrent des difficultés insurmontables à leurs desseins.

Sur ces entrefaites, le prince tombe grièvement malade, ce qui étonna un chacun, et fit résoudre plus facilement à sortir de cette affaire. Le duc de Sully fut prié d'aller devers l'assemblée pour remontrer le dangereux état auquel étoient les affaires, dont il remporta toute sorte d'assurances de la bonne disposition à la paix; ce qu'elle témoigna trois jours après par l'envoi de dix députés de son corps, qui eurent pouvoir de se départir de toutes les précédentes demandes qui eussent pu retarder la conclusion de la paix, se restreignant seulement à l'obtention des expéditions nécessaires pour la sûreté des choses déjà concédées : entre lesquelles étoient la subsistance de l'assemblée au lieu où elle étoit, jusques à la vérification de l'édit, le licenciement des armées, la restitution de Tartas, et l'acheminement des commissaires exécuteurs de l'édit, ainsi que le duc de Sully leur avoit promis de la part du prince, comme il vérifia par son instruction lorsqu'on le dénia. Mais les commissaires du Roi, fortifiés sous main, s'affermirent à la séparation de l'assemblée : ce qui faillit à tout rompre, sans que le duc de Sully, fertile en expédiens, s'opiniâtra à renouer l'affaire, et par la force de ses raisons proposa un écrit que lesdits commissaires approuvèrent, et le prièrent d'y faire condescendre les députés de l'assemblée; à quoi il travailla avec les ducs de Rohan, Candale et Soubise si heureusement, qu'ils y condescendirent moyennant le changement de quelques termes. Et pource que le pouvoir desdits députés n'étoit assez étendu, ils firent conjointement une dépêche à l'assemblée pour leur remontrer la nécessité qu'il y avoit de sortir de cette affaire, et qu'on requéroit un pouvoir plus ample qui promît de ratifier ce qu'ils concluroient de sa part, et avec l'avis des grands de la religion. Ledit duc de Sully, croyant avoir tout fait, porte ledit écrit aux commissaires du Roi, où se trouvèrent les ducs de Nevers, du Maine et de Bouillon, qui tous l'approuvèrent, et ensuite les députés de l'assemblée. Mais l'ayant rapporté auxdits commissaires, ils le dénièrent; et néanmoins, sur ce que ledit duc de Sully s'en alla, ils le rappelèrent, et, après plusieurs contestations, on en demeure encore une fois d'accord : après quoi chacun se rendit au logis du duc de Nevers qui donnoit à dîner à toute la compagnie, auquel lieu les commissaires du Roi, pour la troisième fois, altérèrent si bien l'écrit, qu'il n'y avoit plus rien de son premier projet; qui fut cause que le duc de Sully ne s'en voulut charger.

Sur ces entrefaites, le prince fit appeler tous les grands pour signer la paix ; il étoit encore si mal qu'il ne pouvoit entendre la lecture, ni comprendre les difficultés qu'il y avoit encore à surmonter. Néanmoins il appela le duc de Sully pour savoir ce qui empêchoit la signature; et l'ayant appris, il appela Villeroy, auquel ayant parlé tout bas, et puis au duc de Sully, il déclara que ledit Villeroy lui avoit accordé l'écrit, tout ainsi qu'il avoit été projeté avec ledit duc de Sully; et, sans vouloir attendre ni la réponse de l'assemblée ni autre raison, la signa. Sur quoi le duc de Bouillon eut de grandes contestations, véritables ou feintes, avec Villeroy, pource qu'il vouloit que l'ambassadeur d'Angleterre, qui avoit été un puissant entremetteur de la paix, la signât; mais l'autre l'empêcha, sur ce qu'il n'étoit séant ni honorable au Roi de le permettre.

Cette signature du prince, ainsi précipitée, apporta aussi beaucoup de rumeur parmi ceux qui se virent ainsi abandonnés par les auteurs de la guerre; et le duc de Bouillon, pour faire valoir son service rendu au Roi, déclama contre ceux de l'assemblée, les appela rebelles, et tous ceux qui s'obstineroient avec eux; s'offrit d'aller contre eux, et déclara qu'il tenoit pour ennemis de l'Etat tous ceux qui, pour quelque prétexte que ce fût, refuseroient de signer la paix. Néanmoins ses menaces ni celles des commissaires n'ébranlèrent point la fermeté des autres; et à cause que cette altération incommodoit le prince, toute la compagnie alla au logis de la comtesse de Soissons, où, toutes difficultés étant résolues, chacun signa son approbation à part, afin d'éviter la contention des rangs; et n'y eut que le prince et les députés de l'assemblée qui signassent la déclaration.

Enfin, le fruit de cette guerre n'apporta aucun changement aux affaires publiques, que celui qui fut procuré par ceux-mêmes qui étoient du côté du Roi, qui se servirent de cette occasion pour se venger de leurs ennemis.

Ainsi Villeroy et le président Jeannin, qui avoient été abandonnés du chancelier de Sillery pour avoir seul le maniement des affaires, lui procurèrent, en cette paix, la perte des sceaux, qui furent mis entre les mains du président du Vair. Mais Villeroy n'y profita non plus; car le maréchal d'Ancre, jugeant qu'au traité de paix il s'étoit entendu avec le parti contraire pour lui faire perdre la citadelle d'Amiens, il fit bailler sa charge de secrétaire d'Etat à Mangot.

Cette affaire ainsi passée, chacun se retira avec divers sentimens, et assez mal satisfaits les uns des autres; et le lendemain arriva le pouvoir absolu de l'assemblée à leurs députés pour conclure la paix. Le maréchal de Bouillon et le duc de La Trimouille, pour se rendre d'autant plus agréables, donnèrent aux commissaires leurs promesses signées de courre sus à l'assemblée et à ceux qui l'assistéroient, au cas qu'ils voulussent subsister au-delà de six semaines qui leur étoient accordées.

Si du côté du prince il y avoit des mécontentemens, ils n'étoient moindres de l'autre part. La faveur du maréchal d'Ancre étoit plus insupportable à ceux qui la soutenoient qu'à ceux qui la combattoient; et lui, se sentant plus tyrannisé de ses amis que de ses ennemis, donna espérance de se joindre étroitement et confidemment avec les nouveaux réconciliés, dont le duc de Guise étant entré en soupçon, rechercha de sa part une liaison avec les mêmes, au préjudice dudit maréchal d'Ancre. Et pour cet effet, il s'adressa au maréchal de Bouillon, qui le tint en bonne bouche, afin que, si ses espérances du côté de la cour lui manquoient, il eût moyen de leur faire une autre brouillerie.

Quelques jours avant la conclusion de la paix, il fut proposé, dans le conseil du prince, de faire une union entre les grands de son parti, desquels deux tour à tour résideroient en cour, et les autres en seroient éloignés, et que les intérêts d'un chacun seroient embrassés de tous les autres.

Le maréchal de Bouillon rejeta cette proposition comme n'étant encore de saison, pource qu'ayant à désobliger la plus grande part d'eux, il prévoyoit que cela pourroit éclater, et aussi qu'il fut bien aise de faire valoir ses services; mais, après la paix, il remit sus la proposition, qui se trouva aussi hors de saison à cause que les esprits étoient trop altérés et en défiance les uns des autres; de sorte que chacun prit sa route selon son dessein particulier.

Le prince alla prendre possession du gouvernement de Berri, qu'il eut en échange de celui de Guienne; le duc du Maine et le maréchal de Bouillon allèrent à la cour pour sonder le gué, mais principalement pour recueillir le gré de leurs services; le duc de Sully dans son gouvernement de Poitou; le duc de Rohan à La Rochelle, pour informer l'assemblée de ce qui s'étoit passé à la conférence de Loudun, et pour faire nommer de bons députés généraux; mais la cabale de la cour s'étant jointe à celle du prince, et les espérances qu'il donna des faveurs, gratifications et pensions à ceux qui se porteroient à sa volonté l'emportèrent, et y fit nommer Berteville et Maniald.

Le duc de Rohan se voyant haï en cour, toutes choses lui ayant succédé au contraire de son dessein, se résolut de faire un effort envers le duc de Sully pour le gouvernement de Poitou, duquel ayant obtenu la démission, on lui en expédia les provisions suivant le traité de paix, à condition de les aller recevoir à la cour; à quoi il se résolut, parle franchement à la Reine, lui remontre que le mépris qu'elle avoit fait de lui l'avoit induit à témoigner qu'il n'étoit pas sans pouvoir, qu'il confessoit avoir obligé et servi une personne ingrate, qu'il n'étoit sans ressentiment, que si elle pouvoit oublier ce qu'il avoit fait contre elle, et le recevoir en ses bonnes grâces, il lui protestoit, hors le parti des réformés, de la servir fidèlement envers tous et contre tous ; ce qu'elle accepta.

Pour revenir au maréchal de Bouillon, il s'efforce d'entrer dans les affaires, remontrant qu'il est le seul qui puisse gouverner et disposer du prince, et le prince seul qui puisse troubler le gouvernement de la Reine, et par ainsi, lui content et dans l'emploi, l'on ne devoit rien appréhender. Mais le maréchal d'Ancre, qui possédoit la faveur, et qui avoit dessein de changer tout le conseil pour y mettre de ses créatures, ne jugea à propos d'y introduire un tel homme, lequel, s'en apercevant, donna des ombrages au prince pour l'empêcher de venir en cour.

Il y avoit aussi la comtesse de Soissons, d'une part, et la princesse de Condé, de l'autre, qui se faisoient de fête pour le retour du prince, et tous s'accordoient à l'en détourner si ce n'étoit par leur entremise qu'il y vînt, ayant jalousie les uns sur les autres; ce que le prince connoissant, laissa toutes ces entremises, et, par celle de Rochefort et de l'archevêque de Bourges, il fit secrètement son traité avec la Reine, s'attachant à elle, et à protéger le maréchal d'Ancre à l'exclusion de tous ses partisans, à la charge d'être seul introduit dans les affaires, et chef du conseil des finances.

Venant à Paris contre le gré de tous les dessusdits, ce fut avec un applaudissement nompareil. Il prit un grand pouvoir dans les affaires : le duc de Rohan l'alla voir par la permission de la Reine, lequel lui fit quelques reproches de ce qu'il avoit signé la paix sans attendre le pouvoir de l'assemblée : sur quoi il s'excusa sur la crainte qu'il avoit que ledit duc n'empêchât de le donner; puis, ayant appris qu'il s'étoit bien remis avec la Reine, il lui dit qu'il en étoit fort aise, pource qu'il étoit venu avec cette résolution de passer son temps, de faire ses affaires, de ne se mêler plus d'aucunes brouilleries, et de s'attacher avec le Roi, la Reine et le maréchal d'Ancre. Et sur ce qu'on lui représenta le mécontentement des grands, et surtout du maréchal de Bouillon qu'on croyoit avoir grand pouvoir sur son esprit, il répondit qu'il connoissoit bien ses ruses, par lesquelles il vouloit persuader le bien de l'Etat consister en la paix ou en la guerre, selon qu'il étoit content ou mécontent, mais qu'il ne s'y laisseroit plus attraper.

De l'autre part, le maréchal de Bouillon se voyant hors d'œuvre, ne perd courage, dissimule le mécontentement qu'il a du prince, témoigne approuver ce qu'il a fait, afin de ne l'effaroucher et que ses conseils fussent mieux reçus de lui; rallie le duc de Guise et ses frères, et le duc de Nevers avec ceux de son parti ; se sert de la haine du parlement et du peuple de Paris contre le maréchal d'Ancre; attire contre lui celle du Roi par le moyen de Luynes, qui commençoit à entrer en faveur, et propose à tous les grands le dessein de s'emparer de la cour en tuant le maréchal d'Ancre : lequel ayant hardé la lieutenance de roi en Picardie, et la citadelle d'Amiens, avec celle de Normandie qu'avoit le duc de Montbazon, il s'étoit encore réservé le gouvernement de Péronne, Montdidier et Roye. Le duc de Longueville, son ennemi, enflé de le voir hors d'Amiens et du reste de la Picardie, poursuit sa pointe, fait éclater les intelligences qu'il a dans la ville de Péronne, y entre, et se rend maître du château avant qu'on puisse faire effort pour le secourir. Mangot, nouveau secrétaire d'État en la place de Villeroy, y est envoyé de la part du Roi, mais il n'avance rien pource que le château étoit rendu. A son retour, le Roi est conseillé de traiter cette affaire doucement; il y envoie le maréchal de Bouillon, qui y fit deux voyages, d'où il ne rapporte le contentement qu'on désiroit; aussi son but étoit d'affermir le duc de Longueville en sa conquête, afin de l'engager, et tous ses amis, dans son dessein, lequel il poursuivit toujours. Et un jour, ayant assemblé les principaux pour prendre résolution de tuer le maréchal d'Ancre, le duc du Maine, qu'on tenoit le plus résolu à cela, dit qu'il l'exécuteroit pourvu que le prince s'y trouvât, et qu'il falloit s'en consulter avec lui. Le maréchal de Bouillon répliqua qu'il s'en falloit bien garder, qu'il se faisoit fort de faire avouer l'action au prince après l'exécution, mais qu'il étoit dangereux de la lui communiquer; qu'en tout cas il ne la lui falloit dire que sur le point de l'exécution, afin qu'il n'eût loisir de se repentir. Mais l'obstination du duc du Maine l'emporta; et le prince ayant su cette résolution, soit qu'il appréhendât l'événement dudit dessein, ou que, pour ce coup, il voulût être homme de parole, il manda dès le soir au maréchal d'Ancre, par l'archevêque de Bourges, qu'il ne pouvoit abandonner le duc de Longueville, et qu'il retiroit la parole qu'il lui avoit donnée de le protéger; lequel, dès la nuit, passa en Normandie; et lors, se voyant abandonné du prince, et tous les grands joints ensemble pour l'attaquer dans la cour même, il se résolut de le prévenir; fait remontrer à la Reine que le prince la trompe, que le maréchal de Bouillon l'amuse, que tous les grands sont d'accord pour la dépouiller de son autorité, et que l'affaire est à tel point, qu'il n'y a de plus sûr remède que de se saisir de leurs personnes; à quoi elle se résolut avec Mangot, l'évêque de Luçon et Barbin, créatures du maréchal. Et le premier de septembre, un jeudi à midi, ledit prince fut arrêté dans le Louvre par Thémines, qui, pour cette action, fut fait maréchal de France : et ce qui est remarquable, c'est qu'à même jour du mois et de la semaine, et à même heure il étoit né. L'on croyoit y attraper le duc du Maine et le maréchal de Bouillon; mais le premier, étant logé près la porte Saint-Antoine, eut le loisir de sortir, et l'autre, étant allé au prêche à Charenton ce jour-là, fut averti de ne retourner plus. Ainsi ils s'en allèrent à Soissons; le duc de Guise et son frère prirent la même route; le duc de Vendôme s'échappa aussi, et tira vers La Fère. Le duc de Rohan, qui sur la naissance de ces brouilleries s'étoit du tout séparé du prince, ne fut néanmoins sans appréhension quand il vit amener le prince par Thémines, et qu'incontinent après Saint-Géran le vint chercher de la part du Roi. Cet arrêt apporta une grande émeute dans Paris, qui fut augmentée par la mère du prince, et par plusieurs gentilshommes, qui excitèrent le peuple du faubourg Saint-Germain de ruiner l'hôtel du maréchal d'Ancre, où ils prirent tel goût, que le pillage en dura plus de deux jours, qui fut une prudence de leur laisser passer cette fougue; car le lendemain, Créquy, mestre de camp du régiment des Gardes, avec une compagnie dudit régiment et une de bourgeois de la ville, fit cesser facilement ce pillage, qui se fût rencontré plus difficile en l'ardeur de l'émeute.

Cette action ainsi passée, Leurs Majestés en donnent connoissance aux grands demeurés dans Paris, et aux principaux du conseil, entre lesquels le duc de Sully parla librement, improuva l'affaire, et conseilla de l'accommoder par l'intervention du nonce du Pape et autres ambassadeurs, en telle sorte que l'autorité en demeurât tout entière au Roi et à la Reine sa mère. Mais ce conseil n'étant suivi, on prend la voie de la force. Cependant le maréchal de Bouillon n'oublie aucune sorte d'artifices pour engager le duc de Guise, lui offre de le faire chef d'un parti auquel il commanderoit à tous ceux qui lui disputent le rang, que c'étoit pour la délivrance du premier prince du sang, et pour tirer le Roi des mains du maréchal d'Ancre, dont la haine avoit paru au brûlement et pillage de sa maison dans Paris, à la face du Roi; que si promptement ils amassoient leurs amis, et alloient brûler tous les moulins qui sont autour de Paris, ils y exciteroient une grande émeute : et voyant que toutes ses persuasions ne le pouvoient émouvoir, et qu'il traitoit son retour à la cour, où on lui offroit de commander les armées royales, il proposa de l'arrêter, ce que le duc du Maine ne voulut permettre.

Ainsi tous les conseils du maréchal de Bouillon furent rejetés, quoique très-bons; car aux affaires extrêmes il ne faut faire les choses à demi, et souvent l'audace avec la diligence réussit, et jamais la circonspection : ce qui parut clairement ici, pource que la Reine ayant retiré le duc de Guise et ses frères, change les ministres de l'Etat, en donnant les sceaux à Mangot, la charge de secrétaire d'Etat à l'évêque de Luçon, et les finances à Barbin; rassure l'émeute des peuples, et criminalise les absens par déclaration vérifiée au parlement. Elle fait ses levées, donne la charge de l'armée de Champagne au duc de Guise, et celle de l'Ile de France au comte d'Auvergne; et ayant fait Montigny maréchal de France, et gouverneur de Berri, elle l'y envoie; lequel rassure la province, et se rend maître de la tour de Bourges. Le maréchal de Souvré fait le semblable du château de Chinon, qui avoit été donné au prince par le traité de Loudun. Et au commencement de l'année 1617, le duc de Guise attaque les places que le duc de Nevers tenoit, les prend avec peu de résistance, et se prépare au siége de Mézières. De l'autre côté, le comte d'Auvergne prend Pierre-Fonts, approche de Soissons, où le duc du Maine veut enlever le quartier du duc de Rohan, colonel de la cavalerie légère, dans Villers-Coterets, dont il est repoussé; après quoi se forme le siége de Soissons. Cependant le duc de Bouillon se retire à Sedan, d'où il tâche de moyenner quelques levées d'étrangers. Ainsi les affaires des princes étoient en très-mauvais termes, quand leur délivrance arriva par la mort du maréchal d'Ancre, laquelle changeant toutes les affaires, il est raisonnable de la particulariser.

C'est la ruine d'un Etat que le règne absolu des favoris; car, ou ils le changent à leur profit, ou ils donnent matière aux ambitieux de le faire; pour le moins sont-ils le prétexte de toutes les brouilleries qui y arrivent. Depuis sept ans, le maréchal d'Ancre en avoit fourni en France, et tous les peuples, qui par le règne de Henri-le-Grand avoient été accoutumés à être gouvernés par leur prince même, le haïssoient, lui attribuant tous leurs maux (1). De façon que sa mort remplit un chacun d'espérance d'amendement; mais elle fut bientôt perdue, quand on vit un homme de bas lieu dès le premier jour autorisé plus que l'autre, et revêtu de sa dépouille, car on jugea bien qu'il n'en demeureroit pas là. Ce fut Luynes, qui, par les plaisirs de la chasse et une grande sujétion, s'insinua aux bonnes grâces du Roi, âgé de quinze ans seulement, prince fort particulier, et jaloux de son autorité, laquelle il ne connoissoit pas, et enclin à croire plutôt le mal que le bien. Il fut aisé de lui persuader que le maréchal d'Ancre se vouloit autoriser à son préjudice, et que la Reinemère y consentoit, afin de gouverner l'Etat comme durant la minorité; car l'insolence, qui accompagne toujours une extrême faveur, étoit grande au maréchal d'Ancre, et le mépris de la Reine-mère envers

(1) Voyez à la suite du Ier. livre deux Discours de Rohan sur les événemens des premiers mois de l'année 1617.

son fils trop apparent. De façon que Luynes ayant pratiqué Déageant, premier commis de Barbin qui avoit l'administration des finances, le faisoit venir la nuit entretenir le Roi des mauvais desseins qu'on avoit contre lui, et, sur l'espérance de quelque grand avancement, trama ce dessein en trahissant son maître. Marcillac, qui lui fut adjoint, étoit un homme qui avoit trahi le prince pour la Reine-mère, et qui maintenant la trahissoit pour le Roi. Desplans, simple soldat des Gardes, y fut aussi employé pource qu'il avoit été au service de Brantès, frère de Luynes. Bref, à former ce dessein il n'y fut employé que personnes basses et infâmes ; mais, à l'exécution, on se servit de Vitry, capitaine des Gardes, qui eut la charge de tuer le maréchal d'Ancre, avec promesse d'être fait maréchal de France ; ce qu'il exécuta le 24 avril 1617, comme il entroit au Louvre. En même temps furent arrêtés la maréchale d'Ancre, Mangot, l'évêque de Luçon (1) et Barbin ; puis l'on renvoya chercher le chancelier de Sillery, le garde des sceaux du Vair, Villeroy, et le président Jeannin, pour les remettre dans leurs charges. Après, on ôta à la Reine-mère ses gardes, et on lui bailla de ceux du Roi ; on lui coupa un pont qui de sa chambre entroit dans un parterre qu'elle avoit fait faire, et ne voyoit chose aucune sans permission, sinon la conversion de son autorité et de sa liberté en un mépris abject et une dure servitude.

Les dépêches sont envoyées de toutes parts pour donner avis de ce changement, l'hostilité cesse, cha-

---

(1) Richelieu, évêque de Luçon, ne fut point arrêté après la mort du maréchal d'Ancre.

cun revient en cour; et c'est à qui renoncera le plus tôt et le plus effrontément ce que vingt-quatre heures auparavant on adoroit; n'étant donné qu'à peu d'âmes bien nées et généreuses de suivre en adversité ceux qu'on a honorés en prospérité. Le duc de Rohan demanda la permission de voir la Reine-mère, laquelle témoigna de la constance; et lui, se voyant regardé de travers, et ne prenant plaisir de voir ceux contre lesquels il venoit de faire la guerre être les seuls bienvenus, il passa en Piémont, où étant arrivé après la prise de Verceil, il ne laissa d'y passer l'été, où il vit une action digne d'être remarquée. Dom Pedro de Tolède, après avoir pris Verceil, dont le siège avoit été long, il sépara son armée dans le Montferrat et le Milanez pour la rafraîchir, et la loge autour d'Alexandrie, qui est pays fort abondant en blés et toutes sortes de commodités. Cependant l'armée du duc de Savoie se renforçoit, et le traité de paix se continuoit par l'entremise du cardinal Ludovisio, de la part du Pape, et de Béthune, de la part du Roi, lesquels faisoient diverses conférences avec dom Pedro; pendant lesquelles le maréchal de Lesdiguières, qui commandoit le secours que le Roi avoit envoyé au duc de Savoie pour défendre ses Etats, mais non pour entreprendre sur le duché de Milan, fait reconnoître le logement de l'armée espagnole, et propose d'enlever deux mille hommes logés à Félissan, village qui n'étoit que barricadé, et au milieu de tous autres logemens; remontre qu'encore que d'abord ce dessein fût jugé hasardeux, il ne l'étoit nullement, parce que, passant une nuit avec toutes ses forces, il enlevoit dès le matin ce quartier, qui empêchoit que l'armée espagnole se pût rallier, et que tout ce qu'il avoit laissé derrière lui ne se pouvant retirer étoit perdu. Ce qui réussit comme il l'avoit projeté; car le duc de Savoie, ayant donné le rendez-vous à son armée à Asti, passe par un chemin couvert qui évitoit Nice et La Roque, et arrive à Félissan, qui fut incontinent investi et forcé, sans qu'il fût besoin de l'artillerie que Schomberg, maréchal de camp, conduisoit avec l'arrière-garde, qui avoit charge de se saisir d'un château, comme il fit, pour assurer les vivres. Le lendemain on prend un lieu nommé Quatordeci, où il y avoit quatre cents soldats, et le même jour le duc de Savoie donne trois cents chevaux au duc de Rohan pour couper quelque cavalerie qui venoit d'Alexandrie; et ainsi qu'il marche pour exécuter ce dessein, on aperçoit douze cents hommes de pied et trois cents chevaux qui venoient de Casal à Alexandrie. On y va avec toute la cavalerie; mais, quelque diligence qu'on pût faire, on ne put être à eux qu'il ne fût nuit toute noire, et qu'on ne les trouvât dans un poste fort avantageux. Il fut proposé de camper autour d'eux, et d'envoyer toute la nuit chercher deux mille hommes de pied pour les défaire au point du jour, et crois que ce dessein eût réussi. Néanmoins les considérations de laisser le reste de l'infanterie à Félissan, au milieu des quartiers des ennemis qui pouvoient l'enlever facilement, fit résoudre la retraite, et après un jour de séjour à Félissan on va investir Nice, dont en deux fois vingt-quatre heures la ville fut forcée et le château rendu, où il y avoit près de deux mille hommes de guerre. Le lendemain, on trouve La Roque abandonnée ; on suit la garnison, qui étoit de Suisses, laquelle est attrapée et prise : de façon qu'en une semaine on prend quatre mille cinq cents hommes de l'armée ennemie, laquelle ainsi diminuée, et le duc de Savoie se trouvant sur pied plus de vingt mille hommes, désignoit d'entrer dans le Milanez, quand arriva de France la conclusion de la paix, et commandement au maréchal de Lesdiguières de la faire agréer au duc de Savoie, ce qu'il fit. Il faut revenir aux affaires de France.

Luynes se trouvant, en un instant, revêtu de la dépouille entière du labeur de sept ans d'un favori, posséder l'esprit d'un prince âgé de quinze ans, dont il avoit mortellement offensé la mère, être sans qualité ni appui dans le royaume, n'avoir ni étude ni pratique aux affaires, embrasser néanmoins le gouvernement de tout avec une absolue autorité, se sert, pour principal conseil, de Déageant et de Modène ; et le premier soin qu'il a est de donner un confesseur au Roi qui dépende de lui, afin de se l'assujettir par la superstition, qui est un puissant moyen pour posséder un prince, et de mettre autour de sa personne de petites gens qui l'amusent aux passe-temps puérils, et l'assiégent de telle sorte, qu'il ne soit loisible à aucunes personnes de lui rien dire en particulier. Après cela, il fait conduire la Reine-mère à Blois, où elle est gardée bien soigneusement. Il fait faire le procès à la maréchale d'Ancre, afin d'en avoir le bien, où il se porta avec tant de sollicitations illicites, et de voies extraordinaires pour la faire mourir, qu'à son exécution le peuple de Paris changea sa haine en pitié ; fait reléguer Mangot chez lui, l'évêque de Luçon en Avignon, et Barbin à la Bastille; puis il se marie avec la fille du duc de Montbazon; pour s'appuyer d'une bonne alliance qui pût être sans envie, ayant refusé, à cause de cela, la sœur du duc de Vendôme.

Ces choses ainsi acheminées, il fait convoquer une assemblée de notables à Rouen, afin d'aller prendre possession de ce gouvernement sans quitter le Roi, où la désunion des grands, leur infidélité et peu de courage, et l'esprit servile des députés et officiers qui se trouvèrent dans cette assemblée, affermirent l'autorité de ce nouveau favori, si bien que chacun s'accoutumant à son joug, il crut toutes choses lui être possibles.

[1618] Le duc de Rohan, se voyant son allié par sa femme, qui étoit de sa maison, le recherche comme les autres, et tâche de le réconcilier avec la Reine plutôt qu'avec le prince, lequel étant en prison promettoit, moyennant sa liberté, d'appuyer sa faveur et de la rendre inébranlable. Il lui remontroit qu'il ne pouvoit tenir longuement tous les deux en prison; que celui qui y étoit avant sa faveur ne pouvoit lui en rien attribuer, et qu'il étoit facile d'en empêcher la sortie; que ce n'étoit la même chose de la Reine-mère, qui tôt ou tard lui échapperoit, pource qu'elle étoit gardée avec plus de respect, et sans avouer que ce fût une prison, et que telles gardes étoient dangereuses. Il ajouta que si le prince entroit dans les affaires, il l'y traverseroit beaucoup plus dangereusement que la Reine-mère; que c'étoit un bon esprit, vif, entreprenant et avare; que s'il n'étoit vindicatif il ne s'obligeoit aussi de rien, pource qu'il n'avoit point d'amitié; que ne pouvant toujours les tenir en prison tous deux, il étoit nécessité de s'appuyer de l'un d'eux, et que quelque offense qu'il eût faite à la Reine, il s'en aideroit mieux, pource qu'elle n'étoit entreprenante dans les affaires comme le prince; que l'appréhension que le Roi et elle auroient l'un de l'autre (laquelle il sauroit bien ménager), lui serviroit d'assurance envers tous les deux : à quoi faisant semblant d'acquiescer, il encourageoit ledit duc de s'affectionner à moyenner cette réconciliation : lequel ayant un des siens, nommé La Ferté, grand ami de Barbin, il eut moyen de lui faire savoir le service que ledit duc de Rohan tâchoit de rendre à la Reine sa maîtresse; à quoi même le duc de Montbazon, beau-père de Luynes, étoit porté. Ce que ledit Barbin fit savoir à la Reine (par le moyen de Bournonville qui gardoit la Bastille où il étoit), lui conseillant d'écrire au Roi, à Luynes et au duc de Montbazon des lettres, au premier, pleines de plaintes, de justification et de respect, et aux deux autres, de la favoriser auprès de son fils. Les minutes en furent apportées au duc de Rohan qui les corrigea, et ôta quelques mots qui étoient trop aigres. Mais l'évêque, porteur desdites lettres, auquel Barbin se fioit, étant un traître, découvrit tout le dessein; de façon qu'étant instruit par Déageant, il fit divers voyages vers la Reine, qui furent employés pour tâcher de la perdre et tous ceux qui se mêloient de cette affaire. Mais, voyant que ce dessein n'alloit qu'à la réconciliation, et qu'ils ne pouvoient trouver de quoi l'accuser, ils usent d'artifices, font demander à la Reine, de la part de Bournonville, une bague pour témoignage qu'elle agrée son service; qu'autrement, étant beau-frère du maréchal de Vitry, il ne pourra croire qu'elle puisse lui vouloir du bien. La Reine, surprise de ce discours, et néanmoins n'en pouvant avoir de méfiance pource que l'évêque qui faisoit tous ces voyages étoit valet de Barbin, elle fait pourtant difficulté de donner cette bague, pource qu'elle ne vouloit rien donner qui ne fût digne d'elle, promettant d'en faire acheter une à Paris ; mais il la presse si fort, qu'elle en prend une d'une de ses femmes qu'elle lui donne. Ledit évêque la porte à Déageant, qui la retint, et en fit mettre en œuvre une toute semblable, qu'il fit donner à Bournonville de la part de la Reine, comme si elle la lui envoyoit sans qu'il l'eût demandée. Après cela, on donne au Roi des appréhensions que tous les grands avoient dessein de se rendre maîtres du Louvre, de faire venir la Reine par carrosses de relais, et la rétablir en toute autorité ; et que tous ceux qui étoient de ce dessein portoient une bague bleue au doigt, qui étoit le signal auquel ils se reconnoissoient. Même Luynes enferma une fois le duc de Rohan dans sa chambre, et lui dit que le Roi étoit bien averti qu'il avoit toujours ses inclinations pour le service de la Reine, qu'il savoit toutes les menées qu'il faisoit pour cela, et les communications secrètes de La Ferté, mais qu'à cause qu'il avoit pris son alliance il avoit induit Sa Majesté à lui pardonner, et qu'il falloit qu'il dît tout ce qu'il savoit. Ce discours fut repoussé assez vigoureusement, remontrant qu'il n'étoit un espion, et qu'il étoit bien aise qu'on sût ce qu'il faisoit, qui n'étoit que pour le service du Roi, qu'il confessoit être serviteur de la Reine sa mère, qu'il croyoit que tout bon Français le devoit être.

Après tous ces artifices et plusieurs autres qui ne sont venus à ma connoissance, on prend La Ferté prisonnier, on le met à la Bastille, on le confronte à Barbin, on leur fait leur procès; et nonobstant les sollicitations de la faveur pour y embarrasser beaucoup de monde, tout réussit à ôter Bournonville de la Bastille, au bannissement perpétuel de Barbin, et de cinq ans pour La Ferté, qui néanmoins ne bougea d'auprès de son maître.

Ces grandes violences commencèrent à donner de l'appréhension à la Reine, et la volonté de rechercher les moyens de sortir de captivité; voyant bien que les espérances que lui en donnoit Luynes, tantôt par Cadenet, tantôt par Modène, n'étoient que des amusemens, surtout quand elle voit que la négociation d'Arnoux, jésuite et confesseur du Roi, ne réussit point, lequel lui fit jurer, en confession, de ne se ressentir de chose aucune contre Luynes, et de ne se mêler d'aucunes affaires.

Toutes ces choses la firent enfin résoudre à sortir de captivité, et, par l'avis du maréchal de Bouillon, elle choisit le duc d'Epernon pour son libérateur, le reconnoissant puissant, courageux et prudent. Mais il étoit mécontent d'elle, et venu à la cour pour se joindre au parti du Roi. Il falloit le regagner, ce que les serviteurs de la Reine ménagèrent dextrement dans la mauvaise conduite du favori en son endroit: premièrement, en donnant de l'appréhension à Luynes du grand pouvoir et de l'humeur altière du duc d'Epernon, qui sont qualités insupportables à celui qui se voit lâchement adoré de tout le monde. De l'autre part, ils aigrissent l'esprit peu endurant dudit duc, et qui n'étoit accoutumé à une servile sujétion. Le premier sujet vint sur la poursuite qu'il faisoit de la promotion au cardinalat de son plus jeune fils, qui étoit le premier nommé pour cela, et dont toutes les assurances lui en avoient été données; il s'en vit éloigné par les pratiques de Villeroy qui y portoit Maquemont. Toutefois, ledit Villeroy étant mort sur ces entrefaites, il continue ses poursuites avec espérance. Mais le cardinal de Retz ayant gagné Déageant, et par là Luynes l'emporta. Ce ne fut pas sans faire des promesses indignes d'un homme de bien, avec des soumissions infâmes, lesquelles il tint si religieusement, qu'étant fait chef du conseil il sembloit plutôt faire la charge de premier commis de Déageant que celle d'un cardinal.

Après cette affaire en arriva une autre, à savoir, que le garde des sceaux du Vair, poussé de son orgueil, ou induit par ceux qui vouloient le trouble, s'avise de vouloir précéder dans le conseil du Roi les ducs et pairs de France. Le duc d'Epernon, comme le plus ancien qui se trouvât là, en fit la plainte au Roi au nom de tous, laquelle on lui fit trouver mauvaise, et l'intérêt des robes longues l'emporta par dessus les pairs de France. Ce ne fut sans plusieurs paroles aigres, même du Roi; de façon qu'il ne fut difficile de persuader audit duc qu'on avoit dessein de le mettre à la Bastille, vu les exemples récens qu'il avoit devant les yeux; à quoi les serviteurs de la Reine (qui ne vouloient lui découvrir leur dessein dans Paris) travaillèrent si heureusement à lui augmenter ce soupçon, qu'un beau matin, sans dire adieu, il s'en va à Metz. Quand il fut là, Rucelay, principal auteur de cette affaire, commença par la réconciliation dudit duc avec le maréchal de Bouillon; après quoi il lui découvrit le dessein de la Reine, qu'elle lui faisoit de lui procurer sa liberté, et les promesses dont en tel cas on est libéral. Les difficultés de l'entreprise presque insurmontables, les périls qui s'y rencontroient, et l'ingratitude, coutumière récompense des grands services rendus aux princes, donnoient de l'appréhension au duc d'Epernon. Néanmoins la gloire d'exécuter un si haut dessein, le dépit de se voir méprisé, et le désir de se venger, qui sont de fortes passions en un grand courage, l'emportèrent; et s'y étant résolu, il s'y conduit si secrètement et heureusement, qu'ayant pourvu à Metz, où le Roi l'amusoit sur des desseins imaginaires pour le tenir éloigné de la cour où il l'appréhendoit, il traverse toute la France, et se rend dans ses gouvernemens de Saintonge et Angoumois, d'où il procure la liberté de la Reine-mère, le 21 février 1619, qui de Blois vint à Loches, place dudit duc, lequel la vint prendre avec deux ou trois cents gentilshommes proches de là, et la conduisit à Angoulême.

Cette sortie étonna toute la cour, croyant que la partie fût plus grande, ou qu'elle se pouvoit accroître; c'est pourquoi on se prépara à la guerre pour faire la paix plus avantageuse. Le commandement de l'armée pour aller contre la Reine-mère fut donné au duc du Maine, qu'on croyoit le plus piqué contre elle, et le plus affidé à Luynes, et de la négociation à Béthune, qu'on croyoit lui être agréable. On négocie aussi le retour de l'évêque de Luçon auprès de la Reine, qui jusqu'alors avoit été relégué en Avignon, sur les promesses qu'il fit par Pont-Courlay, son beau-frère, de porter la Reine à la paix, selon l'intention du Roi, et aussi pour mettre en jalousie les principaux auteurs de sa délivrance, ce qui ne manqua d'arriver; car Rucelay, qui y avoit autant travaillé qu'aucun autre, s'en retira mécontent, attirant avec lui les marquis de Mauny et de Thémines, et qui fut depuis un des plus puissans ennemis de la Reine, laquelle se trouvant assez impuissante pour la guerre, pource que beaucoup de gens envioient la belle action du duc d'Epernon, peu se vouloient ranger sous son humeur altière, et tous croyoient bien que le tout aboutiroit à une paix, et se fâchoient de s'y embarquer pour en avoir la haine du Roi, et laisser l'honneur de l'entreprise aux autres; ce qui fit que le duc de Rohan, étant recherché de la Reine, lui manda qu'il étoit bien fâché qu'il n'avoit été employé dès le commencement audit dessein, qu'il lui eût servi fort fidèlement; mais que, s'étant trouvé à la cour lors de sa sortie, il avoit eu commandement du Roi de venir dans son gouvernement de Poitou pour le contenir en paix; qu'il ne lui feroit nul mal, et qu'il lui conseilloit de faire son accommodement, à quoi il s'assuroit que Béthune la serviroit, et qu'étant en sûreté et liberté, elle auroit moyen de rallier plus de serviteurs et amis que maintenant. Schomberg ne fit pas de même; car, pour l'enchérir par dessus les zélés, il fit un dessein de la faire sauter en mettant le feu aux poudres du magasin d'Angoulême, ce qu'étant découvert, on y remédia. Enfin, la paix conclue, l'entrevue du Roi et de la Reine sa mère se fit auprès de Tours, le gouvernement d'Anjou lui fut baillé, et pour sa sûreté le château d'Angers, le Pont-de-Cé et Chinon.

Venons maintenant à l'affaire de Béarn, source de tous nos maux, qui nous fera remonter jusqu'à la mort du maréchal d'Ancre, après laquelle le garde des sceaux du Vair étant remis en sa charge, sollicité des évêques de Béarn, et croyant faire une action d'éclat qui lui apportât réputation à Rome, et lui acquît un chapeau de cardinal, il fit donner un arrêt au conseil du Roi de main-levée des biens ecclésiastiques dudit pays, qui depuis quarante ou cinquante ans étoient employés à l'entretien de leurs pasteurs, académie, et de la garnison de Navarreins. La Force, lors gouverneur dudit pays, se trouva à la cour, et s'opposa vigoureusement audit arrêt, remontra les difficultés qui s'y rencontreroient, et les inconvéniens qui en pourroient arriver, ce qu'il faisoit à mon avis à bonne intention. Toutefois, se voyant surmonté, il désire d'en profiter, et promit de servir à le faire exécuter moyennant une charge de maréchal de France qu'on lui promit; mais, ou les difficultés qu'il y rencontra, ou le dépit qu'il eut de ce qu'on se moquoit de lui à la cour, fut cause qu'il se voulut maintenir de tous côtés, à quoi il fut néanmoins tellement traversé dans le pays par la maison de Bénac, soutenue du comte de Grammont, ses capitaux ennemis, et par les artifices de la cour, qu'il se trouva mal voulu de toutes parts, comme n'ayant fait ce qu'il avoit pu pour le contentement d'aucun des partis.

Le duc de Rohan, qui étoit son ami, le soutint toujours en cour, et voyant le mauvais succès du voyage de Renard, commissaire du Roi, qui en rejetoit la faute sur la Force, cherche quelque moyen de renouer l'affaire, remontre que la province de Béarn, s'adressant aux églises de France, en rendroit de sa cause une générale, aux circonstances de laquelle il arriveroit des choses irremédiables, et qu'il falloit éteindre ce feu naissant à son commencement; qu'il étoit raisonnable, puisqu'elle étoit entreprise, que le Roi fût contenté, et qu'aussi le pays y trouvât ses sûretés; que les personnes partiales n'y étoient propres. Ces raisons furent goûtées, d'autant plus qu'on commençoit à voir diverses assemblées dans les provinces, et à en appréhender le succès; et les choses s'y étoient si bien acheminées, que ledit duc de Rohan obtint un remboursement de pareille somme de deniers qui étoient rendus aux ecclésiastiques, pris sur les prochaines recettes, et, en cas qu'on y manquât, permission audit pays de reprendre les biens ecclésiastiques. Mais pource qu'en cet accommodement La Force n'y trouvoit son compte, il lui fut facile de le faire rejeter, se plaignant en cour que c'étoit en le décréditant lui ôter les moyens de pouvoir servir à l'avenir, et, parmi les réformés de France, que c'étoit un acheminement de ruiner la religion dans le pays. Et encore que toutes les églises de France conseillassent de se contenter de cet expédient, jamais le peuple ne s'en put rendre capable, et cette affaire traîna jusqu'à l'assemblée générale des réformés, convoquée à Loudun le 23 mai 1619.

Faut encore savoir que Luynes rendoit au duc de Rohan toute sorte de mauvais offices, le vouloit criminaliser de ce qu'il avoit acheté d'Aubigny le gouvernement de Maillezais, et une maison particulière dans le Poitou, qui étoit forte, laquelle il le contraignit de faire raser; et, avant cela, ayant tâché de la faire surprendre, et les entrepreneurs ayant été pris sur le point de l'exécution, il empêcha qu'aucune justice lui en fût rendue. Depuis, ayant sorti le prince de la Bastille pour s'en appuyer contre la Reine, et le prince se déclarant ennemi ouvert du duc de Rohan, il se joignit tout-à-fait au service de la Reine-mère, et lui en alla donner les assurances dans Angers, où ayant appris le parti qui se formoit pour elle, il lui conseilla de ne demeurer là, mais d'aller à Bordeaux; que ses plus affidés serviteurs étoient les ducs du Maine, d'Epernon et de Rohan; qu'étant là, elle faisoit déclarer un grand parlement pour elle, s'assuroit tout-à-fait du duc de Montmorency et de Châtillon, qui lui donnoient de bonnes espérances, et ne pouvoit y être attaquée qu'elle n'eût une armée de quoi disputer la campagne; que, si elle demeuroit à Angers, et qu'on lui enlevât le Pont-de-Cé, elle et tous ses partisans étoient perdus sans coup férir; que son conseil lui étoit d'autant plus à considérer qu'il lui étoit désavantageux en son particulier, pour ce qu'étant à la tête du Roi il avoit le premier à souffrir.

Elle lui répondit qu'elle approuvoit ses raisons, mais que le duc d'Épernon en auroit jalousie, comme si elle se mettoit entre les mains du duc du Maine. Et les espérances que la comtesse de Soissons lui donnoit du côté de Normandie, à cause de son gendre le duc de Longueville, qui depuis peu étoit gouverneur de la province et tenoit Dieppe, du grand prieur qui tenoit Caen, et des intelligences qu'on avoit dans Rouen, l'emportèrent à ne bouger d'Angers. Elle désira aussi que l'assemblée de Loudun subsistât; et c'est chose dont on fût venu à bout, mais ce n'eût été qu'en formant une pareille division qu'à Saumur : de façon que le duc de Rohan en ayant communiqué avec ses principaux amis qu'il avoit en l'assemblée, entre autres avec le comte d'Orval son beau-frère, qui y avoit un grand pouvoir, il fût conclu d'accepter ce que le Roi offroit, à savoir, de contenter ladite assemblée dans six mois sur l'affaire de Béarn et restitution de Lectoure, place de sûreté, à condition qu'elle pourroit se rassembler un mois après, en cas que l'on ne leur tînt parole, et que la ville de La Rochelle auroit charge de ladite convocation. Cette affaire contenta la Reine, lui remontrant que cette nouvelle convocation faite dans la ville la plus considérable du parti, malgré le désir de la cour, et où ne viendroient que les plus vigoureux, lui attacheroit tout-à-fait ladite assemblée, et avec elle toutes les églises de ce royaume; mais qu'on désiroit d'elle que paix faisant on eût contentement sur lesdites deux demandes touchant Lectoure et le Béarn; ce qu'elle promet.

Or le gouvernement de Luynes étoit tellement violent et absolu, qu'il avoit cabré tout le monde, même ses meilleurs amis, comme le duc du Maine, auquel depuis peu il avoit fait donner le gouvernement de Guienne, pour avoir celui de l'Ile-de-France; dont n'étant encore content, il le donne au duc de Montbazon son beau-père, et prend celui de Picardie avec les principales forteresses, et fait bailler en la place celui de Normandie au duc de Longueville : outre cela lui et ses deux frères sont faits ducs et pairs de France, et tout ce qui vaquoit de charges, biens ecclésiastiques et pensions, pris par les trois frères, et distribués à de petits parens qui leur venoient du côté d'Avignon ; de façon que la jalousie et l'envie, jointes avec un mauvais gouvernement et traitement des particuliers, leur excitèrent une telle haine, qu'un chacun se rallia au parti de la Reine-mère, même le prince de Piémont, le mariage duquel avec Madame il avoit fait peu auparavant. Néanmoins, se voyant pressé de toutes parts et appuyé du prince, il fait résoudre le Roi de prévenir la Reine sa mère ; et pendant que, par divers envois vers elle, il l'entretenoit en espérance d'accommodement, et lui débauchoit de ses serviteurs, il fait de nouvelles levées de gens de guerre, dont elle s'apercevant fait le semblable de sa part, et écrit à Sa Majesté par le vicomte de Sardigny une lettre, pour lui montrer qu'elle est contrainte de pourvoir à la sûreté de sa personne, pour se garantir de la violence de ses ennemis, qui, abusant de son autorité, l'emploient pour la perdre. Ce qui fait hâter le Roi, par le conseil du prince, de passer promptement en Normandie pour assurer cette province où tout branloit pour la Reine. [1620] Mais sa présence, quoiqu'avec peu de forces, fit tout dissoudre ; Rouen est assuré, Caen se rend, Alençon en fait de même, toute la noblesse fait joug. Cet heureux et inopiné succès le fait passer outre, s'achemine au Mans, et de là droit à Angers. De l'autre part on s'étonne, surtout l'évêque de Luçon, qui ne pouvant permettre que la Reine-mère passât où étoient ses plus grandes forces, de peur qu'elle sortît de sa tutelle, la fait résoudre à une défense tremblante dans une ville qui ne vaut rien, et qui lui étoit contraire, afin de la forcer à un accommodement honteux, par le moyen duquel il pût faire sa paix; de façon que dès lors il eut des communications secrètes avec le parti du Roi. De plus, le duc de Retz, soit que le cardinal de Retz son oncle l'eût gagné auparavant, ou que l'appréhension du péril lui eût fait changer de volonté, il est véritable qu'à la vue des troupes du Roi prêtes à donner dans les retranchemens du Pont-de-Cé, qu'il avoit entrepris de garder sur un mécontentement imaginaire que la paix se faisoit sans lui, il les abandonne, et avec toutes ses troupes repasse la rivière de Loire. Ainsi le Pont-de-Cé fut pris, et la Reine, qui avoit trente mille hommes sur pied en Guienne, Poitou, Saintonge et Angoumois, se voit vaincue par cinq ou six mille hommes, et réduite à prendre telle paix que ses ennemis lui voulurent octroyer, par laquelle, et par son ordre, les ducs du Maine, d'Epernon, de Rohan et de Soubise désarmèrent.

DISCOURS

Sur le voyage du Roi en juillet 1615.

Sur les diverses et importantes affaires qui se passent aujourd'hui en cet Etat, j'ai cru devoir à ma fidélité et au service que j'ai voué à la Reine, lui représenter franchement mes avis; lesquels doivent être considérés, pource que je ne les donne par haine ou vengeance d'aucun, ni par crainte d'être reculé, ou espérance d'être avancé aux affaires, qui sont des passions qui aveuglent bien souvent les plus grands personnages. Mon humeur toute franche, et mon affection entière où je la donne, tire de moi ce discours, auquel on verra mon conseil et ma résolution. Je confesse qu'aux affaires dont il s'agit, je n'y vois pas au fond que les actions passées du prince de Condé font douter de sa fermeté et bonne conduite; toutefois je prendrai les choses au pis, comme si tous les moyens dont on s'est servi au temps passé manquoient; étant certain que les fautes dont on ressent le dommage corrigent souvent les hommes, et les prospérités les endorment.

Jusqu'à la tenue des Etats-Généraux, tous les peuples et tous les officiers du royaume se sont maintenus en leur devoir, pource qu'ils appréhendoient les grâces et les dommages avec elles; de façon qu'ils étoient contraires à ceux qu'ils croyoient auteurs d'icelles, aimant mieux jouir de l'état présent que, sous espérance d'une réformation, jeter toutes choses aux extrémités. A la tenue des Etats-Généraux, le discord des ordres sur l'article du tiers-état par le parlement de Paris; l'instante demande du concile de Trente des deux premiers ordres; la mauvaise volonté que le clergé témoigna contre ceux de notre religion, ne voulant approuver nos édits de pacification, et requérant du Roi des sermens de notre ruine, ont donné un grand chemin à ceux qui, travaillant à diminuer l'autorité de la Reine, veulent accroître la leur. Ensuite de cela, la révocation de la paulette est venue, laquelle, quoique sainte, a altéré les officiers du royaume, n'étant de saison, et le rétablissement ne les a ramenés; pource qu'encore que ce soit ce qui les a émus, ils ne le veulent faire paroître, couvrant leurs intérêts particuliers par le manteau du bien public. Il y a plus, c'est que les députés desdits Etats, étant allés pour la plupart, non pour regarder au bien du royaume, mais pour faire leurs affaires particulières, et s'étant portés aux volontés de la Reine, ont cru qu'elle leur devoit de grandes récompenses. De façon que ceux qui ne les ont reçues comme ils croyoient les mériter, s'en sont retournés dans les provinces, blasphémant contre le gouvernement de l'Etat; et ce nombre, joint avec celui qui étoit contre elle, est beaucoup le plus grand. Toutes ces choses étant exagérées par le prince et par les siens avec soin et artifice, elles ont merveilleusement profité partout, même parmi les étrangers et meilleurs alliés de la France, pource qu'on leur imprime que le dessein est formé entre la Reine, le Pape et le roi d'Espagne, de ruiner par force d'armes ceux de notre religion dans toute la chrétienté. Ce qui seroit, à la vérité, où tous bons Français se devroient opposer, pource qu'il affoibliroit la France et tous ceux qui sont alliés à elle contre la grandeur d'Espagne.

Voilà l'état de nos affaires, auxquelles il faut, ou que le prince se relâche, ou que la Reine ploie un peu, ou que toutes choses éclatent.

Si le prince se relâche pour ses affaires particulières, c'est sa ruine et l'entier affermissement de l'autorité de la Reine. C'est pourquoi je ne juge pas qu'il s'y laisse aller cette fois.

Il faut maintenant voir lequel est meilleur pour la Reine, qu'elle tienne ferme quand tout devroit éclater, ou qu'elle cède un peu de temps, pour puis après; reprendre sa première autorité, et quel inconvénient il y a en l'une et en l'autre résolution. Si elle se relâche en retardant le mariage, ou apportant quelque changement au gouvernement des affaires et des finances, il semble que le prince en tirera le gré, que son autorité en croîtra, que celle de la Reine en diminuera; et, par conséquent, la gloire de l'un sera le mépris de l'autre. Si on continue le mariage, et que toutes choses demeurent comme elles sont, l'on doit appréhender les émotions que le prince, le parlement et le peuple de Paris, peuvent faire durant le voyage; non-seulement dedans leur ville, mais aussi par toute la France; les défiances des princes étrangers alliés de cette couronne, qui, pour leurs intérêts, craignent la liaison de France et d'Espagne; la guerre de Savoie, l'abandonnement duquel prince on interpréteroit comme une preuve de notre liaison avec l'Espagne à leur préjudice, et les craintes conçues de ceux de notre religion, que toutes ces choses retombent sur nous. C'est pourquoi je crois qu'on ne peut partir sans hasarder tout-à-fait l'autorité de la Reine si on ne pourvoit à tous ces inconvéniens.

Si on se résout au voyage, mon avis est, à quelque prix que ce soit, de résoudre quatre choses. La première, de laisser un ordre dans Paris, soit entre les mains d'une personne qualifiée, assistée du conseil, soit entre celles du parlement, pour avoir une correspondance avec la Reine, et pour empêcher les émotions du peuple. La seconde, de faire la paix en Savoie, ou, pour le moins, ne montrer sa foiblesse et mauvaise volonté, en défendant expressément de n'aller secourir ledit duc, puisqu'on ne le peut empêcher. La troisième, de contenter par l'alliance d'Angleterre tous les princes nos alliés, qui craignent celle d'Espagne. La quatrième et dernière, par un bon et favorable traitement donné à notre assemblée, témoigner publiquement aux réformés qu'on les veut conserver.

Voilà mon premier avis; mais j'en crois un autre plus utile et plus sûr, si on veut bien l'examiner, et hors de toute crainte d'éclat, lequel voici : que la Reine mande au prince qu'ayant examiné les remontrances du parlement, elle y veut donner ordre avant le voyage de Guienne, et, pour cet effet, le convie à lui venir aider à réformer les affaires. S'il ne vient, c'est l'avantage de la Reine, et il ne faudra pas laisser de travailler avec le parlement à la même chose; car ce qui se fera de bien ne sera plus attribué au prince, puisqu'il n'y aura pas assisté. Mais, en cette conférence, il faut contenter le parlement à quelque prix que ce soit, surtout en l'administration des finances; et c'est à quoi la dextérité est nécessaire. Car, quand on se relâcheroit à des choses à contre-cœur, il ne le faut témoigner, ains montrer en être bien aise. Si cela est conduit comme il faut, et par personnes qui ne regardent que l'autorité de la Reine, dans six mois elle en aura plus que jamais, et ruinera entièrement l'union du prince. Croyez qu'il y a en France assez de puissance pour soutenir l'autorité de la Reine, sans l'emprunter d'ailleurs. Je ne me veux servir que d'un exemple, qui est *la guerre du bien public* contre le roi Louis XI. Il ne ruina cette grande ligue qu'en les divisant; ce qui sembloit être, du commencement, à la grande diminution de son autorité. Si vous ne pouvez plus par intérêt particulier désunir les princes, il faut tenter la voie par un autre côté; et, si le parlement fuit l'avarice, pource qu'il est sur ses gardes de ce côté-là, il faut chercher d'autres endroits plus foibles, et dont il ne se doute pas; à savoir la vanité d'avoir aidé à la Reine à remettre le royaume en bon état. Cependant le Roi croît, et avec l'âge augmente l'autorité: ce qui affermit celle de la Reine, et diminue celle des princes du sang. C'est pourquoi il se faut garder de cela, et que la diminution apparente de quelque particulier ne soit cause de hasarder l'autorité de celle qui les maintient, la diminution de laquelle les ruine entièrement. Quant à ma résolution, elle est de servir fidèlement la Reine contre M. le prince, de procurer de tout mon pouvoir le bien de la grandeur de ce royaume, d'y porter, en ce que je pourrai, tous ceux de la religion. Mais si, par passion qu'on ait contre ceux de ladite religion et par mauvais conseil, on les traite comme à Saumur, je déclare que je ne me désunirai jamais des résolutions publiques que notre assemblée prendra ici.

DISCOURS,

Sur le gouvernement de la Reine-mère, fait en l'année 1617.

L'ÉLOQUENCE qui ne touche les intérêts de ceux qu'on veut persuader, a ordinairement peu d'effet envers eux; aussi la lettre que messieurs de Vendôme, de Mayenne et de Bouillon écrivirent au Roi contre le maréchal d'Ancre, et la déclaration faite au nom de Sa Majesté pour y servir de réponse, pièce délicate et bien faite, n'ont toutefois gagné, jusques à présent sur personne, ou pour faire embrasser le parti des princes mécontens, ou pour faire entièrement approuver le gouvernement d'aujourd'hui; car la faveur de M. le maréchal d'Ancre est abhorrée et suspecte; et ceux qui s'en taisent sont, ou pour effet ou pour espérance, attachés à sa fortune. Et certes, il n'y avoit point encore d'exemple d'homme honoré du bâton de maréchal de France, qui n'eût jamais servi en armée, ni d'homme qui, tout à la fois, eût entre ses mains le soin, le sceau et la bourse du Roi, c'est-à-dire toute son autorité. L'on trouve aussi étrange que ceux desquels le feu Roi se servoit en ces charges-là se trouvent si éloignés. Que si M. le chancelier a gauchi depuis, la probité de M. le président du Vair et sa capacité sont sans reproche, et ne sont pas néanmoins garantes de disgrâce; et même on croit qu'elles l'ont avancée. De maintenir aussi que les édits de pacification et toutes les promesses faites à des communautés aient été jusques ici inviolablement observées, et ainsi poser la foi pour la marque plus assurée de la royauté, c'est discourir en vain à ceux qui savent le contraire, c'est-à-dire presque à tous. Et cet échantillon de plainte contient en soi quasi le sommaire de ce qui se dit d'importance contre ledit sieur maréchal d'Ancre et le gouvernement d'aujourd'hui.

Sur quoi, dit-on, il seroit bien à désirer, non pas que le maréchal d'Ancre fût ruiné, car sa naissance égale bien celle de quelqu'un qui, de notre mémoire, a été fait non-seulement maréchal, mais duc et pair de France, et qui a établi une heureuse maison en ce royaume; et son esprit, sa nourriture et plusieurs autres qualités le font juger digne de grande faveur, et souvent faire désirer qu'il se naturalise parmi nous, et y établisse une grande maison; ce qui ne peut être qu'honorable à notre nation. Mais il seroit à désirer, dit-on, que cette grandeur ne donnât point de juste ombrage à ceux qui sont jaloux de l'autorité royale et de la monarchie, et que, jusqu'à la parfaite majorité de notre Roi, la puissance ne fût entre les mains d'un seul qui en pourroit plus facilement abuser que plusieurs, lesquels s'empêchant l'un l'autre d'usurper l'Etat, s'aident les uns les autres à le garder tout entier à celui seul auquel il appartient, jusqu'à ce qu'il soit capable de le conduire lui-même. Car personne ne peut répondre de soi, jusqu'où la convoitise de commander souverainement le peut porter, s'il ne l'a essayé; et cet essai, à qui que ce soit, est fort dangereux au Roi et au royaume. Aussi il seroit bien à désirer que ces vieux pilotes de l'Etat en reprissent le timon, que l'on usât de bonne foi en l'observation des édits de pacification, et que plusieurs abus fussent réformés, qui de long-temps ont vogué parmi nous, et qui, croissant à vue d'œil, menacent cette monarchie de beaucoup de mal. Mais c'est se tromper de croire que les moyens desquels jusqu'à présent se sont servis et servent les princes mécontens, soient capables de procurer cette réformation, soit qu'on prenne garde à leur intention, soit qu'on pèse leur façon de procéder. Leurs deux traités de Sainte-Menehould et de Loudun feront toujours juger à ceux qui en sauront les particularités, qu'ils ont eu leurs intérêts domestiques en principale recommandation, et beaucoup plus d'envie d'engager à leur soulèvement plusieurs personnes, pour favoriser leurs desseins particuliers, que non pas de réformer l'Etat comme ils disoient, ni de méliorer la condition de ceux qui s'étoient adjoints par leurs sollicitations; car, promettant à tous les Français, par la convocation des Etats-Généraux, la restauration universelle de toutes choses, ils ne peuvent nier qu'ils n'aient manifestement brigué dans les provinces pour faire nommer ceux qu'ils croyoient de leur cabale; et ainsi ont violé la liberté qu'ils promettoient remettre, et donnent exemple aux disciples de la Reine-mère de faire de même. Et ainsi depuis, croyant que l'accusation qu'ils feroient de quelques personnes, et principalement dudit sieur maréchal d'Ancre, rendroit leur cause plausible au peuple, quelques-uns d'entre eux, et notamment les réformés, n'ont pas laissé d'avoir une étroite intelligence avec ledit sieur maréchal d'Ancre, pendant la plus grande chaleur de leurs armes. Ainsi, à Sainte-Menehould et à Loudun, ils se sont accordés avec des conditions qui ne regardent que leur particulier, sans rien procurer pour essentiellement avancer le bien public; et s'ils ont manqué à l'Etat, ils n'ont pas moins abusé les réformés, lesquels M. le prince, en sa lettre à la Reine-mère, publioit être intéressés. Et quoiqu'à Sainte-Menehould, messieurs du Maine et de Bouillon, nommés par mondit sieur le prince pour traiter avec les commissaires de Sa Majesté, fussent sollicités par M. de Rohan qui leur dépêche en poste un sien secrétaire pour les exhorter à faire paroître aux réformés que c'étoit à bon escient qu'on les avoit appelés, et à dessein de leur procurer du bien, le traité ne laissa pas de se conclure sans qu'ils en tirassent aucun avantage, et même sans qu'on fît aucune mention d'eux. Ils signèrent aussi celui de Loudun, sans attendre la résolution de l'assemblée générale des réformés qui étoit pour lors à la Rochelle, quoiqu'ils fussent obligés solennellement de ne le faire sans le consentement des uns et des autres, et passèrent plus outre, car ils baillèrent une promesse signée de leurs mains, par laquelle ils promettoient de courre sus aux députés de ladite assemblée, si, dans le peu de jours qu'ils leur prescrivoient, ils n'étoient séparés; laquelle promesse M. de La Trimouille et de Bouillon signèrent aussi bien que les autres; ce que le sieur du Plessis-Bellay, député de mondit sieur de La Trimouille, avoua à M. de Rohan en ladite assemblée de La Rochelle, auquel et à M. de Sully il le présenta à signer; ce que l'un et l'autre refusèrent : et sur ce que depuis, à diverses fois, plusieurs catholiques ont reproché à M. le prince qu'après de si hautes protestations il s'étoit si facilement accordé, il a toujours répondu que la crainte de l'avancement des réformés l'y avoit forcé. Et M. de Nevers ne s'est excusé de se joindre à lui aux derniers mouvemens, que sur ce que ceux de la religion étoient de la partie. Et M. de Mayenne a toujours protesté, lors même de leur adjonction, laquelle il ne signa point, qu'il ne procureroit jamais leur bien; et cependant, quand ils croient en avoir affaire, comme maintenant, ils ne manquent point de promesses ni de protestations pour les embarquer avec eux.

Voilà quelques témoignages que l'intention principale de ces messieurs ne bute pas principalement au bien de la France, et moins à celui des réformés; et Dieu veuille que nous n'ayons point autant de sujet de craindre que ci-devant, s'ils venoient à bout de leurs desseins, un transport total de la monarchie, l'un et l'autre étant grandement préjudiciable à notre Roi, et attaché de conséquence à sa ruine. A leur façon de procéder, les moins sévères censeurs peuvent dire que c'est une médecine pire que la maladie, pour ne la point nommer tout-à-fait peste et poison de l'État; car, puisqu'ils prétendent remettre sus l'autorité du Roi, et procurer le bien du peuple, y a-t-il rien qui fasse tant de tort à l'un et à l'autre que les armées, lesquelles ils ont fait toujours paroître aussitôt que leurs lettres et manifestes? Y a-t-il rien qui arrache plus aisément des cœurs des sujets la révérence due au prince, que les accoutumer à prendre les armes contre son nom? Car, encore que ces messieurs, quand ils sont pressés, n'avouent avoir porté les armes contre le Roi, si toutefois on parle d'un qui tienne le parti du Roi, ils l'entendent du parti contraire au leur; l'armée du Roi est ainsi nommée par eux, et répondent vive le Roi. Qui vive! est une assurée marque d'ennemi; ce qui n'est pas allégué par une formelle raison de la justice ou injustice des partis, mais pour montrer que, sans une grande extrémité, il ne faut permettre une chose laquelle laisse toujours au peuple moins de respect de la majesté royale, respect, dis-je, qui en est la principale base et plus assuré fondement. Et quant au peuple, qui blâme le gouvernement d'aujourd'hui, qui ne peut apporter tant de maux en vingt ans qu'une guerre civile en dix jours, puisqu'il est problématique entre quelles mains l'Etat est moins en danger, ou de la Reine-mère, ou de M. le prince, quelle cause de le jeter dans un évident malheur, pour une chose qui se peut disputer probablement de part et d'autre ?

Certes, si leur puissance est si grande, et le consentement des peuples si unanime en leur faveur, que l'exécution pût suivre de bien près leur proposition, on seroit contraint de l'endurer; mais ils ne sont capables que d'irriter les humeurs sans les pouvoir chasser, que de faire une incision sans bander la plaie, que de rendre le royaume ouvert aux armes étrangères, sans se soucier qui les en fera sortir; et ainsi se chargent des malédictions du peuple, pour les maux qu'ils lui font souffrir sans leur pouvoir causer aucun bien. Sur quoi est remarquable un arrêt du conseil, extorqué l'année passée par M. le prince, lequel y présidoit, par lequel ceux auxquels il avoit fait payer la taille pendant les derniers mouvemens, furent condamnés par lui-même à la payer encore une fois, non sans l'étonnement des assistans, qui n'y avoient aucun intérêt que l'équité naturelle et la commisération. Que si ces princes étoient en possession du gouvernement, on pourroit user des mêmes plaintes contre ceux qui les en voudroient déposséder, et conseiller de patienter jusqu'à ce que le Roi aura une entière et absolue connoissance de ses affaires, qui le forcera en choisir le maniement pour le principal exercice. Aussi auroit-on sujet de se plaindre, si on contraignoit quelqu'un de prendre les armes; mais la liberté nous est laissée de le faire, ou demeurer en nos maisons, et tous les jours il se refuse des commissions, et ces messieurs-là déclarent pour ennemis quiconque ne se rangera avec eux.

Tout ce que dessus doit faire appréhender aux Français la contagion de tels réformateurs, et leur faire ressouvenir qu'il ne s'est jamais fait de guerre en France sous prétexte de bien public, qu'il n'y ait eu pour objet particulier l'intérêt de ceux qui l'ont commencée ; et particulièrement les réformés doivent prendre garde à se contenir sous le bénéfice des édits faits en leur faveur, avoir l'œil à leurs places de sûreté, s'unir plus que jamais entre eux, sous le nom et autorité du Roi, auquel ils seront en cette posture plus capables de rendre un jour de grands services, et peut-être de lui conserver sa couronne. Que s'ils se joignent à ceux qui par ci-devant les ont trompés, et qui ne mendient leur assistance que pour avancer leurs propres affaires, ils se perdront et ruineront eux-mêmes. Cependant remettons l'événement à Dieu ; invoquons-le continuellement pour la conservation, prospérité et longue vie du Roi, pour le bien de son Etat, et affermissement de sa couronne. Amen.

LIBRE DISCOURS
Sur le temps présent, 1617.

JE sais assez que l'humeur de l'homme est de souhaiter ce qu'il n'a point, et se déplaire de ce qu'il possède. Du temps de Henri-le-Grand, chacun se plaignoit d'un gouvernement avaricieux, mais personne n'osoit branler. Après sa mort, on a vu remédier à telles plaintes par la libéralité ; mais, parce que le nombre de ceux qui n'en ont profité surpasse de beaucoup les autres, et que l'envie est un vice fort commun, le règne passé a été regretté, et les grands dons et pensions départies aux grands leur donnent hardiesse de sortir de leur devoir, au lieu de les y maintenir. On trouve maintenant mauvais que les seuls moyens qui restent pour réprimer un chacun soient employés.

Ces choses si diverses me passant par l'esprit, m'ont donné envie de considérer tels changemens, les fautes qu'on a pu faire, d'où elles ont pu provenir, et le moyen d'y pourvoir. La vertu de Henri-le-Grand, son autorité, l'abaissement qu'il avoit fait des grands de son royaume, ses trésors et arsenaux bien garnis, le rendoient redoutable, et nul n'osoit songer à troubler son repos. Sa mort inopinée a laissé le Roi en l'âge de neuf ans; et encore que, sans contestation, la régence soit tombée ès mains de la Reine sa mère, ce n'a été sans déplaisir de messieurs les princes du sang qui y prétendoient. Les conseils qui prévalurent lors, furent de contrecarrer par d'autres grands le pouvoir qu'ils se pouvoient acquérir dans la cour, et maintenir ces deux puissances si égales, qu'au milieu d'elles l'autorité royale, possédée par la Reine-mère, eût ses fonctions libres ; d'apaiser les mécontentemens des uns et des autres par la profusion des finances, des arsenaux, des charges et gouvernemens. Pour le premier conseil, je confesse qu'il étoit aussi bon que je confesse et maintiens le second mauvais; car si, par ces moyens, on a reculé le mal de dix années, il a été rendu comme incurable. C'est une chose certaine qu'en tout royaume l'autorité du Roi diminue celle des grands, comme aussi l'accroissement d'iceux amoindrit le pouvoir royal; c'est une balance qui ne peut demeurer égale, il faut toujours que l'un des côtés l'emporte. C'étoit donc mal maintenir l'autorité royale, que de mettre ès mains de ceux qui la veulent diminuer les moyens que l'on a de les réprimer. Combien plus facile étoit-il dans la foiblesse, j'oserois dire la gueuserie de tous les princes, où le feu Roi les avoit laissés, de les réprimer, qu'aujourd'hui qu'on s'est dépouillé de toutes les grandes forces pour les en revêtir. On peut dire qu'un règne est plus assuré sur l'amitié que sur la force; mais l'amitié ne se doit acquérir par l'impuissance, qui n'engendre qu'un mépris. Ainsi, en employant son pouvoir à maintenir la justice, et à empêcher l'oppression des petits, la nature nous enseigne à nous garantir de tel mal, et nous ranger vers ceux qui nous maintiennent. Je ne prétends parler contre tous les grands, je parlerois contre moi-même. Ce sont des instrumens d'autant plus propres à bien servir le Roi qu'ils en ont plus de moyen. Je sais que ceux qui ont l'esprit bien réglé, jugent que leur grandeur est celle de leur Roi; et plus heureux et assurés sont les grands sous un grand Roi, que sous ces petits souverains qui appréhendent tout, et n'osent parler et s'estimer, de peur d'émouvoir la France ou l'Espagne. Mais je parle contre ceux qui veulent contraindre, et non par service, Leurs Majestés de leur faire du bien, et qui se servent de ce qu'ils ont acquis par de mauvais moyens, à s'accroître toujours. Certes à telles gens, tant plus vous leur en donnez, tant plus vous leur augmentez le moyen de vous nuire. Il vaut beaucoup mieux prendre la résolution de distinguer par le salaire et la peine les bons des mauvais, afin de donner courage aux uns et terreur aux autres, que de continuer à faire le contraire, en récompensant les mauvais et abandonnant les bons ; car l'impunité ouvre la porte à la licence, et la méconnoissance jette au désespoir.

Le jugement que je fais de tel conseil, plein de liberté et de puissance, me fait soupçonner que les auteurs d'icelui le donnoient pour se rendre plus longtemps nécessaires, et que leur intérêt particulier, qui est un docteur persuasif, les détournoit de donner les conseils nécessaires pour maintenir l'autorité royale, et la splendeur qu'ils y avoient trouvée.

Maintenant, je vais prendre un chemin qui me donne une bonne espérance d'un bon rétablissement aux affaires de cet Etat. C'est à quoi il faut travailler avec vigueur, et d'autant plus courageusement, que la besogne est difficile, et par conséquent honorable. Il faut prendre une si ferme résolution, que ni les bruits, ni les artifices dont on se sert pour nous étonner, ne la fassent jamais changer, quelques accidens qui puissent arriver ; lesquels pourront être tels, que pour y remédier il faudra quelquefois différer, mais non jamais quitter son dessein ; car la persévérance, jointe avec l'autorité royale, renversera aisément tous ces artifices, surtout en un temps où peu de gens possèdent cette vertu. Je confesse bien qu'une telle résolution ne se doit prendre qu'avec grande raison. C'est pourquoi il faut particulariser l'état de notre France, et y considérer toutes choses.

J'y remarque premièrement deux religions, l'une

beaucoup plus puissante, et qui a donné une loi à l'autre, et qui voudroit toujours être seule, et l'autre toujours en soupçon d'être attaquée, et qui toutefois ne se peuvent ruiner que par la ruine de l'État. Henri-le-Grand, qui le jugeoit ainsi, maintenoit chacun en ses bonnes grâces, et ne vouloit, à l'appétit des uns et des autres, préjudicier à sa grandeur.

La force d'un royaume consiste en un Roi et en ses alliances, non de sang, mais d'intérêt. La France et l'Espagne sont les deux puissances sous lesquelles les autres se maintiennent toutes, et qui s'empêchent l'une à l'autre la supériorité entière. L'intérêt des protestans est de maintenir la grandeur de la France, comme aussi de beaucoup d'Etats catholiques romains. C'est une maxime d'Etat au roi de France, de ne se montrer pas animé contre ses sujets de la religion, afin que les protestans ne se jettent en la protection d'Angleterre. Il ne faut pas aussi qu'il se montre tellement leur partisan, qu'il donne soupçon aux catholiques, qui sont le plus grand corps de son Etat; mais, montrant une justice à leur garder leur édit, et une fiance en se servant d'eux, il n'y a que les ennemis de sa grandeur qui puissent improuver une telle procédure.

Des religions je passe aux mécontens, le nombre desquels est toujours très-grand, pource que l'esprit de l'homme est toujours insatiable, présomptueux et envieux, qui bien souvent se fâche plus du bien et des honneurs que son compagnon possède, que de ce qu'il n'en jouit pas. Mais c'est selon la foiblesse de l'Etat qu'ils se font plus ou moins paroître. Ceux qui maintenant se déclarent contre l'autorité royale, soit d'une ou d'autre religion, crient contre ceux qui gouvernent, pource que ce n'est eux, accusent Leurs Majestés, si ce n'est de perfidie, au moins de sottise ; et, se laissant conduire aux appétits d'autrui, se prennent à la pierre, n'osant attaquer le bras qui la jette, et ensevelissent autant qu'ils peuvent le pernicieux dessein qu'ils avoient d'empiéter l'autorité royale, et se rendre maîtres de Leursdites Majestés mêmes. Ceux aussi, pour la plupart, qui servent le Roi, veulent faire à leur mode et non à la sienne. Chacun veut avoir le commandement d'une armée et d'une province, sans regarder s'il en est digne, mais seulement si son voisin ou son égal est pourvu de quelque charge ; sinon il est mécontent, il veut mettre le pied sur la gorge de son maître. Certes, s'ils en étoient crus, nous nous verrions au lieu d'armées des monstres, il y auroit plus de chefs que de soldats. J'avoue que tel désordre est intolérable, et que telles gens sont presque autant ennemis du Roi que ceux qui sont déclarés criminels de lèse-majesté. D'autres font agir la conscience, remontrent qu'il seroit meilleur, pour le bien de toute la chrétienté, de contenter tous les princes catholiques, pour faire la guerre aux réformés ; qui seroit un conseil pour éterniser la guerre civile en France, et lui faire perdre ses plus assurées et puissantes alliances.

Ceux qui parmi les réformés veulent brouiller, allèguent qu'on ne s'arrêtera à la ruine des princes qu'on attaque maintenant ; que si on les laisse on se jettera sur nous ; que le conseil du Roi dépend de Rome et d'Espagne, dont l'un travaille incessamment à notre ruine particulière, et l'autre à la générale de l'état de France ; que les inexécutions de nos édits le montrent clairement ; et encore que ce soit par divers moyens, et pour divers intérêts, tous les mécontens, soit d'une ou d'autre religion, s'accordent tous à désirer le changement du gouvernement présent de l'État.

Maintenant, pour venir aux remèdes, il est difficile de les particulariser pour les diverses humeurs d'un chacun. Seulement je me contenterai de remarquer les principaux en leurs intérêts. Il y a deux sortes de mécontens, les découverts et les couverts. Les premiers ne se peuvent ramener à leur devoir que par la force. Les autres, ce sont gens qui ne se déclarent de nul côté, et ne se voudroient rendre considérables par un tiers-parti. Ils peuvent beaucoup incommoder les affaires du Roi par telles diversions qu'ils feroient d'hommes et d'argent ; toutefois il faut employer contre eux des moyens plus doux que la force.

On peut réduire sous quatre points tous les sujets nécessaires au bien de cet Etat. Le premier, et le plus puissant, est de faire obéir le Roi par ces princes armés contre lui : à cela le grand chemin est ouvert. Le meilleur artifice est de n'en avoir point, mais seulement avoir grand soin de mettre sur pied les armées nécessaires, à bien choisir ceux qu'on emploie, à bien pourvoir au paiement des gens de guerre, et à leur nourriture. Le second dépend, en gros, de l'observation de nos édits, et, en particulier, de prendre soin d'ôter les difficultés qu'on nous veut donner. Ce qui se peut faire en faisant bien payer nos garnisons et ministres ; en faisant exécuter par effet ce que de paroles on nous avoue être nécessaire ; en renvoyant des commissaires dans les provinces, et ayant soin d'écrire aux principaux d'icelles de temps en temps, ce qui sert plus qu'on ne s'imagine. Le troisième doit être tout plein d'artifices envers tous ceux qui, ne se déclarant point, peuvent le plus embarrasser dans les provinces : messieurs d'Epernon, de Sully et de Lesdiguières par divers moyens, et ayant plusieurs buts aussi. Il faut à chacun d'eux un remède particulier, et leur faire voir comme chacun d'eux veut faire sa condition à la cour séparément. M. d'Epernon ne peut supporter le gouvernement présent, pource qu'il ne gouverne pas; il veut le gouvernement de Guienne, et la charge de connétable de France : n'y ayant pu parvenir par faveur, il veut l'emporter de force. Il fait profession d'être zélé au service du Roi, syndique les catholiques, ennemi de M. le prince, de M. de Bouillon, et de tous les autres mécontens, et toutefois il désire le gouvernement du Roi, veut vivre avec les réformés, veut délivrer M. le prince et les autres. Je laisse à juger, par tels changemens, la fiance que les uns et les autres y peuvent prendre. Si on lui donne la Guienne, c'est le moyen de pouvoir être connétable : après quoi il voudroit aussi être tyran du Roi et de son royaume, comme il l'est déjà de ses gouvernemens. Voici comme il travaille : maintenant qu'il assure le Roi de toute fidélité, il assure madame la princesse de tout service pour la délivrance de M. le prince, et entretient correspondance avec tous les autres princes armés. Pour M. de Sully, il est tout porté au bien de l'État : il est tout ennuyé du mauvais traitement qu'il reçoit ; il désire d'être reconnu; se fâche d'être méprisé; mais il ne se portera, sans grandes extrémités, contre le nom du Roi. Quant à M. le maréchal de Lesdiguières, il est puissant dans son gouvernement, sage, et qui veut être considéré avec pouvoir et autorité; mais il n'est nullement déraisonnable. Le premier est plus difficile à contenter; parce que l'humilité l'orgueillit, la douceur l'aigrit et la tolérance l'encourage. Il faut pourtant l'amuser de belles paroles jusqu'à la prise de Soissons; car le succès de ce siége fera changer de langage à tout le tiers-parti prétendu. Le second, par un traitement médiocre, peut non-seulement être retenu, mais aussi employé où il est à retenir avec puissance tous les réformés de s'échapper. Et le dernier, par les mêmes moyens, se peut retenir infailliblement. Son âge, l'antipathie qu'il a avec messieurs de Bouillon et d'Épernon, et le mauvais traitement qu'il a reçu du parti de M. le prince, sont des moyens très-puissans à le retenir : et quand aucune de ces négociations ne réussiroit, le Roi a la paix et la guerre en la main, pour la faire à qui il lui plaît, et séparément; car tous les princes qui ont les armes en la main s'accommoderont sans doute avec lui quand il voudra attaquer M. d'Épernon, ou quelque autre qui voudra faire le fou. Tous, tant qu'ils sont, combattent avec grand désavantage, n'ayant aucun chef reconnu, étant en perpétuelle défiance les uns contre les autres, travaillant tous pour leurs intérêts particuliers, et contre celui du Roi, qui peut, quand il lui plaît, les déjoindre par la condition qu'il fera quand bon lui semblera. Reste le dernier point qui entretiendra leurs méfiances, et les fera détester dedans et dehors le royaume : c'est qu'il faut bien particulièrement montrer le dessein qu'ils ont eu depuis la mort du feu Roi, de brouiller à toute heure pour en profiter, montrer leurs liaisons, leurs trahisons, leurs prétentions; comme quoi ils ont trompé les réformés, comme quoi une partie s'accommodoit pour faire sa paix aux dépens des autres, comme quoi, en leurs traités, ils n'ont songé au bien public; quelles soumissions ils ont tous faites à celui contre lequel ils crient; quelle amitié ils lui ont jurée, quelle fidélité ils lui ont portée; afin que chacun reconnoisse de quel esprit ils sont poussés, et comme la haine et l'ambition, et non l'amour de la patrie et le service du Roi, les a possédés. Si on travaille puissamment au premier moyen, et qu'on ne néglige point les trois autres, j'espère de voir le Roi dans six mois du tout absolu, guerres civiles entièrement finies, et le chemin ouvert à la gloire et grandeur du Roi et de son royaume.

LIVRE SECOND.

Première guerre contre les Réformés.

Voici le commencement de nos maux et la source des guerres contre les réformés. Le Roi, ayant si heureusement achevé cette guerre, va à Bordeaux, abaisse l'autorité du duc du Maine, et demande aux Béarnais l'exécution de l'arrêt, lesquels n'ayant su obéir ni se défendre, l'obligent de passer en Béarn. Ce fut là où l'on commença à se moquer de tenir sa parole; car, après avoir été promis de maintenir les Béarnais en leurs priviléges, le lendemain on les leur ôta en faisant la réunion de Béarn avec la France, et, contre la foi donnée, on changea le gouverneur de Navarreins.

Il faut encore savoir que Favas, député général, poursuivoit de faire donner à son fils le gouvernement de Lectour, et qui, pour y induire la cour, la menaçoit de mander à La Rochelle qu'ils convoquassent l'assemblée générale, suivant le pouvoir qu'elle en avoit de l'assemblée de Loudun; voyant ne pouvoir parvenir à son dessein, et sans considérer qu'il n'étoit plus temps, écrivit de Bordeaux à ceux de La Rochelle pour faire ladite convocation, leur recommandant de travailler à leurs fortifications. Voilà comme presque toujours les intérêts particuliers ruinent les affaires générales.

[1621] Le Roi étant retourné à Paris, l'assemblée générale se forme à La Rochelle, et Favas suit toujours la cour pour trouver le moyen de faire ses affaires. Sa Majesté, premièrement, défend la tenue de ladite assemblée, puis en commande la séparation, et pour la fin la criminalise. Les grands de la religion sont d'avis qu'elle se sépare sous certaines conditions qu'on faisoit espérer de la cour, jugeant que leur opiniâtreté nous apporteroit beaucoup de mal; mais les lettres que Favas écrivoit de la cour, et les intérêts particuliers de La Force et de Châtillon, l'un à cause du mauvais traitement qu'il recevoit en ses charges, et l'autre pour le désir qu'il avoit d'en avoir de nouvelles, firent affermir l'assemblée, ce qui donna prétexte au Roi de pousser les affaires jusqu'au bout; à quoi il trouva une grande facilité par la lâcheté et défection des gouverneurs des places de sûreté.

Avant le partement du Roi, il est bon de savoir que les ducs de Nevers et du Maine étoient en Champagne fort mécontens, et M. le comte de Soissons à Fontevrault. Le duc de Luynes voulut les raccommoder, afin de ne laisser derrière lui une telle épine; et pour les y induire, Favas fut gagné pour mander au duc du Maine qu'il portoit tout contentement à l'assemblée, et qu'il feroit bien de s'accommoder avant cela; et par Villarnoul fut faite la même harangue au comte de Soissons : ce qui ramena les uns et les autres à la cour, et fit faire l'accord entre le cardinal de Guise et le duc de Nevers.

Après le raccommodement de ces princes, l'assurance que Villarnoul donna de Saumur, la défection des gouverneurs des places de sûreté qui étoient en Poitou, celle de Pardaillan pour une partie de la Guienne, celle de Châtillon pour le bas Languedoc, et que par la présence à la cour du duc de Lesdiguières on fût assuré du Dauphiné, le Roi part de Paris, non pour commencer une guerre, mais pour jouir d'une victoire assurée. Le duc de Luynes, fait connétable de France depuis peu, marche avec lui, lequel possédoit la faveur de son maître si absolument, que nous allons voir, en la suite de cette guerre, non les intentions du Roi exécutées, mais les trahisons et déloyautés de cette ame basse, qui étant entré en fortune par ces moyens, y a régné et est mort en les continuant, et ayant laissé cette tablature au conseil du Roi, capable de ruiner tout le royaume.

Le premier manquement de parole fut pour Saumur, ôté au Plessis-Mornay contre la foi de son écrit. Ensuite toutes les villes de Poitou eurent un même succès.

Les ducs de Rohan et de Soubise son frère, qui s'étoient opposés à la tenue de l'assemblée générale, et s'étoient efforcés de la faire séparer, voyant une telle déroute, se résolurent de n'abandonner le parti. Le connétable, qui étoit leur allié, envoie vers eux pour les ébranler ; mais ni ses promesses, ni ses menaces ne purent rien sur leurs consciences ni sur leur foi. Le dernier messager fut Arnaud, mestre de camp, qui leur apporta lettres du Roi pour les persuader de se départir de leur résolution, et leur remontrer leur perte, et que le premier siége devoit être Saint-Jean-d'Angely ; mais ce voyage étoit à deux fins : car ne pouvant rien gagner sur ces deux frères, il avoit charge de communiquer avec Auriac, maréchal de camp, qui étoit à Saint-Julien, à un quart de lieue de Saint-Jean, avec quatre mille hommes, pour lui faire exécuter un dessein sur ledit Saint-Jean, par les intelligences qu'il avoit avec les capitaines Galloix et de Vaux, et de deux habitans nommés des Masures et Roquier, qui promettoient audit Auriac que s'il approchoit avec des troupes, et faisoit donner dans le faubourg de Mata, et de là droit à la porte, ils s'y trouveroient avec leurs partisans pour la tenir ouverte, ce que ledit Auriac tâcha d'exécuter dès le lendemain qu'Arnaud fut parti de Saint-Jean; mais la présence des ducs de Rohan et de Soubise, qui étoient encore tous deux dans ladite place, empêcha ce dessein. Soubise se résolut de souffrir le siége, et Rohan partit trois jours après pour La Rochelle, d'où il jeta mille hommes de pied et plus de cent gentilshommes dans la place, et deux bateaux chargés de munitions de guerre et de bouche, après quoi il passa en Guienne.

Il fut prié de l'assemblée générale de tâcher à accorder La Force et Pardaillan; le premier s'y trouva disposé, mais l'autre ne voulut voir ledit Rohan, lequel reconnut par là son engagement à la cour. La Force pria Rohan de voir les principales communautés de la basse Guienne, afin de l'assurer au département que l'assemblée générale lui avoit baillé. Il passa à Bergerac, Sainte-Foy, Clérac, Tonneins, puis à Nérac où étoit encore la chambre, qu'il fallut ôter pour s'assurer du château où se faisoit la justice, et où le président catholique romain logeoit, lequel, après plusieurs contestations, se retira avec un gentilhomme que lui donna le duc de Rohan pour l'accompagner en sûreté jusqu'à Marmande. Mais ledit président ne procura pas pareille sûreté au duc de Rohan; car s'en retournant à Tonneins, accompagné de La Force et de deux de ses enfans, sur l'avis qu'il en donna à Vignoles, il se trouva en embuscade à une lieue de Tonneins avec six ou sept vingts maîtres armés de toutes pièces, en trois troupes, qui les laissèrent passer; puis après, la première troupe prit la queue, la seconde vint en flanc, et la dernière, plus forte qu'aucune, vint au milieu pour les soutenir. Le marquis de La Force, qui menoit les coureurs de Rohan, fut laissé à la retraite avec trente des gardes de La Force, à qui il fit mettre pied à terre, et quelque trente chevaux où il n'y avoit que dix cuirasses. Ledit marquis donne avis à Rohan et à La Force que les ennemis marchoient à lui ; ils tournent et l'approchent, et lui commandent de charger. Mais la première troupe, au lieu de prendre la charge, passe dans le camp du côté de Vignoles. En cet instant, la moitié des gardes de La Force font une salve qui tue ou blesse cinq ou six chevaux ou hommes, ce qui les tint écartés à l'avenir de la portée du mousquet. La seconde troupe, qui venoit en flanc, trouvant un petit fossé entre elle et Rohan, s'éloigne comme la première, et Vignoles, voyant cela avec la troisième, ne s'avança point; de façon qu'ils les laissèrent continuer leur chemin jusqu'à Tonneins. Dans la troupe de Rohan et de La Force, il n'y avoit que quatorze cuirasses, et, en maîtres et valets, que soixante-seize chevaux.

Après que Rohan eut laissé La Force bien reconnu dans la basse Guienne, il passe de Nérac à Montauban, faisant un circuit de plus de trente-cinq lieues, pource que le maréchal de Thémines étoit sur son passage, et y arriva le 18 juillet 1621. A Montauban, il eut la nouvelle du siége de Nérac par le duc du Maine, qui fait venir à lui le maréchal de Thémines et toute la noblesse de Guienne. La Force en même temps fait l'entreprise de Caumont, surprend la ville et assiége le château : le duc du Maine, se trouvant fort, se résolut de le secourir sans désassiéger Nérac, ce qui lui réussit; et le duc de Rohan, pour divertir le maréchal de Thémines, va assiéger Sept-Fonts qui est à lui, où l'ayant attiré avec plus de cinq cents maîtres, il se retire à Réalville, et le maréchal à Puy-la-Roque, d'où, après y avoir séjourné trois ou quatre jours, il se retira, et le duc alla à Montauban pour empêcher le dégât que ledit maréchal vouloit faire autour de la ville où il se présenta, et où il se passa quelques petites escarmouches de peu d'importance.

Durant le séjour du duc de Rohan à Montauban, il lui vint nouvelle de la reddition de Saint-Jean (1), et ensuite de celle de Pons par la vendition de Châteauneuf, de la défection de Pardaillan, de la perte de Sainte-Foy, et ensuite de Bergerac, par les menées de Pardaillan et de Panissault ; aussi la prise de Nérac, par le duc du Maine, qui s'approchoit du côté de Gascogne, qui fut suivie de la perte de Lectour, Layrac, le Mas-de-Verdun, Mauvesin, et l'Ile-Jourdain, que les gouverneurs livrèrent toutes ès mains dudit duc pour de l'argent. Du côté de la basse Guienne, ils ne firent pas mieux, car Tour-

(1) Rohan, qui juge avec tant de sévérité ses ennemis, et même ses partisans, oublie de dire que son frère Soubise s'étoit engagé, par la capitulation de Saint-Jean-d'Angely, à ne plus porter les armes contre le gouvernement, qu'il en fit le serment entre les mains du Roi, et qu'il alla se mettre à la tête des rebelles aussitôt qu'il fut en liberté.

non, Montflanquin, Tonneins, Puymirol et autres, furent rendues par leurs gouverneurs ; et, chose prodigieuse, Favas, qui étoit dans l'assemblée générale à La Rochelle, commanda à son fils de rendre au Roi Castel-Jaloux et Castets, deux places de sûreté éloignées du chemin de Sa Majesté de plus de douze ou quinze lieues. Bref, de toute cette grande province, rien ne fit mine de résister que Clérac, qui étoit bien fortifié et bien muni, et y avoit trois mille hommes de guerre, y compris les habitans.

Cette grande défection fit juger au duc de Rohan que, ne s'étant trouvé aucune résistance au département de La Force, il auroit bientôt sur les bras l'armée royale. Pour cet effet, il donne ordre à la ville de Montauban, y marque quelques dehors nécessaires pour sa défense, forme le régiment du comte d'Orval de dix compagnies, réduit les habitans en trente, ordonne les choses nécessaires au soutien d'un grand siége, et se résout de passer à Castres, et de là au bas Languedoc, pour relever les esprits consternés et préparer un secours pour Montauban.

Il part avec ses gardes, accompagné du comte d'Orval qui avoit aussi les siennes, passe à gué la rivière du Tarn, auprès de l'Ile-d'Albi, où on lui vouloit donner empêchement, et auquel passage il y eut le capitaine de ses gardes blessé, celui du comte d'Orval et quelques-uns de leurs gardes, un de ses mulets tués, et le cheval de son écuyer blessé, et comme cela passa, et se rendit à Castres le 13 juillet 1621, d'où le comte d'Orval retourna à Montauban attendre le siége.

Cependant le duc de Rohan, pour ne perdre temps, envoie aux Sevennes et bas Languedoc demander quatre mille hommes de secours, et lui s'achemine jusqu'à Milhaud, où il eut nouvelle de ses envoyés qu'encore que les peuples fussent de bonne volonté, les artifices des mal affectionnés prévaudroient s'il ne s'avançoit dans les Sevennes.

En même temps Châtillon envoie vers le duc de Rohan Briquemaut pour le convier à un abouchement; ce qu'il accepta, et s'avança jusqu'à Saint-Hippolyte, où ledit Briquemaut revint trouver Rohan de la part de Châtillon, pour lui dire qu'il s'étonnoit de ce qu'il étoit entré dans son département, et qu'il soupçonnoit que ce fût pour nuire à son autorité. Il lui fut répondu qu'il n'avoit pas bonne mémoire, et lui fut montré la lettre qu'il avoit écrite audit duc, et que le seul moyen de le chasser des Sevennes, et l'empêcher de passer au bas Languedoc, étoit de ne s'opposer au secours qu'il demandoit; mais que pour l'avoir il choqueroit toutes choses; que, s'il désiroit l'entrevue, il étoit tout prêt de la faire, et que s'il vouloit venir en personne au secours de Montauban, comme il l'offroit, il s'assuroit qu'eux deux moyenneroient la paix du royaume.

Bref, après avoir surmonté beaucoup de difficultés, il tira enfin quatre mille hommes de pied du bas Languedoc et des Sevennes, et de son argent on en leva mille autres, et avec cela reprend son chemin vers Milhaud, d'où il donna avis à Malauze, Léran et Sainte-Rome, qui commandoient en son absence, le premier en Albigeois et Rouergue, le second en Foix, et le troisième en Lauraguais, afin qu'ils missent sur pied les forces desdits colloques. Il envoya aussi à Castres, et sur le chemin fit faire des farines et du pain de munition pour la nourriture de ses troupes.

Durant ce temps-là, le Roi ayant assiégé et pris Clérac à cause de la division qui étoit dedans, faute d'un chef pour commander, et s'étant saisi de tous les lieux d'autour de Montauban hormis de Saint-Antonin, assit son camp devant Montauban le 21 août 1621, où La Force, avec deux de ses enfans, s'étoit jeté, et envoya le duc d'Angoulême avec quinze cents chevaux et quatre mille hommes de pied tout du long de la rivière du Tarn, pour s'opposer au secours qui s'apprêtoit pour Montauban, lequel fit mine d'assiéger Lombez, à demi-lieue de Réalmont, et dont le château qui dominoit la ville tenoit de tout temps pour le Roi. Le duc de Rohan, en étant averti par Malauze, comme aussi des menées qui se brassoient pour livrer la ville de Castres, fait partir en diligence Boyer, un de ses mestres de camp, avec mille hommes de pied, en assurance qu'il suivroit bientôt après avec le reste.

Ledit Boyer, étant arrivé à Castres, trouve que Malauze avoit fait son gros à Réalmont, où s'étant rendu avec ce renfort, ledit duc d'Angoulême se retire de devant Lombez, et Malauze, au lieu de se conserver en attendant la venue dudit duc de Rohan, comme il lui avoit mandé, se laisse emporter à l'importunité des peuples, et, avec un canon qu'il avoit sorti de Réalmont, va assiéger une église fortifiée nommée Fauche, à la reconnoissance de laquelle Boyer fut tué, et où ledit duc d'Angoulême le vint enclore avec toutes ses troupes, à l'instant de la reddition de ladite église, où après quelques charges et escarmouches où Malauze fit vaillamment, et Sainte-Rome aussi, en allant à son secours (car il passa au travers des ennemis avec cinquante maîtres, où il en perdit plusieurs), ils capitulèrent de se retirer avec leurs armes, de laisser leur canon, et de ne porter de six mois les armes pour le parti : de façon que voilà les forces de l'Albigeois et Lauraguais, surtout leurs chefs et toute la noblesse, qui ont les mains liées pour toute l'année, et jusqu'en mars de l'année prochaine.

Cependant le duc de Rohan ne perdit aucun temps pour faire avancer ses troupes, et en attendant les plus paresseux, il sort le canon de Milhaud et prend Saint-Georges, petit lieu fermé, et Luzançon, maison particulière située entre Milhaud et Saint-Affrique, où il y avoit garnison qui incommodoit fort son passage, et eût continué de faire le chemin libre, sans la nouvelle de la défaite de Fauche qui lui fit doubler le pas, et arriva si à propos à Castres que Lombez étoit rendu, Réalmont capituloit, et tout le pays consterné. Il le rassure le mieux qu'il peut, mais il ne peut mettre trente gentilshommes ensemble, ni deux cents hommes de pied de tout le haut Languedoc; de façon qu'il ne put faire état que de ce qu'il avoit amené du bas Languedoc et des Sevennes.

Il avoit un autre souci, que, durant son absence, Châtillon ne fît rappeler toutes ses troupes, et, pour cet effet, il lui opposa une assemblée composée de cinq provinces, à savoir : bas Languedoc, Sevennes, Vivarais, haut Languedoc et Dauphiné, qui l'autorisa parmi les peuples, tant pour empêcher que l'on né rappelât son secours que pour en avoir un autre en cas de besoin.

Ces choses étant en cet état, le duc fait reconnoître les gués non rompus et non gardés, se munit de bons guides, et forme son dessein de secourir Montauban, à même heure du côté de la ville nouvelle par Saint-Antonin, et du côté de Ville-Bourbon par Carmaing. Le premier est distant de cinq lieues dudit Montauban, et l'autre de dix; de façon que, par le premier lieu, il prétendoit d'y jeter le plus puissant secours, et tout de gens de pied, et par l'autre le moindre, mais de mousquetaires à cheval et soixante maîtres seulement.

En ces entrefaites, le connétable, voyant que ces ambassades, par Saint-Angel et La Saludie vers Rohan, ne l'avoient pu ébranler, ni les admonitions des ducs de Sully et de Lesdiguières à ceux de Montauban, qui répondirent toujours qu'ils ne feroient rien sans l'avis de leur général, se résolut de leur permettre d'envoyer vers lui leurs députés conduits par Desplans, pour regarder aux accommodemens, lesquels arrivèrent sur le point que le secours étoit prêt à partir. Ce qui vint à propos, car ledit duc ayant appris d'iceux qu'ils ne manquoient que d'hommes, et que, moyennant mille ou douze cents, ils se promettoient de n'être pris de l'hiver, il leur promit que dans huit jours ils seroient secourus de ce qu'ils demandoient, leur donna le mot et le signal, et comme cela s'en retournèrent.

Le duc de Rohan avoit cinq cents mousquetaires à cheval, qu'il avoit fait avancer vers Puylaurens, Cuq, et Carmaing, sous espérance d'aller ravager jusqu'aux portes de Toulouse; mais, étant assemblés, il fit donner l'ordre par un de ses domestiques d'aller droit à Montauban, lequel, par trop de considération ou d'appréhension du péril, ne fut exécuté, quoiqu'il y en eût moins que de l'autre côté.

Pour l'autre secours commandé par Beaufort, l'un de ses mestres de camp, il fut mieux conduit. Il partit de Castres sur le soir au nombre de mille ou douze cents hommes, arrive à Lombez à une heure après minuit, y séjourne jusqu'au soir du lendemain, passe la rivière du Tarn au gué de La Grave, marche toute la nuit, et le jour ensuivant se rend dans Saint-Antonin, à cinq heures du soir, sans aucune mauvaise rencontre : le lendemain séjourne jusqu'au soir qu'il part pour se jeter dans Montauban ; mais se voyant trahi par les guides pris à Saint-Antonin, il est contraint d'y retourner. Trois jours après, ceux de Montauban lui envoient un guide qui lui fait passer la rivière de Veyrou à gué, et le conduit très-bien jusqu'à demi-lieue de Montauban, où, nonobstant la cavalerie et l'infanterie qu'il rencontra perpétuellement jusqu'à la ville, et diverses redoutes et tranchées, il surmonta toutes ces difficultés, et jeta sept cents hommes avec neuf drapeaux dans la ville ; mais en cette glorieuse action ledit Beaufort fut pris. Et est à noter que ce secours, qui étoit tout de gens de pied, fit dix-huit lieues presque toujours en pays ennemi, passa deux rivières à gué, et traversa au milieu de deux armées royales qui l'attendoient pour le défaire.

Le duc de Rohan, pour favoriser son secours, usa de deux voies, l'une, d'envoyer Calonges et Desilles avec Desplans, pour aviser avec ceux de Montauban aux voies d'accommodement ; et l'autre, de partir en même temps que Beaufort, avec quarante enseignes de gens de pied et le peu de cavalerie qu'il avoit, tournant la tête vers le Lauraguais; de façon que, quand le duc d'Angoulême fut prêt à suivre Beaufort avec toute sa cavalerie, il eut avis que Rohan avec ses plus grandes forces alloit en Lauraguais, ce qui l'arrêta, ne sachant de quel côté aller; et, pendant ce temps-là, Beaufort passe au milieu de toutes ses troupes, et le duc de Rohan, le lendemain, retourna à Castres, et remit ses troupes ès lieux d'où il les avoit tirées.

Calonges et Desilles se trouvèrent dans le quartier du Roi quand le secours y entra, et revinrent à Castres avec Desplans, qui convia le duc de Rohan, de la part du connétable, de faire une entrevue, à quoi il condescendit; et malgré le peuple de Castres, et presque tous ceux qui étoient auprès de lui, s'achemina à Villemur, et fit la conférence à Rivière, à une lieue de Montauban, où, après les complimens de part et d'autre, le connétable le mena seul dans une allée, et lui commença ainsi : « Je vous ai de l'obligation de vous être fié en moi, vous n'y serez point trompé; votre sûreté est aussi grande ici que dans Castres. Ayant pris votre alliance, je désire votre bien, et que vous ne m'ôtiez le moyen, durant ma faveur, de procurer la grandeur de votre maison. Vous avez secouru Montauban à la face de votre Roi; ce vous est une grande gloire, mais vous n'en devez abuser. Il est temps de faire pour vous et pour vos amis; le Roi ne fera point de paix générale : regardez de traiter pour ceux qui vous reconnoissent et pour vos amis, et remontrez à ceux de Montauban que leur perte n'est différée que de quelques jours, que vous n'avez plus moyen de les secourir à cause des forts et lignes qui se font autour d'eux, et qui s'en vont achevés; que s'ils ne prennent des conditions raisonnables, à savoir, ou une citadelle ou une garnison, ou la démolition de toutes leurs fortifications, que vous les abandonnerez. Pour Castres et autres lieux de votre département, demandez ce que vous voudrez, vous l'obtiendrez; et, pour votre particulier, la carte blanche vous est offerte. Vous ne devez rien espérer d'Allemagne : ils ont plus affaire de secours qu'ils ne sont en état d'en donner; non plus d'Angleterre, vous connoissez l'humeur du Roi. Quant au dedans, la Reine-mère a ses appuis du côté d'Espagne et de Savoie, et du côté de Rome et des jésuites, qui ne sont les amis des huguenots. Pour M. le prince, je le retirerai toujours pour une pièce d'argent; pour M. le comte, j'ai de ses lettres et de madame sa mère, qui est prête à l'envoyer auprès du Roi. Quant aux autres grands du royaume, je ne doute point qu'ils ne vous fassent parler, mais c'est qu'ils veulent faire leurs affaires à vos dépens. J'ai eu de la peine à empêcher la confiscation de votre bien et de vos gouvernemens, je ne puis plus m'y opposer; il faut vous résoudre à une perte ignominieuse et assurée, ou à relever votre maison plus hautement qu'elle ne fut jamais; car, si vous continuez dans votre opiniâtreté, le Roi accordera plutôt avec tous ceux de la religion pour faire à son aise un exemple de votre personne et de votre maison. Mais si à ce coup vous me croyez, vous sortirez de cette fâcheuse affaire avec gloire, les bonnes grâces de votre Roi, et ce que vous souhaiterez pour votre fortune, laquelle je désire tellement accroître qu'elle soit l'appui de la mienne. »

A quoi le duc de Rohan répondit : « Je serois ennemi de moi-même si je ne souhaitois les bonnes grâces de mon Roi et votre amitié. Je ne refuserai jamais de mon maître les biens et les honneurs, ni de vous les offices d'un bon allié. Je considère bien le péril auquel je me trouve, mais je vous prie aussi de regarder le vôtre. Vous êtes haï universellement pource que vous possédez seul ce qu'un chacun désire. La ruine de ceux de la religion n'est pas si prochaine qu'elle ne donne aux mécontens loisir de former des partis; et ceux qui ne se joindront ouvertement à nous, ne laisseront de s'accorder avec nous en ce qui concernera votre ruine. Toutes les guerres contre ceux de la religion ont souvent commencé avec de grands désavantages pour eux; mais l'inquiétude de l'esprit français, le mécontentement de ceux qui ne gouvernent pas, et les étrangers, les ont souvent remis. Si vous procurez que le Roi nous donne la paix avant que tout cela soit éclos, elle se fera à son grand honneur et avantage ; car après avoir abaissé le parti, n'avoir reçu aucun échec, et sans apparence de division du dedans ni de secours du dehors, il obligera ceux qu'il aura abaissés, fera connoître qu'il n'en veut à la religion, mais seulement à la désobéissance prétendue, rompra le cou aux autres partis, et, sans avoir reçu aucun déplaisir, retournera craint et redouté des uns et des autres, ce qui redoublera votre créance auprès de lui, et vous mettra en état de n'être choqué de personne. Mais si vous poussez les affaires jusques au bout, et que ce torrent de prospérités ne continue, comme vous êtes à la veille de le voir arrêté devant Montauban, chacun reprendra ses esprits encore étourdis de l'affaire du Pont-de-Cé et de celles-ci, et on vous donnera des affaires fâcheuses à démêler. Songez que vous avez moissonné tout ce que les promesses mêlées de menaces vous pouvoient acquérir, et que ce qui reste combat pour la religion qu'il croit. Pour mon particulier, je me suis imaginé la perte de mes biens et de mes charges : et si vous en avez retardé l'effet à cause de notre alliance, je vous en ai l'obligation ; mais je suis tout préparé à souffrir puisque cela est résolu, l'ayant promis solennellement, et ma conscience me l'ordonnant ainsi, de n'entendre qu'à une paix générale. »

Cette conférence n'eut point d'effet parce qu'on ne voulut entendre à aucun traité général, et le duc de Rohan retourna à Castres sans rien faire. Depuis, les difficultés de la prise de Montauban croissant, le connétable se repentoit et renouoit le traité ; mais son esprit assez irrésolu à terminer une affaire, et les contradictions qu'il rencontroit en ceux qui vouloient la continuation de la guerre, le traînèrent jusqu'à ce que le Roi fut contraint de lever le siége de devant Montauban, qui fut le dix-huitième jour de novembre 1621, où La Force, comme brave et expérimenté capitaine, et Dupuy, premier consul, homme d'autorité et de résolution, apportèrent une telle prévoyance, et donnèrent un si bon ordre à faire fournir les choses nécessaires à la défense de la ville, et à faire exécuter les résolutions publiques, qu'ils méritent ici une grande part de l'honneur de la conservation de la place.

Cependant le duc de Rohan avoit envoyé ses troupes au comté de Foix, à la prière de Leran, qui prit quelques châteaux, puis assiégea Vareille, qui fut secouru, et se retira en désordre à Pamiers. Mais, voyant l'armée du Roi détachée de son siége, il pourvut aux places les plus dangereuses et rappela ses troupes de Foix, entre lesquelles Saint-Florent, l'un de ses mestres de camp, parent du connétable, se résolut de se saisir du Mas-Sainte-Puelle pour en faire sa condition. Il contrefit une lettre du duc de Rohan pour être reçu dans la ville avec son régiment; mais les consuls en ayant eu le vent lui refusèrent les portes; de façon que le séjour qu'il fit autour du Mas donna temps aux ennemis de lui faire une embuscade entre le Mas et Revel, où il fut défait de nuit, sans aucune résistance.

Mirambeau, fils aîné de Pardaillan, voyant que son père avoit rendu Monheur et Sainte-Foy, et qu'il les devoit livrer au passage du Roi, se saisit de Monheur; son père y va, qui le malmène, et, croyant avoir assuré la place, passe à Sainte-Foy pour s'en assurer aussi; mais Dieu ne permit plus long-temps que sa perfidie fût impunie, suscitant Savignac de Nesse qui lui dressa une partie, et l'ayant attaqué dans une hôtellerie de Gensac le tue, ce qui fit résoudre Mirambeau à se déclarer pour le parti dans Monheur, et Terbon, son beau-frère, dans Sainte-Foy. Le Roi, ayant appris cette nouvelle, envoie en diligence bloquer Monheur, où il s'achemine avec le reste de son armée; il l'assiége et la prend par composition, et le connétable meurt de maladie durant le siége; ce qui apporta beaucoup de changement à la cour. La

Reine-mère se voyant défaite de son ennemi s'assure ; M. le prince se rapproche de la cour en espérance de la gouverner ; chacun pense à prendre la place vacante, et perd la mémoire des desseins qui s'étoient formés durant la vie du connétable.

Le cardinal de Retz et Schomberg empiètent les affaires ; le prince vient trouver le Roi à Poitiers, qui se joignit à eux, et firent leur partie si forte avant qu'être à Paris, que la Reine-mère et tous les vieux ministres de l'Etat ne purent porter les affaires à la paix. Le duc de Lesdiguières, sur quelques rémuemens que Montbrun faisoit en Dauphiné, obtint son congé incontinent après le siége de Montauban pour y donner ordre. Le duc de Rohan renvoya toutes ses troupes du bas Languedoc et des Sevennes, où il faut voir ce qui s'étoit passé durant ce temps.

Châtillon proposé de rappeler les troupes pour secourir le bas Languedoc qui n'étoit point attaqué ; mais l'assemblée des cinq provinces s'y oppose. Cela ne lui ayant succédé ; afin d'empêcher que le duc de Rohan ne pût avoir un nouveau secours, il fait faire un nouvel armement, auquel pourtant il ne se trouva pas ; à quoi ladite assemblée consentit, sur l'assurance que les chefs lui donnèrent que si le duc de Rohan les mandoit, ils l'iroient trouver ; ce qu'ils ne voulurent faire à son mandement, disant qu'ils ne reconnoissoient que Châtillon, et s'amusèrent à prendre une bicoque de nulle importance, nommée Alzon. Bref, Châtillon s'opposa en tout et partout à l'autorisation de ladite assemblée, laquelle, appuyée des peuples, le désautorisé et le contraint d'abandonner Montpellier et se retirer à Aigues-Mortes, même lui retiennent son fils et sa belle-mère. Bertichères, élu lieutenant au bas Languedoc, s'étoit joint avec ladite assemblée, laquelle ayant goûté l'autorité ne vouloit point de général, et subsista ainsi jusques à la fin de l'année, que les peuples commencèrent à ne pouvoir plus supporter sa domination, dont s'apercevant, elle fut contrainte d'élire le duc de Rohan, qui s'achemina dans la province et arriva à Montpellier le premier jour de l'année 1622.

Le duc de Rohan trouva les provinces du bas Languedoc et des Sevennes si brouillées contre l'assemblée des cinq provinces, qu'il fut contraint d'employer tout le mois de janvier à tâcher de les accommoder. Les provinces remontroient que ladite assemblée avoit dissipé toutes les finances, qu'ils vouloient qu'elle leur en rendît compte, et que, maintenant qu'il y avoit un général nommé, elle ne devoit plus subsister.

Ladite assemblée maintenoit qu'elle ne devoit rendre compte qu'à l'assemblée générale qui l'avoit approuvée, qu'elle devoit subsister jusques à la fin des affaires, sans diminuer d'autorité; que le général ne devoit avoir d'autre conseil qu'elle; que les finances devoient être maniées par elle; qu'elle étoit par dessus les provinces, lesquelles n'avoient plus que voir sur ses actions, et s'opposoit à ce que lesdites provinces se pussent assembler, exhortant ledit duc de les en empêcher, comme elle avoit voulu faire avant son arrivée. Mais lui, ayant trouvé la province des Sevennes déjà convoquée, et celle du bas Languedoc résolue à la convocation, il tâcha de le faire trouver bon à ladite assemblée, laquelle au lieu de s'y résoudre, parce qu'elle jugeoit que sa subsistance y étoit ébranlée, elle la voulut maintenir par autre voie. Premièrement, elle fit ses efforts de se saisir du château de Sommières, appuyée de Bertichères qui le prétendoit, et s'adressa à Châtillon pour avoir son assistance; mais la diligence de Rohan l'ayant prévenue et assuré ledit château, elle s'adressa au duc de Lesdiguières et lui remontra que ledit duc étoit un ambitieux qui vouloit perpétuer la guerre pour demeurer en autorité; qu'elle aimoit mieux faire la paix avec le Roi, quelque défectueuse qu'elle fût, que souffrir sa domination, et que s'il vouloit s'adresser à elle il reconnoîtroit son pouvoir; mais ne l'ayant voulu écouter, tous ses efforts ayant été vains, elle envoie ses députés aux assemblées des Sevennes et du bas Languedoc, où le duc se trouva, qui, pour empêcher la division, et toutefois avec beaucoup de peine, tant les provinces de Languedoc étoient animées contre ladite assemblée, fit résoudre qu'on approuvoit la gestion de l'assemblée des cinq provinces, qu'on prenoit tous les députés d'icelle en protection, qu'il ne se feroit nulle paix qu'on ne les mît à couvert, qu'ils cesseroient d'agir en corps d'assemblée jusques à ce que l'assemblée générale en eût ordonné, vers laquelle chacune des parties enverroit ses raisons, et que cependant deux députés de ladite assemblée des cinq provinces entreroient au conseil dudit duc de Rohan.

Est à remarquer que depuis l'arrivée du duc dans Montpellier, ladite assemblée qui y étoit disposa en sa présence des finances et de toutes les affaires, donna des ordonnances, des passe-ports et des sauvegardes, et ne renvoya en tout ce temps-là à son conseil de guerre qu'une querelle pour l'accorder. Et ledit duc de Rohan lui ayant proposé une tenue des États dans la ville de Milhaud de tout le Languedoc, pour aviser à la levée des deniers et pour pourvoir à la justice, elle s'y opposa parce qu'elle craignoit que ce fût pour choquer son autorité.

Quand ce fut pour envoyer à l'assemblée générale, le duc de Rohan lui proposa qu'elle y envoyât de commune main avec lui et les provinces, mais elle voulut que les députations fussent séparées, pource qu'elle s'étoit résolue de le calomnier; ce qu'elle fit par l'envoi d'un ministre nommé Babar, par lequel elle manda les merveilles qu'elle avoit faites avant la venue dudit duc; mais que depuis il avoit tout brouillé par son ambition, qu'il vouloit faire ses affaires aux dépens du public, qu'ayant ruiné le Foix et l'Albigeois, il en vouloit faire autant du bas Languedoc, où il commençoit à planter son bourdon et à faire le Roi; qu'il vaudroit mieux tomber entre les mains du Roi et se soumettre à sa volonté que d'obéir audit duc, et qu'enfin il faudroit rappeler Châtillon; qu'elle se gardât de tomber ès mains de Soubise, parce qu'il ne desiroit que faire dissiper l'assemblée générale, et qu'il avoit écrit à Rohan qu'il n'y avoit que sept ou huit misérables coquins en ladite assemblée, et pour conclusion, que si elle envoyoit un pouvoir pour leur subsistance, elle feroit bien la loi audit duc de Rohan.

Après la tenue desdites assemblées provinciales, le duc de Rohan, considérant d'une part les préparatifs que faisoit le duc de Montmorency pour l'attaquer, les levées du duc de Guise en Provence pour le même effet, les menées de Châtillon contre lui, et les levées du duc de Lesdiguières pour attaquer le Vivarais, et de l'autre, le misérable état auquel il avoit trouvé les provinces qu'il étoit venu servir, à cause des armemens inutiles qu'y avoit fait faire Châtillon, lesquels avoient rebuté les soldats, ruiné le pays ami, d'où les troupes n'avoient bougé, épuisé les finances et les greniers à sel, et, qui pis est, on n'en pouvoit recouvrer à cause d'Aigues-Mortes qui en empêchoit le traité, il résolut de diligenter son armement.

Sur ces entrefaites Blaccons, lieutenant en Vivarais, se voyant pressé du duc de Lesdiguières, demande cinq cents hommes de secours au duc de Rohan, et le prie de se préparer à venir après avec toutes ses forces. Ceux de Bédarrieux et de Gignac demandent pareillement secours, parce que le duc de Montmorency, avec son armée, avoit surpris Lunas, forcé Gresissac, maisons particulières, assiégé Fougères, et menaçoit lesdits lieux susnommés. Ledit duc de Rohan, se voyant sans nulles troupes sur pied, et deux armées sur les bras, sans compter les troupes de Provence, va aux Sevennes pour essayer de faire passer cinq cents hommes en Vivarais; mais ils furent repoussés à des passages étroits près de Villeneuve-de-Berg, ce qui l'obligea d'envoyer vers ledit duc de Lesdiguières pour essayer à le retarder. Mais, nonobstant ces remontrances et le fort de l'hiver, il vint avec six mille hommes de pied et cinq cents maistres jeter un pont sur le Rhône, entre Baye et le Pouzin, assiége ledit Pouzin, le bat, lequel endure l'assaut; Blaccons se jette dedans, fait vaillamment à l'assaut; enfin la place étant près de se perdre, par l'entremise de celui qu'avoit envoyé ledit duc de Rohan, elle est rendue à Lesdiguières, à condition que si la paix ne se faisoit, laquelle commençoit à se traiter, il promet de la rendre à ceux de la religion, et que dès à présent il retireroit son armée, n'entreprendroit rien en Vivarais ni en Languedoc, et lui promit de lui envoyer au plus tôt le président du Cros pour continuer le traité de paix.

La province de Vivarais étant assemblée à Privas approuve le tout, et écrivit au duc de Rohan pour le prier de pourvoir Blaccons du gouvernement de Baye, ce qu'il fit.

Ledit duc, se voyant délivré de cette armée de Dauphiné, pense à jeter des blés dans Gignac qui étoit à la faim, à cause d'une église bien fortifiée où il y avoit grosse garnison qui étoit à la portée du mousquet de la ville, et que tout le pays d'autour est ennemi, et à mettre sur pied son armée pour s'opposer aux progrès du duc de Montmorency. Pour cet effet il vint à Montpellier, où aussitôt qu'il y fut il tomba malade d'une fièvre continue qui lui dura quinze jours, pendant laquelle ledit président du Cros, qui l'étoit venu trouver au commencement d'icelle, fut misérablement assassiné dans la ville, et Bertichères par son ordre avitailla Gignac.

Ayant repris ses forces sur le commencement de mars, et hâtant son armement, il se mit en campagne qu'il ne pouvoit encore se soutenir. Bertichères proposa d'attaquer la Tour-Charbonnière, afin que par là on pût avoir du sel, et par ce moyen de l'argent pour subvenir aux frais de la guerre. Saint-Blancart, gouverneur de Peccais, étoit de cette opinion, de façon qu'il fut résolu de l'attaquer. Aussitôt Châtillon le sut, et le duc de Rohan fut averti que c'étoit Bertichères qui l'assuroit qu'il lui feroit ruiner ses troupes ; ce qui fit résoudre le duc de Rohan de remettre ce dessein en délibération, où ayant disputé contre Bertichères les difficultés de faire ledit siége, Saint-Blancart se lève et dit que si on ne le faisoit il s'accommoderoit avec Châtillon, lui étant impossible de subsister autrement; de façon qu'il fut contraint de permettre de faire ledit siége, tandis qu'il tente une entreprise sur Beaucaire; laquelle n'ayant réussi à cause de l'extrême froid et mauvais temps qu'il fit la nuit de l'exécution, il retourna à la Tour-Charbonnière, où il trouva qu'au lieu d'avoir avancé on avoit reculé, et qu'on avoit laissé faire divers retranchemens à Châtillon sur une chaussée que d'abord on pouvoit forcer, et pour lesquels prendre il falloit plus d'un mois. Plus, on avoit tiré les gens de guerre que ledit duc avoit fait loger entre Aigues-Mortes et Charbonnière; ce qu'ayant considéré, sans le communiquer audit Bertichères, il envoya bloquer le château de Montlaur qui empêchoit la communication de Montpellier aux Sevennes, puis le va assiéger afin de tirer le duc de Montmorency de devant Bédarrieux ; lequel après avoir pris Fougères ne put venir à temps que Montlaur ne fût pris d'assaut.

Sur ces entrefaites le duc de Lesdiguières convie le duc de Rohan d'un abouchement pour la paix, ayant pouvoir du Roi de ce faire. Il y consent, laisse son armée entre les mains de Bertichères, et s'entrevoient à Laval, entre Barjac et le Saint-Esprit, conviennent des articles, et ledit duc de Rohan, en son nom et des provinces qui sont sous sa charge, députe Calonges, Desilles, Dupuy de Montauban, du Cros de Montpellier, La Borée de Vivarais; donnent avis conjointement, lui et ledit duc de Lesdiguières, dudit aboutement aux ducs de Bouillon, de Sully, de La Trimouille, comme aussi à Soubise, à La Force et à l'assemblée générale, afin que chacun joigne ses députés à ceux des provinces de deçà, leur mandant que pour les places de Saumur et du Poitou on n'avoit pu s'accorder, et que cela étoit remis à ce qui s'achèveroit avec le Roi. Il faut laisser pourmener les députés pour continuer ce qui se passa au bas Languedoc.

Le duc de Rohan retourne à son armée, la trouve à Castelnau près Montpellier, et que le duc de Montmorency, accompagné de Châtillon qui l'avoit joint avec sa compagnie de gendarmes et celle du duc de Guise, qu'il avoit fait venir de Provence, avoit assiégé Courvousée à deux lieues de Montpellier. Il se résout de le secourir; mais s'étant rendu le lendemain il se campe à Saint-Jean-de-Vedas et à Salle-Neuve, et le duc de Montmorency à la Véruve, Fabrègues et Saussan; une petite rivière nommée la Mousson les séparoit: de façon que les deux camps furent six jours à se tirer seulement quelques canonnades, après lesquels le duc de Montmorency se retire à Villeneuve, petite ville sur l'Etang; le duc de Rohan passe pour le même jour à son logement, fait sommer Saussan auquel on avoit laissé garnison, lequel se rend le lendemain au matin.

Bertichères, soit qu'il appréhendât la perte de son bien, ou qu'il voulût ruiner les troupes de Rohan, ou que véritablement il eût cet avis, vint lui dire que le duc de Montmorency passoit certainement l'Etang et alloit se saisir de Saint-Gilles, abbaye appartenant audit Bertichères, et un beau logement d'armes, qu'il le prioit de lui donner quinze cents hommes de pied et cent de cavalerie, qu'il iroit pour s'y opposer, et selon les avis qu'il lui donneroit tout le reste s'y achemineroit, ce que ledit duc lui accorda : et cependant avec deux mille hommes qui lui restoient va assiéger Saint-Georges. Mais le duc de Montmorency voyant Saint-Georges attaqué, et les troupes du duc de Rohan séparées, retourne pour secourir la place assiégée, prend le logement de Saint-Jean-de-Vedas, à une lieue de Saint-Georges, et par deux coups de canon donne le signal qu'il la venoit secourir, et la nuit tâche de jeter deux cents hommes dedans qui furent repoussés. Le lendemain le duc de Rohan laisse trois cents hommes autour dudit lieu, et ayant choisi un champ de bataille assez avantageux y demeure tout le jour; cependant renvoie en diligence vers Bertichères pour le faire retourner. Sur le soir La Blacquière lui arrive avec un régiment des Sevennes, et le lendemain Malauze avec quatre-vingts maîtres du haut Languedoc, et Bertichères ne tarda guère après, de façon que ledit duc, se trouvant avec plus de cinq mille hommes de pied et trois cents maistres, fait batterie à la vue dudit duc de Montmorency, prend la place à composition, la vie sauve et sans armes.

Bertichères, pour la seconde fois, pensa faire faire une grande faute; il opiniâtra que le duc de Montmorency s'étoit retiré à Villeneuve, et avoit laissé au pont de la Véruve cinq cents hommes qu'on pouvoit tailler en pièces. Le duc de Rohan, au contraire, maintenoit que s'il se fût retiré il n'eût laissé cette infanterie à la boucherie ; il veut le lui faire voir, et le mena proche dudit pont, où ayant trouvé quelques mousquetaires avancés dans les fossés, on les leur fait quitter. Mais Rohan, voyant que Bertichères engageoit un régiment trop avant, fait avancer toutes ses forces, tant cavalerie qu'infanterie, et fait suivre deux pièces de campagne. Bertichères poursuit sa pointe, fait donner le régiment de La Blacquière jusqu'aux retranchemens du pont, et le fait soutenir par un autre bataillon. Mais ce dessein n'ayant été concerté, aussi ne réussit pas ; car La Blacquière et Randon, son sergent-major, ayant été tués de quelques mousquetades, ledit bataillon recula en quelque désordre, et en même temps Montmorency mit toute son armée en bataille, et fit tirer deux pièces de campagne sur nos gens. Rohan fit le semblable de son côté, et la journée se passa en escarmouches et canonnades, la rivière de la Mousson toujours entre deux ; puis chacun retourne en son logement. Il y eut de morts dix ou douze de chaque côté, et le duc de Montmorency se retira à Villeneuve pour la deuxième fois ; puis ayant laissé ses troupes en garnison ès lieux circonvoisins s'en alla à Pésenas : ce que voyant, le duc de Rohan prend pour deux jours de pain, passe la nuit deux coulevrines jusqu'à Gignac, bloque l'église fortifiée joignant ledit Gignac, met en plein jour son canon en batterie, et, après la première volée, la reçoit à capitulation, la fait démolir et retourne à Montpellier ; mais il fait passer ses troupes par le val de Montferrand, prend et démantelle les Mattelais, et autres petits lieux et églises qui étoient fortifiés, fit quelque butin; ce qui fit débander une partie de ses troupes des Sevennes, pource qu'elles se trouvèrent proches de leur retraite.

Montpellier ayant été délivré des garnisons qui l'incommodoient, Uzès voulut recevoir pareil bénéfice. Le duc de Rohan y va, prend par composition Cernières, château assez fâcheux à battre pour son assiette, et Saint-Suffret d'assaut; après quoi voulant passer outre, il est prié par les principaux de Nîmes de venir dans leur ville, pour donner ordre à quelque sédition qui y étoit survenue; ce qu'il fait diligemment, et laisse ses troupes à Bertichères, lesquelles se débandèrent pour la plûpart, ne restant pas mille hommes ensemble. Portes, se trouvant avoir assemblé près de deux mille hommes, vint assiéger Pruzillac, un méchant lieu qui s'étoit rendu à Bertichères, lequel y jeta Beauvais, mestre de camp, qui, après s'être bien défendu deux jours, se rendit faute de poudre.

En même temps Châtillon assiége La Tour-l'Abbé près Peccais, tenue par Saint-Blancart, laquelle se rend en deux fois vingt-quatre heures, par la lâcheté ou intelligences de Bousauguet qui y commandoit; de façon que Rohan, qui avoit amassé quelques troupes, n'eut le temps de la secourir, ni de retenir plus long-temps ses forces ensemble, avec lesquelles il avoit roulé trois mois sans payement et fait plusieurs siéges, tant à cause de la mauvaise humeur de ses mestres de camp, que parce que les moissons approchoient, qui est un temps où les pauvres gens gagnent gros au bas Languedoc.

Pour revenir à Nîmes, il faut savoir que Brison avoit

été protégé du duc de Rohan, et gratifié sur tout autre, croyant par ce moyen se l'acquérir; mais l'autre qui ne s'oblige de rien, ingrat et présomptueux, s'étoit voulu assurer dès Nîmes, pour faire sa condition particulière, faisoit le zélé et ne perdoit aucune occasion de blâmer ledit duc, publiant qu'il s'étoit entendu avec le duc de Lesdiguières pour le Pouzin, et qu'il avoit perdu le Vivarais; ensuite qu'il avoit toujours pratiqué les députés de l'assemblée des cinq provinces, qui, au lieu de se retirer chacun chez soi, alloient, de ville en ville, émouvoir le peuple contre le duc de Rohan, et étant assurés de Brison et de son support dans Nîmes, se résolvoient à la première occasion de se rassembler dans ladite ville, et choquer l'autorité du duc de Rohan, lequel, étant averti qu'ils se rendoient tous dans Nîmes pour y former de nouveau leur assemblée, y envoya un des siens pour leur défendre, et commander aux députés du Vivarais de se retirer dans leur province, faisant voir la déposition de Babar, où lesdits députés calomnioient vilainement ledit Rohan, à quoi Brison s'opposa violemment, mais il ne trouva le peuple disposé à suivre sa passion; tellement que lesdits députés furent contraints de se retirer, et Brison de venir trouver ledit duc à Uzès pour s'excuser de sa procédure.

Durant son voyage, les principaux habitans se servant de son absence prirent le temps, firent résoudre au conseil général qu'ils ne pouvoient plus supporter le gouvernement de Brison; que Rohan seroit prié d'agréer leur délibération, de trouver bon qu'ils vécussent sous l'autorité de leurs consuls jusqu'à une plus grande nécessité, et qu'en ce temps-là ils accep-

-teroient celui qu'il voudroit, et que, pour cet effet, il se voulût rendre diligemment en leur ville pour éviter les désordres qui pourroient y survenir. Ce que ayant fait, il approuva la délibération du conseil de la ville, et la confirma. En même temps se tint une assemblée audit Nîmes pour pourvoir à la récolte, à laquelle Brison fit sa plainte ; mais ladite assemblée approuva la délibération de Nîmes, et la confirmation dudit duc. Ce que voyant ledit Brison, il va à Montpellier et par tout le pays pour émouvoir le peuple contre ledit duc de Rohan, et tâcha, par ses partisans, d'émouvoir sédition dans Nîmes ; dont ledit duc étant averti, il envoie le lieutenant de ses gardes avec commandement de le faire arrêter où il le rencontreroit, lequel, l'ayant suivi quelque temps, enfin l'arrête dans la ville d'Uzès.

Ayant assuré Nîmes par cette voie, on prit quelque ordre pour la levée et entretien des gens de guerre nécessaires pour empêcher le dégât ès villes de Montpellier, Nîmes et Uzès, ordonné par le Roi au duc de Montmorency, comme aussi pour envoyer quelques gens de guerre à Montauban.

Après la tenue de cette assemblée il en fallut tenir une autre aux Sevennes pour même sujet; et pource que le duc de Montmorency s'approchoit déjà de Montpellier pour commencer le dégât, Rohan y laissa Laudes, maréchal des logis de sa compagnie de gendarmes, avec une brigade de gendarmes, qui, sur les premières approches que fit Montréal, maréchal de camp des troupes dudit duc de Montmorency, à la contestation de quelque métairie, où le capitaine mestre-aide de camp, voyant son fils engagé, prend quelques mousquetaires, et le va dégager; ce que voyant, Montréal le vint charger avec plus de cent maîtres. Mais Laudes vint au secours si à propos, qu'il le charge, le blesse de sa main, lui fait tourner le dos, et le mène battant jusque dans son gros, qui branla de telle sorte, que si Saint-André, lieutenant de roi de Montpellier, et qui commandoit à toutes ces troupes, eût pris le temps de charger, il défaisoit tout.

Il faut retourner de la Loire, et aux députés du duc de Rohan envoyés en cour. Ceux qui désiroient la paix retenoient le Roi dans Paris pour attendre lesdits députés dont le duc de Lesdiguières avoit donné avis qu'ils y seroient bientôt, pource que le chancelier et le président Jeannin, qui n'étoient du voyage, ne pourroient, absens, avoir la force de s'opposer à la violence de ceux qui portoient à la guerre; lesquels s'apercevant de cela usèrent de toutes sortes de violences pour tirer le Roi de Paris; et à la dérobée par la porte de derrière du Louvre, le jour de Pâques fleuries, comme s'ils l'eussent enlevé, le menèrent faire ses pâques à Orléans; et, sans attendre la Reine-mère, il alla droit le long de la rivière jusqu'à Nantes, prenant cette route sur les heureux progrès de Soubise, lequel avec deux mille hommes au milieu des forces du duc d'Epernon en Saintonge et Angoumois, du comte de La Rochefoucault en Poitou, et de Saint-Luc dans les Iles, avoit pris et fortifié l'île d'Oleron, pris Royan, la tour de Mournac, Saugeon et autres lieux, défait tout à plat le régiment de Saint-Luc, forcé en plein midi La Chaume, et pris Les Sables; bref, avoit donné une telle épouvante dans le pays, que, sans la venue du Roi, il étoit le maître de la campagne. Mais avant la venue des députés du duc de Rohan, les affaires de Poitou ayant changé de face par la déroute de Riez, la prise de Royan et le traité commencé de La Force, on les renvoya à la Reine-mère qui étoit demeurée à Nantes, et de là au chancelier qui étoit à Paris; de façon qu'ils retournèrent sans rien faire. Et le Roi, continuant son chemin par la Guienne, acheva son traité avec La Force, qui, moyennant une charge de maréchal de France et 200,000 écus, lui rendit Sainte-Foy, dont il s'étoit rendu maître, au préjudice de Terbon, gendre de Pardaillan, et se démit, lui et ses enfans, des charges et gouvernemens qu'ils avoient possédés, sans en donner jamais connoissance, ni à l'assemblée générale, ni au duc de Rohan.

Durant ledit traité, Tonneins, qui s'étoit bien défendu, se rendit au duc d'Elbeuf, et Lusignan fit son traité à part pour Clérac, lequel il livra aussi; de façon que le Roi vint à Saint-Antonin sans aucune résistance. Ceux de Montauban, se ressouvenant des bons offices de ceux de Saint-Antonin, quoiqu'ils craignissent de se dégarnir d'hommes, y jetèrent Saint-Sébastien, un des capitaines de Beaufort, pour y commander avec ce qu'ils purent de gens de guerre; mais ayant été blessé à mort en une attaque qui se fit à quelques dehors qui furent emportés de vive force, et après que quelques mines eurent joué, les habitans s'en étonnèrent, et se rendirent si promptement que deux cents hommes qu'ils avoient demandés de Montauban, conduits par Salce et La Rousselière, trouvèrent la place rendue; et les ennemis les reçurent et en poignardèrent quelques-uns, avant que les autres s'aperçussent que la place fût perdue ; enfin ayant découvert la fourbe, le reste se sauva comme il put. Salce et Rousselière furent pris, et n'ont sorti que par le bénéfice de la paix.

Ceux de Montauban, craignant qu'après Saint-Antonin on ne vînt à eux, sollicitent le duc de Rohan de leur envoyer un gouverneur et des gens de guerre, lequel envoya Saint-André de Montbrun, qui s'y jeta avec cinq cents hommes de pied fort heureusement et courageusement.

Sur l'approche du Roi au haut Languedoc chacun s'étonne, et les traîtres renouvellent leurs intelligences ; toutes les villes en particulier mandent à Rohan que s'il ne vient tout le pays se rendra. Il se trouve en de grandes perplexités, pource que s'il ne va où il est appelé le pays est perdu, et s'il y va il hasarde le bas Languedoc, où son absence feroit revivre les cabales et menées de Châtillon ; et, d'autre part, le duc de Lesdiguières le presse et le semond à une seconde entrevue. Enfin il se résout de courir au plus pressé, s'excuse envers Lesdiguières, envoie de nouveau des gens de guerre à Montpellier pour s'opposer au dégât, à cause que le duc de Montmorency étoit renforcé de cinq compagnies de chevau-légers que Zamet lui avoit conduits de l'armée du Roi, et outre cela, il donne ordre à la levée de mille hommes pour le haut Languedoc, où s'acheminant avec son train seulement, Chauve, ministre de l'église de Sommières, homme de piété exemplaire et de singulière éloquence, le vint trouver à Saint-Jean-de-Gardoningue pour lui dire qu'il savoit de bonne part que Châtillon, déplaisant de ses actions passées, se fâchoit de voir perdre le parti des réformés, duquel il ne s'étoit départi que pour les affronts qu'il avoit reçus, se promettant que, s'il étoit bien ménagé, il s'y remettroit; ce qui le fortifieroit grandement, tant à cause de sa personne considérable, principalement en Languedoc, que pour la conséquence de la ville d'Aigues-Mortes qu'il tenoit. C'étoit un artifice pratiqué par les partisans dudit Châtillon, qui, sachant la réputation de ce ministre, l'avoient abusé de ces espérances afin que, sur le refus que le duc de Rohan feroit de le recevoir, ils eussent occasion de le calomnier. Mais ledit duc le reconnoissant, répondit que bien loin de détourner cette bonne intention, et d'empêcher un si bon œuvre que de s'acquérir un tel personnage au parti, qu'au contraire, en ce qui le toucheroit, il feroit plus de la moitié du chemin; que pour la charge qu'il exerçoit à son défaut dans la province, comme il ne l'avoit point briguée, aussi ne s'y attachoit-il point de telle sorte que, quand la province qui la lui avoit baillée le jugeroit à propos, il ne la lui remît, et qu'il souhaitoit de tout son cœur qu'il remît à bon escient ses intérêts à soi et au public; qu'il étoit satisfait de la charge que l'assemblée générale de La Rochelle lui avoit assignée dans la haute Guienne et le haut Languedoc, où il s'en alloit pour pourvoir aux dangers que l'approche du Roi y avoit fait naître, laissant, par ce moyen, audit Châtillon le champ libre pour se bien remettre avec ceux desquels il étoit détaché: toutefois que, pour le dû de sa charge et l'acquit de sa conscience, il ne devoit taire qu'il y avoit beaucoup de choses à considérer sur ce sujet; que la province devoit mûrement délibérer, et un chacun en particulier ouvrir les yeux sur l'importance et les suites de cette affaire, notamment ledit Chauve, tant à cause de sa profession que de la charge qu'il avoit prise de cette poursuite; mais que la vraie pierre de touche étoit qu'il remît effectivement ès mains de la province la ville d'Aigues-Mortes, pour ce que, si c'est tout de bon qu'il veuille servir, il n'en fera nulle difficulté; mais s'il veut tromper, il ne s'en dessaisira point. Ledit Chauve approuva l'expédient, croyant qu'il l'accepteroit, et comme cela s'en retourna.

Sur quoi ledit duc, prévoyant bien qu'en son absence on remueroit cette affaire, il chargea particulièrement Dupuy (qu'il laissa son agent dans la province) de bien prendre garde qu'il ne s'y passât rien au préjudice du public ni du sien. Pour cet effet, il lui donna instructions et pouvoirs suffisans, tendant principalement à ce que si on mettoit en avant cette proposition dans aucune assemblée que ce fût, et qu'on voulût la traiter au-delà de la condition susdite, à savoir, de remettre préalablement la garnison d'Aigues-Mortes à la disposition de la province, il eût à s'y opposer, et si on la traitoit dans ces termes, il prît garde qu'il n'y fût usé d'aucune supercherie, et qu'il n'y fût rien avancé que premièrement ladite condition ne fût accomplie.

Après quoi il poursuivit son voyage du haut Languedoc; et il arrive justement à la prise de Saint-Antonin, et si à propos, qu'il empêche la reddition de Lombez et de Réalmont, et rassure tout le pays, et ne perdit que Carmaing, le Mas-Sainte-Puelle et Cuq, la première par intelligence; et les deux autres, à cause de leur foiblesse, furent abandonnées par les habitans, et puis après brûlées au passage de l'armée.

Le Roi voyant le pays rassuré passe outre, emporté des espérances que le duc de Montmorency et Châtillon lui donnoient, principalement pour Montpellier, faisant conduire par le Rhône au bas Languedoc ses munitions, à cause de la défection de Blaccons qui fit son traité pour Baye, qu'il vendit au Roi 20,000 écus; et, par ce moyen, rendit le Rhône libre. D'autre part le duc de Rohan gagne le devant et entre dans Montpellier en même temps que le Roi dans Béziers, et laisse mille hommes de pied à Malauze, pour lui aider à s'opposer au duc de Vendôme que le Roi avoit laissé au haut Languedoc avec une armée, comme le maréchal de Thémines avec d'autres troupes autour de Montauban.

En même temps arrive au duc de Rohan un gentilhomme du duc de Bouillon avec lettres de créance. Il lui mande qu'il compatissoit aux misères des réformés, qu'il avoit cru que la paix se feroit à Saint-Jean, puis à Montauban, que depuis il avoit appris qu'elle se traitoit entre lui et le duc de Lesdiguières, qu'il lui conseilloit de la faire, quelque défectueuse qu'elle pût être, pourvu qu'elle fût générale, pource que ne pouvant disputer au Roi la campagne faute d'étrangers, il falloit tôt ou tard périr, et tant plus on tarderoit, moins on la feroit avantageuse; toutefois que si c'étoit une résolution inébranlable que de nous vouloir perdre, et qu'il ne puisse obtenir une paix générale, qu'il se mettroit en campagne avec ce qu'il pourroit pour assister le parti par sa diversion; qu'il traitoit avec le comte de Mansfeld, et qu'il demandoit trois choses: la première, un pouvoir dudit duc pour traiter avec les étrangers ; la seconde, que lui et les provinces où il commandoit entrassent par obligation aux frais de la levée pour leur quote part ; et la dernière, que la paix ne se fît sans lui. Lesquelles choses lui furent accordées, et ledit gentilhomme s'en retourna content, avec assurance que si la paix ne se faisoit dans le premier de septembre, elle ne se feroit sans lui, pourvu que dans ledit temps il eût nouvelles qu'il acceptât les conditions.

Durant l'absence du duc de Rohan du bas Languedoc, le conseil de ladite province, composé pour lors des députés des trois villes de Montpellier, Nîmes et Uzès, prévoyant qu'après la prise de Saint-Antonin il pourroit avoir le Roi sur les bras, et que Montpellier, quoique ses fortifications fussent déjà bien avancées, se trouveroit pourtant dépourvu d'hommes et de vivres, jugea nécessaire de convoquer la province en corps pour pourvoir à tout, et assigna l'assemblée en la ville de Lunel ; là où tous les députés s'étant rendus avec Dupuy, après avoir traité et résolu ce qui concernoit la provision et sûreté, tant dudit Montpellier qu'autres places en cas d'attaque, les partisans de Châtillon, qui se trouvèrent en grand nombre dans l'assemblée, ayant fait leur brigue, et croyant se prévaloir de l'occasion, mirent sur le tapis les articles de son rétablissement. A cette ouverture les députés des trois villes s'opposèrent d'eux-mêmes pour crainte de retomber ès mains et en la conduite d'un homme qu'ils avoient si fort offensé que de l'avoir dépouillé de sa charge, protestant à l'assemblée que si on prétendoit délibérer d'autre chose que de l'exécution de ce qui avoit été déjà résolu pour la subvention de Montpellier et autres places, ils se séparoient et désavoueroient tout ce qui seroit déterminé par après. Dupuy fortifia cette opposition en vertu de sa charge, laquelle fut encore favorisée par Bertichères, modérateur de ladite assemblée en qualité de lieutenant général dudit duc, alléguant qu'ils n'avoient aucune vocation ni droit de s'assembler en l'absence et sans la permission de leur général ; que ce qu'ils se trouvoient néanmoins assemblés étoit sous son bon plaisir et aveu, et sur la présente nécessité des affaires dont on lui avoit donné avis, et que cette nécessité cessoit au fait proposé, lequel, par conséquent, devoit être remis à son retour. Là se termina pour lors cette action.

Cependant les partisans susdits demeuroient toujours fermes à leur dessein, et renforçoient tous les jours leurs sollicitations, se promettant de faire remettre l'article en délibération et l'emporter par la pluralité des voix ; par lequel moyen ils espéroient au moins de détacher Lunel, Aymargues et Mauguio, qui, se joignant à Châtillon, rendroient en cour sa condition meilleure. De quoi les députés des trois villes et Dupuy ayant eu avis, résolurent que la première fois qu'il en seroit parlé, ils allégueroient l'intérêt de la province des Sevennes, laquelle faisant part de la généralité du bas Languedoc, il seroit dommageable au repos commun de ces deux provinces de conclure cette affaire sans leur intervention ; et dépêchèrent, à cet effet, vers le conseil de ladite province assemblé à Anduze, lui donnant avis de tout ce qui se passoit, et de ce qu'il trouvoit bon devoir être fait par lui au nom de la province. Lesdits députés avec Dupuy furent aussi trouver Bertichères pour s'assurer de lui, qui promit aussi de persister en son opposition. Aux séances suivantes, il se jeta toujours quelques mots sur ce propos, par les partisans de Châtillon, mais sans suite. Cependant arrivèrent les députés du conseil de la province des Sevennes, lesquels déduisirent au long les notables griefs que recevroit leur province du changement qu'on vouloit introduire aux affaires; que c'étoit une procédure inouïe, et qui seroit même insupportable à leur province, que celle du Languedoc seule entreprît de déroger aux ordonnances de l'assemblée du Cercle, dans laquelle les députés de l'assemblée des Sevennes avoient donné leurs voix conjointement avec les députés du bas Languedoc; représentèrent en outre à l'assemblée ses propres intérêts et inconvéniens de se soumettre au pouvoir et conduite d'un homme offensé si vivement que de l'avoir tenu pour suspect, et enfin protestèrent qu'en cas que ladite assemblée voulût passer outre en l'absence du duc de Rohan, ou sans son aveu et consentement, de se séparer tout-à-fait d'avec elle.

L'opposition desdits députés du conseil des Sevennes, qui fut suivie de celle des députés des trois villes, fondée sur leurs amples pouvoirs, et de celle de Dupuy, réprima en quelque sorte la fougue de ces poursuivans; mais ils ne tardèrent guère à la reprendre, et sollicitent de nouveau Chauve à continuer ce qu'il avoit commencé; ce qu'il ne voulut entreprendre sans le communiquer à Dupuy, lequel, après lui avoir ramentu les termes auxquels il en étoit demeuré avec le duc de Rohan à Saint-Jean-de-Gardoningue, lui dit qu'il y penseroit pour lui répondre; et, pendant ce temps, on conféra avec les députés desdites trois villes, qui ne trouvèrent nul inconvénient que ledit Chauve, comme de soi-même et sans aucune charge, sondât de quel esprit étoit porté Châtillon, et s'il voudroit condescendre à ce parti, de rendre la ville d'Aigues-Mortes ès mains de la province, laquelle se trouvoit assemblée très-à propos pour la recevoir, et ensuite sa personne, avec tous les témoignages qu'il sauroit désirer d'oubli du passé et de la continuation de son affection envers lui; y ayant apparence que ledit Châtillon, qu'on savoit ne désirer autre chose que de se fourrer parmi nous pour en être d'autant plus considérable en cour, et y rendre ses intérêts plus favorables, ne se dépouilleroit jamais de ce qui lui servoit d'unique moyen pour obtenir l'effet des promesses qu'on lui avoit faites, et qu'ainsi on lui feroit renoncer à l'accord. La réponse rendue audit Chauve en ce sens, il y acquiesça, et offrit de s'y comporter de la sorte; ainsi il s'aboucha avec Bansillon, ministre d'Aigues-Mortes, qui lui exalta grandement, à l'avantage de tout le parti, ce rétablissement. Ledit Chauve lui représenta qu'il seroit impossible d'arracher les impressions que toute la province avoit prises des procédures de Châtillon, si, par effet, il n'en donnoit le moyen qu'il avoit en main, en remettant la ville d'Aigues-Mortes ès mains de la province; que néanmoins s'il se portoit à cela, on lui témoigneroit le contentement qu'on auroit de voir un personnage de cette condition revenu dans un chemin duquel il sembloit s'être détourné, et surtout combien on seroit prompt à l'honorer et servir, comme on avoit fait par le passé. Ce discours ne plut pas audit Bansillon, qui lui répondit qu'il ne croyoit pas que ledit Châtillon voulût ni dût passer cet article ; qu'il avoit raison de se garder de tomber ès piéges qu'il savoit lui être tendus ; que quand on l'auroit tout-à-fait dépouillé il seroit plus aisé de le livrer, ou, en tout cas, de le payer d'un oubli et mépris de ses services, et partant jugeoit ce traité tout-à-fait rompu.

Sur quoi ledit Chauve se voulant retirer, il lui dit qu'il communiqueroit néanmoins le tout audit Châtillon, et lui feroit réponse le lendemain au même lieu, ce qu'il fit, et en effet conforme à ce qu'il en avoit déjà préjugé ; dont ledit Chauve eut l'esprit éclairci et plusieurs autres avec lui, quand il eut représenté à l'assemblée le sommaire de cette entrevue.

Cependant les députés des trois villes ne cessoient de solliciter Dupuy, de presser le retour du duc de Rohan, représentant l'état de la province et le danger qu'elle couroit de sa ruine, par la division qui s'y étoit glissée à l'occasion de la proposition susdite, et le retardement que son absence apportoit aux affaires. Ce qui fit résoudre ledit Dupuy d'entreprendre lui-même le voyage vers ledit duc pour hâter son retour ; mais il ne voulut désemparer l'assemblée qu'il n'eût parole de Bertichères qu'on ne feroit aucune mention du rétablissement susdit de huit jours, pendant lesquels il seroit de retour de Nîmes où il feignit d'aller, ce qu'il lui promit. Et cependant il va à grandes journées vers ledit duc, qu'il trouva au

Pont-de-Camarez, lequel, étant informé de ce que dessus, quitta tout autre dessein pour se rendre en diligence au bas Languedoc.

Etant arrivé à Mirveys, il dépêcha un gentilhomme vers l'assemblée, qui eut charge de cheminer nuit et jour pour lui faire savoir qu'il étoit à deux journées d'elle, et qu'il désiroit qu'il fût sursis à toutes affaires jusques à son arrivée.

Cette inopinée nouvelle surprit ladite assemblée, laquelle, au lieu de continuer à travailler aux affaires, alla au devant de lui jusques à Sommières, où ayant appris d'elle tout ce qui avoit été ordonné touchant la levée des gens de guerre et l'avitaillement des places, il ratifia le tout et la licencia.

Ainsi prit fin cette tentative des partisans de Châtillon pour le remettre dans le parti en crédit. Après quoi Rohan allant à Montpellier, mit hors de la ville quinze ou seize des principaux partisans de Châtillon, et donna tout l'ordre nécessaire, comme il avoit fait à Montauban, pour soutenir un siége, tant pour les munitions de guerre et de bouche que pour les fortifications.

Est encore à noter que, durant cette absence, Americ, premier consul de Montpellier, et Carlincas, son parent, prirent occasion, sur quelque défaite de deux ou trois compagnies près Pérolles, que Saint-André y avoit envoyées durant le dégât, de l'accuser envers le peuple avec lequel il étoit déjà en soupçon; et Bertichères, quoique son beau-père, au lieu de le maintenir, aida à le faire sortir de la ville, ce qui ne se faisoit par zèle, mais chacun tâchoit de s'accréditer aux dépens des autres, afin de faire sa condition en livrant Montpellier au Roi. Toutefois, le séjour de dix-sept jours que le duc de Rohan y fit, la découverte qui se fit par une dépêche du président Faure, surprise près de Nîmes, comme Bertichères traitoit avec le Roi, ensemble quelques mestres de camp qui devoient défendre Montpellier, et l'exécution de Bimart l'un d'iceux, raffermirent toutes choses; mais aussi lesdites brouilleries apportèrent de la lenteur aux levées, de façon que de quatre mille hommes de guerre destinés à la défense de ladite place, il n'y en entra que quinze cents.

Sera aussi remarqué que le duc de Rohan, voyant le peu de munitions de guerre qu'il y avoit dans la province du bas Languedoc, et le peu de temps et de moyen de fortifier toutes les places qu'on tenoit, proposa de les démanteler et se resserrer à Montpellier, Nîmes, Uzès et Sommières, ce qui fut rejeté par les peuples, lesquels s'en sont repentis depuis, mais trop tard; car par cette opiniâtreté ils ont perdu leurs biens et leur liberté, et se sont amusés à accommoder et défendre tant de lieux, qu'aucun n'a été fortifié ni défendu comme il falloit, ayant été et eux et les secours qu'on leur a baillés inutiles, et qui eussent bien servi ailleurs.

Le Roi, voyant que la diligence et le soin du duc de Rohan avoient rompu tous les desseins de ceux qui lui vouloient livrer Montpellier, séjourne quelque temps à Béziers pour attendre ses munitions et fortifier son armée. Cependant il envoie le maréchal de Praslin assiéger Bédarrieux, qu'il prend et démantelle; après il envoie le duc de Montmorency assiéger Mauguio, que les habitans ne voulurent abandonner, ni gâter les vins, comme Rohan leur manda, ni ne se surent défendre.

Le prince de Condé vint lors dans l'armée du Roi, et assiégea en même temps Lunel et Massilhargues, proches de demi-lieue l'une de l'autre, et assez bien pourvues de ce qui leur étoit nécessaire, se trouvant dans Lunel deux mestres de camp avec le gouverneur, qui, tous ensemble, écrivirent au duc de Rohan que s'il y jetoit cinq cents hommes de guerre ils feroient une belle résistance. Ledit duc, qui, après avoir établi Calonges dans Montpellier, et laissé Dupuy, son agent, pour, en son autorité, pourvoir comme à Montauban aux choses nécessaires pour la défense de la place, étoit parti exprès pour leur en apprêter, leur en jette huit cents, dont ils furent bien fâchés; car, sans avoir enduré aucun effort, ils se rendirent le lendemain avec armes et bagages, quoique la brèche ne fût raisonnable. Ceux de Massilhargues avoient fait le semblable quelques jours devant; mais, en présence dudit prince de Condé, la capitulation fut faussée à ceux de Lunel, car ils furent chargés, désarmés, dépouillés, et la plupart tués ou estropiés; et en cet équipage se retirèrent à Nîmes et Sommières, où ils portèrent tel effroi, que Sommières venant à être assiégé, où il y avoit quinze cents hommes de guerre, ils firent aussi mal que ceux de Lunel; et, chose honteuse, les capitaines prirent deux mille écus pour laisser leurs armes aux ennemis.

La ville de Nîmes voyant ces désordres envoie prier le duc de Rohan de les aller visiter, ce qu'il fit, et toutefois assembla à Anduze le plus de gens de guerre qu'il put, qu'il laissa sous la charge de Charcé, son lieutenant général des Sevennes, et du mestre aide de camp, lesquels, voyant revenir Montmorency aux Sevennes, firent leur gros à un quart de lieue d'Anduze, à un passage d'assez difficile accès qu'ils fortifièrent; et sans la diligence qu'on apporta de jeter dans Sauves et Aleth deux hommes de résolution et mille ou douze cents soldats de Saint-Hippolyte et des environs, ces deux villes se rendoient; de façon que leur bonne mine, et l'incommodité que Rohan apporta aux vivres de l'armée de Montmorency, qui venoient de loin, le contraignirent de s'en retourner sans rien faire.

Durant ce temps-là le maréchal de Thémines faisoit le dégât autour de Montauban, brûla toutes leurs métairies, et s'opposa à leurs vendanges. Cela n'empêcha pas pourtant que Saint-André de Montbrun, lors leur gouverneur, ne sortît le canon et ne battît des châteaux, entre autres Renié et La Bastide, ne les prît, et ne munît la ville pour un an de blé et de vin, et ne fît aussi quelques combats avec la garnison de Montech et autres, toujours avec honneur et avantage.

Aussi le duc de Vendôme, avec sept mille hommes de pied et cinq cents maîtres, assiégea la ville de Lombez. Malauze vint à Réalmont pour la secourir; mais ne jugeant la place tenable contre une telle force, à cause de sa foiblesse, et que le château qui dominoit la ville lui étoit contraire, il se contente, après une longue escarmouche, de retirer tous ses gens de guerre, tant étrangers qu'habitans, et abandonne la ville qui fut brûlée. De Lombez, ledit duc va assiéger Briteste, petit lieu fort commandé et foible; Malauze y jette cinq cents hommes de guerre, commandés par Faucon, un des capitaines de Sésigny, qui se défendit bravement. Il soutint le siége un mois ou plus, repoussa quatre ou cinq assauts, fut deux fois rafraîchi de gens de guerre et de poudre par Malauze, qui avoit son gros à Saint-Paul de La Miatte, à une lieue et demie de Briteste, et n'eut jamais plus de deux mille hommes de pied et deux cents maîtres, avec lesquels et la bonne résistance de ceux de dedans il fit si bien, que le duc de Vendôme, étant mandé du Roi de l'aller joindre devant Montpellier, leva le siége après avoir bien tiré deux mille coups de canon, et perdu quinze cents hommes; ceux de dedans en perdirent trois cents.

Le départ de cette armée délivra tout le pays de mal et d'appréhension, et nous convie à retourner au bas Languedoc, où le duc de Lesdiguières, ayant hardé sa religion pour la charge de connétable de France, et croyant par là être plus puissant que jamais à faire la paix, sollicite de nouveau le duc de Rohan à une entrevue, lequel, voyant les espérances du comte de Mansfeld perdues par son passage en Hollande, s'y résout. Elle se fit à Saint-Privat, où l'on convint de tout, hormis de l'entrée du Roi dans Montpellier, et toutefois il obligea le duc d'aller jusque dans la ville pour le leur proposer avec toutes les assurances qu'ils pouvoient souhaiter, pour témoigner qu'on ne vouloit point opprimer leur liberté, mais que pour cela on ne vouloit aucune surséance d'armes, et qu'on ne donnoit que deux jours audit duc pour y séjourner; lequel de sa part jugeant le péril de Montpellier s'il n'y jetoit quelques gens de guerre, parce que les fortifications n'étant achevées il falloit y suppléer par augmentation de soldats, il envoie son ordre à Sorle, mestre aide de camp, de prendre douze cents soldats choisis entre deux mille qu'il avoit retenus à Anduze, et se jeter dans Montpellier, par le chemin du val de Montferrand, la nuit dont ledit duc seroit entré le soir. Mais quand les capitaines et soldats surent que c'étoit pour s'enfermer dans Montpellier, ils se débandèrent entièrement, et ledit mestre s'y rendit avec quinze seulement.

Ceux de Montpellier ne voulurent accepter les conditions de l'entrée du Roi dans leur ville, appréhendant l'oppression de leur liberté à cause de l'animosité du prince de Condé; ce que voyant, il les exhorte à se bien défendre, et leur promet qu'il alloit travailler à leur secours, à quoi il n'omit nulle sorte de diligence pour l'avancer. Mais comme la différence est grande de promettre de l'argent et d'en donner, aussi, au lieu de dix jours qu'il pensoit employer pour préparer ledit secours, ses pas à Nîmes, Uzès, et aux Sevennes, non sans péril de sa personne, ne purent qu'en cinq semaines mettre quatre mille hommes ensemble, encore ne fût-ce sans promettre à la plupart des capitaines que ce n'étoit que pour faire la paix plus avantageusement, et non pour les jeter dans Montpellier, tant la consternation étoit grande; et ceux qui y vouloient bien entrer trouvoient de grandes difficultés, comme véritablement il y en avoit, l'armée du Roi étant pour lors de vingt mille hommes de pied et trois mille chevaux. Car le connétable et le duc de Vendôme étoient joints avec leurs forces; et d'ailleurs il falloit faire venir de si loin, et passer par des passages si difficiles, qu'il étoit impossible d'approcher la ville de trois lieues sans avoir sur les bras toute la cavalerie du Roi; et si, faute de vivres, on ne pouvoit tenir en gros toutes lesdites troupes plus de huit ou dix jours. D'autre part, ceux de Montpellier n'en pouvoient plus faute d'hommes, pour le travail continuel qu'ils supportoient, et à toutes heures écrivoient des billets fort pressans pour avoir secours.

Faut ajouter encore la semonce du connétable, qui, comme il étoit parti de la cour mal satisfait pour avoir failli la paix, il y étoit retourné plus autorisé à cause du secours qu'il avoit mené, et que durant son absence le prince n'avoit rien avancé au siége. Dont le duc de Rohan, considérant qu'il étoit sans espérance du dehors, et que même il venoit de recevoir une lettre du roi de la Grande-Bretagne qui le pressoit de conclure la paix; qu'il ne voyoit nulle ressource ni diversion au dedans, tout le monde las, chacun cherchant son salut particulier aux dépens du public; que la première ville qui se défileroit par un traité particulier feroit perdre l'occasion de la paix générale; que le moindre accident qui pourroit arriver à Montpellier, ou à son secours, il étoit sans ressource; que le Roi ne pouvoit manquer d'hommes; que même le duc d'Angoulême étoit à Lyon avec huit ou dix mille hommes de renfort; que, sans miracle, on ne pouvoit sauver Montpellier; de plus, voyant auprès du Roi deux puissans partis, l'un pour la paix, et l'autre pour la guerre, et que le premier ne pouvoit subsister sans la paix, non plus que l'autre sans la guerre, et que le chef du dernier, à savoir le prince de Condé, par la paix quittoit la cour, il jugea que les auteurs de la paix, demeurant sans contradiction près du Roi, tiendroient la main à la faire observer de bonne foi; ce qui le fit résoudre à voir encore une fois le connétable, où le duc de Chevreuse se trouva, et où tout fut conclu suivant la déclaration et brevets expédiés. Ce que le Roi ayant déclaré au prince de Condé, il partit de la cour, et le duc de Rohan vint à Montpellier avec tous les députés des Sevennes, Nîmes et Uzès, qui tous trouvèrent et confirmèrent la paix [1], dont voici la substance des principaux articles:

A savoir, la confirmation de l'édit de Nantes, déclarations et articles secrets registrés ès parlemens.

Rétablissement des deux religions ès lieux d'où elles avoient été ôtées.

Rétablissement des siéges de justice, bureaux de recettes, et officiers de finances, ès lieux et villes où ils étoient avant les mouvemens, hormis la chambre de l'édit de Guienne à Nérac.

Défense de tenir assemblées politiques sans permission, mais octroi des ecclésiastiques, comme consistoires, colloques et synodes provinciaux et nationaux.

Décharge de tous actes d'hostilité, comme il est contenu ès articles 76 et 77 de l'édit de Nantes.

(1) Il y eut beaucoup de réclamations parmi les protestans contre la paix qui fut signée le 18 octobre 1622. Le duc de Rohan fut accusé d'avoir trahi les intérêts de son parti. Pour se justifier il composa un écrit que nous croyons devoir donner, parce qu'il est nécessaire pour bien connoître la situation des affaires des protestans à l'époque où la paix fut signée.

Abolition particulière pour ce qui est arrivé à Privas avant les mouvemens.

Décharge des comptables et officiers suivant les articles 78 et 79 dudit édit, comme aussi des arrêts donnés contre les réformés durant les présens mouvemens, suivant les articles 58, 59 et 60 dudit édit.

Confirmation des jugemens donnés par les juges réformés établis par leurs chefs, tant de matières civiles que criminelles.

Délivrance de tous prisonniers de part et d'autre sans payer rançon.

Rétablissement en ses biens, dettes, noms, raisons et actions, charges, honneurs et dignités, nonobstant tous dons et confiscations.

Et, par brevet particulier, le Roi ordonne que ci-après, dans la ville de Montpellier, il n'y aura ni garnison ni citadelle bâtie, ains que Sa Majesté veut et entend que la garde de ladite ville demeure ès mains des consuls et qu'il n'y soit rien innové, excepté pour le rasement des nouvelles fortifications.

Et par autres brevets, les fortifications de La Rochelle et Montauban demeureront, et la moitié de celles des villes de Nîmes, Castres, Uzès et Milhaud.

DISCOURS

Sur les raisons de la paix faite devant Montpellier, 1622.

La juste douleur que je reçois de voir tous les jours mes bonnes intentions blâmées, et mes meilleures actions calomniées, me contraignent, pour mon honneur et pour détromper les crédules, à défendre la plus juste de mes actions et la plus utile à ceux de notre religion, qui est d'avoir procuré la paix générale à ce royaume, en laquelle j'espère faire connoître la nécessité qu'il y avoit de la conclure, et que j'y ai apporté toutes les précautions qui s'y pouvoient requérir et obtenir de son roi victorieux et puissant. Mais, avant que d'entrer en ce discours, il faut remarquer que mes principaux censeurs ont été ceux qui ont eu les bras croisés durant la guerre, et qui, sous la douceur d'une déclaration, ont joui paisiblement de leurs biens, tandis qu'au péril de nos vies nous les avons affermis en leur repos, et qu'entre iceux les plus échauffés à me calomnier sont ceux qui, gagnés de la cour, retenoient, sous fausses espérances, la bonne volonté de ceux qui nous vouloient assister, et qui ont fait les allées et venues pour détourner le secours que nous pouvions espérer. L'envie est un vice lâche en soi, et néanmoins assez connu parmi les hommes. Laissant la seule cause de la guerre qu'ils ont émue par leur déréglée ambition, et qu'ils n'ont pu empêcher par leur défection, ils blâment aujourd'hui ceux qui n'ont omis aucune chose pour l'empêcher, et qui n'y sont entrés par espérance d'y profiter, vu que du premier jour ils ont tout perdu, ni pour acquérir de la gloire, se jetant dans un parti vendu et livré, mais seulement pour chercher, avec les gens de bien, une mort heureuse mourant pour Christ, ou une délivrance inespérée qui ne pouvoit arriver que par la seule main de Dieu.

Je n'ai que faire de nommer celui qui a fait convoquer à contre-temps l'assemblée générale, qui, convoquée, l'a fait affermir à la subsistance, qui, affermie, l'a trahie, et qui, après son traité à la cour, n'a laissé de contre-pointer la ville de La Rochelle contre l'assemblée; car on sait assez qui étoit le député général en ce temps-là.

Il est inutile de dire que les intérêts de M. de La Force et les désirs de M. de Châtillon ont fort aidé à faire raffermir ladite assemblée à ne se séparer point, car leurs agens et partisans l'ont assez fait connoître, et seuls l'ont empêché : et toutefois le premier n'a persévéré jusqu'à la fin, ains a fait son traité particulier, et l'autre, durant la guerre, n'a cessé de nous nuire couvertement, et les armes à la main quand l'autre voie lui a manqué : et toutefois nous avions tous juré solennellement, par nos députés, de n'entendre à aucun traité particulier, et de ne faire aucun accommodement sans le consentement de l'assemblée générale.

Si par leur conduite un chacun d'eux s'est acquis un bâton de maréchal de France, et par la mienne j'ai perdu mes gouvernemens, je n'envie point leur bonheur; j'avoue qu'ils sont plus prudens que moi. Mon dessein n'est ici de blâmer personne, mais seulement de repousser par la force de la vérité les blâmes qu'on m'impute, et faire voir clairement la nécessité de faire la paix, n'ayant rien oublié, depuis le commencement de la guerre jusqu'à la fin, d'y procurer les avantages du parti que je souhaitois soutenir. Car notre guerre n'étant qu'une juste défense de la liberté de nos consciences et sûreté de nos personnes, sous le bénéfice de nos édits de pacification concédés par nos rois, nous étions obligés d'embrasser toutes les occasions qui pouvoient induire le Roi à nous donner la paix.

La première fois, durant le siége de Montauban, où l'ambassadeur extraordinaire d'Angleterre, venu exprès pour cela, m'envoya son secrétaire plusieurs fois pour m'y induire, lequel renvoyant du commencement à l'assemblée générale, enfin il me pressa tellement sur l'appréhension de la perte de Montauban, que je consentis à voir M. le connétable de Luynes, mais sans fruit, pource que l'espérance qu'on lui donna de prendre promptement Montauban, le fit tenir ferme à ne comprendre dans la paix ni Montauban s'il ne souffroit une citadelle, ni La Rochelle. Ayant donc rompu sur le premier point, à savoir sur la paix générale, les difficultés de prendre Montauban s'augmentant par le secours que je lui avois donné, ledit connétable me convie à une seconde conférence, je la refuse : il ne laisse de renouer le traité; je demande permission d'envoyer vers l'assemblée générale pour traiter et conclure la paix, je l'obtiens; mais ledit connétable meurt là-dessus, et ceux qui se trouvent dans les affaires se joignent à M. le prince qui s'approche du Roi, et changent tellement le dessein de la paix, qu'au lieu de trouver bon le pouvoir que ladite assemblée m'avoit donné d'en traiter, et que j'avois recherché, on me l'impute à crime, comme voulant faire le chef du parti.

Cette occasion ayant manqué, et me voyant en main le pouvoir de ladite assemblée générale, j'en renoue plus assurément un autre avec M. le duc de Lesdiguières, maintenant connétable de France, qui eut permission du Roi d'en traiter avec moi. Nous

nous vîmes et convînmes presque de tout, toutefois remettant la conclusion dudit traité auprès du Roi vers lequel je députai, comme aussi les provinces qui étoient sous moi. Et en même temps mondit sieur le connétable et moi, députâmes vers messieurs de Bouillon, Sully, de La Trimouille et de La Force, comme aussi vers l'assemblée générale et vers mon frère, afin que tous députassent vers le Roi, et que là ils achevassent de conclure, leur mandant que nos députés n'avoient nulle charge que de résoudre avec eux à ce qu'ils y trouvassent le contentement public et particulier.

M. le prince, voyant acheminer cette affaire contre son dessein, précipite le partement du Roi, afin que par l'absence de M. le chancelier et de M. le président Jeannin, qui demeuroit à Paris, il pût rompre plus aisément ledit traité, et le mène vers le Poitou, où les exploits de mon frère leur donnoient une grande jalousie. Mais nos députés ne purent arriver auprès du Roi qu'après la déroute de Riez, la trahison du baron de Saint-Surin pour Royan, et l'ouverture du traité particulier de M. de La Force : ce qui rompit tout-à-fait le général, et fit résoudre le Roi de renvoyer nos députés sans les voir, et de suivre sa pointe en Languedoc, où les espérances de M. de Châtillon l'attiroient.

Après tant de malheurs arrivés à notre dessein, le Roi s'achemine en Guienne, y conclut le traité de M. de La Force et autres de ce pays-là; et n'ayant pour le présent aucune jalousie en nul endroit de son royaume qu'en Languedoc, il y passe avec toutes ses forces. Je n'oublie ni soin, ni diligence, ni industrie, pour relever les cœurs abattus, et réunir les divers sentimens ; car l'approche d'un tel orage ébranloit les plus fermes ; et si la grandeur du péril agitoit diversement les esprits d'un chacun, et l'amour du bien public cédoit bien souvent à la crainte particulière, les mauvaises cabales qu'on avoit formées dans nos communautés se relevòient, et d'où j'étois absent là se faisoient les grandes offres. Je me porte d'une province en l'autre, selon le besoin qu'elles en avoient. Je ne néglige les ouvertures qu'on me fit d'un secours étranger ; car je donne pouvoir, comme on me le mandoit, d'obliger tout mon bien pour porter ma portion des frais de la levée et conduite du secours, et même oblige, pour leursdites portions, les provinces qui étoient sous ma charge. Je pourvus assez bien Montpellier de blé, nonobstant le dégât qui y fut fait par M. de Montmorency; et sans le grand soin que je pris, je l'ose dire sans vanterie, il n'y eût eu ni moulins à faire farine, ni poudre, ni mèches, ni autres choses nécessaires à soutenir un siége. Si j'eusse été cru, six mois devant on eût démantelé Lunel, Mauguio, Massilhargues et Aymargues, en fortifiant bien Montpellier, Nîmes, Uzès et Sommières, pour la commodité des Sevennes : nous avions des hommes assez suffisamment pour faire une gaillarde résistance ; mais l'imprévoyance des peuples, et l'intérêt particulier des gouverneurs des places, firent rejeter mon avis, dont depuis ils se sont bien repentis.

On ne me peut accuser que les huit régimens destinés pour Montpellier n'y pussent entrer aussi facilement que celui de Saint-Côme et de quelques autres, car tous les mestres de camp eurent leur commission et leur argent en même temps. Ce n'a nullement été ma faute si, après le manquement desdits mestres de camp, douze cents hommes des Sevennes ne sont entrés dans Montpellier, puisque le capitaine-mestre eut mon commandement, et qu'après le refus que lesdits soldats firent de le suivre, il y entra sans aucune mauvaise rencontre avec quinze hommes seulement.

Voilà donc Montpellier assiégé, où je crois avoir fait humainement tout ce qui se pouvoit faire pour le fortifier et munir de soldats et de munitions de guerre et de bouche. Je ne m'arrêtai là que cinq semaines durant : je fis tous mes efforts à lever quatre mille hommes de guerre pour tenter d'y jeter un secours avant que M. le connétable et M. de Vendôme joignissent l'armée du Roi ; mais ce fut en vain, et je dirai qu'il me fut impossible de les mettre ensemble, qu'à condition, pour la plupart, de ne les enfermer dedans Montpellier.

J'ai éprouvé qu'il y a grande différence ès résolutions qui se prennent dans le tumulte et l'exécution d'icelles. Car Nîmes, qui écrivoit tous les jours à Montpellier qu'elle fourniroit mille hommes armés de leur ville pour leur secours, ne m'en fit donner que quarante-deux. Ce n'est pas tout d'avoir mis les troupes ensemble, il les falloit nourrir : des Sevennes je ne pus tirer de blé, car ce n'est pas un pays à cela, et qui n'avoit de quoi se nourrir pour lors. Pour Nîmes, qui étoit notre seul grenier, il se fâchoit de m'en donner, et m'en accorda pour huit jours seulement, durant lesquels ils m'avoient prescrit de jeter mon secours dedans Montpellier : encore y avoit-il huit lieues pour le porter dedans mon camp ; avec deux cents chevaux on pouvoit facilement couper les vivres. Toutes les communautés étoient tentées de traiter en particulier ; celle des Sevennes me sollicitoit à la paix, et me faisoit connoître qu'elle ne vouloit se perdre : tout le peuple étoit las de la guerre, et impuissant de la continuer ; il ne restoit pas de fourrage pour nourrir huit jours ma cavalerie, qui consistoit en deux cents mestres seulement ; il falloit ou les licencier, ou les envoyer au haut Languedoc, et par conséquent les perdre. L'espérance de la venue de Mansfeld étoit tout-à-fait perdue par son passage en Hollande ; ce qui avoit beaucoup nui, car l'armée destinée pour son passage venoit d'abondant au Roi, et étoit déjà à Zion. L'instance d'Angleterre consistoit en des lettres que le Roi m'écrivoit, par lesquelles il me conseilloit surtout de faire la paix, me confiant entièrement en la parole de mon Roi, et me mandant que je considérasse les affaires de son gendre, et qu'il lui étoit impossible de nous assister. J'ajoute à tout cela que, sans miracle, Montpellier ne se pouvoit secourir d'une troupe capable et se sauver, pour ce qu'il étoit rempli de traîtres ; qu'il me falloit partir de loin, et avois en croupe, trois lieues durant, deux mille chevaux.

Maintenant, que les personnes exemptes de toute préoccupation jugent en quelle nécessité j'étois de faire la paix générale, et s'il m'étoit possible, en disputant les avantages d'icelle, sans la ruiner. Car il me falloit à jour nommé hasarder le secours, qui étoit le jeter à la boucherie, ou voir mes troupes dissipées, la démolition de moitié des fortifications, et l'entrée du Roi à Montpellier seulement, sans lesquelles conditions je ne pouvois obtenir la paix générale. Mais toutes les précautions qu'un parti très-foible a pu requérir à un puissant, et un sujet à son Roi, je les ai obtenues; et telles que, si ceux de Montpellier les eussent tous voulu recevoir, je vois qu'ils seroient en liberté. Car, outre le brevet qu'ils ont bien clair et sans ambiguïté, M. de Chevreuse et M. le maréchal de Créqui étoient donnés en otages pour les tenir en quelque lieu sûr tandis que le Roi seroit dans Montpellier. Sur quoi ceux de ladite ville me dirent qu'ils ne les vouloient prendre, pource que Sa Majesté les feroit toujours rendre en prenant de leurs habitans, et qu'ils pensoient que leur présence leur apporteroit plus de bien que leur absence.

Pour le second point, je réponds que c'est chose étrange que mes ennemis déclarés ne se soient avisés d'une telle calomnie, et qu'il faille que ceux qui font profession d'une même religion que moi, essaient de persuader ce que nos ennemis détruisent par leurs actions; et les artifices et violences que M. de Valencé exerce dans Montpellier depuis un an, pour les faire départir de leur brevet, et de consentir une citadelle, seroient-ils pas bien inutiles si on avoit fait particulièrement ma convention qui dérogeât au brevet?

Reste le troisième, aussi absurde que les autres : à quoi je réponds que les gens de guerre étant nommés par moi, et leur donnant des chefs tels qu'il me plaisoit, mon autorité eût été d'autant plus absolue dans Montpellier; que j'eusse toujours fait ma condition particulière, abandonnant le général, plus avantageuse que je ne me la suis procurée. Je sais que mes plus rudes censeurs avouent que la paix étoit nécessaire et bonne, pourvu qu'elle soit observée : comme si j'avois changé quelque chose en l'édit, et s'ils ne l'ont pas tel que le feu Roi l'a baillé, et si je suis cause qu'il soit maintenant plus mal observé qu'il étoit en ce temps-là.

Mais ils m'accusent de n'avoir pris les sûretés requises, ni voulu secourir Montpellier pour la contraindre à consentir la paix que j'avois faite ; que le brevet de la ville de Montpellier n'étoit obtenu que pour les tromper, et que j'avois convenu avec le Roi, par articles particuliers, que la garnison y demeureroit à perpétuité, et que j'avois fait résister Lunel et Mauguio, Massilhargues et Sommières, pour amuser et perdre les soldats, afin que Montpellier s'en trouvât dépourvu. Lesquelles choses, si elles sont vraies, elles me condamnent d'être le plus grand de tous nos traîtres, et le plus malhabile, pource que ce n'étoit le moyen de trouver condition supportable, ni pour le général ni pour le particulier. Mais outré ce que j'ai dit ci-dessus, je montre que les accusations ne sont pas seulement vraisemblables ; car si je n'ai failli qu'aux sûretés, je réponds que jusqu'à l'extrémité j'ai résisté aux deux points principaux : à savoir, à la démolition des nouvelles fortifications, et à l'entrée du Roi dans nos villes. Mais voyant mes affaires empirer par le retardement de la paix, j'ai été contraint de ne les laisser dépérir davantage.

Je ne m'amuserai beaucoup à réfuter le reproche qu'on me fait, que le soin d'assurer mon intérêt particulier me fit relâcher en celui du général, pource que tout le cours de ma vie, et même cette dernière action de la paix, fait voir le contraire, n'étant encore satisfait de l'indemnité de mes gouvernemens, où je n'ai apporté de plus grandes précautions qu'aux affaires publiques. Mais je ne trouve étrange que ceux qui, pour la défense de notre religion, n'ont osé hasarder leurs biens, jugent l'humeur d'autrui par la leur. Mes actions, depuis la paix jusqu'à présent, font assez connoître à qui les veut considérer ma sincérité. Je n'ai épargné aucune peine pour l'affermissement d'icelle. J'ai souffert la prison. J'ai écrit et parlé au Roi avec hardiesse, pour lui représenter le notable préjudice qu'il fait à son honneur et service, en souffrant les infractions de la paix. Mais les persécutions ni les calomnies des nôtres ne me divertiront jamais de la ferme résolution que Dieu m'a donnée de m'employer tout entier au bien de son service.

Je somme maintenant mes censeurs à me montrer le chemin de bien faire. Je promets de les mieux seconder qu'ils ne m'ont assisté, et que, sans me souvenir des choses passées, j'embrasserai toujours d'un cœur franc la cause de Dieu, et réputerai à gloire de souffrir pour son nom.

LIVRE TROISIÈME.

Seconde guerre contre les Réformés.

La paix ainsi faite, le prince hors de la cour, et, par son absence, et par la mort du cardinal de Retz, son parti abattu, l'on commença à espérer qu'elle seroit de durée, et que, faisant profit des fautes passées, on quitteroit les guerres civiles pour entendre à la protection des anciens alliés de la couronne; mais la faveur étant tombée ès mains de Puisieux, homme de petit courage, et dont toute l'industrie ne consistoit qu'en tromperies, il commença à penser à sa grandeur au lieu de celle de son maître, vice ordinaire des favoris, et à s'appuyer de Rome, sans vouloir offenser l'Espagne : de façon que toutes les ligues que l'on faisoit avec les autres princes étrangers, c'étoit avec un tel respect des deux puissances susdites, qu'il sembloit qu'on appréhendoit de leur déplaire; même, pour contenter le nonce du Pape, qui avoit résisté à la paix, il voulut dès le commencement lui montrer qu'elle n'avoit été faite pour faire cesser la persécution des réformés, mais pour mieux les ruiner ; car, dès lors que le Roi fut dans Montpellier, on changea le sens du brevet général en divers endroits, quelques remontrances que le duc de Rohan fît au contraire. On retarda la sortie des gens de guerre de Montpellier, qu'on avoit promise dès que le Roi en seroit dehors, après son retour de Provence, puis quand il seroit en Avignon, et finalement à Lyon, où le duc de Rohan ayant suivi partout et pressé ladite sortie avec beaucoup de vigueur, et peut-être trop de hardiesse, ayant dit au Roi qu'il feroit cesser la démolition des fortifications si on révoquoit ce commandement, il en rapporta une lettre à Valencé, qui la lui ordonnoit expressément.

L'on n'omit aussi en passant par le Dauphiné d'ôter toutes les places qui étoient ès mains des réformés, quoiqu'ils eussent servi le Roi; qui fut la récompense qu'ils reçurent d'avoir porté les armes contre leur conscience, et n'y eut que les places qui étoient ès mains du connétable qui furent exemptées de ce changement, encore eut-il beaucoup de peine à les en garantir; et sans l'assurance que le maréchal de Créqui donna de le faire après sa mort, comme il a fait, il y eût passé comme les autres. A Lyon, les députés de La Rochelle vinrent rendre leurs devoirs au Roi, d'où ils remportèrent une lettre à Arnaud, commandant au fort Louis, que huit jours après que les Rochelois auroient démoli ce dont ils étoient obligés, il fît démolir ledit fort; mais ledit Arnaud en reçut une autre de même date, qui lui ordonnoit de n'en rien faire.

[1623] Le Roi partant de Lyon pour aller à Paris, le duc de Rohan retourne en Languedoc pour faire exécuter de bonne foi ce qui avoit été promis de la part des réformés, touchant la portion des fortifications qu'ils devoient démolir. Il va à Montpellier où il trouve déjà du changement au consulat des marchands, dont il se plaint en cour, mais en vain. Il rend à Valencé la lettre du Roi, lequel promet d'y satisfaire; de là il se rend à Nîmes et Uzès qu'il met en besogne, puis passe au haut Languedoc, Montauban, Foix et Rouergue, où, s'étant abouché avec le duc de Ventadour, le comte de Carmain, le président de Caminade et le comte d'Aquien, commissaires, comme lui, pour la démolition des fortifications, il convient avec eux de toutes choses et y fait travailler avec diligence, comme aussi de faire rendre les places et forts qu'on avoit pris durant la guerre, et de faire rétablir l'exercice de la religion romaine ès lieux d'où elle s'étoit retirée.

Cependant Valencé, qui, outre les quatre mille hommes qui étoient dans Montpellier, avoit encore quatre ou cinq régimens et trois ou quatre compagnies de chevau-légers, tenta avec eux de se saisir des Sevennes sous ombre de quelques logemens, et par le moyen des intelligences qu'il y avoit déjà pratiquées ; dont le duc de Rohan étant averti par les principales communautés desdites Sevennes, qui lui écrivoient et se plaignoient d'une telle infraction à la paix, il leur écrivit qu'il savoit que ce n'étoit l'intention du Roi ; et qu'ils se gardassent bien de les recevoir, et à Valencé, qu'il le prioit de surseoir ses logemens jusqu'à son arrivée, pource que cela préjudicioit à l'établissement de la paix. Le duc de Ventadour, le comte de Carmain et le président de Caminade, lui écrivirent la même chose ; néanmoins il ne s'arrêta point, et les villes de Sauves et Ganges reçurent lesdites troupes ; mais tous les autres lieux les refusèrent sur les lettres dudit duc de Rohan, qui, ayant ainsi acheminé les choses au haut Languedoc, repasse à Montpellier selon qu'il en étoit convenu avec Valencé, et qu'il lui avoit écrit depuis peu ; mais il n'est pas plus tôt dans la ville qu'il se voit arrêté prisonnier, et gardé avec beaucoup de sévérité. Ce coup en étonna plusieurs, ne pouvant pas s'imaginer qu'il eût été fait sans ordre; néanmoins, quand il fut su à la cour il ne fut approuvé, pource qu'on craignoit que cela ne fît cesser la démolition des fortifications; de façon que sa délivrance fut ordonnée.

Durant cette prison, Valencé, au préjudice de la déclaration de paix, fit le consulat de Montpellier mi-parti, usant de toutes sortes de violences pour cela, et même retenant une nuit dans son logis les anciens consuls.

Le duc de Rohan ne fut non plus satisfait à la cour de cette infraction que de la première, d'où on lui manda que, pour éviter les ombrages qu'on prenoit de lui au bas Languedoc, il allât au haut pour continuer sa commission. Car Puisieux, beau-frère de Valencé, ayant fait rétablir le chancelier son père, et fait chasser Schomberg, étoit le tout puissant, faisant valoir les actions de Valencé à son avantage, et traversoit en toutes sortes les affaires du duc de Rohan, interprétant en mauvaise part tout ce qu'il faisoit. Néanmoins, sur ce qu'il écrivit qu'il ne partiroit point de Nîmes ou des Sevennes, qu'elles ne fussent délivrées des troupes qui y étoient, il eut ordre de les licencier: après quoi il passa au bas Languedoc, laissant le peuple de Nîmes mal satisfait de lui, par les inductions qu'on lui donna qu'il étoit d'intelligence avec la cour pour toutes ses infractions, et que sa prison n'avoit été qu'une feinte. C'est l'ordinaire récompense des services qu'on rend aux peuples.

Étant à Milhaud, il trouva que le duc d'Epernon avoit écrit à toutes les villes que les réformés tiennent en Rouergue de lui envoyer des députés d'une et d'autre religion, et de ne faire leurs consuls, qui s'élisent à la Pentecôte, sans avoir su par sa bouche la volonté du Roi là-dessus; ce qui les étonna fort. Mais, par l'avis du duc de Rohan, ils procèdent au jour ordinaire à l'élection de leurs consuls qu'ils font tous de la religion, suivant la déclaration de paix qui porte qu'ès villes du consulat tenues par les réformés il n'y sera rien innové, et après députèrent vers ledit duc d'Épernon pour savoir sa volonté : de façon qu'ils évitèrent par ce moyen l'infraction qu'on vouloit faire encore en cet endroit à la paix.

Cela fait, il passe à Castres où il établit son séjour, et d'où il envoie au Roi tous les procès-verbaux de l'entière exécution de sa commission, le suppliant que, suivant sa promesse, la sortie de la garnison de Montpellier, la démolition du fort Louis, et le rétablissement de la chambre dans Castres, ne fussent plus longuement retardés. Mais au lieu d'avoir justice là-dessus, au préjudice de la vérification aux parlemens de la déclaration de la paix, sans aucune modification des promesses par brevets réitérées par lettres missives, de la réponse aux cahiers des députés généraux, des réponses de Sa Majesté aux députés du parlement de Toulouse touchant la chambre de Castres, on a continué la garnison dans Montpellier, on y a construit une citadelle, on a fortifié de nouveau le fort Louis, et on a mis la chambre à Béziers. Ce n'est pas tout : les temples des réformés ne leur sont point rendus, le parlement de Toulouse donne un arrêt pour mi-partir le consulat de Pamiers, tourmente les particuliers par prises de corps pour cas abolis, juge les représailles contre la teneur de la déclaration, bref persécute plus les réformés durant la paix qu'en temps de guerre. Le duc de Rohan continue ses poursuites en cour; déclare son sentiment si franchement qu'on lui défend d'en plus parler, le Roi voulant qu'on s'adressât aux députés généraux, et promettant d'envoyer au plus tôt des commissaires exécuteurs de l'édit pour pourvoir à toutes ces plaintes.

Pendant ces choses les galères étoient toujours à Bordeaux, et le duc de Guise vint aborder avec ses vaisseaux en l'île de Ré; ce qui donna une grande alarme aux Rochelois, et obligea le duc de Soubise et le comte de Laval de se jeter dans La Rochelle. Néanmoins cette appréhension fut incontinent passée sur ce que ledit duc se retira aussitôt, fit passer ses vaisseaux à Marseille, et ensuite ses galères, l'absence desquelles avoit fait cesser le trafic de la Provence, à cause que les pirates venoient enlever les marchandises jusqu'à la vue de Marseille. Mais le Roi ayant montré de l'aigreur contre ceux qui s'étoient jetés dans La Rochelle, et le comte de Laval étant allé en cour pour s'en excuser, le duc de Soubise ne jugeant ce chemin honorable pour lui, ni son séjour sûr dans le Poitou ni dans la Bretagne, il passa à Castres.

Il faut revenir aux commissaires exécuteurs de l'édit envoyés en Languedoc, qui furent Favier, conseiller d'Etat, et Saint-Privat, lesquels, pour abréger, ne firent chose aucune dans le bas et haut Languedoc pour le soulagement des réformés : et s'étant transportés à Pamiers, ils se partagèrent sur l'affaire de leur consulat, et envoyèrent chacun en cour leurs raisons. Voilà comment se passa l'année 1623.

Au commencement de l'année 1624, La Vieuville, que le chancelier avoit poussé à la surintendance des finances, ne pouvant souffrir son bienfaiteur pour compagnon de faveur, remontre entre autres choses que lui et Puisieux servoient mal, préférant l'utilité de Rome et d'Espagne à celle de France, et que les articles de la paix pour l'affaire de la Valteline, acceptés par le commandeur de Sillery, ambassadeur à Rome, et frère du chancelier, étoient venus des instructions qu'il en avoit eues de France au desçu du Roi, lequel étant aussi facile à croire du mal de quelqu'un que difficile à croire du bien, se résolut de les chasser, baillant les sceaux à d'Aligre, conseiller d'Etat, la charge de secrétaire d'Etat de Puisieux dispersée à ses autres compagnons; et celle de favori demeura tout entière à La Vieuville, qui, pour faire valoir cette disgrâce à son avantage, fit changer toutes les ambassades pour y loger ses créatures; et même peu s'en fallut qu'on ne fît le procès audit chancelier, lequel, peu de temps après, mourut de tristesse et de vieillesse, et le garde des sceaux fut fait chancelier.

Après cela ce favori nouveau changeant de maxime, pour montrer le mauvais gouvernement des disgraciés, fit désavouer le traité de la Valteline, en fait faire un assez avantageux avec les Etats, résoudre le mariage de Madame avec le roi d'Angleterre; nouer la ligue pour le recouvrement de la Valteline, et pour délivrer d'oppression les Allemands. Béthune, pour cet effet, est envoyé ambassadeur extraordinaire à Rome, le marquis de Cœuvres à la Valteline, Mansfeld en Allemagne, avec de belles forces, et le connétable avec le duc de Savoie contre les Génois. Ces affaires, se disposant ainsi, faisoient espérer de belles choses, et même les commencemens en furent assez heureux.

On s'avisa de faire la recherche des financiers, afin d'avoir un fonds d'argent pour subvenir à ces guerres; et pource que le principal et le plus riche étoit Beaumarchais, beau-père de La Vieuville, on se résolut de le disgracier. Premièrement, on publia de petits libelles contre lui, puis tout ouvertement; chacun, jugeant, par la poursuite rigoureuse qu'on faisoit de son beau-père, qu'il ne pouvoit durer, s'émancipa de l'accuser, et finalement le Roi le fit arrêter prisonnier, et l'envoya à Amboise, où il a été jusqu'à ce qu'il se soit sauvé, sans qu'on lui ait jamais fait connoître pourquoi il étoit arrêté; et maintenant est chez lui en toute liberté et sûreté.

A cette faveur succéda celle du cardinal de Richelieu, introduit par La Vieuville dans les affaires. Voilà comme tous ces favoris se servent fidèlement les uns les autres. Le Roi rappelle aussi Schomberg, et fait délivrer le maréchal d'Ornano, qui, peu auparavant, avoit été mis à la Bastille par l'avis de La Vieuville. Or, l'appui que le cardinal trouve en la Reine-mère fait durer sa faveur plus longuement que celle des autres, et aussi la rend plus insolente; car le Roi, ayant une aversion contre la Reine sa femme, et une appréhension du duc d'Anjou son frère, croit que la Reine sa mère lui est nécessaire pour tempérer et accommoder ces brouilleries domestiques, qui tourmentent plus les maisons des grands princes que leurs principales affaires.

Le cardinal, se trouvant tout puissant, poursuit le même projet commencé pour les affaires étrangères, et achève ce que son prédécesseur avoit laissé d'imparfait. Mais Arnaud, gouverneur du fort Louis, étant mort, et Toiras ayant succédé à ses charges, appuyé de sa faveur et de celle de Schomberg, conçoit encore plus d'espérance que ledit Arnaud de la perte de La Rochelle, laquelle est embrassée avec la même vigueur comme si on n'entreprenoit point en même temps la guerre contre le roi d'Espagne. De façon que les Rochelois se voyant tourmentés plus que jamais, et l'appareil de leur blocus par mer être comme en sa perfection, et que les desseins étrangers ne ralentissoient point ceux qui se faisoient contre leur ville, ils recourent aux avis et assistance des ducs de Rohan et de Soubise, lesquels se trouvèrent en peine là-dessus, à cause des désunions et autres manquemens qu'ils avoient éprouvés aux brouilleries précédentes, et qu'ils appréhendoient d'offenser l'Anglais et les Hollandais, à cause de la ligue qu'ils venoient de faire avec le Roi, jugeant bien que leur salut ou leur perte devoit venir de là. Néanmoins la nécessité des Rochelois les fit résoudre d'entreprendre un dessein que le duc de Soubise ménageoit depuis un an sur Blavet et les vaisseaux qui s'y appareilloient pour le blocus de La Rochelle, espérant que s'il en venoit à bout, les alliés et ligués avec le Roi le porteroient plus facilement à un accommodement pour les Rochelois, tant pour la difficulté qu'il auroit de continuer le dessein contre eux, à cause de la perte des vaisseaux destinés à cela, que pour le désir de continuer le grand dessein de la ligue.

Sur ce fondement le duc de Soubise part de Castres sur la fin de l'année, passe en Poitou, équipe fort secrètement cinq petits vaisseaux, et, nonobstant la trahison de Noailles auquel il s'étoit confié, et qui quelques jours avant l'exécution avoit découvert le dessein, se résout de mourir ou d'en venir à bout. Il part au commencement de l'année 1625 de l'île de Ré, n'ayant que trois cents soldats et cent matelots, et attaqua si résolument le grand vaisseau nommé La Vierge, qu'après quelque résistance, y étant entré lui troisième, l'épée à la main, il l'emporta, et ensuite tous les autres.

Après cela, il mit pied à terre pour aller attaquer le fort, qu'il trouva garni de quinze ou seize pièces de canon, et d'une forte garnison qu'on y avoit mise tout fraîchement sur les avis dudit Noailles.

Le duc de Vendôme, gouverneur de la province, qui s'étoit préparé à enfermer Soubise dans ledit port de Blavet, assemble promptement jusques à deux mille hommes de pied, et deux cents gentilshommes, pour le venir forcer dans ledit port de Blavet, et avec une chaîne de fer et un câble gros comme la cuisse, avoit bouché la sortie dudit port de Blavet, laquelle est fort étroite et tout joignant ledit fort; tellement que Soubise se trouva trois semaines entières enfermé dans icelui, n'ayant pour garder ses vaisseaux et le bourg de Blavet, dont il retrancha l'avenue qui étoit assez étroite, que le susdit nombre de trois cents soldats, et se trouva réduit à une telle extrémité, que le jour de devant qu'il sortit, son grand vaisseau, nommé La Vierge, fut battu par six canons, et en reçut plus de cent vingt coups.

En cette extrémité, le vent qui avoit été toujours contraire changea, et Soubise, se servant de l'occasion, envoya quelques chaloupes avec de braves soldats, qui, à la merci de deux mille mousquetades, vont couper, à coups de hache, la chaîne et le câble qui enfermoient le port, et par ce moyen sortit avec quinze ou seize vaisseaux, n'en ayant perdu à la sortie que deux qui échouèrent. Arrivant avec cet équipage en l'île de Ré, et ayant radoubé ses vaisseaux, il fait un ralliement d'environ quinze cents hommes, et se saisit de l'île d'Oleron, où il continua de faire son gros.

Au même temps, le duc de Rohan avoit donné jour pour exécuter quelques entreprises en Guienne, Languedoc et Dauphiné. Mais le secrétaire de Montbrun, qui portoit les ordres, fut arrêté à Villeneuve-d'Avignon, et découvrit tout ; ce qui empêcha la plupart des exécutions, et contraignit trois fils de Montbrun de passer à Anduze.

La nouvelle courut incontinent comme le dessein de Soubise étoit découvert et rompu ; et le long temps qu'il se trouva enfermé dans ledit port de Blavet donna de grandes impatiences au duc de Rohan, qui n'apprenoit nulles nouvelles de Soubise, et le voyoit désavoué par la ville de La Rochelle, même par les députés généraux et par toutes les personnes de qualité de la religion qui étoient à Paris, lesquels, favorisant les desseins de la cour, tâchoient par toutes nos villes de le faire désavouer.

Durant ces longueurs, il ne s'exécuta aucun dessein, et les deux aînés de Montbrun, s'étonnant de ce mauvais commencement, font leur paix, renoncent le duc de Rohan, et se retirent en Dauphiné; et le plus jeune, nommé Saint-André, étant le plus résolu, vint à Castres, fit ce qu'il put pour encourager ses frères, mais en vain.

La chambre de Béziers, le présidial de Nîmes, bref tous les officiers des villes, font de beaux actes de désaveu, et les envoient en cour. Mais, en ces entrefaites, la nouvelle étant venue de la glorieuse sortie de Soubise du port de Blavet, et comme il se trouvoit maître absolu de la mer, on commença à le tenir en autre considération que d'un pirate, et le baron de Pujols fut envoyé de Paris vers le duc de Rohan, et le colonel Revillas de la part du duc de Savoie, pour être entremetteurs d'un bon accommodement. Ensuite de cela, le baron de Coupet y vint aussi de la part du connétable : à quoi ledit duc se porta franchement, pour le désir qu'il avoit de porter toutes les armes en Italie pour le service du Roi. Mais, soit les mauvais desseins de la cour contre les réformés, ou les mauvais instrumens employés pour cet accommodement, ou les mauvaises dispositions qui se trouvèrent pour lors en notre endroit au feu roi d'Angleterre et au feu prince d'Orange, ou toutes ces choses ensemble empêchèrent que la négociation ne réussît, et pressèrent de telle façon nos villes de désavouer Soubise, que le duc de Rohan, qui jusques alors n'avoit voulu prendre les armes, fut contraint de le faire pour montrer que ce n'étoit son impuissance, comme on se figuroit, qui l'en avoit empêché, mais bien le désir de pacifier toutes choses.

Il commença donc le premier jour de mai par l'entreprise de Lavaur, laquelle il manqua pour y être arrivé trop tard d'une heure ; mais en ce voyage il fit déclarer toutes les villes du Lauraguais, et il trouva à son retour à Castres que, suivant son ordre, on avoit mis le marquis de Malauze hors la ville de Réalmont, dont il s'étoit saisi un mois auparavant. Faut ici noter qu'on envoya chercher ledit Malauze jusques en Auvergne, pour l'opposer au duc de Rohan, sur ce que la ville de La Rochelle étoit divisée, et que la maison de ville ne se vouloit joindre à Soubise ; si bien que le député de ladite ville ne parloit que de la part du peuple, et que tous les principaux des villes étoient contre ce parti-là ; de façon que ledit duc de Rohan eut de la peine à faire sa jonction aux armes de Soubise et de La Rochelle, et de toutes nos communautés. Et parce qu'il falloit qu'il allât travailler aux Sevennes et bas Languedoc, où le député de La Rochelle n'avoit pu être ouï, il convoqua une assemblée du haut Languedoc à Castres, où il fut déclaré général, mit quelques troupes sur pied, établit un abrégé d'assemblée, pour, en son absence, pourvoir aux affaires, et envoya Saint-André de Montbrun, gouverneur à Montauban, qui se déclara après de grandes résistances.

Ces choses ainsi faites, il part avec six cents hommes de pied, cinquante maîtres et quatre-vingts arquebusiers à cheval, et s'achemine vers Milhaud. Etant arrivé à Saint-Affrique, Couvrelles le vint trouver de la part de Soubise et de la ville de La Rochelle, lui apporte la jonction entière de ladite ville avec Soubise, et lui fait entendre comme sur les propositions d'accommodement ils avoient députée en cour ; nous priant de faire le semblable, et que, pour cet effet, La Faye-Saint-Orse apportoit des passe-ports du Roi pour les principales communautés; à quoi enfin Sa Majesté s'étoit résolue, puisqu'elle n'avoit pu faire résoudre lesdits Rohan et Soubise de s'accorder séparément.

Cette affaire mise au conseil, et ledit Couvrelles ayant représenté les grandes divisions des Rochelois, les corruptions qui s'étoient glissées parmi eux, l'extrême désir qu'ils avoient de la paix, les dures conditions avec lesquelles ils s'étoient joints à Soubise, et le mauvais ordre qu'ils apportoient à l'entretènement de l'armée navale, il fut jugé qu'il n'étoit plus question de délibérer, et qu'encore que cette procédure d'aller traiter à la cour ne fût du goût de Rohan, puisque La Rochelle avoit commencé il falloit suivre, pour montrer l'union du parti. A Montauban, furent députés Dupuy, Le Clerc et Noaillan; à Castres, Dorson et Madiane; à Milhaud, Guerin, et le duc de Rohan députa Forain et La Milletière; et désirant se servir de cette occasion pour s'insinuer dans les Sevennes, il fit valoir les passe-ports du Roi, pour induire à former une assemblée à Anduze, ce qui lui réussit heureusement. De Milhaud, ledit duc s'achemine avec ses troupes à Saint-Jean-de-Breuil, où l'on lui veut faire quelque résistance; mais s'étant mis en devoir de forcer le fort, ils se remettent dans l'obéissance. Audit lieu, il trouve trois députés du Vigan, pour le prier de n'y passer point, et qu'il y trouveroit les portes fermées, à quoi il répond qu'il l'éprouveroit. Le lendemain, il continue son chemin, et à deux lieues du Vigan il eut une autre députation à même fin, avec menaces qu'on verroit effusion de sang. Mais cela ne l'émouvant point, ses contredisans perdirent cœur et se retirèrent, de façon qu'il entra dans ledit Vigan avec toute facilité. Cette porte ouverte ôta l'empêchement partout, jusques à Anduze.

Durant son progrès, le présidial de Nîmes et même la chambre de Béziers firent leurs efforts, mais en vain, pour détourner les bonnes volontés que le peuple des Sevennes avoit pour ledit duc, lequel, se résolvant de passer jusques à Nîmes, ne voulut hasarder ce voyage sans sonder la volonté des habitans, craignant qu'un refus en présence ne fût la ruine de ses affaires. Pour cet effet il y envoya Saint-Blancart, qui, ayant conféré avec les confidens au faubourg de la ville, conseillèrent de surseoir ladite entrée, et promirent de députer en cour, comme aussi la ville d'Uzès, avec des instructions conformes à celles des Sevennes; ce qu'ils exécutèrent, et nommèrent pour Nîmes Castanet, et pour Uzès Le Viguier, Goudin et Boisleau.

Ledit duc de Rohan, se voyant exclu de l'entrée des villes de Nîmes, Uzès et Alais, convoqua l'assemblée des Sevennes à Anduze, la plus nombreuse qu'il lui fut possible, où néanmoins il manqua beaucoup d'églises, surtout du colloque de Saint-Germain, où le marquis de Portes travailloit puissamment contre lui; et, après y avoir été déclaré général du pays, il fit députer en cour Le Caillou, du Cros, Puyredon et Pagesy.

Sur ces entrefaites, le maréchal de Thémines entra en Lauragais et Albigeois avec quatre mille hommes de pied et six cents maîtres, et du canon, où il apporta un grand effroi, dont ledit duc étant averti, par messagers redoublés, renvoie, sous la charge du marquis de Lusignan, toutes les troupes qu'il avoit amenées avec lui, et, en toute diligence, fait ses levées de gens de guerre sous la charge de Freton, de Saint-Blancart et de Valescure; mais il y est tellement traversé, qu'au lieu de quatre mille hommes il n'en peut sortir que deux mille; et, tandis que ces levées se faisoient, ayant fait reconnoître la ville de Sommières, il se résout de l'exécuter avec sept ou huit cents hommes des communes, sur la présupposition qu'il fit que Valencé ne se hasarderoit de sortir de sa garnison pour venir au secours, et que ce seroit le moyen de faire déclarer Nîmes ouvertement, et que, s'il pouvoit avoir deux fois vingt-quatre heures de temps, tout le pays courroit à lui, et auroit moyen de forcer le château. Mais comme il est dangereux de bâtir sur le défaut d'autrui, et non sur sa propre force, il réussit tout autrement; car après que ledit duc eut pris par petard ladite ville de Sommières, il ne put émouvoir celle de Nîmes de l'assister, ni faire venir à temps le secours des Sevennes, pource que Valencé, dès le même temps, envoya douze cents hommes de sa garnison au secours du château, lesquels combattirent depuis trois heures après midi jusqu'au soir contre Saint-Blancart, qui avoit été logé assez avantageusement avec trois cents hommes seulement, lequel ne put être enfoncé, mais aussi il ne put empêcher l'entrée du secours dudit château, pource que l'avenue d'icelui est fort large. Ce que le duc voyant, retira Saint-Blancart dans la ville pour empêcher qu'on ne le vînt forcer, et se résolut de se retirer la nuit; ce qu'il fit, emportant ses blessés, entre autres Freton, qui eut une mousquetade au genou, dont depuis il est mort. En ce combat de l'entrée du secours, Saint-Blancart y perdit trois capitaines en chef et quelques autres officiers.

Cela ainsi passé, Rohan ne songea plus qu'à hâter ses levées pour aller secourir le haut Languedoc, et donner ordre qu'en son absence on ne ruinât ses affaires dans les Sevennes; pour à quoi obvier il laissa un abrégé d'assemblée pour la direction des affaires, dans laquelle il intéressa ceux qui avoient quelque pouvoir dedans les lieux les plus importans, et laissa Chavagnac dans le pays pour commander les gens de guerre en qualité de maréchal de camp.

Au même temps que ces choses se passoient aux Sevennes et bas Languedoc, le maréchal de Thémines approche de Castres pour y faire le dégât, où le conseil que le duc de Rohan y avoit laissé se trouva embarrassé de telle sorte, qu'il n'osa donner ordre à chose aucune, et en laissa tout le fardeau à la duchesse de Rohan, qui, contre son naturel, et au dessus de ses forces, y apporta tant de soin et de courage, qu'elle rassura un chacun; et ledit maréchal reçut diverses pertes, ayant du désavantage presque en toutes les escarmouches qui se firent devant la ville, où La Nougarède, vieux gentilhomme du pays, se signala fort.

Sur ces entrefaites, le marquis de Lusignan s'approche de Castres avec les troupes que le duc de Rohan lui avoit baillées pour les y conduire, dont ledit maréchal étant averti part avec toute sa cavalerie, et partie de son infanterie, pour le combattre. Le trouvant logé à La Croisette, bourg distant de deux grandes lieues de Castres, il l'attaqua; mais il le trouva barricadé et résolu de se bien défendre : de façon qu'après un grand effort il fut contraint de se retirer avec perte de plusieurs morts et blessés. Cela ainsi passé, ledit marquis de Lusignan recula jusqu'à Brassac, le lendemain prit un autre chemin, et entra dans Castres avec toutes ses troupes, en plein jour, tambour battant, et sans aucune mauvaise rencontre. Ce renfort, avec quelques escarmouches qui se passèrent au désavantage du maréchal de Thémines, fut cause que, voyant qu'il ne pouvoit plus endommager la ville, il se résolut de se retirer à Saint-Paul-de-La Miatte, qu'on pourvoit de gens de guerre suffisamment. Néanmoins Saint-Paul est emporté sans nulle résistance, en plein midi, sans batterie et sans dessein formé, et tous les gens de guerre se retirèrent à La Miatte, où ils composèrent de ne porter les armes de six mois.

Voilà le seul échec que par hasard le maréchal de Thémines a fait en Lauragais et Albigeois, où, après avoir brûlé lesdits lieux, il fait mine d'assiéger Réalmont; mais, apprenant que le duc de Rohan arrivoit avec plus de deux mille hommes qu'il amenoit des Sevennes, n'ayant pu être empêché de passer sur Le Larsac, où l'on vouloit le combattre, il part avec toute sa cavalerie et infanterie, passe auprès de Castres, continuant ses brûlemens partout, vient passer auprès de Brassac, et tâche de gagner un pays avantageux pour la cavalerie entre La Caune et Viane; mais Rohan, en étant averti, fait une telle diligence, marchant jour et nuit, qu'il gagne Viane avant que l'autre pût être sur son chemin, où étant, il envoie à La Caune le régiment de Valescure, et à Brassac ses gardes, et le capitaine Dupuy avec ses carabins, pource que les gens de pied étoient si recrus qu'ils ne pouvoient marcher.

Ledit maréchal, se voyant hors d'espérance de prévenir ledit duc et de prendre Brassac, il passe outre, et, brûlant quelques villages, il vient avec toutes ses troupes de cavalerie et infanterie à la vue de Viane, où les ayant mises en bataille, et voyant que le faubourg dudit Viane, nommé Peiresegade, qui est tout au bas de la ville, et séparé d'icelle de la hauteur de la montagne, n'étoit nullement barricadé, il fait donner dedans avec toutes ses forces, l'emporte, et y met le feu, puis se retire en son quartier. En cette attaque il y eut un capitaine de tué et un prisonnier et quelque vingt-cinq ou trente soldats de tués ou blessés, Saint-Blancart blessé légèrement. Les troupes qui étoient audit faubourg se retirèrent dans la ville.

La duchesse de Rohan, qui, par divers messagers, avoit averti le duc de l'opposition que ledit maréchal vouloit faire à son passage, ne perd temps de son côté, assemble toutes les garnisons, leur donne rendez-vous à Brassac, dont ledit duc étant averti par elle, il sort le soir, et se rend audit Brassac, où ayant trouvé quinze cents hommes de pied et deux cents maîtres, il se résout la nuit prochaine de faire reconnoître l'armée dudit maréchal, qui étoit logée à Espérausses, entre Brassac et Viane, et, sur le rapport qui lui en seroit fait, l'attaquer la nuit suivante avec toutes ses troupes, Saint-Blancart par le côté de Viane, et lui par le côté de Brassac. La reconnoissance faite, et le rapport que l'armée étoit logée en grande confusion, et en un lieu fort désavantageux pour la cavalerie, le dessein de l'attaquer fut conclu; mais le jour de devant l'exécution, soit que l'avis en eût été donné, ou qu'il prévît cette attaque, ou que les vivres lui manquassent, il prend son chemin vers Vabres, et va loger à La Bessonie. Ledit duc, de sa part, joint ses troupes, prend le chemin de La Croisette et Roquecourde, d'où il jette cinq ou six cents hommes dans Réalmont, et sépare toutes ses troupes autour de Castres pour voir la contenance de son ennemi, lequel, après s'être rafraîchi quelques jours autour de Lautrec, s'achemine à Lavaur, et fait ses préparatifs pour passer en Foix. Le duc, de son côté, passe en Lauragais, jette des troupes dans Briteste, met le régiment de Freton dans Revel et Souriré, et celui de Montluz et Valescure à Réalmont; et dès qu'il vit que les ennemis prenoient la route de Foix, il y fait passer Saint-Blancart, qui étoit à Puylaurens avec cinq cents hommes choisis.

Durant ce temps-là, Lusignan ayant appris que le régiment de Lescure étoit venu loger au faubourg de Teillet, il le va attaquer, enfonce les barricades, en tue et blesse une centaine, prend un drapeau, et pousse le reste dans le fort; et, s'il fût arrivé de nuit, comme il fit de jour, il n'en fût échappé un seul; car Grandval, qui étoit dans le fort, étoit en contention avec Lescure, et n'eût jamais ouvert les portes de nuit, et c'est ce qui fit entreprendre l'affaire à Lusignan, Montluz et Valescure; les deux mestres de camp y furent légèrement blessés. Cela fait, le duc de Rohan revient à Castres, et y appelle Lusignan, assemble ce qui lui reste de forces, et sort un canon pour divertir d'autant les ennemis, et donner quelque curée à ses troupes, et s'achemine vers Réalmont.

Le premier lieu qu'il attaque fut Sicurac, qui endura vingt-cinq ou trente volées de canon; et, après avoir mis le feu dans le lieu par la brèche, ils furent contraints de se rendre. Cette sortie émut tout le pays, et le duc de Ventadour assembla plus de deux cents maîtres et deux mille hommes de pied, et même le maréchal de Thémines y court avec toute sa cavalerie et le régiment de Normandie; mais les uns et les autres, ayant appris la prise dudit lieu, se retirèrent, et ledit duc continua son chemin vers la montagne et le Rouergue, laissant son gros canon à Réalmont, et traînant seulement deux petites pièces qui portent gros comme une orange.

En ces entrefaites, ceux de Foix lui mandent comme les habitans de Chaumont, Les Bordes, Savarac et Camerades, s'étoient résolus de mettre le feu dans leurs lieux, et de se retirer, les premiers dans Mazères, et les autres dans le Mas-d'Asile, mais qu'ils avoient encore besoin de gens de guerre; ce qui lui fit de nouveau dépêcher La Boissière, lieutenant-colonel du régiment de Freton, avec cinq cents hommes; mais quand les soldats ouïrent parler que c'étoit pour aller en Foix, ils se débandèrent de telle sorte, qu'il n'y en alla que deux cent quarante, qui passèrent heureusement.

Ne faut ici omettre une action héroïque de sept soldats de Foix, qui se résolurent d'attendre dans une méchante maison de terre, nommée Chambonnet, auprès de Carlat, le maréchal de Thémines avec toute son armée, qu'ils arrêtèrent deux jours entiers; et après lui avoir, à diverses attaques, tué plus de quarante hommes, et n'ayant plus de munitions, et voyant approcher quelques pièces de canon, ils délibérèrent de se sauver la nuit prochaine. Pour cet effet, un d'eux sortit pour aller reconnoître par où ils pourroient passer entre les corps de garde; ce qu'ayant exécuté, et se retirant, la sentinelle de ladite maison l'apercevant, et croyant que ce fût un des ennemis, le tire et lui rompt une cuisse : celui-ci ne laisse de faire son rapport, enseigne le moyen de se sauver, les y exhorte; mais le frère de celui-ci, qui étoit celui qui l'avoit blessé, outré de douleur, ne le veut quitter, lui disant que, puisqu'il avoit été l'instrument de son malheur il vouloit être compagnon de sa fortune. Le bon naturel d'un de leurs cousins germains le fait résoudre à pareil sort. Ainsi les quatre autres, à la sollicitation de ceux-ci, et à la faveur de la nuit, après s'être embrassés se sauvent, et ces trois ici se mettent à la porte, chargent leurs arquebuses, attendent patiemment la venue du jour, et reçoivent courageusement les ennemis, desquels en ayant tué plusieurs, meurent libres. Les noms de ces pauvres soldats méritent leur place dans l'Histoire, leur action étant comparable aux actions plus mémorables de l'antiquité.

Pour revenir au duc de Rohan, il passe sur la frontière de Rouergue, prend un petit fort nommé la Roque-Cizière où il laisse garnison; le même jour il va à un autre nommé La Bastide, qu'il trouve abandonné, comme quelques autres qui furent pillés et brûlés. De là il passe à La Caune, et, faisant chemin vers Angles, prend et brûle quelques autres petits forts, puis descend dans le vallon de Mazamet, d'où il va encore brûler quelques forts auprès de Saint-Pons; et comme il veut continuer à ravager pour avoir sa revanche des brûlemens que le maréchal de Thémines avoit faits en son absence, il reçut nouvelles de Brétigny, gouverneur de Foix, et de Saint-Blancart, qui lui mandent que le Mas-d'Asile est assiégé par le maréchal de Thémines et le comte de Carmain, gouverneur du pays, avec une armée de sept mille hommes de pied, six cents maîtres et neuf canons; qu'il y avoit sept cents hommes de guerre dans la place, tous gens du pays, qu'ils y avoient envoyés sous le capitaine Carboust, et depuis sous le capitaine Valette, soldats expérimentés; qu'on ne pouvoit juger de l'événement de ce siège, pource que la place étoit très-méchante et très-furieusement attaquée; que si elle se perdoit avec ce qui étoit dedans, il ne restoit du monde suffisamment pour conserver le bas Foix, tant à cause que la ville de Pamiers étoit de grande garde et foible, que pour les intelligences que les ennemis avoient dedans; mais que s'il vouloit encore envoyer cinq cents hommes, ils s'obligeroient de conserver le bas Foix, et même s'efforceroient de conserver le Mas-d'Asile.

Ces raisons font changer d'avis audit duc, qui envoya Lusignan avec une partie de ses troupes, tant de cavalerie que d'infanterie, reconduire les petits canons à Castres, et de là à Réalmont, et lui, avec ce qui lui restoit de troupes des Sevennes, passe à Revel avec beaucoup de peine six cents soldats, où les ayant fait séjourner un jour pour leur bailler de l'argent, il les fait passer en Foix sous la conduite de Valescure fort heureusement, puis s'en revient à Castres.

La division du baron de Léran avec Bretigny donnoit du souci au duc de Rohan, pource qu'étant maître du Carlat, qui n'étoit qu'à une lieue du Mas, il en pouvoit faciliter le secours ou l'empêcher; ce qui lui fit envoyer de Verdun Villemore et Orose, capitaines de ses gardes, pour lui remontrer le tort qu'il se faisoit d'empêcher le secours du Mas-d'Asile, en refusant de recevoir ses troupes au Carlat, avec charge que, si ledit baron ne se mettoit à la raison, ils donnassent connoissance de leur charge au peuple du Carlat : ce qui fut ménagé si dextrement que ledit baron fut contraint par les habitans de recevoir les commissions dudit duc, et tous les gens de guerre qui viendroient par son ordre, ce qui servit de beaucoup à la subsistance du Mas.

Durant que ces choses se passoient en Foix, le duc d'Epernon s'approche de Montauban avec quinze cents chevaux et quatre mille hommes de pied pour y faire le dégât, et Soubise, pour le divertir, fait descente en Médoc où il prit quelques forts; mais ayant appris que Manti et l'admiral de Zélande, nommé Haultin, venoient avec quarante bons vaisseaux pour le combattre, il se rembarque, va au devant d'eux, les combat et défait, met à fond et prend cinq de leurs vaisseaux, dont le vice-amiral de Zélande en étoit un, et leur tue plus de mille cinq cents hommes (1).

Cette nouvelle, arrivée à la cour, leur fait changer

---

(1) Rohan auroit dû ajouter que Soubise avoit surpris la flotte pendant une trêve.

de langage; et comme auparavant ils retardoient le traité pour attendre l'événement de ce combat, voyant qu'il n'avoit été à leur avantage, ils le concluent et envoient leurs députés pour le faire accepter. Forain va vers les Rochelois de la part de Rohan, qui, considérant la mauvaise assiette du roi d'Angleterre et du prince d'Orange pour nos affaires, les conseille d'accepter l'accommodement que la victoire navale nous avoit fait avoir. Soubise se joint à cet avis; mais les Rochelois, peu judicieux en cela, et suivant l'humeur des peuples, aussi insolens en prospérité qu'abattus en adversité, n'y veulent entendre sans la démolition présente du fort.

Cependant le Roi fait grande diligence à refaire son armée navale, et obtient du roi d'Angleterre sept grands vaisseaux; de façon que sur les longueurs que les Rochelois apportèrent audit traité de paix, on eut loisir de corrompre des capitaines des navires de Soubise, entre autres Fozan, son vice-amiral. En même temps le duc de Montmorency se résout de faire descente dans l'île de Ré, et d'attaquer l'armée navale de Soubise, qui étoit dans la fosse de l'Oye, qui est une rade joignant le bourg de Saint-Martin-de-Ré, entreprise qui sembloit téméraire, mais qui se rendit facile par la trahison.

Sur ce point La Milletière et Madiane arrivèrent à La Rochelle, et leur portèrent les articles de paix résolus à Fontainebleau; mais ce fut sur le temps que Soubise, qui étoit en l'île de Ré, leur mandoit que l'armée navale du Roi venoit à lui, et qu'il falloit se diligenter de passer dans l'île. Du commencement chacun s'en moquoit, et il y avoit des personnes dans

La Rochelle qui vouloient gager que les navires anglais et hollandais s'étoient retirés; Soubise réitère ses avis, et leur mande pour la dernière fois qu'on le vienne joindre. Il y avoit dans La Rochelle huit cents gentilshommes bien montés et huit ou neuf cents soldats de l'armée de Soubise, et la plupart de tous les chefs, entre autres le comte de Laval et Loudrière.

Sur cette dernière semonce, chacun se mit en devoir de s'embarquer; mais le maire les en divertit, disant qu'il valoit mieux attendre la marée du matin que prendre celle de la nuit, et par ainsi fit perdre le temps qui restoit pour passer : car le matin treize grands vaisseaux de l'armée royale se trouvèrent à la rade du Chef de Baye qui empêchoient le passage. Soubise, se voyant ainsi abandonné, fait mettre son infanterie à terre, qui n'étoit que de mille cinq cents soldats, laisse seulement cent soldats dans son grand vaisseau, nommé La Vierge, commande à son amiral Guiton et au vice-amiral Fozan de ne bouger de la rade, où ils étoient en sûreté, et attendre de ses nouvelles; et lui sépare en trois troupes ses soldats pour s'opposer à la descente des ennemis aux trois endroits qu'il estimoit les plus dangereux; mais il ne put être assez à temps que Toiras n'eût fait sa descente avec trois mille hommes de pied et cent cinquante chevaux: ce qui le fait résoudre de remettre tous ses gens ensemble et le combattre le lendemain, ce qu'il fait. D'abord il renverse l'avant-garde, en tue soixante ou quatre-vingts des plus mauvais, laquelle étant soutenue de la bataille, Bellesbat, qui étoit à la gauche de Soubise, au lieu de venir à son secours, tourna visage et s'alla noyer dans les marais. Ce qui donna courage aux ennemis qui enfoncèrent Soubise de tous côtés, où Le Verger-Malagué, maréchal de camp, ayant été tué, et quelques capitaines, le reste tourna le dos, sans qu'il fût possible audit Soubise d'arrêter cette déroute; lequel, ce jour-là, se porta en bon capitaine et vaillant soldat, par la confession même de ses ennemis. Il retira ses troupes à Saint-Martin-de-Ré, où il faisoit état de les rembarquer dans ses vaisseaux et donner la bataille par mer. Mais il trouva que l'épouvante avoit saisi Guiton, lequel, contre le commandement de Soubise, avoit fait sortir les cent soldats de La Vierge, et que Fozan, pour épouvanter les autres, avec quelques capitaines de son intelligence, échouèrent les plus grands vaisseaux de Soubise, et les autres se voyant ainsi trahis et abandonnés se sauvèrent chacun où ils purent : resté La Vierge, où il n'y avoit que cinq hommes dedans, mais gens de bien, qui, voyant venir quatre vaisseaux de l'armée royale, se résolurent à tout : quand ils l'eurent abordé et accroché et qu'ils furent montés dessus, le patron, nommé Durant, saute dans la poudre avec une mèche allumée et fait périr les cinq vaisseaux, et tout ce qui étoit dedans, au nombre de sept cent trente-six hommes.

Est à remarquer qu'un gentilhomme de Poitou, nommé Chaligny, et son fils aîné, étoient deux de ces cinq. Le père étant blessé, et ne pouvant se sauver à la nage, commanda à son fils de se sauver, qui après quelque résistance lui obéit; mais le bon homme étant en la garde de Dieu se trouva en aussi grande assurance que son fils ; car la violence de la poudre le jeta en l'air, et tomba dans une chaloupe des ennemis sans se faire aucun mal, d'où il est sorti par rançon.

Soubise ayant trouvé ses affaires en si mauvais état, laisse Le Parc-d'Archiat, maréchal de camp, à Saint-Martin-de-Ré, et prend une chaloupe pour gagner l'île d'Oleron, à laquelle il donna ordre en laissant cinq cents hommes dans le fort, le munissant de toutes choses; et, trouvant sept de ses vaisseaux qui s'étoient retirés là, monte en mer, rassemble du débris de son armée vingt-deux vaisseaux, et avec cela passe en Angleterre pour se refaire. Ensuite Le Parc-d'Archiat fait une composition honorable et bien observée, et se retire avec tous les gens de guerre qu'il avoit dans l'île de Ré à La Rochelle; mais ceux que Soubise avoit laissés dans le fort d'Oleron se rendirent lâchement: ce qui est assez coutumier en telles déroutes, car il n'est donné à tous de montrer un même courage en adversité comme en prospérité.

Si cet accident abaissa le cœur des Rochelois, il haussa celui de la cour; car quand La Milletière et Madiane y furent de retour, et qu'ils apportèrent l'acceptation de la paix par les Rochelois, on ne voulut plus en ouïr parler, et, afin de diviser les réformés, ils continuèrent à accorder la paix au haut et bas Languedoc, à l'exclusion de La Rochelle et de Soubise.

Ainsi que les affaires se passoient de la sorte en ces quartiers-là, ceux du Mas-d'Asile se défendoient contre l'attente des leurs et l'espérance des assiégeans, qui le battirent de neuf canons, et y tirèrent plus de trois mille coups, y faisant trois brèches fort raisonnables. Mais comme on se préparoit contre eux à un grand effort, Brétigny et Saint-Blancart, qui avoient assisté les assiégés plusieurs fois, se résolurent de le faire puissamment à ce dernier effort, et Saint-Blancart entreprit la charge du dernier secours, qui y entra avec trois cent cinquante hommes, força un corps de garde qui gardoit un pont, et ne perdit qu'un soldat. Ce secours restaura les assiégés, qui étoient en quelque division sur le commandement, et qui tous reconnoissant Saint-Blancart comme mestre de camp, il commença à donner tel ordre à la place, qu'après dix-huit cents coups de canon tirés durant trois jours le maréchal de Thémines fit donner un assaut général de toute l'armée, qui fut fort furieux, ayant fait mettre pied à terre à cinq cents maîtres, et y ayant plus de six mille hommes sur le haut des montagnes pour voir ce combat; mais ils furent repoussés trois fois avec perte de plus de cinq cents hommes : du côté de la ville le capitaine Valette, qui commandoit une des brèches, y fut tué et quelques autres capitaines qui étoient avec lui, et les assiégés eurent soixante-dix ou quatre-vingts soldats tués ou blessés; mais surtout, au dire d'amis et d'ennemis, Saint-Blancart s'y signala, tant au bon ordre qu'il donna à la réparation des brèches qu'à sa diligence et valeur à les défendre, se portant en personne aux lieux où ils étoient les plus pressés, et surmontant en cette occasion son âge. Cette affaire ainsi passée, le maréchal ne songe plus qu'à retirer son canon, à quoi il employa deux nuits entières, et ce ne fut sans la perte de beaucoup de soldats; puis avec le débris de son armée se retira vers Lauragais.

Ce petit succès, avec ce que, par les sollicitations continuelles du duc de Rohan, la ville de Nîmes se déclara pour son parti, releva un peu ses affaires. En cet instant, quelques-uns des députés que nous avions en cour furent envoyés vers les communautés pour faire accepter la paix, à l'exclusion de Soubise et de La Rochelle ; à quoi plusieurs mal affectionnés travailloient, surtout à Castres, où ils résolurent de l'accepter de la sorte. Mais Rohan survenant, et leur ayant fait voir leurs précédentes délibérations toutes contraires à celle-là, la leur fit révoquer, et convoqua une assemblée à Milhaud, où les villes de Nîmes et Uzès comparurent par leurs députés, et tous ensemble firent un acte d'acceptation, conjointement avec Soubise et La Rochelle, et l'envoyèrent en cour.

Ledit duc, qui avoit éprouvé diverses fois comme sur ces amusemens de négociation on avoit toujours tâché de le surprendre, ne s'amuse là, passe à Nîmes et Uzès, où il est reçu avec grande joie ; puis ayant fortifié sa cabale dans Aleth, et y ayant fait entrer Marmeyrac, gentilhomme du pays, pour se mettre à la tête de ses partisans, part une nuit de Nîmes, et se rend audit Aleth, sur les dix heures du matin, où d'abord il trouva les portes fermées ; mais Marmeyrac s'y porta, qui les fit ouvrir ; et ainsi ne resta rien du bas Languedoc et des Sevennes qui ne fût déclaré du parti de Rohan, lequel convoqua une assemblée des Sevennes audit Aleth, tant pour affermir la ville que le colloque de Saint-Germain, qui, par les continuelles sollicitations du marquis de Portes et de ses partisans, étoit toujours demeuré à l'écart ; ce qui obligea le duc, en attendant la tenue de l'assemblée, d'y faire un tour, où sa présence fut fort utile pour faire député à l'assemblée, et faire joindre ledit colloque avec les autres.

Au commencement de cette assemblée, la duchesse de Rohan dépêche Villette vers son mari pour lui donner avis que, sur les assurances que plusieurs communautés donnoient de vouloir faire accepter la paix sans La Rochelle, on se roidissoit à la cour en leur première résolution, et qu'on renvoyoit partie des députés pour le dénoncer, afin qu'il y prît garde. Ce voyage fut mal interprété, et le marquis de Montbrun, qui depuis quelques jours étoit venu à Nîmes pour s'insinuer en la volonté du peuple, ne trouva meilleur moyen que de se montrer fort vigoureux, et de supposer des mémoires contre l'honneur dudit duc de Rohan; lequel s'en apercevant, et du Cros étant venu apporter l'affermissement de la cour à ne donner la paix qu'à l'exclusion de La Rochelle, il le mène à Nîmes, convoque une seconde assemblée à Milhaud, fait députer les villes de Nîmes et Uzès en sa présence, et leur fait prendre résolution de ne se départir point de La Rochelle; de là il va au Vigan, où il fait faire la députation de toutes les Sevennes, avec pareille résolution que ceux de Nîmes et Uzès, et avec tous ces députés passe à Milhaud.

Sur ces entrefaites, il reçoit nouvelles de Soubise par la duchesse de Rohan, qui l'assuroit que le roi d'Angleterre secourroit puissamment La Rochelle dans trois mois, le prie qu'il l'en fasse avertir, et tienne ferme à ne l'abandonner point. Etant à Milhaud, il apprend que le haut Languedoc avoit pris résolution d'accepter la paix, à l'exclusion de La Rochelle, et que sans le marquis de Lusignan et Saint-Blancart, qui, retournant de Foix avec toutes les troupes des Sevennes, s'y trouvèrent à propos, ils résolvoient d'envoyer leur acceptation en cour, sans venir à Milhaud. Ces nouvelles font résoudre ledit duc de pousser ladite assemblée jusques à Castres, où faisant de nouveau assembler la province, et ayant reçu les délibérations de Montauban conformes à celles du bas Languedoc et des Sevennes, il les contraignit de se rétracter et de confirmer l'acte d'acceptation première, conjointement avec Soubise et La Rochelle; mais ce ne fut pas sans violence, car ledit Rohan fut contraint de faire emprisonner sept ou huit des plus apparens de la ville, et les envoya en divers lieux de Rouergue et de La Montagne, dont il donna avis partout, et des raisons qui l'y avoient mû, et des résolutions de l'assemblée desdites provinces, lesquelles furent approuvées de tous, hormis de la ville de Puylaurens, qui se résolut de se garder à part, sans laisser entrer personne dans leur ville, néanmoins protesta de ne se désunir du parti.

Ces choses ainsi passées, les députés retournèrent en cour porter l'affermissement desdites provinces de n'abandonner point La Rochelle. Quelques jours après le partement desdits députés, en arriva un du Vivarais, qui apporta nouvelles au duc de Rohan comme Brison avoit pris Le Pouzin et quelques autres petits lieux de peu d'importance, et que tout le Vivarais se déclaroit du parti de Rohan, demandoit aveu desdites prises, et le gouvernement du Pouzin et de tout le pays pour Brison, ce qui lui est accordé.

[1626] Quelques jours après, la duchesse de Rohan envoie au duc son mari le vicomte de Roussilles, pour lui donner avis comme le comte de Holland et le chevalier Carleton, ambassadeurs extraordinaires d'Angleterre, et Aersens, ambassadeur extraordinaire des Etats, étoient arrivés en cour pour solliciter le Roi à signer la ligue, et nous contraindre à accepter la paix, laquelle elle croyoit fort avancée; mais que, si elle pouvoit, elle désiroit, avant la conclusion, avoir de ses nouvelles. Ledit duc lui manda qu'il falloit obtenir, sur toutes choses, la subsistance des fortifications du Pouzin, et que, moyennant cela et le contentement de La Rochelle, les communautés de deçà se contenteroient. Faut noter ici qu'outre les ambassadeurs susnommés, ceux de Venise et de Savoie, bref toute la ligue, sous l'espérance que le Roi la signeroit, précipitèrent la paix, et lesdits ambassadeurs d'Angleterre se rendirent garans par écrit, au nom du Roi leur maître, de l'exécution de ladite paix; à quoi les députés des communautés ne purent résister davantage, et ainsi la paix fut acceptée d'eux le 5 février, huit jours avant le retour du vicomte de Roussilles.

Durant que ledit duc étoit occupé à remédier aux désordres du haut Languedoc, il reçoit nouvelles par messagers redoublés que s'il ne va à Nîmes elle est en état de se perdre, à cause des grandes divisions qui y étoient survenues depuis la venue du marquis de Montbrun et de ses frères, qui, avec beaucoup d'artifices et de soins, gagnoient la populace, et par séditions et tumultes vouloient empiéter l'autorité de tout le pays; à quoi les principaux de la noblesse s'opposoient, et en étoient venus jusques aux querelles formées, qui ne pouvoient s'apaiser sans sa présence. Ce que considérant, il se hâte de donner ordre au haut Languedoc, où il laisse le marquis de Lusignan, avec quatre compagnies étrangères qu'il établit dans Castres, et se porte diligemment à Nîmes, où en arrivant il trouve, premièrement, le baron d'Aubais, député à la cour du bas Languedoc, puis Montmartin, député général, qui apportèrent l'acceptation qu'ils avoient faite de la paix le 5 février, et en viennent chercher la ratification, comme Maniald, l'autre député général, du Candal et Mailleray, furent envoyés à La Rochelle ; Noaillan à Montauban, et Madiane au haut Languedoc ; et ledit Montmartin sollicite le duc de Rohan de faire ladite ratification à Nîmes, lequel ne voulut lui accorder qu'elle se fît séparément ; mais il convoqua une assemblée dans ladite ville de Nîmes pour passer l'acte conjointement au 15 de mars, prenant le terme un peu plus long afin d'avoir des nouvelles de La Rochelle : et ledit Montmartin alla cependant jusqu'au haut Languedoc pour hâter les députés de ce pays-là de se rendre audit temps ; mais il trouva qu'à Montauban la paix étoit acceptée ; et que, sans attendre ladite convocation, tout le haut Languedoc la ratifia, envoyant leurs députés, seulement comme par forme ; et, la veille de la tenue de l'assemblée, le duc reçut nouvelles de la ratification des Rochelois. De façon que, ne restant plus que le bas Languedoc et les Sevennes à faire de même, ladite assemblée dressa un acte général de ratification, que lesdits Montmartin et Aubais, et les députés du duc de Rohan portèrent en cour ; auquel la seule province de Vivarais ne voulut être comprise, parce qu'il falloit restituer Le Pouzin, que nos députés ne purent conserver à cause qu'ils n'eurent jamais le pouvoir de s'y affermir que la paix ne fût conclue, et ce, par la négligence du député de ladite province, qui n'arriva à Castres pour apporter la nouvelle de la prise du Pouzin, que quelques jours après le partement de nos députés en cour (1).

Voilà comme la paix fut conclue, où il faut noter que, sur l'appréhension que le Roi eut du secours d'Angleterre, que Soubise avoit moyenné, s'étant servi utilement du mécontentement des derniers ambassadeurs d'Angleterre en France, il y renvoya Bautru, qui raccommoda si bien les affaires, qu'en trois semaines que dura son voyage, il obtint renvoi de nouveaux ambassadeurs extraordinaires en notre cour pour conclure la ligue, moyennant qu'ils contraignissent les députés des réformés d'accepter la paix à des conditions fort douteuses, surtout pour la ville de La Rochelle; laquelle, ne pouvant attendre secours assuré et puissant pour la sauver que de ce côté-là, fut contrainte de subir, comme aussi les députés de toutes les autres provinces, afin de témoigner que les réformés relâchoient leurs propres sûretés pour servir au grand dessein de la ligue, et ôter le prétexte que le conseil du Roi prenoit de ne la pouvoir signer tandis que la guerre seroit en France. Néanmoins, la duchesse de Rohan, par sa fermeté envers les ambassadeurs d'Angleterre et le cardinal de Richelieu, leur protestant que l'on ne concluroit rien si lesdits ambassadeurs ne s'en mêloient, et après avoir rompu dextrement un accommodement particulier des Rochelois, ménagé par leurs députés gagnés de la cour et le duc de La Trimouille, elle obtint des uns et des autres, contre ce qu'ils avoient résolu, qu'ils s'en mê-

(1) L'édit de pacification est du 6 avril 1626.

leroient; ce qui la mit à couvert de la malice de ceux qui lui portoient envie, et les députés hors de blâme envers leurs communautés, et obligea le roi d'Angleterre à la garantie de la paix, puisqu'elle étoit acceptée par son avis ; à quoi lesdits ambassadeurs se lièrent plus étroitement par un écrit signé d'eux et scellé de leurs armes : de façon que la conclusion de notre paix fut un applaudissement universel à la cour, et les ambassadeurs étrangers en témoignèrent une joie non pareille. Mais, quand ils virent que quinze jours après la paix de la Valteline fut conclue entre le Roi et le roi d'Espagne, contre les protestations qu'on leur faisoit au contraire, ils furent tous mécontens, particulièrement les Anglais, qui se virent avoir été instrumens de nous faire accepter une paix désavantageuse, sur des espérances trompeuses.

C'est ainsi que le Français, en décevant l'Anglais et tous les princes ligués, s'est déçu lui-même, n'ayant rien fait en cette affaire qui ne retourne à l'utilité d'Espagne, à l'oppression des alliés de la couronne, et au dommage de la France.

C'est ce qui s'est passé en cette seconde guerre, où Rohan et Soubise ont eu pour contraires tous les grands de la religion de France, soit par envie ou peu de zèle, tous les officiers du Roi à cause de leur avarice, et la plupart des principaux des villes, gagnés par les appâts de la cour. Quant aux étrangers, l'Anglais a contribué ses vaisseaux, le Hollandais l'a enchéri de ses hommes, l'Allemand avoit besoin lui-même d'assistance; de façon que ce n'est de merveille si la paix n'a pu être obtenue plus avantageusement ; pour le moins l'est-elle davantage que la première, en ce que les réformés ont obtenu la subsistance de leurs nouvelles fortifications, et acquis, pour garant de la paix, le roi de la Grande-Bretagne. Quand nous serons plus gens de bien, Dieu nous assistera plus puissamment.

LIVRE QUATRIÈME.

Troisième guerre contre les Réformés.

Après que la paix eut été acceptée par les réformés, Brison seul, qui n'avoit pris les armes que sur la fin de la guerre, voyant que, par le traité de paix Le Pouzin, place sur le Rhône, et qu'il avoit surprise, ne lui demeuroit pas, il ne voulut y être compris, porté à cela par le connétable de Lesdiguières, qui depuis son retour de Piémont étant mal à la cour, et n'y voulant retourner, cherchoit des occupations dans son gouvernement pour être obligé à y demeurer; se servant fort à propos de cette occasion, qu'il ménagea si dextrement, que l'ayant traînée quelques mois, il fit donner à Brison une abolition fort ample et quarante mille écus pour rendre ladite place, qu'il fit démolir par le commandement du Roi.

Cette affaire étant achevée, le connétable, rassasié de jours et comblé de gloire, mourut à Valence. C'étoit un gentilhomme du Dauphiné qui, par sa valeur, prudence et bonheur, ayant passé par toutes les moindres charges de la guerre, étoit monté jusques à la plus haute. Et si une prospérité si continuelle ne lui eût ôté, sur la fin de ses jours, toute honte, et qu'il n'eût par ses débauches domestiques et infâmes abandonné Dieu, souillé sa maison d'adultères et d'incestes publics, il se pourroit comparer aux plus grands personnages de l'antiquité.

Les choses étant ainsi terminées par la douceur, on espéroit quelque durée à la paix; mais ce n'étoit l'intention de ceux qui espéroient s'agrandir aux dépens des réformés, entre lesquels le marquis de Portes y étoit des plus ardens, et qui, ayant charge dans le bas Languedoc, n'oublioit aucune industrie pour désespérer le peuple, sur lequel il exigeoit les contributions du temps de la guerre, quoique par la paix elles fussent éteintes. Mais parce que cela n'étoit suffisant d'émouvoir un peuple las de tant de maux, et qui désiroit jouir du repos qu'il possédoit, on se sert d'un autre moyen. On tâche de donner ombrage du séjour du duc de Rohan dans Nîmes, et chacun, pour se conserver quelque vieille pension mal payée, ou pour en acquérir de nouvelles, le calomnie. Aucune semaine ne se passe qu'on ne fasse quelque accusation contre lui; et sur icelle, et sur la facilité que l'on se proposoit de l'en chasser, on se résout de le tenter, et se servir à cela du consulat de Nîmes, qui se fait toujours à la fin de l'année.

Cependant qu'on y travaille on n'oublie aucune autre voie pour le ruiner dans la province, même par toute la France. On se sert de la tenue d'un synode national qu'on met à Castres, comme au lieu qui lui seroit le plus contraire, à cause que durant la guerre il en avoit maltraité les plus apparens, qui l'avoient voulu trahir. On y envoie pour commissaire Galland, reconnu sans contredit pour habile homme, mais mercenaire, sans honte et sans conscience (1), avec

---

(1) Auguste Galland, avocat protestant très-célèbre, fut procureur général du domaine et de la couronne de Navarre, conseiller d'État et commissaire du Roi près les synodes des Églises réformées. Dans les écrits impartiaux du temps on lui reconnoît autant de probité que de mérite. Il répondit avec beaucoup d'adresse et de force au manifeste que le duc de Rohan publia cette même année, et Rohan se vengea de

des instructions tendantes à faire improuver la dernière prise d'armes du duc de Rohan, et à faire désavouer ses intelligences aux pays étrangers, et même, s'il se pouvoit, le faire excommunier.

Ledit duc, voyant ces deux fortes batteries contre lui, plus dangereuses que la guerre même, se prépare à les soutenir ; et pource que la première qui se présentoit étoit celle du synode, il travaille en diverses provinces de France pour y faire députer des gens de bien et de ses amis, et fait dresser une espèce de manifeste, qui contenoit principalement le juste sujet qu'il avoit eu de faire sortir de la ville ceux qu'il en avoit mis hors ; car il savoit que c'étoit une des

lui en le peignant dans ses mémoires comme un *mercenaire sans honte et sans conscience*. Galland a laissé plusieurs ouvrages manuscrits, dont quelques-uns ont été publiés par son fils. Parmi ses manuscrits se trouvoit le commencement d'une histoire de la réforme, dans laquelle il se proposoit de réfuter les mémoires du duc de Rohan. Dans l'intérêt de la vérité, on doit regretter que la mort ne lui ait pas permis de terminer ce travail. Nous citerons les détails que son fils donne à ce sujet. « Auguste Galland avoit commencé, dit-il, une histoire de ce « qui s'est passé en France depuis que les protestans ont fait un party « dans l'Estat jusqu'en 1629. Son projet estoit de faire voir la vérité de « ce qui s'estoit passé de son temps dans les assemblées publiques, « contre les mémoires publiés soubs le nom du duc de Rohan, qui « n'ont esté dressés que pour donner quelque couleur à toutes les actions « de sa vie, pour faire voir que sa conduite avec ceux de sa religion a « esté irréprochable, et pour calomnier tous ceux qui ont eu part aux « affaires, soit avec luy, soit contre luy. Or comme il est facile, avec « les pièces du cabinet du feu sieur Galland, de justifier le contraire « de ce qu'a dit le duc de Rohan, tant de sa sincérité que de ses belles « actions, ou de ceux qu'il a entrepris de deschirer, on continuera « avec soin l'histoire que le sieur Galland avoit commencée sur cette « matière pour la donner au public. » (Préface des mémoires pour l'histoire de Navarre et de Flandre.) Cet engagement n'a pas été rempli. Il existe à la bibliothèque du Roi plusieurs manuscrits d'Auguste Galland, mais on n'y trouve aucun fragment de son histoire de la réforme.

principales plaintes qu'on vouloit faire au synode contre lui. Et pource que la ville, par délibération publique, avoit pris résolution de lui refuser les portes s'il s'y présentoit, et qu'il craignoit qu'on fît le semblable à celui qui iroit de sa part, il fut contraint de choisir secrètement un ministre, au lieu de celui de sa maison, pour faire voir son manifeste, et de prier Beaufort, député des Sevennes, de rendre la lettre qu'il écrivoit audit synode, avec charge de ne se découvrir ni l'un ni l'autre qu'il n'en fût temps; ce qui réussit bien, car l'on s'étoit préparé de refuser l'entrée de la ville à ceux qui s'y présenteroient de sa part : même Marmet, son ministre, qui protesta n'y être venu que pour une affaire qui le concernoit, n'eut permission d'y demeurer que vingt-quatre heures.

Le 15 de septembre 1626, Chauve est nommé modérateur, Bouteroue, adjoint, Blondel, pasteur, et Petit, avocat de Nîmes, scribe. Galland fait ses efforts contre le duc de Rohan : ses ennemis de Castres n'y oublient rien; ils se préparent à faire leurs plaintes contre lui dans le synode, fortifiés en cela par le commissaire; mais tous leurs desseins s'en allèrent en fumée, pource qu'ils trouvèrent tous les députés instruits des raisons qui avoient mû ledit duc de les chasser de la ville. Ce qui leur ôta la hardiesse de se plaindre contre lui audit synode; néanmoins, ils ne purent cacher la passion qu'ils avoient contre le peuple de Castres, ayant refusé à cette compagnie de se réconcilier avec lui; de façon que chacun les eut en horreur, et le moyen de ruiner une affaire étoit de la leur faire recommander par Galland. Ainsi se passa le synode, où, par le commandement du Roi, furent nommés les députés généraux, afin d'exclure les réformés des assemblées générales. Les six furent le comte de La Suze, le marquis de Galerande et Beaufort pour la noblesse; et pour le tiers-état, Texier, Dupuy, député de Bourgogne, et Bazin, desquels Galerande et Bazin furent acceptés.

Cette affaire ainsi passée, il faut venir au consulat de Nîmes. Le présidial, qui, selon l'humeur de toutes compagnies de justice, ne pouvoit supporter le séjour du duc de Rohan si près de lui, s'unit avec une partie des principaux de la ville, gagnés de la cour; mais ne se trouvant encore assez forts tous ensemble pour faire, par les voies ordinaires, le consulat à leur dévotion, ils se résolurent d'y engager l'autorité royale, et les voies extraordinaires aux dépens des priviléges de la ville, et contre les articles de la paix précédente. Ils envoient secrètement à la cour, obtiennent une commission à la chambre de l'édit de Languedoc pour venir faire ledit consulat; et pour n'oublier rien à faire réussir leur dessein, le duc de Montmorency est renvoyé de la cour dans son gouvernement: il passe par Nîmes, encourage ses partisans, les fortifie de la noblesse du voisinage; et celle qu'il ne peut gagner, il l'oblige à s'absenter de la ville durant cette affaire. Et pource que le marquis de Montbrun, sur la fin de la guerre précédente, s'étoit mis en crédit parmi le peuple, ils le font venir de Dauphiné; car ils espéroient non-seulement de faire le consulat à leur dévotion, mais aussi sur l'opposition qu'y feroit ledit duc, on le pourroit tirer de la ville mort ou vif. Les choses ainsi préparées, voici le jour de l'élection venu.

Le marquis de Montbrun s'y rend à point nommé, comme aussi Monsac, de Suc et les deux doyens de la chambre et commissaires en cette affaire ; lesquels font entendre aux députés de la ville leur charge, et apprennent d'eux leur résolution à maintenir leurs priviléges. La maison de ville, selon sa coutume, s'assemble dès le matin pour procéder à ladite élection ; les commissaires y vont, ils trouvent la porte fermée, sont contraints de s'en retourner en leur logis, y font leur procès-verbal, envoient chercher par la ville plusieurs habitans pour faire une autre nomination ; les uns refusent, les autres y vont, et, sans aucune émotion dans la ville, ils sont contraints de se retirer.

Or, après ladite élection, les consuls nouveaux n'entrent en charge qu'un mois après icelle, pendant lequel temps la cour eut le loisir de faire défense auxdits consuls de n'entrer en la fonction de leurs charges, ordonnant aux anciens de continuer l'exercice des leurs jusqu'à ce qu'on en eût autrement ordonné. Néanmoins le premier jour de l'an venu, selon les formes accoutumées, le baron d'Aubais, Genoyer, Saguier et Pélissier, prirent possession du consulat, lequel nous laisserons reposer pour reprendre de plus haut les affaires, et voir comme elles se sont portées à la brouillerie.

La paix de l'an 1626 étant faite, l'on crut que toutes les pensées du cardinal de Richelieu se porteroient aux affaires étrangères, et même il en fit de grandes démonstrations. Le prince de Piémont, qui étoit à la cour, fut nommé lieutenant général pour le Roi en ses armées étrangères ; les ambassadeurs de Venise espéroient qu'à ce coup on libéreroit l'Italie de l'oppression espagnole, ceux d'Angleterre qu'on recouvreroit le Palatinat : toutes ces choses, en paroles seulement, se préparoient pour cela ; et qui en vouloit douter étoit rassuré par toutes sortes de sermens, quand, l'onzième jour après la signature de la paix des réformés, arriva celle d'Espagne avec la France, au desçu de tous ses alliés. Lors furent les plaintes et mécontentemens d'une part, et de l'autre les excuses, chacun rejetant cette affaire sur son compagnon, et surtout sur Le Fargis, ambassadeur en Espagne ; et comme s'il eût outrepassé sa charge, on fit solliciter sa femme pour obtenir son pardon ; néanmoins il en demeura un grand et cuisant déplaisir auxdits alliés, qui depuis témoignèrent aux occasions leurs ressentimens.

On attribue la cause de cette si subite et inopinée paix au désir que le cardinal avoit de vivre quelque temps en repos pour affermir son autorité, et afin que rien ne l'empêchât de poursuivre le dessein de La Rochelle, où il vouloit faire un grand établissement pour lui, ou bien à quelque soupçon d'un nouveau parti en France sous l'autorité du duc d'Anjou pour le ruiner, soit l'un ou l'autre, ou tous les deux ensemble. Voici le sujet d'une brouillerie qui lui donna un grand prétexte :

La Reine-mère, désirant marier ledit duc d'Anjou, vouloit achever le mariage commencé par Henri-le-Grand entre lui et la princesse de Montpensier ; mais il y montroit une aversion entière, soit qu'elle vînt de lui, soit qu'elle fût fomentée par ceux qui ne le désiroient pas, ce qui donna courage à force gens de se joindre à lui : le prince de Condé et sa femme, qui par ce mariage se voyoient d'autant éloignés de la couronne que ledit duc d'Anjou feroit d'enfans mâles ; le comte de Soissons, pour même raison, et sur l'espérance d'épouser un jour ladite princesse ; le duc de Longueville, pour la jalousie du duc de Guise, dont tous les enfans étoient frères de ladite de Montpensier ; le duc de Vendôme, pour mêmes considérations, à quoi le grand-prieur de France son frère ajoutoit son mécontentement contre le cardinal, qui lui avoit fait espérer l'amirauté de France, et depuis sous un autre nom se l'approprioit ; la plupart de tous les grands pour leurs intérêts particuliers ; la Reine, qui croyoit que si le duc d'Anjou avoit des enfans elle seroit encore plus méprisée. Le Roi même sur cette appréhension s'y trouva contraire. Voilà de grands obstacles à surmonter.

Néanmoins la Reine-mère, qui avec raison pour elle et pour l'Etat affectionnoit ce mariage, ne perd courage. Elle commença à vouloir gagner le colonel d'Ornano qui avoit été gouverneur du duc d'Anjou, et étoit demeuré son favori avec grand pouvoir sur son esprit. A cette fin elle lui fait donner une charge de maréchal de France ; mais toutes ces choses, que ces honneurs lui faisoient promettre, s'oublioient aussitôt qu'il voyoit la princesse de Condé, la beauté et allèchemens de laquelle lui firent naître tant d'amour et de vanité qu'il en fut tout ébloui, si bien que se voyant caressé et recherché de toutes parts, il se perd dans cette prospérité ; il désire, en dissimulant avec la Reine-mère, lui persuader qu'il la sert selon son désir, afin de continuer à faire ses affaires ; mais en effet les charmes de ladite princesse l'emportent dans son parti. Ce fut aussi elle qui y porta la Reine, lui remontrant que les enfans du duc d'Anjou la mettroient en grand mépris, et que s'il falloit qu'il se mariât, il valoit mieux que ce fût avec sa sœur l'infante d'Espagne; mais ladite princesse espéroit que dans ces brouilleries, ayant tout-à-fait gagné le maréchal d'Ornano, elle pourroit donner sa fille audit duc d'Anjou. Voilà donc trois partis en un, celui de la Reine et ceux des deux princes du sang, qui, pour divers intérêts, et qu'ils se cachoient les uns aux autres, s'accordent tous à empêcher ce mariage, et y travaillent si puissamment qu'ils le font refuser tout à plat au duc d'Anjou.

En ce temps arriva une querelle particulière, qui depuis eut de la suite. Chalais, maître de la garderobe, ayant tué en duel Pontgibault, cadet du Lude, neveu du maréchal de Schomberg et ami du duc d'Elbeuf, toute la cour se partagea. Le duc d'Anjou, le comte de Soissons et le grand-prieur protégèrent Chalais. Le duc d'Elbeuf et tous ceux de Guise, hormis le duc de Chevreuse, la maison du Lude. Cette brouillerie dura tout l'hiver. Enfin Chalais ayant eu sa grâce, et se sentant obligé à ceux qui l'avoient maintenu, se mit tout-à-fait dans leurs intérêts, et servit fort à maintenir le duc d'Anjou en la résolution qu'il avoit prise de n'épouser la princesse de Montpensier. Aussi la princesse de Condé, craignant n'être assez puissante auprès de la Reine, lui persuade d'embarquer la duchesse de Chevreuse dans ses intérêts, pour ce qu'elle craignoit qu'elle ne s'en divertît à cause que les siens étoient dans l'autre parti : à quoi elle n'eut pas beaucoup de peine à la faire résoudre; car ladite duchesse, se sentant fort obligée à la Reine, promet de sacrifier tous ses intérêts à son commandement et pour son service. D'autre part, la Reine-mère se passionne pour accomplir ce mariage, et particulièrement le cardinal, espérant que la duchesse de Montpensier, dans ces contradictions, lui en auroit plus d'obligation, et que, par là, sa faveur ne pourroit recevoir aucune diminution, quand bien le malheur voudroit que le Roi vînt à lui manquer. La princesse de Conti, sœur du duc de Guise, et toute leur maison, faisoient aussi tous leurs efforts; et par le moyen du duc d'Elbeuf, ami de Baradas, lors favori du Roi, ou bien que d'autres personnes s'en mélassent encore, on commença à faire goûter ce mariage au Roi, sur l'appréhension qu'on lui donna que tous ces trois partis ne prenoient que pour prétexte la rupture dudit mariage, mais en effet que c'étoit une partie faite pour le ruiner, et que le dessein étoit de le mettre dans un monastère et de faire épouser la Reine au duc d'Anjou. Cette impression lui fait autant presser le mariage qu'il y avoit été contraire, sollicite son frère, en fait parler au maréchal d'Ornano, qui proteste de faire ce qu'il peut, mais qu'il n'y reconnoît encore aucune disposition. Ainsi ledit maréchal demeure quelque temps caressé et prié de toutes parts.

Cependant le parti contraire se fortifie de tous ceux qui haïssent le cardinal, particulièrement du duc de Savoie, qui, désirant se venger du mauvais traitement qu'il venoit de recevoir en la paix d'Espagne, où on lui avoit laissé sur les bras la guerre de Gênes et la haine espagnole, il fait proposer au duc d'Anjou, par l'abbé Scaglia, son ambassadeur en France, le mariage de la princesse de Mantoue, et, par même moyen, le pousse à se défaire du cardinal, comme le plus puissant obstacle à ses desseins. Mais voici le prince de Condé et la princesse sa femme qui, voyant l'esprit du Roi changé, n'ont la résolution assez ferme pour persévérer dans leur parti, quoiqu'ils fussent les plus intéressés à empêcher ce mariage, joint que leur inclination étant toute portée à la déloyauté, ils n'eurent guère de peine à changer; le premier espérant de profiter d'une terre nommée Dun-le-Roi, domaine de la couronne, qu'il vouloit joindre à son duché de Châteauroux, et l'autre pour ne désemparer la cour où sont ses délices. Et pour mieux jouer leur personnage le prince vient à Valery, assez proche de Fontainebleau, où le Roi étoit; la princesse y fait divers voyages, en suite desquels le marquis de Brezé, beau-frère du cardinal, y en fait trois fort secrètement, auquel, à ce qu'on a dit, il découvrit toutes choses, y ajoutant au lieu d'y diminuer, selon la coutume des accusateurs qui, par là, en espèrent plus de récompense.

En même temps furent pris quelques paquets qui alloient en Espagne et Savoie; ce qui fit résoudre l'arrêt du maréchal d'Ornano, auquel on apporta plus de cérémonie à cause de son maître. Le Roi fit venir l'après-dînée le régiment de ses gardes dans sa basse-cour de Fontainebleau, pour lui faire faire l'exercice en présence des Reines; mais, au lieu de retourner en son quartier, il se saisit de toutes les avenues du village, et la cavalerie fut aussi mise autour d'icelui : le Roi s'étant couché de bonne heure, il se releva, envoie chercher la Reine sa mère, le cardinal, le chancelier et le maréchal de Schomberg, avec lesquels il résolut ledit arrêt; ce qui fut exécuté par le capitaine de ses gardes.

Aussitôt le Roi envoya quérir le duc d'Anjou, pour lui dire qu'il avoit fait faire cet arrêt pource qu'il reconnoissoit que ledit maréchal lui donnoit de mauvais conseils et le servoit mal; dont ledit duc reçut un extrême déplaisir, et le témoigna assez inutilement en gestes et en paroles, attaqua le cardinal et lui demanda s'il avoit su le dessein de cet emprisonnement, lequel lui fit connoître qu'il n'en étoit pas ignorant; il fit la même demande au chancelier, qui, pour n'avoir osé l'avouer, en perdit les sceaux quelques jours après, et fut chassé de la cour.

En suite de cet arrêt, Chaudebonne, domestique du duc d'Anjou, fut mis dans la Bastille, comme aussi Modène et Déageant, pour leurs vieux péchés; le comte de Châteauroux et le chevalier de Jars, chassés de la cour, tous deux soupçonnés de dépendre de la Reine et du comte de Soissons.

Ledit maréchal fut mené au bois de Vincennes. On envoya se saisir de toutes ses places, dont la plus importante étoit le Pont-Saint-Esprit en Languedoc. Cet éclat fit revenir à la cour tous les princes et grands qui étoient à Paris, bien étonnés d'un tel accident.

Le duc d'Anjou continue en son mécontentement, et s'affermit plus que jamais à rejeter le mariage de la princesse de Montpensier; néanmoins, ne se voyant aucune retraite pour son assurance, est contraint de dissimuler et même de s'accommoder en apparence avec le cardinal, et, allant souvent à la chasse autour de Fontainebleau, il fait un dessein un jour d'aller du côté de Fleury, et de dîner avec le cardinal qui y logeoit, lequel en ayant été averti, et que c'étoit pour lui faire déplaisir, il part devant le jour, vient à Fontainebleau, au lever dudit duc d'Anjou, auquel il donna sa chemise.

Cette appréhension du cardinal le réveille et lui donne envie de pourvoir à sa sûreté; il apprend que toutes ces menées contre sa vie viennent de Savoie; que l'abbé Scaglia en ouvre les expédiens; que la Reine se sert de la duchesse de Chevreuse pour le faire conseiller au duc d'Anjou par Chalais; que le grand-prieur, pour son mécontentement particulier, est un des plus violens contre lui : sur quoi il se résout de perdre ceux qu'il pourra et d'éloigner tous les autres.

[1627] Voilà l'origine de la haine irréconciliable contre Savoie, de la perte du grand-prieur et de Chalais, et de la duchesse de Chevreuse. Pour venir donc à bout de ce dessein, et pour se préparer le chemin au gouvernement de Bretagne, qu'il désiroit à cause des bons ports, et afin de mieux exercer sa nouvelle charge de surintendant de la marine, qu'il avoit fait succéder à la suppression de l'amirauté de France, il remontre au Roi que le duc de Vendôme se rendoit trop puissant en Bretagne, vu les prétentions qu'il avoit sur ce duché de par sa femme, et l'alliance qu'il alloit prendre avec le duc de Retz, très-puissant dans ladite province, et qui y avoit deux bonnes places; que le grand-prieur, le plus vigoureux des partisans du duc d'Anjou, étoit son frère, et que ce seroit un jour une retraite assurée audit duc et très-périlleuse à la France, pource que ce pays-là étoit proche, par mer, d'Angleterre et d'Espagne; qu'il falloit de bonne heure prévoir à tels accidens et y pourvoir. Ce qui fit résoudre le Roi de s'y acheminer; et, pour s'y préparer, toute la cour retourna à Paris; mais, pour céler ce voyage, on ne parla que d'aller jusqu'à Blois. Néanmoins, le grand-prieur, jugeant bien que c'étoit pour passer outre, s'offre d'aller chercher son frère, et de l'amener pour se justifier de ce dont on le pouvoit accuser, pourvu que l'on lui donne parole de ne lui faire aucun mal ni déplaisir en sa personne. Il en parle au cardinal qui approuve son dessein, et lui en donne toute bonne espérance; néanmoins, sans lui vouloir donner aucune assurance, lui conseille de la prendre du Roi : ce qu'il fait, et ainsi part pour aller en Bretagne.

Cependant le duc d'Anjou fait le difficile pour ce voyage; mais, ne pouvant y résister, il s'y résout: toute la cour s'y achemine, hormis le comte de Soissons et la princesse de Montpensier, à cause de la maladie de leurs mères. Le Roi étant à Blois, le duc de Vendôme y arrive avec son frère; il lui fait mille caresses deux jours de suite, et, la nuit du troisième, il les fait arrêter tous deux par le capitaine de ses gardes et conduire au château d'Amboise.

Après cette exécution, le cardinal, qui étoit demeuré dans une de ses maisons auprès de Paris, vint à Blois, plaint publiquement le malheur du grand-prieur, mais non celui de son frère; toute la cour en fait de même, car l'un étoit aimé et l'autre haï; et ce qui faisoit le plus de pitié, étoit que le grand-prieur avoit été innocemment l'instrument du malheur de son frère et du sien. L'on continue le voyage de Bretagne, et à presser le duc d'Anjou de son mariage, qui y résiste toujours : néanmoins, ceux de son parti, appréhendant qu'enfin il ne se relâche, lui proposent de quitter la cour; les uns lui conseillent de prendre le chemin de La Rochelle, les autres celui de Metz. On demande au comte de Soissons qu'il envoie Balagny et Boyer, personnes confidentes, pour être ledit Boyer conducteur du côté de La Rochelle, si on y alloit, et l'autre pour traiter avec son oncle le duc de Villars, gouverneur du Havre, afin que de cette place, qui est un port de mer, ils pussent recevoir les assistances qui leur étoient promises du côté des étrangers; mais comme c'est l'ordinaire qu'aux desseins périlleux, le cœur manquant au point de l'exécution, on y fait naître des difficultés afin de les rompre, ainsi en arriva-t-il en cettui-ci; car, au lieu de partir, on dépêche vers le duc de La Valette, qui étoit du parti, un gentilhomme domestique de Chalais, pour savoir s'il recevroit les mécontens, et par ainsi on lui donna loisir de se démêler d'une affaire à laquelle on n'eût trouvé aucune résistance s'il eût été surpris. Car, jugeant, par cet envoi, que ces gens-là n'étoient pas fort résolus, il leur manda que la place étoit au duc d'Epernon son père, vers lequel il enverroit pour savoir sa volonté, et que cependant il ne pouvoit rien dire. Cette réponse plut à ceux qui avoient détourné la résolution du partement, surtout à Chalais, qui avoit l'esprit doux et naturellement éloigné de la brouillerie, et qui ne s'y étoit laissé emporter par ses amis que pour ne leur avoir pu résister : de façon que, voyant l'embarras et le péril croître, il désire d'en sortir, prie le commandeur de

Valencé d'assurer le cardinal qu'il se vouloit retirer des intérêts du duc d'Anjou, et être son serviteur. Ledit cardinal ne demande pas mieux; il le reçoit et le cajole si bien, qu'il l'engage à lui découvrir les desseins dudit duc : cela dure quelques jours; mais l'inconstance de cet esprit, qui pourtant n'étoit pas méchant, le fait de nouveau changer; il se repent de ce qu'il a promis, ne veut rien découvrir, et se rattache avec le duc d'Anjou, prie le commandeur de retirer la parole qu'il avoit donnée au cardinal, lequel s'en excuse, lui prédisant que c'étoit le chemin de la prison ou de pis. Néanmoins Chalais s'opiniâtre et en fait parler au cardinal qui trouve cette harangue de mauvais goût, et qui lui remet en mémoire le dessein de Fleury, croit qu'il a été regagné par la duchesse de Chevreuse, et qu'il est temps de s'en défaire; il le fait arrêter au château de Nantes, et lui fait donner des commissaires du parlement de Bretagne pour lui faire son procès. Il confesse et accuse ce que l'on veut, croyant par là se sauver comme peu versé ès affaires criminelles; et, quelques bruits qui aient couru qu'il avoit promis de tuer le Roi le mettant au lit, il n'a été condamné et exécuté que sur ce qu'étant son domestique, il avoit été du conseil de faire sortir le duc d'Anjou de la cour. Néanmoins, après toutes ces foiblesses, voyant qu'elles avoient été inutiles à lui sauver la vie, il meurt courageusement et constamment. On prend en même temps Marcillac, auquel on ôte le gouvernement de Sommières en Languedoc, et l'on chasse Tronçon et Sauveterre pour avoir voulu dissuader le Roi de ce mariage.

Durant ce procès, le duc d'Anjou est de nouveau

pressé de ce mariage; et ses favoris étant gagnés, avec l'espérance qu'on lui donne de la délivrance du maréchal d'Ornano et de Chalais, il s'y résout, et, d'une extrémité se jetant dans l'autre, il épouse promptement et à petit bruit la princesse de Montpensier, qu'on avoit fait venir de Paris avec grosse escorte; il l'aime, la caresse et ne peut vivre sans elle. On lui donne son apanage, à savoir, les duchés d'Orléans et de Chartres, et la comté de Blois; ce qui le fera nommer à l'avenir le duc d'Orléans, grand en apparence, mais au milieu de la France, sans aucune bonne place, et de peu de revenu, ses principales assignations pour l'entretien de sa maison étant sur l'épargne, afin de les pouvoir arrêter quand on voudra.

Cela fait, on ne laisse d'exécuter Chalais, et ensuite on recherche ce que l'on peut contre le duc de Vendôme, et même s'il n'avoit point eu d'intelligence avec le duc de Soubise durant la guerre de l'an 1625. On veut lui donner et à son frère des commissaires pour faire leur procès; l'un allègue le privilége de sa pairie, et l'autre celui de sa croix de Malte: enfin, on les mène au bois de Vincennes sans procéder plus outre contre eux; mais l'on rase les maisons qui étoient en Bretagne au duc de Vendôme, et on lui ôte le gouvernement qui fut donné au maréchal de Thémines. L'on croit que ce qui fit changer de dessein au cardinal touchant ce gouvernement, fut qu'ayant fait récompenser Sourdeac de la place de Brest, où il y a un des plus beaux et meilleurs ports qui soient en France, laquelle il espéroit avoir, le Roi la donna à un pauvre soldat sans le lui communiquer, ce qui le dépita, et le fit résoudre d'acheter le Havre-de-Grâce en Normandie, et quitter le dessein de Bretagne. Aussi, sur l'accusation de Chalais, on envoya au Verger, maison du prince de Guémené, pour faire commandement à la duchesse de Chevreuse de n'en bouger; mais elle se trouva partie pour aller à Paris, où, ayant su cette nouvelle, elle gagne à grandes journées la Lorraine.

Le voyage de Bretagne ayant ainsi réussi, le Roi retourne à Paris; mais le comte de Soissons n'ose l'y attendre, et, se faisant sage par les exemples d'autrui, il va voyager en Italie, où la haine de la cour le suit pour le persécuter; car on écrit à Béthune, ambassadeur extraordinaire à Rome pour le Roi, qu'il empêche qu'on ne lui donne de l'altesse : à quoi ledit Béthune, qui n'est préoccupé d'aucune passion que de bien servir son maître, répond qu'il ne fera point cette faute; que si le comte de Soissons a déplu au Roi il faut le châtier en France, et non en ce qui touche l'honneur de la couronne; qu'il quitteroit plutôt sa charge que de faire un tel desservice au Roi son maître, et à sa maison.

La cour étant arrivée à Paris, on ne dit mot de l'éloignement de la duchesse de Chevreuse, et l'on fait commandement à Sardigny et à Bonœil de se retirer dans leurs maisons; l'un accusé d'avoir conseillé au comte de Soissons la sortie de France, et l'autre de servir aux volontés de la Reine. L'on tâche aussi de prendre le chevalier de Jars, qui, en ayant eu le vent, se sauve en Angleterre. Peu de jours auparavant, le maréchal d'Ornano étoit mort de la pierre, ce qui n'empêcha pas divers discours sur icelle.

Maintenant nous laisserons le duc d'Orléans se consoler entre les bras de sa nouvelle femme des pertes et malheurs arrivés à ses serviteurs, et le cardinal prendre haleine après avoir dissipé une si grosse nuée qui lui grondoit sur la tête, pour venir aux affaires d'Angleterre, où l'abbé Scaglia, depuis quatre mois, étoit passé en qualité d'ambassadeur extraordinaire, y portant, avec les passions de son maître, les siennes particulières, qui s'accordoient toutes à ne rien épargner pour se venger du cardinal. Il y trouva le duc de Buckingham en même humeur; il l'encourage à faire chasser tous les Français qui étoient auprès de la reine de la Grande-Bretagne, et qu'ils ne faisoient qu'entretenir en mauvaise humeur leur maîtresse, dont arrivoient souvent de mauvais ménages entre le Roi et elle; qu'en pareille occasion la France, l'Espagne, et même la Savoie, lui serviroient d'exemple; lui remontre les grandes brouilleries et mécontentemens qu'il a laissés en France, le mauvais traitement qu'on fait aux réformés, où le Roi son maître est intéressé comme garant de la dernière paix, et que le duc de Savoie joueroit bien son personnage. Toutes ces persuasions, jointes avec les sollicitations pressantes du duc de Soubise pour les affaires des réformés, font résoudre Buckingham de persuader au Roi son maître d'envoyer secrètement vers le duc de Rohan un gentilhomme nommé de Vic, pour lui remontrer le juste ressentiment qu'il avoit de ce que, par son intervention, les réformés de France avoient été trompés; qu'il voyoit clairement qu'au lieu de remettre La Rochelle en liberté on se préparoit à l'opprimer, et qu'il désiroit savoir les persécutions qu'ils recevoient en Languedoc, et même qu'il seroit à propos qu'ils lui fissent leurs plaintes, afin que, comme caution de la paix précédente, il eût un légitime sujet de requérir la réparation des infractions d'icelle : à faute de quoi il protestoit d'employer les forces de tous ses Etats, et sa propre personne, pour faire exécuter de point en point leur édit de paix; mais qu'il falloit commencer par cette formalité afin de justifier ses armes, et, pour cet effet, désire qu'il lui envoyât un gentilhomme, tant pour cela que pour le bien informer de ce qu'il falloit faire.

Ledit duc, qui ne voyoit autre moyen humain de sauver La Rochelle que par le secours d'Angleterre, reçut cet envoi avec tout honneur, remontra audit de Vic que les réformés ne pouvoient écrire au Roi son maître, ni en corps ni en détail, sans être découverts, ce qui ruineroit l'affaire à son commencement; mais qu'il feroit l'office pour tout le corps par l'envoi d'un gentilhomme, avec une de ses lettres, qui lui demanderoit l'assistance qu'il étoit obligé de nous bailler; lequel, outre cela, seroit instruit et des inobservations de la paix, et de ses avis pour bien faire la guerre. Avec cette réponse, de Vic s'en retourne fort content, et, peu de jours après, il dépêche selon sa promesse Saint-Blancart, qu'il fait passer à La Rochelle, afin de voir l'état auquel étoit la citadelle de Saint-Martin-de-Ré ; ce qu'il exécute fort industrieusement, et, étant arrivé en Angleterre, y fait résoudre la guerre pour notre assistance.

Durant ce temps-là, le duc de Buckingham fait chasser tous les Français domestiques de la reine de la Grande-Bretagne, hormis quelque aumônier, dont il y eut une grande rumeur en France. Le maréchal de Bassompierre fut envoyé ambassadeur extraordinaire en Angleterre pour raccommoder cette affaire, dont il retourna content selon son intention et ses instructions : néanmoins les deux favoris ne s'accordent point; celui de France fait désavouer ledit maréchal pource qu'il n'étoit pas sa créature, et l'autre fait rompre le traité.

Il étoit arrivé quelque temps auparavant un autre sujet de brouillerie pour quelques vaisseaux normands pris par les Anglais, dont n'ayant eu prompte justice, le parlement de Rouen donne un arrêt pour faire arrêter tous les navires anglais qui se trouveroient aux ports de France, ce qui fut exécuté; et, sur les plaintes réciproques faites de part et d'autre, ne s'en étant fait aucune raison, les Anglais usoient partout de représailles.

Le duc de Buckingham, qui n'agissoit en toutes ces affaires ni par affection de religion, ni pour l'honneur de son maître, mais seulement pour satisfaire à la passion de quelques folles amours qu'il avoit en France, prend ces deux sujets pour y vouloir venir en ambassade. Voilà comme quoi ces petites sottises de cour sont souvent cause de grands mouvemens dans les royaumes, et les maux qui y arrivent proviennent presque tous des intérêts des favoris, lesquels foulent aux pieds la justice, renversent tout bon ordre, changent toutes bonnes maximes, bref, se jouent de leurs maîtres et de leurs Etats pour se maintenir, ou s'accroître, ou se venger.

Ce voyage étoit fort suspect au duc de Rohan, qui envoya fort secrètement à Paris un des siens pour épier les actions de Buckingham, et pour le fortifier en sa première résolution; mais le Roi ne voulut jamais permettre qu'il le fît; si bien que, se voyant frustré de le faire, il se porte à ce que le dépit lui persuade; et, ne pouvant voir le sujet de sa passion, il lui veut faire voir sa puissance en préparant toutes choses à la guerre, ce qu'il fit depuis ce temps-là avec autant de soin et de diligence qu'auparavant il y avoit été négligent; et, pour ne rien oublier qui pût servir à son dessein, il fait dépêcher le milord Montagu en Savoie, et de là vers le duc de Rohan, où, s'étant rendu fort secrètement, il lui donne lettre de créance du Roi et du duc de Buckingham, l'assure de leur part du grand appareil qui se faisoit en Angleterre pour notre assistance, à savoir, trente mille hommes en trois flottes, dont la première devoit descendre en l'île de Ré, la seconde venir dans la rivière de Bordeaux mettre pied à terre en Guienne, et que la troisième feroit descente en Normandie pour faire une puissante diversion lorsque le Roi seroit empêché du côté de Guienne; qu'avec les grandes ramberges on vouloit tenir les embouchures des rivières de Seine, Loire et Garonne; que le duc de Savoie feroit sa diversion du côté du Dauphiné ou de Provence, et outre cela promettoit cinq cents chevaux au duc de Rohan, et que le duc de Chevreuse lui en promettoit autant; qu'il désiroit qu'avec ces mille chevaux, et l'infanterie qu'il feroit en Languedoc, il prît les armes, et vînt à Montauban pour rallier les réformés de Guienne, et pour joindre l'armée anglaise qui devoit descendre par la rivière de Bordeaux.

A quoi il répondit qu'incontinent après la descente des Anglais en France, et non plus tôt, il s'engageroit de prendre les armes, et de faire déclarer le bas Languedoc, les Sevennes, le Rouergue, et partie du haut Languedoc, et de faire de son chef quatre mille hommes de pied et deux cents chevaux pour passer à Montauban; mais que s'il avoit seulement la moitié de la cavalerie qu'il lui promettoit, il s'obligeoit de joindre l'armée anglaise en quelque part de la Guienne qu'elle fût.

Montagu se retira satisfait avec cette réponse, et le duc de Rohan commença à préparer ses affaires, lesquelles ne purent être si secrètes que la cour n'en eût le vent; si bien que sa mère et sa sœur, étant sur le point d'être arrêtées, furent contraintes de chercher leur sûreté dans La Rochelle, où elles servirent grandement pour rompre les desseins que le Roi y avoit; et comme toutes pratiques se faisoient sourdement contre lui, aussi lui, de sa part, fomentoit les mécontentemens des réformés, surtout pour les consulats de Nîmes et d'Aleth, dont il empêcha les accommodemens, et maintint ces communautés en résolution de souffrir toutes extrémités plutôt que de relâcher aucune chose de leurs priviléges, et toutes les autres en état de ne les point abandonner. De l'autre part, la cour ayant embarqué l'autorité royale ès affaires de ces consulats ne vouloit démordre en aucune façon.

Les choses étant en ces termes, le duc de Buckingham arrive à la rade de La Rochelle, vers le 20 de juillet, avec une belle armée composée de dix mille hommes et d'un grand équipage de canons, munitions de guerre, de toutes sortes d'outils pour faire siéges ou forts. Les Rochelois, qui l'attendoient avec impatience, le voyant, au lieu de l'aller recevoir ferment leurs portes et havres pour empêcher que personne ne vienne de sa part pour leur faire entendre sa charge; car le maire et ceux qui gouvernoient étoient gagnés de la cour, et le peuple sans vigueur ni courage, si bien qu'il fallut que le duc de Soubise vînt mettre pied à terre avec une chaloupe, proche d'une des portes de la ville, menant avec lui un secrétaire du roi de la Grande-Bretagne, et que sa mère allât jusqu'à la porte de la ville, où ledit duc s'étant rendu, elle sortit, le prit par le bras, et le fit entrer, dont tout le peuple eut une extrême joie, et le suivit à grande troupe jusqu'en son logis. Etant ainsi introduit, il fait assembler la maison de ville, où ledit secrétaire, nommé Bécher, exposa ainsi sa créance :

« Que le duc de Buckingham l'envoyoit vers eux pour leur dire qu'il étoit venu à leur vue par le commandement du Roi son maître, avec une fort belle armée prête à mettre pied à terre où l'occasion le requerroit; que ce qui a mû le Roi à cela est qu'il a reconnu que le conseil de France, gagné par la maison d'Autriche, conspiroit à la ruine de la chrétienté, et particulièrement des réformés, ce qui auroit paru aux affaires d'Allemagne, lesquelles ils ont ruinées, surtout en ce qu'après l'octroi du passage de l'armée du comte de Mansfeld par la France, sur le point de son partement, il lui a été refusé, ce qui a causé la ruine de ladite armée, et ensuite de celle d'Allemagne, où douze mille Anglais sont péris de faim ; que depuis le Roi son maître, s'étant interposé par ses ambassadeurs pour apaiser la dernière guerre contre les réformés, et ayant engagé sa parole pour l'assurance du traité, par le consentement même du roi de France, où les réformés avoient subi des conditions plus rudes que leur état pour lors ne comportoit, auroit vu les confédérés d'Italie abandonnés; et les armées destinées à leur défense employées à serrer leurs villes de garnisons et forts, et à réduire les habitans d'icelles à mourir de faim, dont les plaintes continuelles de ladite ville et de tout le corps des réformés lui ayant été faites par l'entremise des ducs de Rohan et de Soubise, et voyant les préparatifs de mer qui se faisoient pour clore de toutes parts ladite ville, et qu'à cet effet, par un exemple d'injustice inouï, on avoit en pleine paix saisi cent et vingt navires anglais avec toutes leurs marchandises, mariniers et artillerie ; que pour ces raisons, et plusieurs autres, compatissant aux souffrances des réformés, et se sentant obligé en son honneur à cause de sa promesse pour l'accomplissement des articles accordés, il leur offre une puissante assistance par mer et par terre, en cas qu'ils la veuillent accepter en entrant en action de guerre avec lui, protestant de ne poursuivre aucune prétention ni intérêt particulier, mais seulement les choses promises aux réformés, dont il se trouve garant; que si la ville refuse cette offre, le duc proteste solennellement devant Dieu et les hommes qu'il tient le Roi, son maître, pour pleinement acquitté de tout engagement d'honneur et de conscience, et qu'il se disposera à exécuter les autres commandemens dont son maître l'a chargé; sur quoi il désire avoir une claire et prompte réponse. » Cette harangue émut le peuple, qui ne voyoit espérance de ressource pour sa délivrance qu'aux armes anglaises, et qu'une perte assurée s'il les refusoit. Néanmoins, la brigue de ceux qui travailloient à perdre cette pauvre et misérable ville étoit si forte, qu'il y eut de la peine à lui faire prendre une résolution; car on députa vers le duc de Buckingham pour remercier le roi de la Grande-Bretagne du soin qu'il avoit d'eux, et pour lui dire qu'ayant entendu et bien considéré ce que le sieur Bécher lui a représenté des bonnes intentions de Sa Majesté envers tous les réformés de France, dont ils ne sont qu'un membre, ils sont liés par le serment d'union de ne rien faire que par un consentement unanime; ce qui leur fait croire que leur réponse sera beaucoup plus ferme et agréable à Sa Majesté si elle est accompagnée de celle du duc de Rohan et des autres réformés, vers lesquels il vont envoyer en diligence, suppliant le duc de Buckingham trouver bonne leur remise de la jonction demandée, et de la faire agréer au roi de la Grande-Bretagne. Cependant ils adressoient leurs prières et leurs vœux à Dieu pour l'heureux progrès de ses armes jusqu'à une entière exécution des bonnes et saintes intentions de Sa Majesté de la Grande-Bretagne.

Cette réponse pensa faire du mal de toutes parts; du côté de l'Anglais, de voir tant de contrainte et d'irrésolution en ceux qui ne se peuvent sauver que dans l'audace; envers les réformés, en ce qu'ils demandent conseil et non assistance. Voilà comme quoi, en affaires de conséquence, les conseils accompagnés de tant de circonspection sont fort dangereux; car ils témoignent de la crainte, ce qui encourage les ennemis et étonne les amis. Le duc de Soubise fait savoir au duc de Buckingham par Saint-Blancart cette députation et réponse, l'assurant absolument de la ville de La Rochelle.

Est à noter que quand ledit de Soubise partit de la flotte pour aller faire déclarer La Rochelle, deux choses avoient été résolues avec ledit de Buckingham : à savoir, qu'on commenceroit la descente par l'île d'Oleron, tant pour la facilité qui s'y rencontroit, n'y ayant pour s'y opposer que douze cents hommes de guerre, et nulle forteresse qui pût résister huit jours, comme aussi pour les commodités qui s'y trouvoient, étant pleine de blés et de vins, commode à faire le ralliement des soldats et matelots, aisée à conserver avec peu de travail, et par sa prise jointe avec les vaisseaux anglais qui, tenant la mer, réduiroient en peu de temps à de grandes extrémités l'île de Ré; au lieu qu'entamant par elle, qui étoit bien pourvue de gens de guerre, et assez bien fortifiée pour faire une bonne résistance, le succès de la descente en étoit périlleux et la conquête incertaine : l'autre, de n'entreprendre aucune chose que le duc de Soubise ne fût de retour; mais comme il dépêcha promptement Saint-Blancart au duc de Buckingham pour lui dire ce qu'il avoit fait dans La Rochelle, il trouve le dessein changé, la descente en l'île de Ré résolue, et tout le monde préparé à l'exécution, laquelle le duc de Buckingham hâte, sans attendre le retour du duc de Soubise, soit qu'il craignît que Thoiras, qui avoit déjà trois mille hommes de pied et deux cents chevaux dans l'île, ne se fortifiât trop pource que de toutes parts il y abordoit force noblesse et quantité de gens de guerre, ou qu'il ne voulût faire participant ledit Soubise de sa gloire. Il y eut à cette descente un grand et glorieux combat, et l'Anglais força tout ce qui voulut s'opposer à lui, ce qui donna un grand étonnement aux catholiques romains; et s'il eût chaudement poursuivi la victoire, allant droit au fort, selon le conseil du duc de Soubise qui y arriva aussitôt, il l'eût trouvé dégarni de vivres et de gens de guerre; mais la perte de cinq jours employés à rien faire donna loisir à Thoiras de se reconnoître et de rassurer ses gens qui ne vouloient point s'enfermer dans le fort, où il jeta en diligence tous les vivres qu'il trouva dans le bourg.

Cette seule faute a attiré après soi beaucoup de maux au parti réformé. En ce combat fut tué Saint-Blancart, qui y arriva assez tôt pour mettre pied à terre le deuxième, regretté à bon droit de son parti: c'étoit un jeune homme dont la piété, le courage et l'entendement, combattoient à l'envi à qui le rendroit plus illustre.

Cet heureux commencement encouragea les Rochelois, qui dépêchèrent en diligence vers le duc de Rohan et les villes de Guienne et Languedoc, et leur mandèrent comme, sur les divers avis qu'ils avoient eus de prendre garde à leur conservation, à cause des grands desseins qu'on avoit sur leur ville, ils avoient trouvé bon de recourir à Dieu, et par un jeûne qu'ils avoient célébré le 21 de juillet, pendant lequel étoit arrivée entre les terres et rades plus prochaines de leur ville une très-puissante flotte du roi de la Grande-Bretagne, conduite par le duc de Buckingham, grand amiral d'Angleterre, qui avoit envoyé le même jour Bécher, secrétaire du Roi, avec lettres dudit duc pour la ville, afin de leur faire entendre le sujet de sa venue en cette côte. Mais l'action du jeûne ayant fait remettre l'affaire au lendemain, ledit Bécher auroit été ouï en la présence du duc de Soubise, lequel, outre sa créance, auroit fait voir un écrit signé de la main dudit Roi, par lequel il promet aux réformés de ce royaume un puissant secours par mer et par terre, à ses frais et dépens, et icelui continuer jusques à l'établissement d'une bonne paix et sûreté d'icelle, avec cette condition bien expresse, qu'il leur laisse l'entière liberté de demeurer en la fidélité et sujétion qu'ils doivent à leur Roi; le tout à condition qu'ils ne pourroient faire aucun traité, accord ou paix, sans son avis et consentement, promettant aussi le même de sa part; duquel écrit ledit secrétaire promettoit copie, moyennant leur jonction aux armes de son maître; que le reste de sa créance étoit compris en la copie de sa harangue, laquelle ils envoyoient avec leur réponse; qu'ils les prioient de leur faire savoir promptement leurs avis et résolutions sur toutes ces choses, afin de les suivre, et que cependant ils leur donnoient avis de la glorieuse descente des Anglais dans l'île de Ré, ce qui leur faisoit espérer qu'un si bon commencement à leurs bons desseins seroit suivi d'une heureuse issue.

Cette descente d'Anglais fit une grande émotion à la cour; et si la prise du fort eût suivi de près, il y avoit apparence d'un grand changement d'affaires; car la maladie du Roi qui survint en ce temps-là, le mécontentement que tous les grands avoient de la faveur du cardinal, les soupçons de ceux qui s'étoient trouvés embarrassés avec le duc d'Orléans, il n'y avoit pas long-temps, le séjour du comte de Soissons en Piémont, et les grands désirs de vengeance du duc de Savoie pour s'être vu abandonné, étoient des sujets suffisans d'appréhension, et tout le monde ne faisoit qu'attendre avec impatience l'issue de ce siége du fort pour se déclarer. Ce qui n'étant ignoré du Roi, il n'omit aucune chose pour le secours d'icelui; il entretint aussi la ville de La Rochelle en bonne espérance d'accommodement, pourvu qu'elle ne se joignît point à l'Anglais; envoya vers le duc de Rohan, s'efforça de le contenter avec de l'argent, et fit des dépêches par toutes les villes des réformés, pour rendre odieuse la descente des Anglais, et pour tirer d'elles des déclarations afin d'empêcher leur jonction à leurs armes; même il obtint de Montauban et Castres des députés vers les autres communautés pour les y exhorter, faisant valoir que La Rochelle ne s'étoit point jointe à eux.

Le duc de Rohan, qui, de longue main, connoissoit les artifices de la cour, et qui savoit les partisans qu'elle avoit en toutes les villes des réformés, prévoyant bien qu'il ne pourroit empêcher telles déclarations, les exhorte d'y ajouter la clause générale, sous le bénéfice des édits et autres concessions, afin de les en pouvoir dégager quand il seroit temps; et, en attendant une bonne dépêche de La Rochelle, il les engage à ne pas abandonner cette ville-là. Enfin, les lettres lui arrivent, non telles qu'il eût désiré; néanmoins il est obligé de s'en servir. La difficulté étoit de les faire valoir, pource que, s'il les envoyoit en chaque ville, il se prendroit sur icelles diverses résolutions, et peut-être contraires les unes aux autres, ce qui engendreroit, dès l'entrée, de grandes divisions : s'il convoquoit, avant la prise des armes, une assemblée, nulle ville n'y députeroit craignant de se criminaliser, qui seroit encore un plus grand mal. Il se résout donc de ne donner aucune connoissance des lettres qu'il avoit reçues, et d'écrire, en même jour, à toutes les principales communautés des Sevennes au desçu les unes des autres, sans leur faire mention d'aucune assemblée, pour les prier de lui envoyer à Nîmes des députés auxquels il vouloit communiquer des choses qui leur importoient en particulier ; il manda la même chose à la ville d'Uzès, se promettant que quand il auroit fait résoudre les provinces du bas Languedoc et des Sevennes, que le reste des réformés ou la plus grande partie suivroient leur exemple. Cet expédient réussit bien, car tous les députés se trouvèrent au lieu et jour assignés ; mais la députation d'Uzès n'ayant été faite assez ample, et craignant quelque débauche en cette ville-là, il y mène tous les députés et y forme l'assemblée, s'assurant par sa présence de la raffermir dans son parti.

Cela fait, il leur représente tous les manquemens de foi qui se firent durant la première guerre, toutes les infractions de l'édit de paix fait devant Montpellier, dont s'étoit ensuivie la perte d'icelle ; la continuation du blocus de La Rochelle, la rétention de leurs biens et l'exécution injuste de plusieurs personnes innocentes; ce qui avoit causé la seconde guerre, laquelle ayant été apaisée par l'intervention des ambassadeurs du roi de la Grande-Bretagne, et que pour y faire condescendre les réformés aux conditions que le Roi désira, se rendirent, du consentement de Sa Majesté et au nom du Roi leur maître, garans de ladite paix, dont ils délivrèrent un écrit signé de leur main et scellé de leurs armes, qui n'en étant pas mieux observé; et le danger de La Rochelle croissant de jour en jour par la servitude où l'on réduisoit son port, ses franchises et la liberté de son commerce; par l'affermissement du fort Louis au lieu du rasement promis; par les fortifications, munitions et provisions des îles; par la construction, amas et armement de tant de vaisseaux; par la subsistance de tant de garnisons voisines; par tant de desseins tentés sur ladite ville; par le renversement des consulats de Nîmes et Aleth, auxquelles on ôtoit la liberté de l'élection; bref, par la multiplicité des infractions des édits en tous ces points, et sur toutes sortes de lieux et de personnes : que toutes ces choses avoient obligé ledit duc d'en faire remontrance au roi de la Grande-Bretagne, pour l'inciter de procurer aux réformés, suivant ses royales promesses, quelque soulagement; ce qui l'auroit ému de telle sorte, qu'après avoir tenté infructueusement les voies douces il se seroit enfin résolu de nous assister ouvertement, et, à cet effet, avoit envoyé le duc de Buckingham avec une belle armée, qui avoit commencé par de bons effets; mais que c'étoit à la charge que le bas Languedoc se joindroit à ses armes, et n'entendroit à nul traité que général, et du consentement dudit Roi et de tous les réformés du royaume, et que la ville de La Rochelle n'avoit rien voulu conclure sans eux.

Là-dessus, ledit duc de Rohan leur fait voir la

dépêche qu'il en avoit; leur dit que, vu l'importance de cette affaire, il avoit jugé à propos d'assembler les deux provinces des Sevennes et du bas Languedoc, afin qu'elles en concertassent mieux, et fissent des résolutions semblables. Ce qui n'eût bien réussi s'il eût envoyé lesdites dépêches aux villes séparément; qu'aussi il n'avoit pu convoquer une assemblée générale en temps de paix, dont la seule convocation eût été le moyen de l'empêcher ; mais qu'il s'assuroit que ce qui se résoudroit dans l'assemblée de ces deux provinces seroit suivi du reste; qu'il les exhortoit donc d'en délibérer, leur promettant de ne les abandonner jamais.

Sur quoi fut arrêté que ledit duc de Rohan seroit prié de reprendre sa charge de général des réformés, de faire des levées de gens de guerre, et tous exploits qu'il jugera à propos pour le bien d'iceux; qu'il est prié de former au plus tôt une assemblée générale qui subsiste durant la guerre, afin qu'avec elle toutes les affaires se manient; qu'on renouvelle le serment d'union, auquel on ajoutera la jonction aux armes du roi de la Grande-Bretagne, comme aussi celle de tous princes, seigneurs, gentilshommes et autres particuliers de ce royaume, qui, pour ce sujet, les auront prises ou les prendront à l'avenir, avec promesse de n'accepter aucune paix particulière, ni entendre ou consentir à aucun traité, que généralement et du gré de tous les réformés, et des princes avec lesquels ils sont ou seront unis.

Cette résolution ainsi prise, chacun se retire. Rohan donne ses commissions, fait tout son armement à ses dépens afin de ne dégoûter les peuples, donne le jour pour exécuter diverses entreprises sur plusieurs places. Et tandis qu'il s'apprête pour se mettre en campagne, il faut voir ce qui se passe dans l'île de Ré, où nous avons laissé le duc de Buckingham, lequel fait courir un manifeste pour justifier les armes du Roi son maître, et se vint loger avec son armée au bourg Saint-Martin-de-Ré, dont il commença à bloquer la citadelle, place à quatre bastions non encore parfaite, sans aucuns ouvrages de dehors. Il se résout de la prendre par famine sur la présomption qu'il y avoit peu de vivres dedans, et qu'étant le maître de la mer il lui seroit facile d'empêcher tout secours et avitaillement; et, sans apporter une grande prévoyance à ce blocus, il se contente de fermer le port avec bateaux et traverses, et de camper son armée autour de la citadelle, et ses vaisseaux de guerre autour de l'île, méprisant de se rendre maître d'un petit fort à quatre tenailles qui tenoit pour le Roi dans ladite île, sur l'une des bonnes descentes d'icelle, duquel après lui vint tout son mal.

Outre lesquels défauts se commirent encore ceux-ci : c'est qu'au lieu de travailler du côté de la mer, qui étoit le seul endroit que l'on devoit craindre, on entreprend un travail inutile du côté de la terre; on dresse trois batteries si éloignées, que c'étoit plutôt pour faire peur que mal; on néglige de se saisir d'un puits qui étoit à vingt-cinq ou trente pas de la contrescarpe, où l'on se contenta de jeter un cheval mort et quelques pierres pour le combler : mais les assiégés, voyant de quel préjudice leur étoit cette perte pour le manquement d'eau qu'ils avoient dans le fort, le décomblèrent diligemment, et l'ayant bien nettoyé en approchèrent un travail qui le leur conserva tout le long du siége. On faisoit la garde fort négligemment du côté de la mer, et quelques avis qu'eût donnés le duc de Soubise de séparer les vaisseaux et les mettre au devant des ports de ce côté-là, afin d'empêcher le ralliement de ceux du Roi, ils ne le voulurent jamais faire. Il y avoit pis : car, sous prétextes fort légers, sortoit tous les jours quelqu'un du port pour parler au duc de Buckingham qui voyoit l'état de l'armée; et se commencèrent dès lors diverses pratiques par le moyen du baron de Saint-Surin et de Montaur, qui continuèrent jusqu'à ce que le duc de Buckingham dépêcha en cour un de ses neveux avec ledit Saint-Surin, dont le sujet fut inconnu audit duc de Soubise.

Or, pour mieux comprendre cette affaire, il faut savoir que Ré est une île située à une lieue de La Rochelle, qui a sept lieues de long, fort fertile, surtout en vins et en sel. Il y a trois bourgs principaux, dont celui de Saint-Martin-de-Ré est un des plus beaux de France, et est situé sur la meilleure rade de toute la côte; il y a un port qui vient tout du long du bourg comme un petit bras de mer, et est l'embouchure d'icelui que le duc de Buckingham avoit bouchée pour empêcher qu'on ne jetât par là des vivres dans la citadelle. Entre Ré et Brouage il y a une autre île nommée Oleron, aussi grande qu'elle, aussi peuplée et encore plus fertile, où le Roi s'étoit conservé un fort que le duc de Soubise y avoit fait faire en la guerre précédente, lequel ne valoit rien; et si Buckingham s'en fût saisi et de toute l'île, où presque tous les habitans sont réformés, il ôtoit tout moyen de secours à la citadelle de Ré.

Sur ce temps le Roi tombe malade, et est contraint d'envoyer en sa place le duc d'Orléans pour commander et fortifier l'armée que le duc d'Angoulême avoit autour de La Rochelle, où, nonobstant les protestations des Rochelois de n'être joints aux Anglais, on ne laissa de les traiter comme tels. On commença à les bloquer plus étroitement du côté de la terre, pour leur empêcher l'entrée de toutes sortes de vivres : mais les principaux soins de cette armée furent de jeter hommes et vivres dans le fort de Ré; à quoi on n'épargna ni hommes ni dépenses : de façon qu'à diverses fois il y en entra autant qu'il fut nécessaire pour le faire subsister jusques à son entière délivrance.

Pour les Rochelois, après avoir en vain continué leurs protestations de fidélité et d'obéissance, voyant que toutes leurs soumissions ne diminuoient leurs souffrances ni l'envie de les perdre, mais seulement entretenoient une division parmi les réformés, et fournissoient un prétexte spécieux aux mal affectionnés de crier contre les autres, ils font un manifeste comme ils se sont soustraits de la couronne d'Angleterre pour se donner à celle de France, les grands priviléges qu'ils ont acquis pour cela, leurs bons services depuis ce temps-là, et leur fidélité inébranlable dans laquelle ils ont persévéré constamment, nonobstant la rupture du commerce, les dégâts de leurs récoltes, la ruine de leurs campagnes, les excès commis contre leurs bourgeois, bref, toutes les souffrances qu'en diverses années une armée licencieuse peut faire à ses plus grands ennemis; après quoi ils se joignent ouvertement aux armes des Anglais.

Quant au duc de Rohan, il fait sa déclaration, contenant les infractions aux deux paix précédentes, le sujet qu'il a de s'en émouvoir, et d'avoir eu recours au roi de la Grande-Bretagne, garant de la dernière; proteste de ne demander que l'observation des édits, moyennant quoi il offre de s'exiler volontairement du royaume, afin d'ôter à l'avenir tout prétexte et ombrage. De l'autre part, le Roi fait de nouvelles déclarations, où il promet l'observation des édits à ceux qui demeureront dans son obéissance, pardonne à tous ceux qui s'en sont distraits, si, dans un certain temps, ils reviennent; ordonne de grandes rigueurs contre les personnes et biens de ceux qui persévéreront dans le parti des réformés. Le duc de Soubise est déclaré criminel de lèse-majesté par arrêt; mais le parlement de Toulouse, quoiqu'il n'ait juridiction sur les pairs de France, condamne le duc de Rohan à être tiré à quatre chevaux, le déclare ignoble, met le prix de sa tête à 50,000 écus, et fait nobles ceux qui l'assassineront; ce qui donna volonté à trois ou quatre malheureux de l'entreprendre, qui n'eurent qu'une corde ou une roue pour récompense, n'étant au pouvoir d'aucune puissance humaine d'allonger ou accourcir la vie d'un homme sans la permission de Dieu.

Après ces combats de plume, il faut venir à ceux d'épée. De toutes les entreprises qu'on avoit promis au duc de Rohan d'exécuter sur diverses places et en diverses provinces, il ne réussit que celle de Corconne qu'il fit ménager par le lieutenant de ses gardes, avec un nommé de Pize (qui peu de temps après la rendit de nouveau aux ennemis). Ce qui les empêcha pour la plupart, fut que l'on n'en pouvoit permettre l'exécution avant la déclaration ouverte de la guerre ; si bien qu'à ce commencement il n'y avait bicoque qui ne se gardât soigneusement ; ce qui n'arrivait pas aux anciennes guerres civiles, pource qu'il y avoit lors du zèle, de la fidélité et du secret, et une confiance en leurs chefs auxquels ils déféroient tant, que sur leurs billets ils commençoient une guerre par l'exécution sur les meilleures places du royaume : et aujourd'hui on a plus de peine à combattre la lâcheté, l'irréligion et l'infidélité des réformés, que la mauvaise volonté de leurs ennemis.

Sur ces entrefaites il reçoit une dépêche de Montagu, qui lui mande que le dessein de faire la descente en Guienne étoit changé, et que pour cet été le duc de Buckingham ne feroit ses efforts que du côté de La Rochelle ; de façon que le roi de la Grande-Bretagne le déchargeoit de la promesse qu'il avoit faite de passer à Montauban, et qu'il lui laissoit la liberté d'agir où il voudroit ; mais que le duc de Savoie, auprès duquel il étoit, croyoit qu'il pourroit faire de plus utiles progrès le long du Rhône que de nulle autre part, donnant espérance de faire de son côté sa diversion. Néanmoins tous ces desseins se formoient en cas de la prise du fort de Ré, dont apparemment on ne pouvoit douter. Le duc de Rohan mit en considération cette dépêche, et eût volontiers tourné ses premières armes de ce côté-là, sinon qu'il étoit nécessité de faire déclarer les villes de Rouergue et haut Languedoc, auxquelles, à cause de son absence, on avoit fait prendre des résolutions toutes contraires aux siennes, et les délibérations en avoient été envoyées au Roi; si bien que, sans sa présence, il ne leur pouvoit faire prendre les armes, ce qui le confirma en son premier dessein, dont il manda les raisons à Montagu; et néanmoins l'assura que si le duc de Savoie, dès à présent, se vouloit mettre aux champs, que laissant tout autre dessein il le joindroit avec toutes ses forces, sinon qu'il falloit remettre la partie à une autre fois. Et comme cela ayant laissé le baron d'Aubais pour commander au bas Languedoc, et un conseil aux Sevennes pour y manier les affaires, il s'achemine avec ses troupes, composées de 4,500 hommes de pied et 200 chevaux, droit à Milhaud, et, en passant, il prit le Pont-d'Arre, maison d'un gentilhomme, et Arigas, église fortifiée, qui incommodoient la viguerie du Vigan : étant à Saint-Jean-du-Breuil, Alteirac et Guérin, qui étoient ses partisans dans Milhaud, le vinrent trouver pour le dissuader d'y passer, alléguant qu'il y trouveroit de la difficulté, mais l'assuroient que dès que Montauban et Castres se seroient déclarés ils feroient le semblable:

Ledit duc leur remontra qu'ils avoient grand tort d'être sortis de ladite ville, laquelle ils laissoient au pouvoir des mal affectionnés; que ce seroit la ruine de ses affaires, et un exemple à toutes les villes de Rouergue de lui fermer les portes; qu'il ne pouvoit commencer par Castres et Montauban, puisqu'il lui falloit passer par Milhaud pour y aller, et qu'il étoit résolu, avec toutes ses troupes, d'y entrer ou de ravager toute la campagne; qu'il les prioit de s'avancer pour leur en donner avis; mais ils trouvèrent que leur absence avoit donné courage au parti contraire, qui, ayant fermé les portes de la ville et celles des deux ponts qui sont sur la rivière du Tarn, par où il faut nécessairement passer, ils ne purent entrer et furent contraints de le venir trouver pour lui annoncer cette nouvelle, laquelle néanmoins ne l'arrêta point, voyant bien qu'il falloit tenter cette affaire, espérant toujours qu'à sa vue le peuple s'émouvroit; ce qui arriva. Car ayant fait passer de ses gardes delà la rivière avec beaucoup de difficulté et de péril à cause que l'eau étoit grosse, et attaquant les portes du pont des deux côtés, elles furent enfoncées; ce qui lui donna le libre passage jusqu'au faubourg, où étant il prend quelque cavalerie et ses trompettes, et, en cet équipage faisant le tour de la ville, il émeut le peuple de telle façon qu'à la faveur de la nuit ils s'assemblèrent plus facilement avec leurs armes; contraignent les consuls d'ouvrir les portes, et le viennent chercher pour le faire entrer dans la ville.

Ce succès lui donna l'entrée dans toutes celles de Rouergue, et même de la montagne d'Albigeois, hormis de Brassac et de la tour Saint-Félix, où il laissa quelques régimens à La Vacqueresse qui avoit déjà bloqué ladite tour; lequel, après une mine faite, la prit par composition, et Brassac, au bout de vingt-quatre heures, se remet en son obéissance. Mais à Castres, Saint-Germier qui portoit son parti, s'y gouverna si mal qu'il se laissa mettre dehors, et avec lui tous ceux qui lui étoient les plus affidés. A cet exemple Réalmont, Briteste et les trois villes du Lauragais, à savoir, Puylaurens, Revel et Sorèze, ne se voulurent déclarer; tellement qu'il fut contraint de venir avec sa cavalerie à Roquecourde, qui est une petite ville située à une lieue de Castres et à deux de Réalmont, d'où il tenta divers desseins sur toutes ces villes mal affectionnées. A Castres, il n'y peut rien faire; à Réalmont, ses persuasions y furent mieux reçues, et les portes ayant été fermées au duc de Montmorency, elles lui furent ouvertes; il y mit pour gouverneur Maugis qui étoit celui qui, principalement, l'y avoit servi, et qui lui avoit été fidèle en toutes les autres guerres.

Cette réduction l'élargit un peu; il y convoqua le colloque d'Albigeois, auquel il fit prendre des résolutions conformes aux siennes; mais, pour passer outre, il lui étoit nécessaire de s'assurer de Puylaurens ou Revel; sans quoi il ne pouvoit tenter d'aller à Montauban ou en Foix, parce qu'il lui falloit faire douze ou quinze lieues en pays ennemi, passer de grandes plaines, et le duc de Montmorency sur les bras, qui assembloit toutes les forces du pays pour le combattre, et qui seroit toujours plus fort que lui en cavalerie du double et du triple. Il avoit bien eu en pensée de passer la rivière du Tarn à gué; mais les grandes pluies la lui rendirent toujours inguéable; si bien que n'ayant autre chemin que celui du Lauragais, et une armée en tête, il ne put hasarder ce passage sans y avoir une retraite. Il commence par Puylaurens, comme celle qui, par son exemple, entraîneroit les autres. Terrieux et Maury, deux de ses plus affidés, et qui ès autres guerres l'avoient bien servi, lui promettent que, moyennant cinq cents pistoles pour distribuer dans la ville, ils l'y introduiroient. Il leur en bailla la moitié comptant; mais au lieu de faire ce qu'ils avoient promis, ils donnent avis dudit dessein au duc de Montmorency, afin de faire attraper La Cassagne qui, avec sa compagnie, celle du baron d'A-letz et cinquante des gardes de Rohan, étoient commandés pour l'exécution ; tellement que, quand ils furent au rendez-vous, les traîtres mandèrent qu'ils ne pouvoient tenir ce qu'ils avoient promis. Eux, se voyant loin de retraite, Causse, cavalier, qui avoit de bonnes habitudes dans Revel, et Gaillard qui y avoit son frère, et qui avec Desilles-Maisons y menoit un dessein infaillible qu'ils devoient exécuter dans deux jours, craignant d'être défaits à leur retraite qui étoit longue, proposèrent, comme par désespoir, d'anticiper le temps et de le tenter ; ce qui fut résolu entre eux, et leur réussit si bien, que le peuple de Revel voyant la livrée de Rohan, croyant qu'il y fût, et le frère de Gaillard, avec quelques autres habitans, s'étant saisi d'une tour, favorisèrent l'escalade, qui ne fut défendue qu'à coups de pierre ; et ainsi ils se rendirent maîtres de la ville, dont ledit Rohan étant averti se résolut sans plus tarder de faire chemin.

Pour cet effet il fait faire quarante mille pains, et, partant de Roquecourde, il vint camper avec partie de ses troupes à Arifat, métairie qui n'est qu'à demi-lieue de Castres. Le lendemain il passe au port de Narrez, où étoit son rendez-vous général, et loge à Sajes, où il apprit que le duc de Montmorency avoit pris son logement avec toutes ses troupes entre lui et Revel ; ce qui l'obligea de faire distribuer à ses soldats tout le pain qu'il avoit, afin de se désembarrasser des charrettes qui le portoient, et le lendemain, ayant fait une lieue, il aperçut ledit duc de Montmorency avec trois ou quatre cents chevaux sans aucune infanterie; il passa à sa vue en bon ordre, continuant son chemin vers Revel, sans qu'il se fît aucune escarmouche, et coucha à une lieue dudit Revel, où le lendemain il se rendit de bonne heure. Le duc de Montmorency vient prendre son logement à Saint-Félix et autres lieux des environs, d'où il pouvoit se trouver à l'avance sur son chemin, soit qu'il prît celui de Montauban ou celui de Foix.

Sur ces entrefaites le duc de Rohan surprend une lettre des consuls de Mazères, qui écrivoient au président du Suc la disposition de leur ville à se ranger du parti des réformés, et que toutefois la présence dudit duc y étoit requise pour la faire déclarer ouvertement; ce qu'icelui considérant, et, joignant à cela, qu'il y avoit trois journées d'armée pour gagner Montauban, nulle retraite en chemin, que son voyage n'y étoit point nécessaire puisque l'Anglais étoit attaché ailleurs, et qu'étant bien assuré de la bonne disposition de cette ville-là, il ne falloit perdre l'occasion qui s'offroit de porter tout le pays de Foix dans son parti, ce qui le fit résoudre à prendre cette route-là: et, afin de gagner le devant, après avoir fait prendre du pain à ses soldats pour deux jours, et leur avoir fait quitter partie de leur bagage, il partit de Revel à minuit; mais le mauvais temps qu'il fit cette nuit-là, et les incommodes avenues du village où étoit logée son infanterie, avant que l'arrière-garde fût hors d'icelui, qui étoit le 3 de novembre, il fut jour en passant près de Montcausson, où il y avoit une compagnie de cavalerie des ennemis logée. Le signal de son passage fut donné vers le Foix, et y eut quelque légère escarmouche, qui ne retarda aucunement l'armée de marcher; mais ladite compagnie, se mettant à sa queue, le suivit de loin jusqu'à ce qu'elle arrivât proche d'une petite villette, nommée Sovillé, à deux lieues de Revel, où le duc de Montmorency étoit venu mettre son armée en bataille, comme le lieu le plus propre pour s'opposer au passage du duc de Rohan et le combattre, pource qu'il y a une belle plaine au-dessous et fort avantageuse pour la cavalerie, dont il étoit de beaucoup supérieur, et à cause d'un petit ruisseau très-fâcheux, dont il avoit rompu les ponts, et qu'il falloit nécessairement passer à sa vue.

Ledit duc, ayant son armée composée de quatre mille hommes de pied et quinze cents maîtres fort lestes, fit quatre bataillons de son infanterie, qu'il rangea en losanges, laissant de grands espaces entre deux pour loger sa cavalerie, laquelle il mettoit toute au côté opposé à l'armée ennemie, et qu'il changeroit selon qu'il marcheroit, ou en tête, ou en flanc, ou en queue, le tout avec grand ordre; et le bagage il le mit au milieu de ces quatre bataillons, se résolvant, en cet ordre, de passer ou de combattre; et s'étant enquis de ses guides s'il n'y avoit autre passage à ce ruisseau que celui qui étoit occupé des ennemis, ils répondirent qu'on le pourroit passer à gauche, à un gué proche d'un petit château nommé Dejean, où ledit ruisseau se trouvant étroit, il étoit facile de faire un pont pour l'infanterie. Il marche donc droit là, laissant l'armée du duc de Montmorency à sa droite; et, après l'avoir passée, il envoya tout à propos saisir ce château, où deux cents soldats de la ville de Castelnaudary venoient pour s'y loger, qui eussent merveilleusement incommodé ce passage.

Ce qu'étant fait, il se désembarrasse de son bagage, lui faisant passer ledit ruisseau et conduire audit château, et après avoir gagné un tertre qui étoit entre l'armée ennemie et ledit ruisseau, il s'y arrête pour considérer la contenance du duc de Montmorency, et se résoudre à ce qu'il auroit à faire. Il eut une fois en pensée de ne quitter point l'avantage de ce lieu, craignant de passer de jour un ruisseau à la vue d'une armée qui cherchoit ses avantages pour le combattre, et qui pouvoit charger telle portion de la sienne qu'elle eût voulu, laissant passer l'eau au reste; de l'autre part, considérant que s'il y demeuroit il n'avoit aucuns vivres, tout le pays ennemi, une armée sur les bras, cinq grandes lieues de retraite pour gagner Mazères, il appréhendoit que les soldats ne succombassent à un tel travail; si bien que, par l'avis de tous les chefs, il résolut de se mettre plutôt au hasard du combat qu'aux incommodités de la faim et du travail; et après avoir fait faire le pont, il marcha au même ordre susdit pour le passer. Alizon, qui commandoit une troupe de cavalerie, et qui étoit le plus avancé vers le duc de Montmorency, étant placé sur un coteau qui voyoit de toutes parts, laissa trop éloigner l'armée avant que prendre sa retraite, tellement qu'il fut chargé par deux cents chevaux, qui le ramenèrent jusque dans l'infanterie en grand désordre, et y pensa mettre le reste; mais les gardes du duc de Rohan s'y trouvèrent à propos pied à terre, qui firent une salve de près, et en ce même temps les chargea et repoussa rudement. Ce commencement donna courage à l'armée de Montmorency : partie de sa cavalerie s'avance pour venir à la charge, et son infanterie aussi avec grands cris; mais étant repoussés pour la seconde fois, et deux des bataillons du duc de Rohan allant les piques baissées droit à eux, ladite infanterie ne les attendit pas, mais se mit en fuite, jetant leurs armes et quittant le champ de bataille : ils furent vivement poursuivis jusques à un rideau qui ôtoit la vue de ce qui étoit derrière; ce qui empêcha la déroute entière, car le duc de Rohan ne voulut pas qu'on le passât pour les poursuivre en désordre, à cause que le duc de Montmorency, qui n'avoit point encore combattu, étoit au-delà d'icelui avec plus de trois cents maîtres en bataille, mais commanda seulement à Lèques de le passer pour voir sa contenance.

Montmorency ayant rallié ses gens, les retira à la faveur de Sovillé, et là, les remit en bataille sans faire aucune contenance de revenir au combat. Le duc de Rohan, de son côté, demeura dans le champ de bataille plus d'une grande heure, fit enterrer ses morts et rendre grâces à Dieu, puis, sans aucun empêchement, passa le ruisseau et continua son chemin, et ne put arriver à Mazères que le lendemain à midi, ayant été quarante heures à cheval. Dans ce combat, il perdit Causse-Caucalière, un gendarme de sa compagnie, un de ses pages, deux lieutenans de ses gens de pied, cinq ou six soldats, et trente ou quarante de blessés. Du côté du duc de Montmorency il y en eut beaucoup davantage; néanmoins, le combat ne fut pas sanglant, et est à croire qu'il s'engagea plutôt sur l'occasion que de propos délibéré; car il semble qu'il y eût eu plus d'apparence d'attaquer le duc de

Rohan sur le passage du ruisseau qu'en tout autre endroit ; mais il est plus aisé de contrôler les actions d'autrui quand on est loin des coups, que dans l'occasion où il faut se résoudre promptement, où l'on n'a pas le temps de considérer et de peser toutes choses.

Le duc de Montmorency, en ce combat, n'avoit que trois mille hommes de pied, mais il avoit six ou sept cents maîtres au dire des siens; et toute la noblesse la plus qualifiée du Languedoc et de Rouergue, de Foix et même quelques-uns au delà de la Garonne.

Le duc de Rohan étant à Mazères, tous ses gens recrus de faim, de sommeil et de lassitude, il trouve pour rafraîchissement les portes fermées, et qu'on ne les vouloit point recevoir; néanmoins, le peuple à la fin prit courage, et malgré les consuls et principaux de la ville il le fit entrer, et après avoir donné ordre au logement de la cavalerie, il pourvut le mieux qu'il put à la nourriture de l'infanterie; et sur l'avis que le duc de Montmorency eut de la mauvaise disposition du peuple de Foix à se joindre aux armes du duc de Rohan, il se vint loger à Sainte-Gallelle sur la rivière de Lers, qui passe à Mazères, et à une grande lieue de Saverdun, d'où il leur donne avis qu'il étoit là pour les assister avec son armée, qu'ils eussent bon courage, et ne se laissassent aller aux persuasions du duc de Rohan, lequel, de son côté, se trouva huit jours entiers en cette extrémité d'avoir toute son armée dans Mazères à ses dépens, encore eut-il toutes les peines du monde de fournir à son infanterie un pain par jour, n'ayant lieu dans le Foix que Mazères, tout le reste lui étant contraire, et la rivière de l'Arriége tellement enflée, que, ne se pouvant guéer, elle lui empêchoit toute communication du haut Foix; de façon que si ces incommodités eussent duré encore quelques jours, il couroit fortune de périr de faim en séjournant, ou de recevoir un échec en s'en retournant, car même il n'avoit point de munitions de guerre pour se défendre. Toutes ces nécessités lui firent sonder tant de gués, qu'enfin en ayant trouvé un entre Saverdun et Pamiers, où le duc de Montmorency ne pouvoit pas si promptement venir, il se résout, en ce désespoir, de tenter l'entreprise de Saverdun, où il savoit le peuple lui être assez affectionné; et la ville basse étant facile à forcer, il espéroit qu'après l'avoir prise, ceux de la ville haute se pourroient effrayer et accommoder avec lui ; ce qui lui réussit comme il l'avoit projeté. Il part donc une nuit de Mazères avec une partie de ses troupes, passe le gué à la pointe du jour, où il eut une très-grande difficulté pour l'infanterie, à cause que la rivière est rapide et fort froide, et étoit encore si grosse, qu'il s'y noya de ses soldats et s'y perdit beaucoup d'armes, si bien qu'à la fin il fallut que la cavalerie passât en croupe une partie de l'infanterie; ce qu'étant, il marche droit à Saverdun, où il envoie premièrement un trompette sommer les habitans de lui ouvrir les portes; à leur refus, il s'avance, et après quelques mousquetades qui ne tuèrent, ni blessèrent personne, à l'aide de quelques bons habitans l'on pose les échelles et l'on entre.

La ville basse de Saverdun ainsi emportée, les mal affectionnés s'étonnent, les uns s'enfuient, les autres se cachent, enfin chacun crie miséricorde, et la haute ville se rend ; ce qui arriva le 12 novembre 1627.

Le même jour le duc de Rohan fait saisir par Faucon, avec deux cents hommes, le lieu de Montmaur, petite ville et château assise entre Revel et Mazères, et qui lui servoit beaucoup pour la conjonction du Lauragais avec le Foix; ce fut par l'intelligence de La Barte, qui avoit de grands mécontentemens du duc de Montmorency.

Ces heureux progrès lui font poursuivre chaudement sa pointe, et, sur l'espérance de quelque intelligence dans Pamiers, il s'y présente le 22 dudit mois, sur le soir, avec sa cavalerie, où il n'eut pour réception que des mousquetades, ce qui le fit résoudre de tenter la nuit suivante un dessein de pétarder la muraille; à quoi le portoient quelques-uns de la ville, qui avoient leur rendez-vous à une métairie proche d'icelle. Donc, au lieu de retourner à Saverdun comme il en avoit pris le chemin, il va camper en un lieu assez couvert, à demi-lieue de Pamiers, où il défendit qu'on fît aucun feu; il y fit venir Goudin et Malmoirac avec leurs régimens, qu'il avoit fait préparer pour cela ; mais ceux qui devoient sortir de Pamiers pour le conduire au lieu de l'exécution, et lui dire l'état de la ville, ne se trouvèrent point à leur rendez-vous; néanmoins ayant auprès de lui Le Bruel, qui étoit celui qui avoit ménagé ce dessein, et qui étant du lieu savoit l'endroit où l'on devoit poser le pétard; ne laissa de passer outre. Il fit donc ainsi son ordre. Il bailla à La Cassagne la conduite des pétardiers et des pétards qui furent portés par des gentilshommes de sa maison ou officiers de sa cavalerie, et les fit soutenir par Leques avec trente hommes armés et cinquante piquiers ou mousquetaires choisis, après quoi marchoient Goudin et Malmoirac, puis le duc de Rohan en personne.

Les choses ainsi disposées, on aborde la muraille, où nonobstant l'alarme et les mousquetades on fait jouer le premier pétard, qui ne faisant le trou assez grand, on y applique un second, lequel l'accroît capable de passer un homme armé, où s'étant trouvés des habitans avec leurs armes pour le défendre, Bazier, le pétardier, prend un petit pétard qu'il jette par ledit trou dans la ville, lequel venant à crever rompt la cuisse d'un des habitans et écarte les autres, ce qui donna temps aux attaquans de se jeter par ledit trou dans la ville. Le premier qui entra fut La Tour-Genestoux, le second le baron de La Villemade, et ensuite tout le reste. Cette prise apporta de l'étonnement dans tout le Foix ; quelques petits forts se rendirent d'effroi, qui se trouvèrent remplis de vivres..

Après cela, le duc fut reçu dans le Mas-d'Asile et le Carlat, et par ainsi réduisit dans son parti tous les réformés de la comté de Foix, et peut-être eût fait davantage si les affaires des Anglais dans l'île de Ré eussent prospéré, lesquels il faut aller revoir.

La mauvaise garde que faisoit la flotte anglaise, donna moyen à treize barques chargées de vivres d'aborder la citadelle ; et y étant arrivées le sixième septembre sur le matin, elles en partirent le neuvième suivant, et en ramenèrent les blessés et les bouches inutiles. La facilité que ceux-là y rencontrèrent en fit résoudre d'autres à tenter ce hasard ; mais les gardes ayant été renforcées par les Rochelois, quelques-uns furent pris au passage et traités assez mal; même le dernier de septembre, de quinze ou seize barques qui s'y présentèrent, il y en eut sept de prises, et le reste fut contraint de se retirer.

Le 12 de septembre arriva d'Angleterre un renfort de quinze ou seize cents soldats et de vivres et munitions, ce qui fit résoudre le duc de Buckingham d'attaquer le petit fort de La Prée, et même fit tourner quelques canons de ce côté-là; mais le dessein en fut aussitôt rompu sans en savoir la cause.

Le sixième d'octobre les assiégés étant en grande nécessité firent sortir Montaud pour capituler, si le lendemain ils n'étoient secourus de vivres. Cet avis obligeoit à doubler les gardes, et, au vent qui tiroit, il étoit aisé à juger que le secours ne pouvoit venir que d'Olonne, au devant duquel on leur conseilla d'envoyer quelques navires qui les eussent empêchés de passer; mais au lieu de cela le capitaine de la garde s'écarta de cette route, et va mettre ses vaisseaux à couvert dans la Fosse-de-l'Oye, tandis que trente-trois barques prenant leur temps passent, et vingt-neuf se rendent au-dessous de la citadelle. Sur quoi est à considérer qu'elles ne pouvoient s'approcher de la terre que d'un gros d'eau qui ne vient que de quinze en quinze jours, ce qui donnoit une grande facilité aux Anglais d'empêcher le secours; et arrivés ils ne pouvoient décharger que la mer ne fût tout-à-fait retirée. Si bien qu'on proposa au duc de Buckingham de brûler les barques avec tout ce qui étoit dedans, en les attaquant par les deux côtés de la terre; ce qui se pouvoit faire sans être offensé de la citadelle, pource que la rive étoit si haute qu'elle couvroit ceux qui eussent attaqué lesdites barques. Il montra approuver ce dessein; néanmoins il ne se mit en devoir de l'exécuter, et se contenta seulement de passer inutilement le temps à vouloir y mettre le feu du côté de la mer.

Ce rafraîchissement ayant ainsi passé, Buckingham entre en conseil, et fit résoudre la retraite; de sorte que le deuxième d'octobre on commence de remporter dans les vaisseaux les armes et les munitions de guerre qu'on avoit mises à terre. Cette résolution prise, il envoie chercher un des domestiques du duc de Soubise, auquel il dit que le conseil de guerre, voyant la place munie, la saison avancée, son armée de beaucoup diminuée, et tous ses vivres consommés, avoit jugé à propos de se retirer. Celui-ci tâche de le détourner de cette résolution, lui remontrant que la flotte que le comte de Holland lui amenoit remédieroit suffisamment à ses nécessités; que le rafraîchissement des assiégés n'étoit pour durer long-temps, et que moyennant une garde bien exacte ils seroient réduits bientôt aux extrémités premières; que cette retraite entraînoit la perte et la ruine de La Rochelle, laquelle il abandonnoit après l'avoir engagée; qu'elle accabloit de déplaisir et de blâme le duc de Soubise comme coupable de sa ruine; mais que par dessus tout elle faisoit un préjudice irréparable à la réputation des armes du Roi son maître, pour avoir fait cette entreprise avec si peu d'honneur et d'utilité.

A toutes ces remontrances il ne repartit autre chose, sinon que ses capitaines ne vouloient plus demeurer, mais que si la flotte du comte de Holland arrivoit à temps il essaieroit de les y résoudre. A cette réponse celui-ci, ayant compris que la résolution du duc étoit affermie à déloger, en avertit promptement le duc de Soubise, qui, depuis la mi-septembre, étoit à La Rochelle malade d'une fâcheuse fièvre tierce, et d'un grand dévoiement d'estomac, et le prie de venir jusque-là s'il peut; ce qu'il fait, et se rend en l'île de Ré, fait tous ses efforts pour ramener le duc de Buckingham et les siens à une meilleure résolution. On lui en donne espérance; néanmoins, voyant continuer l'embarquement, il connut qu'ils ne changeoient point de dessein.

Le Roi cependant, étant relevé de sa maladie, se porte en personne devant La Rochelle : sa présence y grossit et encourage son armée; et, sur ce qu'il apprend que celle du duc de Buckingham diminue fort, il se résout de faire une descente dans l'île de Ré à la faveur du petit fort de La Prée qu'il s'y étoit conservé. De l'autre part, le désir que les Anglais avoient de leur retour, les ayant rendus nonchalans à leur garde, ils laissent glisser sept ou huit pinasses vers ledit fort de La Prée, et le seizième d'octobre, à la faveur d'icelui, mettent pied à terre quatre cents hommes, le 27 y en descendent dix, et le 30 vingt-cinq; de quoi le duc de Buckingham averti se recueille, part de nuit avec ce qu'il avoit de gens de pied et de cheval, ayant même fait abandonner la plus grande part des tranchées, va pour empêcher la descente qui étoit déjà faite, et fait donner quelques Français, qui, n'étant soutenus, furent contraints de se retirer. Pendant ce temps, les marchands de La Rochelle, voyant tous les préparatifs de la retraite, le supplient instamment de leur donner cinquante ou soixante tonneaux de blé qu'il avoit mis à terre, ce qu'il ne leur accorda que lorsqu'ils n'eurent plus le loisir de les enlever; si bien qu'ils demeurèrent aux ennemis. Mais avant que partir, pour faire voir qu'il avoit essayé toutes choses possibles, il voulut tenter un dernier effort, qu'il fondoit sur le rapport de ceux qui étoient sortis de la citadelle, qui l'assuroient qu'il n'y avoit pas huit cents hommes de guerre dedans, encore tous malades, et que, du côté de la mer la courtine étoit sans fossé ni rempart, et que, posant en cet endroit des échelles, on pouvoit la forcer. Il se résout donc sans autre connoissance, et sans abattre les parapets, de faire donner un assaut général; il en fait la proposition aux capitaines français, les prie d'y disposer les colonels anglais, et sur la difficulté qu'ils en font, les assure qu'il publiera que c'est par son commandement. Ainsi le dessein étant résolu le 6 de novembre, il dispose ses gens à l'assaut, ordonne aux Anglais et Irlandais de donner du côté de la terre, et aux Français mêlés avec quelques Anglais du côté de la mer. Manuel conduisoit les dix premières échelles, et n'en put poser que deux; chacun fit assez bien son devoir. Mais de forcer plus de quinze cents hommes par escalade, dans une place de quatre bastions, bien munie d'artillerie et de tout ce qui lui étoit nécessaire, c'étoit chercher à rebuter ses soldats, et non à leur faire acquérir de l'honneur: si bien qu'après avoir laissé plusieurs morts, et ramené beaucoup de blessés, on fut contraint de se retirer.

Ce mauvais succès, joint audit avis qu'on avoit que les troupes du fort de La Prée se grossissoient à toute heure, hâtèrent le duc de Buckingham à lever le siége et se retirer dans la Fosse-de-l'Oye pour y faire son embarquement avec plus de loisir et de sûreté. Le huitième de novembre, de bon matin, on bat aux champs pour partir après midi; à peine son arrière-garde sortoit du bourg, que les troupes du Roi parurent, beaucoup plus fortes en cavalerie, et pareilles en gens de pied, avec cet avantage de suivre une armée qui se retiroit, pour profiter des occasions que pourroit donner l'incommodité des passages, ou la confusion d'une retraite. Au passage de La Coharde ils firent mine de venir à la charge; mais voyant la bonne contenance des Anglais, et que le lieu leur étoit assez avantageux, après une longue halte les uns et les autres marchèrent, les Anglais tenant la plaine, et les troupes du Roi les dunes qui bordent la mer. Au-delà de la passe se trouve une digue qui traversant les marais se va rendre au pont de l'Oye; à l'entrée d'icelle les bataillons commencèrent à se presser et à prendre leur défense; néanmoins l'avant-garde puis la bataille enfilent le chemin étroit; mais quand ce vint l'arrière-garde, se trouvant chargée par le maréchal de Schomberg, elle fut facilement défaite, et les Anglais y perdirent sept ou huit cents hommes; mais la nuit survenant, elle favorisa leur embarquement.

Le duc de Buckingham commit en cette action deux grandes fautes, l'une, de laisser faire la retraite à quatre-vingts chevaux, lesquels, étant renversés sur l'arrière-garde, la rompirent et mirent en désordre; et l'autre, de n'avoir fait aucun fort ni retranchemens à l'entrée de cette digue, par où il s'étoit toujours proposé de se retirer en cas de nécessité, ce qui eût absolument assuré ladite retraite. A son départ, il assure les Rochelois d'un prompt retour, avec une plus puissante flotte et mieux équipée pour les délivrer ; leur remontra que la seule incommodité de la saison, et le défaut de vivres, l'avoient obligé à la retraite ; leur promit de les pourvoir promptement et abondamment de toutes choses nécessaires à une longue subsistance; qu'il demandoit leurs marchands pour le suivre en Angleterre, afin qu'ils fussent témoins de sa bonne affection et diligence, et qu'ils pussent remporter eux-mêmes l'effet de ses promesses. Cependant le 21 dudit mois, comme l'on approchoit de la côte d'Angleterre, il se met dans un flibot, envoie les marchands rochelois l'attendre à Bristol, prie le duc de Soubise de faire le semblable à Portsmouth, où il seroit aussitôt que lui, et tourne le cap vers Plymouth, où étoit la flotte que le comte de Holland devoit mener.

Arrivé qu'il y fut, il donne ordre que les navires prêts et chargés pour porter du blé aux Rochelois fussent déchargés, et toutes les provisions vendues et dispersées, sous prétexte qu'elles se gâtoient ; quoi fait, il gagna le devant pour préoccuper l'esprit du roi de la Grande-Bretagne, rejetant sur les innocens le blâme de toutes les fautes qui s'étoient faites ; de sorte que quand les marchands arrivèrent, qui se vouloient plaindre de lui, ils furent avertis que leurs plaintes ne serviroient qu'à empirer leur condition. Mais voulant solliciter une expédition prompte pour faire porter du blé dans La Rochelle, le duc de Buckingham leur bailla pour excuse qu'il avoit été vendu ; et ce qui les étonna encore davantage fut qu'il remporta avec lui trois cents tonneaux de blé qu'il pouvoit laisser aux Rochelois, en attendant mieux. Nonobstant tout cela, lesdits marchands se présentèrent au roi de la Grande-Bretagne le 22 de décembre, lui remontrant leur péril et les grandes forces qui se préparent pour leur ruine, le suppliant de faire hâter un bon secours de vivres, ce défaut étant le seul qui les pressoit, et lequel étant réparé, il n'y avoit plus rien à craindre pour eux ; mais si l'on donnoit le temps à leurs ennemis de boucher le port, leur perte étoit inévitable. Le Roi leur répond qu'il y travaillera puissamment et promptement, et qu'il mettra plutôt au hasard toutes les forces de ses royaumes que de les laisser périr.

Pendant qu'on attend l'effet de ses promesses, les Rochelois dépêchent leur amiral Bragneau avec argent et charge expresse d'acheter promptement des blés, les faire charger tant sur les vaisseaux qu'il avoit avec lui que sur ceux qui étoient déjà en Angleterre, et de revenir le plus diligemment qu'il lui seroit possible. David, qui étoit parti après lui avec pareille commission, fait sa charge de blé, retourne et entre heureusement dans La Rochelle. Bragneau, au lieu d'exécuter ce qui lui avoit été ordonné si expressément, va de Plymouth, où il trouvoit sa charge prête, à Portsmouth, sous prétexte de meilleur marché, et encore au lieu de la faire là, il va à Londres où il se remplit de promesses du duc de Buckingham, et s'attache à recevoir l'honneur et le profit de l'amirauté des réfugiés français, qui lui fut donnée par la démission volontaire que le duc de Soubise en fit en faveur des Rochelois, et pour les soulager des frais extraordinaires qu'ils supportoient : de sorte que, quelque instance qu'on lui fît, il ne put être incité de partir jusqu'à ce que, croissant tous les jours difficultés du passage, il fut contraint d'attendre le partement de la flotte qui se préparoit.

Voilà le succès du voyage de Buckingham, auquel il perdit la réputation de sa nation et la sienne, consomma une partie des vivres des Rochelois, et mit au désespoir le parti pour lequel il étoit venu en France. Cette victoire rendit le Roi d'autant plus diligent au siége de La Rochelle, qu'elle lui donnoit plus d'espérance de l'emporter. Il emploie tout l'hiver à la ceindre du côté de la terre par forts, redoutes et lignes de communication, et, du côté de la mer, il entreprend une estacade, depuis la pointe de Coreilles jusqu'au fort Louis, pour boucher le port, à quoi il n'épargne ni soin ni dépense.

Le duc de Rohan apprend premièrement cette mauvaise nouvelle par les feux de joie que les catholiques romains en font par tout le comté de Foix, et après par une dépêche du duc de Soubise qui l'exhorte à ne perdre courage, et qu'il espère qu'on reviendra le printemps prochain en état d'effacer l'affront reçu.

En ce même temps, le duc de Rohan reçut deux nouvelles du bas Languedoc, l'une comme le marquis de Portes, qui avoit de grandes habitudes dans le colloque de Saint-Germain, ayant fait déclarer le château de Florac pour lui, Montredon, chef dudit colloque pour les réformés, y étant accouru, et ayant appelé toute la province à son assistance, auroit assiégé ledit château, et, à la vue dudit marquis de Portes, qui étoit venu pour le secourir avec deux mille hommes, auroit fait jouer deux mines, donné l'assaut et contraint ceux de dedans à lui rendre ledit château. La seconde étoit que le prince de Condé venoit au bas Languedoc par la rivière du Rhône, et que Brison traitoit avec lui pour la province du Vivarais, laquelle il tâchoit d'intimider sur l'éloignement du duc de Rohan; ce qui lui fit considérer qu'il valoit mieux conserver ce qu'on avoit d'assuré, jugeant que, s'il passoit l'hiver en Foix, il affamoit le pays qui avoit déjà eu une mauvaise année, et se trouvoit en un petit pays détaché de tous les autres, où, si le prince d'un côté, et le duc d'Epernon de l'autre, se venoient à joindre avec le duc de Montmorency, qu'ils le tiendroient comme assiégé; que s'il passoit à Montauban il n'y pouvoit faire de grands progrès, vu la retraite de l'Anglais, et qu'on étoit au commencement de l'hiver; et de plus, qu'il lui seroit impossible de repasser: tellement que, tout considéré, le plus salutaire conseil fut trouvé de reprendre son chemin vers le Languedoc, pour s'opposer audit prince et raffermir tout ce pays-là.

Avant que partir il convoque le colloque de Foix, y établit Beaufort pour gouverneur, qui fut reçu avec applaudissement. Il y laisse son régiment qui étoit encore de huit cents hommes, et sa compagnie de chevau-légers; fait La Rousselière gouverneur de Saverdun, donne ordre aux fortifications des places, dont il y en a trois bonnes, à savoir, Mazères, Saverdun et Carlat; et pour le Mas-d'Asile, à cause du siége qu'elle avoit soutenu, cette place prenoit courage de se défendre. Il n'y avoit que Pamiers qui lui donnoit de la peine, pource que c'est une grande ville infortifiable, mal peuplée, et que tous les réformés de Foix ne sont pas en assez grand nombre pour la pouvoir conserver; le droit du jeu étoit de la démanteler; mais ce sont choses difficiles à persuader aux peuples, avec lesquels, aux guerres de cette nature, il est du tout nécessaire de s'accommoder. Au lieu de ce remède, il fait trouver bon aux habitans de fortifier un quartier de la ville, nommé le Marcadal, qui est en belle assiette, où il desseigne une bonne fortification; après quoi il donne rendez-vous à ses troupes à Mazères, d'où il part la nuit, et, reprenant le même chemin qu'il étoit venu, se rend à Revel.

Le duc de Montmorency, ayant su son partement, le va attendre sur le grand chemin de Montauban, d'où soudain il retourne vers lui; de Revel il passe au haut Languedoc, où de nouveau il assemble le colloque, leur fait entendre ce qu'il a fait en Foix, les encourage à tenir ferme jusqu'au bout, et leur établit un conseil, en attendant qu'il leur envoyât un gouverneur du colloque, n'y ayant parmi eux personne auquel les autres voulussent céder, pource que le marquis de Malauze, qui autrefois l'avoit été, et que seul sans contredit l'on eût reconnu, travailloit entièrement contre le parti, étant gagné de la cour pour choquer le duc de Rohan en cette province-là; et, afin de le faire plus puissamment, il feignit de se vouloir réconcilier avec lui, et en fit écrire à Beaufort; puis, au premier passage dudit duc, il témoigna du déplaisir de ce que Castres ne s'étoit mise dans le parti des réformés, et protestoit que dès qu'elle et Montauban y seroient, et qu'on auroit formé une assemblée générale, il se déclareroit ouvertement : ce qui amusoit beaucoup d'esprits foibles, et donnoit prétexte aux mal affectionnés de faire du mal parmi les peuples; car Montauban et Castres s'étant déclarées, et l'assemblée générale s'étant formée, cela ne l'a point fait changer, étant toujours demeuré contraire au parti des réformés. Il dépêcha aussi Villemade à Montauban pour lui donner avis du sujet de son retour, les exhorter de se déclarer, et pour commander les gens de guerre sous l'autorité des consuls; mais ce dernier article empêcha tout le reste, pource que nul n'est prophète en son pays, si bien qu'ils se voulurent assurer d'un gouverneur avant que de faire la guerre.

Ces choses ainsi passées, il reprend sa route vers les Sevennes. Dès qu'il fut au Vigan, il eut de pressantes dépêches du Vivarais pour l'avertir que Brison avoit quitté tout le haut Vivarais à la vue du prince de Condé, quoiqu'il ne fût en état de forcer une bicoque, n'ayant nul canon, lequel avoit brûlé et ravagé ce pauvre pays-là, et que, s'il ne le secouroit promptement, il étoit à craindre que Privas et le bas Vivarais ne fissent leur paix; à quoi Brison les incitoit fort. Mais ayant appris le retour dudit duc de Rohan, qui leur manda qu'il se préparoit d'aller en personne à leur secours, ils se raffermirent, et malgré ledit Brison se résolurent à se défendre; ce qui obligea ledit prince de passer au bas Languedoc, où ledit duc étant arrivé, il trouva quelques soldats de Nîmes qui avoient saisi le château de Vauvert, lequel il fit abandonner au passage dudit prince, qui faisoit mine de le vouloir assiéger, ne lui voulant donner aucun sujet de s'arrêter, sachant qu'il avoit ordre de passer au haut Languedoc; et que son séjour l'incommodoit à un dessein qu'il avoit sur la citadelle de Montpellier, lequel Bretigny Davio ménageoit il y avoit six mois avec le baron de Meslay, son parent et ami intime, et premier capitaine du régiment de Normandie qui étoit, en garnison dans Montpellier.

Or, pource qu'à la venue de Fosse on devoit sortir les régimens de Normandie et de Picardie de ladite ville, et y mettre d'autres troupes, Meslay, qui s'y étoit marié avec une réformée, montroit du mécontentement de ce changement, et n'être aliéné de prendre le parti des réformés. Bretigny, qui, d'autre part, le reconnoissoit être ambitieux, le fortifie en cette humeur, puis lui propose que, s'il pouvoit se rendre maître de Montpellier, il satisferoit à son mécontentement, et entreroit dans un parti où il devoit espérer avec cette pièce-là toutes choses grandes. L'autre l'écouta et lui demanda terme, tant pour s'y résoudre que pour voir les moyens qu'il y avoit de venir à bout de ce qu'il lui proposoit, et ils prirent ensemble les expédiens de se voir et de se faire savoir des nouvelles sans soupçon. Quelque temps après il lui dit qu'il étoit résolu d'entreprendre l'affaire, traite avec lui des conditions avantageuses avec lesquelles il vouloit entrer dans le parti, et lui déclare les moyens qu'il avoit de se rendre maître de la citadelle, à savoir, qu'étant tous les quatre jours de garde avec sa compagnie, et commandant, il lui seroit facile d'y faire entrer tout autant de gens qu'il voudroit; que pour la sûreté de sa foi, il mettroit en otage sa femme, et à l'exécution sortiroit cent pas au devant de Bretigny pour se mettre entre ses mains.

Toutes ces choses étant communiquées au duc de Rohan, il les approuve, pource que les deux lignes de communication qui conjoignent la ville avec la citadelle étant faites, et la muraille qui la séparoit de la citadelle abattue, comme on y travailloit, ladite ville ne se pouvoit défendre ; mais déclara qu'il n'entreprendroit jamais ce dessein que ladite muraille de la ville ne fût abattue, ou pour le moins qu'il n'y eût de grandes brèches, afin de faire l'affaire tout d'un coup. Les armes étant prises, et ce dessein résolu, le duc de Rohan retarde quelques jours son département ; néanmoins, voyant que ces murailles s'abattoient trop lentement, il part et fait chemin ; mais ainsi qu'il délogeoit de Roquecourde pour passer en Foix, Meslay mande à Bretigny que l'affaire est en bon état, et qu'il faut l'exécuter avant qu'il y ait changement à la garnison de la citadelle ; sur quoi il est dépêché ès Sevennes et bas Languedoc, avec les ordres nécessaires pour faire l'exécution, et le charge de la communiquer particulièrement à Montredon et non à autre. Mais ce dessein traîna jusques à l'arrivée du duc de Rohan, auquel on fait de nouvelles propositions de vouloir qu'au même temps qu'il feroit donner à la citadelle par le dehors, il attaquât la ville avec deux mille hommes, en donnant une escalade aux murailles de communication ; alléguant que, quand on seroit maître de la citadelle, il falloit un si grand temps pour passer trois ou quatre mille hommes par une porte, que cela donneroit loisir à ceux de la ville de se mettre en armes. Ce qui lui donna du refroidissement dudit dessein, et commença à soupçonner qu'il y avoit de la fraude ; si bien qu'il se tint ferme à sa première proposition, et de telle sorte, que Bretigny se plaignoit de ce qu'il le trouvoit changé en un dessein capable de remettre tout le parti ; néanmoins, il lui fit comprendre le péril de cette dernière proposition, et qu'étant maître de la citadelle, il étoit impossible de l'empêcher de prendre la ville.

[1628] Donc, le prince de Condé ayant pris son chemin vers le haut Languedoc, le duc de Rohan fait son amas, donne son rendez-vous au 19 de janvier, au-dessus de Claret, à cinq lieues de Montpellier, où il se trouva à deux heures après midi avec six mille hommes de guerre. Il envoie dix chevaux devant toute la troupe jusques au pont de Saleson, qui n'est qu'à une lieue de Montpellier, pour arrêter tous ceux qui pourroient aller donner avis de sa venue. Après, il fait marcher Bretigny, chef de l'entreprise, avec l'avant-garde composée de quinze cents hommes, et divisée en six troupes ; les trois premières étoient chacune de trente hommes armés, choisis parmi les volontaires, et les meilleurs hommes choisis de la cavalerie avec la hallebarde et le pistolet, et de quatre-vingts, moitié piquiers, moitié mousquetaires ; chaque dixaine des armés avoit son chef, et ils portoient avec eux quelques pétards et échelles pour forcer les corps-de-garde qui se trouveroient dans la citadelle, comme aussi deux grandes fourches pour arrêter la herse. Les trois autres troupes étoient de quatre cents hommes chacune, qui devoient soutenir les premières ; après venoit ledit duc avec les gens armés, et étoit suivi de tout le reste des bataillons, dont le plus gros n'étoit que de quatre à cinq cents hommes. Etant arrivé au pont de Saleson, et y ayant trouvé l'homme du baron de Meslay, qui assura Bretigny que tout alloit bien, on s'avança jusques au pont Juvenal, qui est à une canonnade de Montpellier, ayant laissé tout le bagage au-delà du pont de Saleson, avec cent soldats seulement pour le garder. Bretigny envoie de nouveau un brave soldat vers son cousin, pour lui donner avis qu'il étoit là; lequel le sut si bien tromper, qu'il rapporta que tout étoit en bon état, et qu'il n'y avoit nulle difficulté à l'affaire. Il marche donc, et, sans se ressouvenir de ce qui lui avoit été tant recommandé, de n'entrer dans la place que Meslay ne sortît au devant de lui et ne se remît entre ses mains, l'impatience d'exécuter un si beau dessein le fait entrer, sans cette précaution, avec trente-six ou trente-sept, ceux de dedans n'en ayant osé laisser entrer davantage; car, dès qu'ils virent poser les fourches qui arrêtoient la herse, ils coupent une corde qui fit lever le pont-levis, et abaissa un trébuchet où la plupart des entrés tombèrent dans une fosse où on les arquebusa, et en même temps la mousqueterie joua contre ceux de dehors. Montredon, qui, au défaut de Bretigny, avoit le commandement, et qui avoit charge d'être à la porte pour faire entrer tout par ordre, fit retirer les troupes et en donna avis au duc de Rohan, lequel avoit mis tout son gros en bataille, à droite et à gauche du grand chemin, qu'il laissa toujours libre pour la retraite de ceux de l'avant-garde; et quand ils furent tous passés, il retourna au pont de Saleson, où ayant fait halte et remis tout en ordre, il se retira entre Montpellier et Lunel, et logea aux meilleurs villages qui y fussent, n'étant jamais sorti homme de Montpellier pour le suivre et regarder où il alloit. Le lendemain, il congédie les troupes des Sevennes, et, avec celles du bas Languedoc, va à Saint-Gilles où il pensoit entreprendre quelque chose ; mais le froid vint si violent, qu'il fut contraint de les mettre en garnison.

Voilà le succès de cette entreprise, où Bretigny et son frère furent tués avec quinze ou vingt autres, et seize ou dix-sept prisonniers.

Durant cet hiver, le duc de Rohan se trouve pressé de deux côtés, à savoir, du haut Languedoc et du Vivarais ; au premier étoit le prince de Condé, qui, se préparant à attaquer le pays par la force, ne laissoit de tâcher à ébranler, par ses pratiques, les villes qui s'étoient rangées du parti des réformés ; si bien que la présence du duc de Rohan avec ses troupes y étoit fort nécessaire. D'autre côté, le Vivarais, depuis le passage du prince, étoit en piteux état, le haut Vivarais perdu, et ce qu'il tenoit sur le Rhône. Outre cela, le duc de Ventadour en ses terres, et Masargues en celles de sa femme, usoient de grandes cruautés et violences contre les réformés, prenant leurs biens et les contraignant à coups de bâton et d'étrivières d'aller à la messe ; tellement qu'il venoit des dépêches et des députés coup sur coup, pour requérir la présence du duc de Rohan avec ses forces, afin de les remettre un peu au large ; autrement, qu'ils étoient contraints de se rendre à quelque condition que ce fût, vu même les divisions de toute la noblesse du pays avec Brison, à quoi on ne pouvoit remédier sans sa présence ; assuroient avoir donné ordre à la nourriture de ses troupes pour le temps qu'il seroit nécessaire qu'elles y demeurassent.

Il arriva encore un grand accident qui donna un grand branle à ce voyage ; à savoir, la mort inopinée de Brison, qui augmenta les divisions. Car, si la noblesse avoit fait difficulté d'obéir à Brison, qui avoit déjà été deux fois gouverneur du pays, à plus forte raison la faisoit-elle plus grande pour Chevrilles son frère, qui étoit cadet peu expérimenté aux affaires, et qui n'avoit l'industrie de son aîné pour conduire ce pays. De l'autre part, la faction de Brison qui étoit la plus forte dans Privas, et Privas le plus considérable lieu du Vivarais, élut Chevrilles pour gouverneur, pource que le connoissant foible, elle crut qu'elle gouverneroit les affaires plus absolument que sous son frère, et lui en feroit telle part qu'elle voudroit. J'ajoute que la province du bas Languedoc, qui devoit faire les avances de la levée, ayant grand intérêt que le Vivarais subsistât, et que le Rhône fût bouché pource que c'est la rivière qui amène avec promptitude et facilité toutes les armes et munitions pour lui faire du mal, fit préférer ce dessein à celui du haut Languedoc, où néanmoins Rohan prépara deux régimens de cinq cents hommes chacun pour y envoyer, qui étoit ce qu'à son défaut il lui demandoit. Mais la mauvaise humeur de Faucon, pour ne dire pis, troubla fort ce secours; car, ayant été ordonné pour ce voyage, après avoir promis d'y aller, et avoir reçu, pour cet effet, plus d'argent pour sa levée qu'à l'ordinaire, il essaya de débaucher ses capitaines afin de rejeter la faute sur eux. Néanmoins, n'ayant pu venir à bout que d'un, il fut enfin contraint de déclarer qu'il n'y iroit point; de façon qu'il ne peut envoyer que huit de ces compagnies avec Caumette-Chambaud, qui commandoit l'autre régiment; mais à cause de ces difficultés et longueurs, et les artifices que Faucon apporta pour débaucher les uns et les autres de faire ce voyage, ces huit compagnies ne firent jamais plus de cinq cents hommes. Le duc de Rohan fit arrêter ledit Faucon prisonnier, et le voulut faire juger au conseil de guerre, où il trouva plus de faveur que de justice. C'est un des grands maux qui arrivent aux chefs des partis pauvres et volontaires, à savoir, qu'ils n'ont pas le moyen de récompenser les bonnes actions, ni de punir les mauvaises.

Pour revenir au voyage de Vivarais, le duc de Rohan lève quatre mille hommes de pied et près de deux cents maîtres. Avant que partir, il fait démanteler Saint-Geniez et autres lieux clos dans le diocèse d'Uzès, le long du Gardon, afin qu'en son absence les catholiques romains ne les prissent et n'empêchassent, avec de petites garnisons, les contributions de toute cette campagne, qui est pleine de bons villages, et n'incommodassent le passage du bas Languedoc aux Sevennes; puis fit résoudre aux susdites provinces de ne prêter l'oreille à aucun traité particulier, ains lui renvoyer le tout, comme, de sa part, il promit le semblable, et de n'y consentir jamais qu'avec eux, les autres provinces, La Rochelle et le roi de la Grande-Bretagne.

Après avoir donné cet ordre, il se rend à la ville d'Alais au commencement de mars avec toutes ses troupes, où il fut persécuté des habitans d'icelle et de celle d'Anduze, jusqu'à sédition, d'employer ses forces à prendre Vezenobre et Monts qui les incommodoient; mais s'étant démêlé de cette importunité, il passe outre. Son commencement fut de s'assurer du château de Rousson, qui est entre Alais et

Saint-Ambroix; puis prit, en passant, Tirarque et Saint-Jean de Marnesols, appartenant au marquis de Portes, qui se rendirent à la vue du canon; il fit démanteler le dernier et non le premier, qui n'est qu'un château, demeure ordinaire dudit marquis, ayant nettoyé le chemin jusqu'à Barjac; et étant sur le bord du Vivarais, il juge nécessaire d'assurer son passage de la rivière d'Ardèche, tant pour l'aller que pour le retour. Pour cet effet, il assiége le château de Salvas situé sur ladite rivière, lequel il bloque avec une partie de ses troupes, et fait passer la rivière à l'autre partie sous le commandement d'Aubais, tant pour la commodité du logement et des vivres, que pour bloquer en même temps le château de Vallon. Le siége de Salvas dura cinq jours, parce que l'on n'avoit canons ni munitions de guerre pour le forcer promptement; si bien qu'il se fallut contenter d'abattre les défenses, et avoir recours à faire deux mines qui firent assez bon effet. On force la basse-cour, et on les enferme dans le donjon qu'on attaque de tous côtés. Ceux de dedans se défendent très-bien, tuent et blessent quantité des attaquans; entre autres, Goudin, mestre de camp, y fût blessé; mais aussi le canon les estropia tous, ce qui les contraignit à se rendre le lendemain dudit assaut.

A leur exemple, la tour de Moulins se rend, et le château de Vallon aussi. Ledit duc fit raser lesdits châteaux, et conserva seulement la tour de Moulins, qui est bonne et de petite garde. Pour conserver le passage et nettoyer tout le chemin de Vivarais, il ne restoit plus que Villeneuve-de-Berg, où Montréal, qui en est gouverneur, avoit ramassé douze cents hommes : néanmoins, le duc de Rohan se fût résolu de l'attaquer s'il lui eût été possible, afin de ne laisser aucune épine derrière lui ; mais il se trouva sans munitions de guerre, ayant dépendu ce peu qu'il en avoit au siége de Salvas, où ses troupes s'étoient diminuées, ayant eu beaucoup de peine à vivre durant ledit siége, et étant encore proche de leur retraite ; et le pis étoit qu'il ne les pouvoit faire vivre autour de Villeneuve, tant la province du Vivarais y avoit donné mauvais ordre ; si bien qu'il fut contraint de laisser son canon à La Gorce, et de passer droit à Privas avec toutes ses troupes, afin de pourvoir à leur subsistance ; à quoi il trouva qu'on n'avoit aucunement songé, chacun rejetant la faute sur autrui, et à toute peine y établit-il le moyen d'y faire vivre ses soldats. Le premier exploit fut le siége de Chourmerarg, qu'il fit faire par Chevrilles et les troupes du pays, tandis que les siennes se rafraîchissoient : il dura trois jours, et les défenses étant à bas, il se rendit le deuxième d'avril.

Les desseins du duc de Rohan en Vivarais étoient d'y établir un gouverneur, d'y assoupir les divisions, et surtout d'y faire un bon passage sur le Rhône, tant pour tirer un tribut de la rivière, que pour faciliter le passage des troupes que le duc de Savoie lui promettoit. Quelques-uns lui proposèrent Sojon, d'autres La Voute, plusieurs pressoient pour Baies et Le Pouzin ; au premier, l'incommodité se trouvoit en ce qu'il est situé au haut Vivarais, et éloigné de l'assistance de Privas ; au second, que c'est une place appartenante au duc de Ventadour, laquelle, quoique foible et incapable d'être bonne, étoit suffisante d'épuiser toutes les munitions de Privas, et lui faire recevoir un affront; ce qui lui eût fait perdre toute sa réputation dans le parti contraire, et même dans le sien. Il se résout donc au troisième dessein, et commence par Le Pouzin qu'on avoit démantelé quand Brison le rendit : néanmoins, pour empêcher qu'on ne s'y relogeât, on avoit fait au château une méchante tour, et le long de la rivière un petit fort en triangle. Il commanda à Aubais de se saisir, la nuit, du faubourg qui est du côté de Lauport, et à Leques de la ville. Cependant il fait approcher le canon, à la vue duquel le fort se rendit, à cause principalement que Leques avoit déjà pris la tour, où, s'étant logé et dans l'emplacement du château, il dominoit tellement dans le fort, qu'on n'y osoit paroître.

A même temps Chevrilles, avec les troupes du pays, assiége et prend Saint-Auban, qui incommodoit le chemin de Privas au Pouzin, et Malmoirac eut commandement de se jeter dans la ville de Baies, s'y barricader et se saisir des bateaux qui seroient au port; ce qu'il fit heureusement. Ensuite Aubais eut charge d'assiéger les deux châteaux de Baies, où, depuis leur démantèlement, on s'étoit réparé; lesquels, à la vue du canon, se rendirent; après quoi, ledit duc ayant considéré les deux assiettes, il fut jugé que celle du Pouzin étoit la plus commode à fortifier et à tenir la rivière; il y fit donc venir tous les bateaux, et commande à Leques de passer dans le Dauphiné avec douze cents hommes, qui y donna telle épouvante, que plusieurs villages contribuèrent blé, farines et pain; ce qui aida fort à la subsistance de ses troupes qui, par l'avarice et mauvaise volonté de ceux de Privas, pâtirent merveilleusement ; et, sans perdre temps, il fit travailler aux fortifications, étant fort mal assisté de ceux du pays pour cela, tellement qu'il fut contraint de boursiller parmi les siens pour payer les soldats auxquels il faisoit faire lesdites fortifications.

Pendant son séjour il tâcha d'émouvoir les réformés de Dauphiné, mais en vain, pource que le comte de Soissons les tenoit en haleine, et leur faisoit espérer de se mettre bientôt à leur tête. Il envoie vers ledit comte lui offrir de se joindre à lui en quelque endroit du Dauphiné qu'il voudroit, avec quatre mille hommes de pied et trois cents maîtres, et que s'il veut en amener autant seulement, il s'engage à lui de le rendre maître, en peu de temps, de la meilleure partie du Dauphiné ; mais il n'en tire que des paroles et des remercîmens qui lui font juger qu'il désire plutôt faire une paix honteuse avec ceux qu'il publie ses ennemis, qu'une guerre honorable contre eux.

Durant son séjour au Pouzin, il reçut nouvelles du duc de Soubise par Carlincas, qui lui mandoit que la flotte ordonnée pour porter du blé dans La Rochelle viendroit dans la fin de mai, mais que celle qui devoit faire la délivrance entière ne viendroit qu'après la récolte. Chevrilles, qui voyoit la peine que les troupes de Rohan avoient à vivre, lui proposa un dessein qu'il avoit sur Le Chaylard, petite ville appartenante au duc de Ventadour ; elle est aux Boutières, et confine le Velay, a de grands faubourgs et un château assez bon qui la domine fort ; tous les habitans et ceux du voisinage y sont réformés, et jusque-là avoient souffert des grandes persécutions de leur seigneur, même en temps de paix. Il lui demande pour cette exécution deux régimens, tout lui est accordé; il prend la ville à coups de pétard, et les deux susdits régimens investissent un château nommé La Cheze, à une canonnade de Chaylard, qui se rend à la vue de quelques fauconneaux qu'on avoit fait porter, et avec lesquels on commença à battre les défenses du château de Chaylard; mais n'étant suffisans, on envoya chercher une plus grosse pièce à Privas.

Durant ce siége, le duc de Rohan reçut avis de toutes parts de la venue du duc de Montmorency au bas Languedoc, qui assembloit toutes ses forces pour le venir attaquer au passage, ou pour le lui boucher en prenant Barjac; ce qui le fit résoudre de ne différer plus son retour, et écrivit à Chevrilles que si le château de Chaylard n'étoit pris à un jour précis qu'il lui marqua, qu'il lui ramenât ses deux régimens; ce qui le fit tellement diligenter que la place se rendit à temps, et ledit duc, après avoir donné ordre à faire raser toutes les places qu'il avoit prises, hormis Le Pouzin, et laissé Chevrilles bien établi et reconnu, il part de Privas le jour de Pâques, campe au-dessous de Mirabel, et le lendemain, s'étant mis en chemin à la pointe du jour, Aubais, qui menoit son avant-garde, lui donne avis que les ennemis paroissent, avec cavalerie et infanterie, autour de Saint-Germain, grand bourg bien barricadé, distant d'un quart de lieue de Villeneuve-de-Berg, d'où il filoit toujours nouvelles gens. C'étoient toutes les forces que Ventadour et Montréal avoient ramassées dans le pays, lesquelles ne donnèrent jamais aucune alarme au duc de Rohan tandis qu'il fit tous ces petits siéges; ils avoient choisi ce lieu-là comme le plus commode pour le combattre avec avantage, parce que le passage est étroit, et qu'il faut passer à la portée du mousquet dudit bourg, les avenues duquel sont fort favorables pour loger la mousqueterie. Mais le duc de Montmorency se trouvant court d'un demi-jour, ils se contentèrent de faire une escarmouche; sur quoi Rohan proposa de les pousser et forcer le village, ce qu'il eût pu faire; mais il en fut déconseillé, et bien à propos, sur l'appréhension que, durant ledit combat, ledit duc de Montmorency ne survînt avec ses troupes fraîches, ce qui fût avenu; car il arriva à Villeneuve deux heures après ledit passage, lequel se fit en bon ordre, y ayant eu quelques morts et blessés de part et d'autre. Après cela il ne parut aucuns ennemis, et étant arrivé à La Gorce il y prit son canon, le reconduisit à Anduze, et rafraîchit ses troupes qui en avoient bon besoin.

Au commencement de ce voyage, le prince de Condé et le duc de Montmorency se mettent en campagne, vont en Foix attaquer Pamiers, grande ville et foible. Le malheur de Beaufort lui fait résoudre de la défendre, y appelle presque toutes les forces du pays et les siennes; mais, la brèche étant faite, chacun s'étonne, il s'y fait peu de résistance, les traîtres aidant même à intimider les autres. Beaufort voyant ce désordre se voulut sauver avec Anros; ils furent pris, menés à Toulouse et exécutés. La ville fut pillée, où il s'exerça les cruautés et licences qu'on peut s'imaginer sous un tel chef. Tout le pays demeure consterné de cette prise, chaque ville est tentée par menaces ou par promesses; mais la résolution et fidélité de La Rousselière, que le duc de Rohan avoit fait gouverneur de Saverdun, et ses soins à rassurer toutes les autres, sauvèrent la province, et le prince ramena son armée dans le haut Languedoc. Ce fut alors que le duc de Montmorency fut contraint de venir en Vivarais pour les secourir, et que le duc de Rohan fut appelé, avec de grandes instances, par le haut Languedoc à même effet.

Le premier exploit que fit le prince fut le siége de Réalmont, ville assez bonne pour son assiette, bien garnie de soldats et de munitions de bouche et de guerre, et qui pouvoit résister longuement, et attendre le secours qu'on lui préparoit; aussi ne l'assiégeat-il qu'il n'en eût traité avec Maugis, gouverneur, qui ayant gagné le premier consul, La Chaumette, mestre de camp, et son sergent-major, après avoir fait mine de résister dix ou douze jours, sans aucune brèche, sans le communiquer aux capitaines ni au peuple, contre les sermens qu'ils avoient faits au commencement du siége de ne parler jamais de se rendre, ils en font la capitulation, la signent, la portent dans la ville; et, voyant qu'on ne l'approuveroit pas, font entrer les assiégeans par une porte qui étoit à leur dévotion, tandis que chacun, selon son devoir, étoit en son quartier; si bien que le désordre fut grand, et quoiqu'on dût sortir avec les armes, tous furent désarmés. Sigalon et Huguet, deux capitaines de La Chaumette, avec quelques bons habitans, gardèrent un bastion, lesquels eurent la résolution de témoigner qu'ils mourroient plutôt que de quitter leurs armes. Ainsi elles leur demeurèrent, afin qu'ils remportassent autant d'honneur de leur courage comme les autres d'infamie de leur lâcheté. Les désordres continuèrent en cette pauvre ville, et force hommes et femmes vinrent toutes nues et échevelées à Roquecourde, où Saint-Germier, L'Espuguet et autres gentilshommes faisoient la guerre, lesquels, avec les intelligences qu'ils avoient dans Castres, se servirent de cette occasion pour en émouvoir le peuple; ce qui leur réussit si bien, que, nonobstant la résistance du président Montespieu et de l'avocat général, des consuls et de leurs adhérens, avec l'aide de leurs partisans, ils échellent la muraille, et, sans aucune effusion de sang, se rendent maître de la ville, et mettent hors d'icelle ledit président et avocat. En même temps Chavagnac arriva bien à propos en ce pays-là, envoyé par le duc de Rohan pour en être gouverneur; il y est reçu même dans Castres avec joie. Car, outre que toutes choses nouvelles plaisent, les affaires y requéroient un chef; autrement le prince eût enlevé toute la montagne d'Albigeois, dont le plus grand mal fut la perte de La Caune, que le marquis de Malauze lui fit livrer, et où il laissa garnison, contre ce qu'il avoit promis. Après cela il vint tenter Viane, la bloque, dresse une batterie; mais voyant que ceux de dedans ne branloient ni aux promesses, ni aux menaces, et qu'Escroux, gouverneur, et Assas, que le duc de Rohan y avoit jetés avec quatre cents hommes des Sevennes, faisoient contenance de gens qui se vouloient bien battre, il lève le siége, va attaquer Castelnau et Brassac, qui sont prenables à coups de main. Néanmoins, le premier lui donna la peine d'y mener le canon, où l'opiniâtreté de quelques-uns y fit perdre quarante ou cinquante bons soldats, qui aimèrent mieux attendre l'extrémité que de suivre l'ordre que Chavagnac leur avoit donné de se retirer lorsqu'ils verroient le canon, ce qu'ils pouvoient fort facilement. Cela fait, le prince n'osant plus regarder Viane, il envoie Linas à Saint-Sever, dont il est seigneur, pour persuader les habitans de se rendre sans attendre le canon ; mais, voyant qu'ils n'en vouloient rien faire, il demeure avec eux, où, après avoir souffert plusieurs volées de canon, ils font un trou dans la muraille et se sauvent la nuit. De là il s'abouche avec le duc d'Epernon, et résolurent le siége de Saint-Affrique.

Mais, avant que de passer au bas Languedoc, il faut dire un mot de Montauban. Cette ville, quoique pour lors elle fût gouvernée par des consuls et principaux magistrats fort contraires au parti des réformés, néanmoins elle se trouva toujours disposée de s'y joindre. Du commencement elle en fut empêchée par le duc de Rohan même, qui ne vouloit pas qu'elle se déclarât qu'à son arrivée ; et quand à son retour du voyage de Foix il le désira, il n'y eut que le défaut d'un gouverneur qui l'en empêcha ; mais, depuis, la meilleure partie de la ville ayant jeté les yeux pour cette charge sur Saint-Michel, cadet de La-Rochel-Chalais, et parent dudit de Rohan, qui approuve ce choix, ils le firent venir dans leur ville au mois de mai, où, après que de Bergues et Sainte-Foy y eurent amené, avec beaucoup de péril et de peine, quatre-vingts ou cent chevaux de la basse Guienne, et Viant une compagnie de gens de pied, et qu'il eut ses provisions, ils le mirent en charge le 24 juin. La première chose qu'il fit, ce fut de faire l'ordre de la guerre ; il forma un régiment qui portoit son nom, composé des réfugiés, et fit entretenir la compagnie des chevau-légers que ledit de Bergues avoit amenés.

A ce commencement il eut quelques difficultés à s'établir, ayant pour ennemis, non-seulement ceux qui avoient un dessein contraire au sien, mais aussi quelques rivaux qui, sous main, lui rendoient de mauvais offices ; il en surmonta une partie par prudence et dissimulation ; aux autres, il y fallut apporter la force et la sévérité. La plus éclatante fut à l'occasion de trois jeunes soldats, natifs de ladite ville, nommés Cartié, La Forest et Breté, lesquels, dépités du refus de quelques charges qu'ils lui avoient demandées, ou bien provoqués par ses envieux, conspirent contre sa personne ; et, pour venir à bout de leur dessein, ils font une partie dans la ville, à laquelle ils attirent quelques jeunes étourdis, même de qualité, comme le fils du Clerc, avocat, et celui de La Rose, conseiller ; ce qui fit d'autant plus soupçonner que la chose étoit fomentée par personnes qui faisoient agir sans se montrer. Le prétexte de cette conjuration fut la liberté publique, avec lequel ayant ému quelques-uns du peuple, ils se mirent à leur tête avec le pistolet et l'épée au poing, et s'en allèrent en cette forme et équipage en son logis, criant vive la liberté ! et qu'il se falloit défaire de ceux qui l'opprimoient. Comme ils abordent la porte, ils furent arrêtés par quelques-uns de ses soldats, qui firent si bon devoir de la défendre qu'ils en tuèrent cinq ou six, entre autres lesdits Le Clerc et La Rose. L'émotion s'épandant par la ville, les consuls y accoururent avec grand nombre d'habitans, auxquels ledit Saint-Michel ayant raconté l'action, et justifié la procédure des siens, le public demeura édifié de lui, et lesdits consuls ayant fait prendre lesdits Cartié, La Forêt et Breté, auteurs de la sédition, ils furent condamnés à la mort par le conseil de guerre, qui, en faveur des parens, au lieu de les faire pendre, les firent passer par les armes.

Cet exemple ayant affermi la charge et l'autorité de Saint-Michel, il songea à élargir ses coudées, et, se jugeant assez fort de gens de guerre, à cause des réfugiés qu'il avoit, il entreprit de remettre la ville de Caussade en état de se défendre; où ayant jeté Châtillon, gentilhomme d'Angoumois, avec huit cents hommes de guerre, environ le quinzième juillet, il y travailla si diligemment qu'il mit la place en défense; et, sur le point que le prince et le duc d'Epernon la vouloient assiéger, ils en furent divertis par le siége de Cresseil, qui en retira ledit prince avec toutes ses troupes; si bien que le duc d'Epernon ne se voulut pas tout seul engager à un siége, mais tâcha d'y former quelque intelligence et pratique pour surprendre ladite place : à quoi lui servit le ministre même de l'église, nommé Le Grand, qui l'avoit abandonnée dès le commencement de ces mouvemens, l'instruisant de l'état de la ville, et l'induisant en ce qu'il pouvoit d'y entreprendre. Mais ne trouvant pas ses propositions faisables, il se contenta de les tâter par une attaque qu'il fit faire à quelques ouvrages de dehors, où il fut bien reçu, laissa nombre de gens sur la place, et, après avoir mis des garnisons ès environs, il se retira.

Maintenant il faut revenir au duc de Rohan, qui,

dès le commencement du siége de Réalmont, fut fort pressé de le secourir : à quoi il se préparoit diligemment ; mais, après sa prise, il fut vivement sollicité de s'achéminer au haut Languedoc, et ne se passoit semaine qu'il n'en reçût deux ou trois dépêches. D'autre part, il se trouvoit bien empêché de faire résoudre ses troupes d'y passer, car elles venoient de beaucoup pâtir en Vivarais, et craignoient un pareil traitement en ce voyage ; de façon que pour les inciter il s'avise de tenter l'entreprise de Mirveys, place fort importante aux Sevennes, sur le bord de Rouergue, et où il savoit que tout le pays accourroit, se promettant que, quoi qu'il en arrivât, leur ayant fait faire la moitié du chemin, il auroit plus de facilité à leur faire franchir le reste.

Il envoie donc chercher Le Fesq qui lui avoit proposé ce dessein, et qui le persuadoit qu'en prenant la ville il attraperoit le capitaine du château, et que d'un coup il auroit tout. Il lui donne son ordre pour prendre les gens de guerre qui lui seroient nécessaires ; mais, au jour de l'exécution, il fit un si rude temps sur la montagne de l'Eperon où étoit le rendez-vous, qu'il y mourut des soldats de froid, quoique ce fût en été, si bien qu'il fallut remettre la partie à un autre jour. Ce qui éventa un peu l'affaire, et donna loisir à ceux du château de se munir de beaucoup de choses qui leur étoient nécessaires ; surtout ils renforcèrent leurs garnisons de soldats. Nonobstant tout cela, Le Fesq y retourna deux jours après, et emporta la ville avec quatre coups de pétard ; mais, au lieu de bloquer promptement le château, et faire inventorier le blé pour la nourriture de l'armée, chacun s'amusa au pillage, et le chevalier de Chamboux entra dans ledit château avec cinquante soldats.

Cependant le duc de Rohan, attendant le succès de ce dessein dans Nîmes, donna ordre de faire lever la milice des Sevennes, surtout les deux régimens de Valescure et de La Roque ; envoie aussi ceux de Lassayre et de Brenoux, et les fait tous approcher, par divers chemins, de Mirveys, avec ordre qu'au premier avis de l'exécution de la ville, ils investissent promptement le château, et y fissent marcher promptement le petit canon qui étoit au Vigan. Il envoie encore le régiment de Goudin à Barjac, que le duc de Montmorency faisoit mine d'attaquer, avec ordre de passer en Vivarais si la nécessité le requéroit.

Cela fait, il reçoit nouvelles de la prise de Mirveys et du désordre qui s'y commettoit ; il part de Nîmes pour s'y acheminer, et y dépêche en diligence Leques pour y régler toutes choses. Étant au Vigan, il a une dépêche du haut Languedoc, plus pressante que jamais, par où on lui mande que s'il n'y va tout le pays court fortune de se perdre. Sur quoi il dépêche Aubais, avec les régimens de Sandres, Fournequet et Bimart, et trois compagnies de chevau-légers. Leques étant à Mirveys, jugeant que la prise du château n'étoit si facile avec le mauvais équipage d'artillerie qu'on avoit, fait passer son canon par le Nujols, pour s'assurer d'un château qui occupoit un passage important, lequel se rendit à la vue d'icelui.

Cela fait, le duc de Rohan arrive à Mirveys, juge, comme Leques, nécessaire d'avoir un plus gros canon pour prendre ce château. On lui propose que les plus proches et faciles à conduire étoient ceux de

Milhaud ; il y va avec escorte suffisante pour les amener, mais il trouve du tout impossible de les y conduire ; ce qui lui fait mander à Leques d'envoyer promptement à Anduze pour faire venir en diligence la coulevrine de Nîmes. Cependant il se résout d'aller à Saint-Affrique sur le bruit du siége de Viane que le prince faisoit mine d'attaquer ; et ainsi qu'il étoit prêt à partir, il reçoit une lettre de Leques, qui lui écrit qu'un bruit s'étant épandu dans les troupes qui étoient demeurées à Mirveys, qu'il prenoit la route de Castres, et qu'on préparoit un grand secours au château, chacun se débandoit, les habitans débagageoient, et que s'il ne retournoit très-promptement il trouveroit le siége abandonné. Ce qui le fait rebrousser chemin en diligence ; et, voyant que la dépêche qu'il avoit faite audit de Leques avoit été prise par les ennemis, il en fait une autre à Anduze pour faire venir ladite coulevrine, et se résout à voir la fin de ce siége. Pour cet effet, il loge son canon, en abat les défenses pour venir plus aisément à la sape ; et, sur le point qu'il donnoit son ordre pour faire attaquer la nuit prochaine le dehors dudit château, il eut avis de divers endroits qu'il se faisoit un gros pour secourir Mirveys, que tout le Larzac et le Rouergue s'y ramassoient, qu'il étoit sorti douze cents hommes de la garnison de Montpellier, et du côté de Béziers et Cignac y venoient force gens de guerre ; que le rendez-vous étoit à Veiros, à deux lieues dudit Mirveys. De fait, la chose se trouva véritable, et de plus le baron de Puzols, lieutenant de la compagnie des gendarmes du duc de Montmorency, s'y rendit avec près de trois cents maîtres, pour commander toutes les troupes, qui étoient composées de plus de deux mille hommes de pied; ce qui fit surseoir au duc de Rohan l'attaque du château, pour pourvoir à repousser le secours. Il fit faire toute la nuit une tranchée d'un bord du précipice à l'autre, qui est la seule avenue par où l'on pouvoit secourir ledit château, et fit enfermer son canon d'une redoute. Le matin Leques et Boissière, sergens de bataille, vont par tous les quartiers, garnissent la redoute et les tranchées, font donner aux soldats la munition de guerre, et instruisent les mestres de camp de ce qu'ils ont à faire. Le duc de Rohan demeure dans la place d'armes avec Montredon, les volontaires, deux compagnies de cavalerie pied à terre, ses gardes et La Baume, avec deux cents hommes de son régiment, pour se porter où il seroit nécessaire. A midi, les vedettes avertissent que les catholiques romains paroissent; chacun se rend à son quartier; incontinent après on les aperçoit sur le haut du coteau. Ils font descendre cinq cents hommes en deux troupes, qui viennent résolument et en bon ordre jusques auprès du canon, qui les salua rudement : outre cela, ils virent les tranchées bien garnies, et à droite et à gauche des régimens qui montoient le coteau pour les envelopper; ce qui les fit résoudre à se retirer fort promptement. Ils sont reconduits à coups de mousquet jusques au haut dudit coteau, où, sans s'arrêter, tout disparoît, se retirant en assez grand désordre. Dès le lendemain chacun reprit sa route, et ledit duc son attaque, faisant donner la nuit suivante aux palissades de la contrescarpe, qui furent emportées; puis on se logea sur le bord du fossé, d'où on leur fit quitter toutes leurs casemates; et, comme on étoit sur le point d'aborder leurs murailles, ils commencèrent à parlementer, et obtinrent une capitulation fort honorable. Le siége dura trois semaines; ils sortirent cent trente soldats, auxquels ne manquoient ni munitions de guerre ni de bouche.

Le prince ayant su la reddition de Mirveys, et les quinze compagnies sorties de Montpellier l'étant allées joindre, il résout avec le duc d'Epernon le siége de Saint-Affrique, dont le duc de Rohan étant averti, il veut passer à Milhaud; mais il se trouve le lendemain de la reddition de Mirveys n'avoir pas plus de huit cents hommes, tout le reste s'étant retiré pour se rafraîchir; ce qui le contraignit d'aller au Vigan, après avoir tiré parole que chacun se rendroit dans dix jours au rendez-vous qui leur seroit baillé, pour aller au secours de Saint-Affrique; même il dépêcha à Nîmes et Uzès qui lui envoyèrent de fort belles troupes.

Durant ce délai, le duc de Rohan eut avis du succès de la seconde flotte qui avoit été expédiée d'Angleterre pour jeter des vivres dans La Rochelle, attendant le grand secours qui se préparoit pour son entière délivrance. L'histoire en est telle : Le duc de Soubise, assisté des députés et marchands rochelois qui se trouvoient pour lors en Angleterre, presse si vivement et avec tant d'instance le Roi, qu'il le fait résoudre à l'avitaillement de La Rochelle. A quoi toutes choses étant prêtes, le duc de Buckingham lui fit offrir la conduite de la flotte; mais lui, averti qu'elle ne devoit être que de cinq navires de guerre, et voyant bien, par cet appareil, qu'il lui vouloit faire recevoir un affront, et lui rejeter le blâme de La Rochelle, il ne voulut accepter cette offre : néanmoins il lui déclara que, s'il y alloit en personne, il étoit prêt de l'accompagner. Sur ce refus, le duc de Buckingham renforce la flotte de cinq grands navires et de plusieurs autres vaisseaux de guerre, et, l'ayant composée de soixante-dix en tout, il la fit mettre à la voile le 17 mai sous la conduite du comte d'Emby, son beau-frère. Les ennemis la découvrant lèvent l'ancre, comme pour venir au devant d'elle pour la combattre; mais ils retournèrent soudain au même lieu d'où ils étoient partis. Bragneau prend à Sablanceaux une patache française, et ledit comte mouille si près de terre qu'il reçut un coup de canon dans son bord, ce qui lui fit lever l'ancre, et avec toute l'armée alla mouiller hors la portée du canon. Plusieurs jours s'écoulèrent en discours et en résolutions non exécutées, jusqu'à ce que quelques marchands qui étoient là, le pressant de tenter ou le combat ou le passage, ses capitaines soutiennent que la chose ne se peut exécuter sans trop hasarder les forces d'Angleterre. Les seuls vice-amiral Vital et le chevalier Carré, capitaine d'un navire, témoignèrent leur résolution, blâmant hautement la lâcheté de tous les autres. Les Français qui étoient dedans la flotte en nombre de vingt-deux ou vingt-trois navires ou barques, s'assemblent là-dessus, et, voyant qu'ils ne pouvoient faire résoudre ces gens-là, viennent en corps au comte d'Emby, et lui présentent une requête signée de tous, par laquelle ils le supplient de leur donner quatre de ses navires marchands armés en guerre, trois navires à feu et des soldats pour mettre dans les vaisseaux où étoient les vivres, s'obligeant avec cela d'entrer dans la ville;

promettant, de plus, tant en leur nom que de ceux de La Rochelle, qu'en cas que quelqu'un de ces vaisseaux vienne à se perdre, il seroit payé selon la juste estimation qui en seroit faite. Mais, à tout cela, on ne répondit que suites et refus; ce que voyant lesdits Français, ils dépêchèrent Gobert au roi de la Grande-Bretagne, pour se plaindre et lui faire voir la facilité du passage et l'acte des offres qu'ils avoient faites. D'autre part, le capitaine Videau prend un petit bateau, traverse de nuit la palissade, et porte à ceux de dedans une lettre de Bragneau qui les avertit de pourvoir à eux, et qu'ils ne s'attendent plus au secours des Anglais, lesquels, en même temps, sans avoir tenté autre chose, lèvent l'ancre et prennent le chemin du retour. Etant à l'île de Wight, ils mouillent l'ancre, et de là font couler leurs excuses en Angleterre, fondées sur la prétendue impossibilité de l'entreprise et sur la teneur de la commission, de laquelle les mots substantiels qui portoient de hasarder le combat, étoient écrits en entrelignes, quoique ce fût de la propre main du Roi.

Ces excuses furent facilement admises par le duc de Buckingham et tous ceux qui alloient de son air; mais les autres en tirèrent de mauvaises conséquences pour les Rochelois. Ces pauvres gens, qui avoient vu arriver cette flotte avec joie, l'avoient regardée huit jours oiseuse avec étonnement, et la voient retourner sans en recevoir aucun soulagement, ne pouvant s'imaginer qu'après tant de promesses et d'assurances d'être secourus, la lettre de leur amiral pût être véritable; ils se disposent à dépêcher de nouveau vers le roi de la Grande-Bretagne, qui sur les nouvelles du retour de la flotte, assemble son conseil, prend résolution de renvoyer Gobert avec nouvelle commission au comte d'Emby de retourner à la rade et attendre là son renfort. Sur ce point arriva Bragneau, donnant avis du retour de la flotte, et deux jours après Le Clerc qui avoit été renvoyé pour servir de conseil audit comte, et d'agent pour le roi de la Grande-Bretagne à La Rochelle, lequel, après avoir fait son rapport, eut sa maison pour prison; et, afin de diligenter un nouveau secours pour les Rochelois, on donne charge aux capitaines Menere et Pevigton de hâter la construction de dix navires du port de quinze cents ou deux mille tonneaux, faits exprès pour combattre près des côtes, ne tirant que sept ou huit pieds d'eau, et portant chacun vingt-deux canons. Le duc de Buckingham, qui ne désiroit être éclairé aux mauvais desseins qu'il avoit contre La Rochelle, éloigne de la cour un secrétaire affectionné à sa délivrance, le faisant envoyer à Portsmouth pour préparer d'autres vaisseaux et faire amas de vivres et munitions, où il demeura jusqu'au partement de la flotte.

Il faut maintenant voir ce qui se passa au siége de Saint-Affrique. C'est une petite ville entre deux montagnes, qui la dominent de telle façon, qu'il est impossible d'y faire aucune pièce qui ne soit enfilée ou vue par revers, et jamais personne n'avoit songé à la fortifier. Néanmoins l'importance d'icelle pour la communication du haut et bas Languedoc, avoit obligé d'y remuer la terre qui est assez maniable; mais elle n'eût jamais attendu l'honneur d'être attaquée du premier prince du sang. La rivière de Sorgue passe le long de ses murailles et la sépare du faubourg qui est du côté de Vabres, lequel il fallut fortifier, parce que c'est l'avenue des ennemis, et que la rivière, qui bat contre les murailles de la ville, empêche qu'on ne la puisse fortifier en cet endroit-là. Tout l'ouvrage de ce faubourg consiste en tenailles et petits flancs, dont les fossés ont quatre toises de large, et l'épaisseur du parapet à l'épreuve du canon; il ne lui reste derrière qu'une banquette au lieu d'un rempart. Tout ce qui faisoit espérer de s'y défendre, étoit qu'on avoit assez de place pour s'y retrancher par derrière. Au surplus, l'assiette est si bizarre, que, sans une grande armée, il est difficile d'empêcher le secours, tant du côté de Milhaud, Saint-Rome et le Tarn, que du pont de Cauvers.

Aubais, qui s'étoit avancé jusqu'audit pont pour être plus près de Viane, quand il vit prendre à l'armée la route de Rouergue, il partage ses troupes en deux, retenant auprès de lui la meilleure partie, et envoyant l'autre à Saint-Affrique, où ledit prince étoit venu mettre le siége le vingt-huitième jour de mai, et, l'ayant reconnue, il la jugea intenable, et dès lors il la condamna au feu et à toutes sortes de cruautés; aussi ne se pouvoit-elle défendre qu'à force d'hommes. Aubais fit bien son devoir, envoyant, de son côté, autant d'hommes qu'on en demandoit, et même de la poudre. La Baume, que le duc de Rohan avoit laissé à Milhaud avec son régiment exprès pour cela, fit le semblable du sien; si bien qu'ils ne manquèrent de rien, même au plus fort du siége. Etant survenu quelque dispute entre La Vacqueresse et Bimart, Saint-Etienne et Sandres furent obligés d'y aller pour les accommoder, qui, depuis, servirent bien le jour de l'assaut. En huit ou dix jours les approches, batteries et brèches furent faites : le prince commande qu'on se prépare à l'assaut, ceux de dedans se disposent à le recevoir de bonne grâce ; et, encore qu'ils eussent un bon retranchement, ils ne veulent perdre un seul pouce de terre. Outre l'infanterie, les deux compagnies de chevau-légers de Saint-Etienne et du baron d'Alets y étoient ; on sépare les hommes armés aux deux brèches, et on pourvoit partout. Il y avoit dans la place treize cents hommes de combat : l'assaut dura cinq heures, et fut rafraîchi par trois fois, et durant icelui, une couleuvrine tira plus de soixante volées, toujours sur la brèche, qui emporta quelques bras et quelques jambes ; mais elle n'empêcha pas que les assiégeans ne fussent repoussés, qui laissèrent dessus la place quatre cents de leurs morts, entre lesquels étoient La Passe et La Magdelaine, capitaines, et quarante officiers, sans y comprendre les officiers qui y furent blessés. Des assiégés il y en eut vingt-huit de morts et soixante de blessés.

Le lendemain de l'assaut arrivèrent encore, tant de Milhaud que de Pons, quatre cents hommes dans Saint-Affrique. Le duc de Rohan reçut cette nouvelle à Mirveys, où il avoit trois mille hommes de pied, et se hâtoit tant qu'il pouvoit, ayant donné ordre que Chavagnac se joindroit à Aubais avec les troupes de l'Albigeois, pour donner de son côté au même temps qu'il donneroit du sien, et les assiégés devoient faire une sortie sur le canon ; mais ce qu'il craignoit arriva, c'est que le prince leva le siége. Lors le duc de Rohan eut beau jeu pour le suivre, et jugeoit bien que rien ne lui résisteroit, les affaires de

Castres l'y appeloient, où Saint-Germier, cajolé par les mal affectionnés au parti, choquoit l'autorité de Chavagnac. Les affaires de Foix requéroient son approche, afin qu'il pourvût aux désordres auxquels elles se trouvoient depuis la mort de Beaufort. La ville de Milhaud vouloit à toute force qu'il assiégeât Cresseil, et, pour cet effet, lui fait une députation. Mais, de l'autre part, le siége de Saint-Affrique étant levé, nul ne vouloit passer outre; tous alléguoient leurs moissons, surtout ceux de Nîmes et Uzès, qui étoient menacés du dégât, où il y avoit force bourgeois et marchands qui ne pouvoient endurer une si longue fatigue. Le Vivarais crioit à l'aide, où le duc de Montmorency étoit avec une puissante armée que le Lyonnais, le Dauphiné, le Vivarais et le bas Languedoc lui entretenoient afin de libérer le Rhône, lequel avoit déjà assiégé et pris Le Pouzin et battoit Mirabel.

Sur toutes ces pressantes affaires de toutes parts, et ne se pouvant partager en deux, il est contraint de rebrousser vers le bas Languedoc; il envoie Aubais à Castres pour tâcher d'accommoder les divisions qui y étoient, et destine Saint-Étienne en Foix, qui y devoit passer avec sa compagnie; et lui, avec le reste de ses troupes, va attaquer Vezenobre pour divertir le duc de Montmorency du Vivarais. Il le surprend, par une grande traite qu'il fit, si dégarni d'hommes, qu'ayant pris la ville par pétards, et la nuit suivante ayant mis son canon en batterie, dès le lendemain il bat le château et le prend d'assaut, donnant la vie à ceux qui s'étoient retirés dans quelques tours.

Ce siége fit l'effet qu'il désiroit, parce que le duc

de Montmorency, après la prise de Mirabel, au lieu de continuer ses progrès dans le Vivarais, il vient pour secourir Vezenobre, auquel on croyoit qu'on feroit plus de résistance ; mais, trouvant la besogne faite, il se retira vers Beaucaire ; et le duc de Rohan, ayant donné ordre à la démolition dudit Vezenobre, licencia toutes les communes, mit ses régimens en garnison, et se retira à Nîmes afin de se préparer à y empêcher le dégât que le duc de Montmorency eut commandement d'y faire. Mais il écrivit en cour qu'il ne le pouvoit entreprendre à moins de six mille hommes de pied et de cinq cents chevaux ; à quoi l'on pourvut, l'assistant de trois régimens du Dauphiné et de quelque cavalerie qu'on détacha de l'armée que le marquis d'Uxelles menoit au secours de Casal. Sur ces préparatifs, ceux de Nîmes et Uzès se réveillent, promettent de nourrir toute la cavalerie et l'infanterie qui viendroient les assister. Le duc de Rohan écrit dans les Sevennes, qui n'y viennent si facilement qu'ils avoient promis, ni ceux de Nîmes ne les contentèrent comme ils devoient. Néanmoins il va voir tout ce qu'il pourroit conserver, et leur promit qu'à une lieue d'eux il sauveroit leurs blés, à savoir ce qui est le long du Vistre (qui est le meilleur fonds du territoire de Nîmes), petite rivière assez fâcheuse dont il fit rompre tous les passages, et aux plus dangereux y fit faire de bonnes redoutes ; mais que, pour le reste de la campagne, c'étoit chose du tout impossible. Encore si les paysans eussent fait ce qu'il leur avoit commandé, qui étoit de laisser toutes les gerbes étendues dans les champs, ils en eussent sauvé une bonne partie ; mais les assemblant en gerbes comme ils firent, le dégât venant au temps qu'on battoit les blés, ils furent très-faciles à brûler.

Le duc de Montmorency vint faire son premier logement à Sainte-Marguerite, à une grande lieue de Nîmes, et le lendemain, la laissant à gauche, il vint loger à La Chaumette et à Saint-Geniez, à trois lieues de Nîmes et autant d'Uzès; il suit les villages de Gardon, entre dans le Vauvage, et, pour finir, il vint loger à Bernis et Vehas. En tout ce tour qui dura six ou sept jours, il brûla force blés, et même plusieurs villages, puis retourna à Beaucaire, n'ayant entrée dans le territoire de Nîmes. Après cela, les troupes de Dauphiné retournèrent joindre le marquis d'Uxelles; toutes les communes se retirèrent, les troupes du bas Languedoc furent mises en garnison, et le duc de Montmorency alla à Béziers et Pésenas.

En ce même temps arriva La Blacquière, dépêché du roi de la Grande-Bretagne sur l'appréhension qu'on lui donna que, depuis le retour de la seconde flotte, il y avoit deux députés de La Rochelle auprès du duc de Rohan pour entamer un traité de paix : pour lequel détourner, il fut chargé de lui dire qu'encore que ladite flotte fût retournée sans rien faire, il en avoit préparé une si puissante, qui étoit sur son partement, qu'il s'en promettoit l'entière délivrance de La Rochelle; et quand bien Dieu ne voudroit bénir ce dessein, il lui promettoit de n'abandonner point les autres réformés. Et quand il n'y auroit que la personne dudit duc, il assuroit de hasarder toutes choses pour le sauver, désirant savoir quel état il pouvoit faire de l'assistance d'Italie et d'Espagne, afin que si le Roi lui tomboit sur les bras, il apprît de lui ce qu'il auroit à faire pour le secourir par diversion ou autrement. Auquel discours étoit présent David, l'un des députés de La Rochelle.

Ledit duc lui fait réponse que tant s'en faut que l'on eût songé à traiter, qu'il avoit fait renouveler le serment d'union, qui portoit de n'entendre jamais à aucune paix que conjointement avec lui, et qu'il lui avoit fait savoir les moyens qu'il avoit de l'assister.

Après cela, voyant les troupes du duc de Montmorency séparées, il va à son tour brûler tous les blés et toutes les métairies des habitans de Beaucaire, jusques à la portée du mousquet de leurs murailles; et, par une autre sortie, pensant aller prendre du sel au marais, il en trouva plus près deux chargemens, qui sont six mille minots, accompagnés d'une frégate, en un endroit de la rivière fort étroit : si bien qu'ayant fait passer quelques soldats à nage pour avoir un bateau, il fait passer de l'infanterie dans la Camargue pour attaquer ladite frégate de deux côtés; mais elle abandonna sa marchandise, qui fut promptement enlevée. Outre ce butin, on amena de la Camargue quantité de bétail, et on y fit un grand dégât par le feu. Le duc de Montmorency, apprenant cette sortie, fait diligence d'assembler ses troupes, et donne son rendez-vous à Lunel; mais le duc de Rohan, en cette expédition, fit quatorze lieues à aller et à retourner, sans faire aucun séjour, étant de retour avant qu'aucunes troupes fussent ensemble; dont bien lui prit, car il étoit en mauvais état de combattre, chaque soldat étant si chargé de butin qu'il ne put jamais faire marcher en ordre que trois cents hommes du régiment de La Baume qui faisoient la retraite.

Après cette expédition, ledit duc se trouve bien en peine que deviendroient ses troupes, surtout la cavalerie. Il ne pouvoit plus lever de contributions pour les entretenir, pource que la plupart des bourgs et villages étoient brûlés. Dans les Sevennes, ce n'est un pays de cavalerie; de passer à Castres, il avoit le prince avec son armée au haut Languedoc, qui avoit charge particulière d'empêcher son passage, et le duc de Montmorency commandement de le suivre avec la sienne partout où il iroit; car on appréhendoit qu'il passât à Montauban, et qu'il soulevât les réformés de la Guienne à la faveur des Anglais, dont on craignoit la venue. D'aller en Rouergue pour simplement les manger, il n'y eût été long-temps sans les faire crier : si bien que, pour s'y faire agréer, il est contraint d'entreprendre le siége de Cresseil.

Où avant que d'aller, il faut dire un mot du retour d'Aubais de Castres, qui, en apparence, accommoda Saint-Germier avec Chavagnac; mais, en effet, la cause du malentendu subsistant, l'accord ne dura guère. Néanmoins il ne laissa de s'y rencontrer à propos pour défendre le dégât, où Saint-Étienne son frère fut tué malheureusement par le canon même de la ville, qui n'étant pas bien rafraîchi, en le chargeant la poudre prit feu, qui l'emporta. Ce gentilhomme étoit plein de courage et d'affection à son parti, et qui partoit le lendemain pour aller en Foix, qui avoit grand besoin de lui.

Le marquis de Ragny, qui commandoit l'armée du prince après ledit dégât, alla, pour son dernier exploit, brûler le bourg de Mazamet et assiéger Haupoul, où Dupuy, brave soldat, et tous les habitans dudit bourg s'étoient retirés; mais y ayant demeuré douze jours sans y pouvoir rien faire, il se retira à La Bruguière où il mourut.

Nous dirons aussi un mot de Clausel venant de Piémont, qui proposa au duc de Rohan l'assistance d'Espagne, laquelle il se promettoit qu'on auroit puissamment si on la demandoit; qu'il en avoit parlé à l'ambassadeur d'Espagne en Piémont, qui lui en avoit donné de bonnes espérances; que l'intérêt des Espagnols étoit de procurer la continuation de la guerre civile en France, afin de pouvoir achever paisiblement leurs desseins d'Italie, et que l'abbé Scaglia, ambassadeur du duc de Savoie, étoit en Espagne, lequel y aideroit de tout son pouvoir, s'étant montré, en Angleterre et ailleurs, favoriser le parti des réformés, à cause de la haine qu'il porte à ceux qui gouvernent la France. La grande nécessité d'argent en laquelle se trouvoit ledit duc, la campagne n'en pouvant plus fournir, et les villes ne le voulant plus faire; n'en devant espérer d'Angleterre, et n'ayant eu que des paroles sans effet du duc de Savoie, le contraignoit absolument de chercher quelque moyen d'en avoir pour subsister, et, en effet, il n'en voyoit que celui-là. Néanmoins, n'en osant traiter sans la permission du roi de la Grande-Bretagne, craignant qu'il ne s'en offensât, et qu'il ne prît de là quelque sujet de refroidissement, sur ces doutes il ne rebute Clausel, mais allonge son voyage, jusques à ce qu'il en eût donné connoissance en Angleterre et à l'ambassadeur dudit Roi en Piémont, d'où ayant eu bonne réponse de tous les deux côtés, il dépêche ledit Clausel en Espagne, d'autant plus volontiers que la seconde flotte anglaise s'en étoit retournée sans tenter seulement d'avitailler La Rochelle. Il eut charge de remontrer audit Roi que si la continuation de la guerre en France peut servir à ses desseins, assistant suffisamment d'argent les réformés, et promptement, il lui promet de l'entretenir autant de temps qu'il conviendra avec lui, sinon qu'il est obligé de faire sa paix ; qu'il a tout l'hiver pour y pourvoir, et qu'il lui promet attendre de ses nouvelles jusques au mois de mars.

Et pource qu'incontinent après le partement dudit Clausel la nouvelle de la perte de La Rochelle arriva, il lui fit deux dépêches pour l'assurer que cet accident ne l'étonnoit point, et qu'il persistoit en ses premières offres. Ledit Clausel passe en Espagne par le Foix, où il est bien reçu et écouté ; on y traite avec lui fort avantageusement. Il fait part à Rohan de ces bonnes nouvelles, lui faisant espérer une prompte et puissante assistance ; il conclut son traité, passe en Piémont pour en faciliter l'exécution, et en passant laisse à terre un gentilhomme du roi d'Espagne qui lui portoit ledit traité ; mais icelui se laissa prendre aux portes de Lunel, n'ayant plus à faire que demi-lieue pour se sauver, dont ledit Rohan avertit Clausel ; lequel, étant de retour en Piémont, donna connoissance de toute sa négociation à l'ambassadeur d'Angleterre. Le reste de cette affaire s'apprendra en un autre lieu.

Retournons vers Cresseil. C'est un lieu à la portée du canon de Milhaud, qui a trois enceintes de murailles, à savoir, une à la ville et deux au château, lesquelles il faut prendre l'une après l'autre, pource que l'on ne peut attaquer ledit château que par la ville, à cause que, par le dehors, il est bâti sur un roc bien élevé. Il est bien certain que les murailles de la ville ne valent rien, et même qu'elles sont enfilées et vues par revers, étant une honte d'avoir été huit jours sans la prendre. Mais qui a affaire à un peuple qui ne trouve rien de difficile à entreprendre, et qui en l'exécution, ne pourvoit à rien, se trouve bien empêché. Rohan donc mande son dessein à Alteirac, gouverneur, et à Guérin, premier consul, afin que secrètement ils fissent préparer toutes choses, et ordonna audit Alteirac qu'il bloquât le lieu un jour avant que ses troupes y arrivassent, pour le surprendre avec peu de gens de guerre, ce qu'il fit. Néanmoins il n'empêcha pas le secours d'y entrer.

Toutes les troupes arrivées, on pose le siége et on fait la batterie de deux canons, lesquels n'eurent pas tiré six volées que l'affût de l'un s'en alla en pièces, et quand il fut refait celui de l'autre fit le semblable; si bien qu'on perdit presque tout le temps à refaire lesdits affûts, et encore de si méchant bois, que, quand tout fut raccommodé, on ne fit guères mieux qu'auparavant : tellement que la brèche ne se trouvant faite en un jour, il fallut remettre l'affaire au lendemain ; ce qui donna loisir de la réparer meilleure qu'elle n'étoit. Néanmoins, voyant que le temps pressoit, il fit donner un assaut, dont on fut repoussé. Cependant le duc de Montmorency, qui avoit toujours cotoyé Rohan avec son armée, se joint avec le prince, lequel rompt le dessein du siége de Caussade, et, ayant ramassé toutes les forces du pays, vient avec huit mille hommes de pied et six cents maîtres loger à Saint-Georges, qui n'est qu'à une lieue de Cresseil ; dont ledit duc de Rohan étant bien averti, retire dès la nuit son canon, et, le lendemain au matin, met toutes ses troupes en bataille proche de Milhaud, laissant Cresseil libre, où, sur le midi, toute l'armée du prince parut; et après que Montmorency eut renforcé la garnison, et mis tout ce qui y étoit nécessaire, elle se retira en son quartier.

Ce siége au moins fit ce bien, qu'il sauva Caussade qui ne pouvoit encore être en état de résister à un grand effort. Dès la nuit prochaine, Rohan envoya de ses troupes dans Saint-Rome-de-Tarn, qu'on tâchoit d'intimider, et dans Saint-Affrique; et voyant que ces deux armées étoient proches de lui, il crut qu'avec sa cavalerie, sans aucun bagage, il pouvoit en une nuit gagner Castres. Il le proposa; mais il fut trouvé à propos d'attendre encore un jour pour voir la contenance des ennemis, ce qui lui ôta le moyen de passer; car, le lendemain, l'ayant voulu entreprendre, il trouva que le duc de Montmorency l'avoit prévenu et étoit sur son passage avec cavalerie et infanterie. Ce qui le fit résoudre sur l'heure même de prendre toutes ses troupes, et à grandes journées passer au bas Languedoc pour assiéger Aymargues, qu'il se promettoit de prendre en peu de jours, s'il la surprenoit avec la garnison ordinaire. C'est une ville assez grande, située à quatre lieues de Nîmes, à une de Lunel, dans la meilleure plaine du pays, en une assiette plate, nullement commandée, ayant un bon terrain à remuer, et, en somme, de quoi faire une excellente place; elle avoit de belles murailles de pierre de taille, flanquées de petites tours, et un beau et large fossé plein d'eau, y ayant seulement au dehors deux ou trois petites demi-lunes fort mal faites. Pour cet effet, il envoie Aubais à Nîmes faire apprêter les canons, et y faire marcher ses troupes par les deux côtés afin de mieux cacher son dessein : il y arrive le premier avec la moitié d'icelles, et aussitôt va investir la place; le lendemain le reste arrive; alors il fait ses quartiers, et la bloque tout-à-fait. Il envoie à Nîmes pour faire avancer le canon qui arrive de bonne heure; la nuit prochaine il le met en batterie, et fait brèche le lendemain sans perte d'un seul homme; et ayant fait provision d'échelles, à cause qu'en divers endroits la muraille est fort basse, et qu'il y a certains passages où l'on pouvoit passer le fossé, il fait mettre ses troupes en bataille pour faire donner de tous côtés.

Quand le marquis de Saint-Sulpice, cadet de la maison d'Uzès, vit cet appareil, il jugea n'avoir assez d'hommes pour soutenir cet effort, et commença à capituler. Le duc de Rohan lui manda qu'il étoit fâché qu'un jeune seigneur de sa qualité se fût engagé si mal à propos dans une place où, pour son premier coup d'essai, il ne pouvoit recevoir que de la honte; néanmoins, pour l'amitié qui étoit entre leurs maisons, il lui accordoit une capitulation aussi honorable qu'il la pouvoit demander, laquelle il accepta, et sortit dans une heure après.

Le duc de Montmorency eut nouvelle de ce siége et de la prise de la place presque en même temps, étant encore à La Caune; et, sur les réitérées dépêches qu'on lui fit, il retourna promptement pour rassurer la province, qui s'étonna de la si subite prise d'Aymargues. Cependant le duc de Rohan emploie ce peu de loisir qui lui restoit à nettoyer les bicoques qui étoient autour de Nîmes et Uzès; le château de Vauvert, Meyne, Sargnac, Saint-Bonnet, Remoulins, Vés et Châtillon, se rendirent à la vue du canon. Il fait tout démolir, hormis Remoulins qu'il désiroit garder pour faire la guerre du côté de Villeneuve-d'Avignon; mais la conservation d'Aymargues et la fortification qu'il y entreprit, lui fit abandonner tout autre dessein pour s'attacher à celui-là.

Les choses ainsi passées, le duc de Montmorency arrive, menace d'assiéger Aymargues, fait apprêter canons et munitions, ce qui oblige le duc de Rohan de s'en approcher et d'y mettre douze cents hommes de pied, auxquels il trace une contrescarpe, des cornes et demi-lunes aux lieux les plus dangereux, pour défendre les dehors; et ayant appelé la milice des Sevennes, il en loge six ou sept cents dans Galargues-le-Grand, où il leur fait porter tous les jours le pain de munition de Nîmes, leur ordonnant de s'y accommoder pour la main, mais de n'y attendre pas le canon. On passa quelques semaines en cette posture.

Cependant le duc de Montmorency, désespérant de pouvoir attaquer Aymargues, fait un dessein sur les troupes de Galargues, donne son rendez-vous au point du jour au pont de Lunel, et sur le matin les va investir. Les deux qui commandoient là étoient Valescure et La Roque, braves gens de leur personne. Le premier, fort opiniâtre, s'affermit de vouloir voir le canon, se promettant de se retirer la nuit dans le Vauvage, pays favorable à l'infanterie, et où ils sont tous réformés; néanmoins, c'étoit contre l'ordre exprès du duc de Rohan, lequel, ayant appris ce siége, fait toute la diligence pour assembler ses troupes et vient pour les secourir. De l'autre part, Montmorency fait tout sortir de Montpellier, et le régiment de Normandie et quelques autres le viennent joindre; il se met en bataille en un lieu très-avantageux avec son canon : Rohan le va reconnoître pour voir s'il entreprendroit ce secours de jour ou de nuit ; il trouve qu'il avoit plus de quatre mille hommes de pied et quatre cents bons chevaux, et logé si avantageusement, qu'on ne pouvoit aller à lui en ordre de bataille, ni sans passer à la portée du pistolet un vallon fâcheux ; ce qui l'oblige à ne point faire paroître ses troupes et à tenter le secours la nuit suivante. Il campe à demi-lieue de là, dans un vallon proche du bois, et laisse une compagnie de cavalerie en garde, pour voir la contenance de Montmorency et pour empêcher qu'il ne fût découvert là ; et, sur l'entrée de la nuit, il reçoit un messager de ceux de dedans qui demandoient assistance. Il le renvoie et un autre avec lui, pour leur dire qu'ils se préparent à sortir par le chemin que ceux-ci leur diront, quand ils entendront sonner l'alarme d'un autre côté ; qu'il y aura cinq cents hommes choisis qui les recevront à une mousquetade de Galargues, et lui, avec le reste de son armée, sera à un petit quart de lieue pour les soutenir ; que s'ils savent quelque meilleur moyen pour se retirer, qu'ils le mandent, et on y pourvoira ; mais, s'ils approuvent cettui-ci, qu'ils fassent trois feux au haut de la tour afin qu'on l'exécute. Les messagers arrivent heureusement ; ceux de dedans approuvent ce dessein, en témoignage de quoi ils font le signal de trois feux, et se préparent à sortir. Le duc de Rohan envoie les cinq cents hommes qu'il avoit promis à deux mousquetades d'eux, fait donner l'alarme jusques à trois fois ; néanmoins rien ne bouge dans Galargues; il s'y opiniâtre jusques au jour, lequel étant venu assez grand, il se retire avec ses cinq cents hommes, qui font une salve en partant pour leur faire voir jusques où ils s'étoient approchés pour les recevoir.

Il a appris, depuis, que quelqu'un des capitaines, qui avoit mauvaises jambes, ou faute de courage, avoit empêché leur sortie; et comme la peur flatte et donne des espérances trompeuses, ils aimèrent mieux se remettre à la discrétion de leurs ennemis que de hasarder de passer trois ou quatre cents pas avec sept cents hommes l'épée à la main, au bout desquels ils étoient reçus avec cinq cents, et un quart de lieue après avec deux mille. Ce fut avec une colère et un regret extrême que Rohan se retira le lendemain : il sut qu'ils s'étoient rendus à discrétion s'ils ne faisoient rendre Aymargues; mais, si on la rendoit, qu'ils seroient tous mis en liberté et qu'on leur rendroit tout leur bagage. Valescure et de Bavière sont députés vers le duc de Rohan pour lui faire cette belle harangue; il les fait arrêter prisonniers. Valescure se sauve, et va dans les Sevennes pour émouvoir les communautés à se soulever si on ne rendoit Aymargues; on y en fait couler d'autres de Montpellier pour y travailler. Rohan, appréhendant quelque émotion en cette province, y va, y mène les députés de Nîmes et Uzès, fait assembler les deux provinces à Anduze, y fait résoudre qu'on ne rendroit point Aymargues et qu'on traiteroit avec pareille rigueur tous ceux qu'on tenoit prisonniers et qu'on prendroit à l'avenir, comme le seroient ceux de Galargues. Et, afin d'avoir sa revanche, il va assiéger Monts, n'ayant que deux mille hommes au plus; il fut cinq jours devant, parce que les pluies continuelles empêchèrent le plus gros canon d'Anduze, trois jours entiers, d'y arriver. Mais si d'un côté le mauvais temps lui nuisoit, de l'autre il le favorisa, en ce qu'ayant fait grossir les deux Gardons, quatre ou cinq régimens, qui n'étoient par le droit chemin qu'à une journée de lui, ne pouvant plus passer lesdites rivières que sur un pont, il leur falloit faire quatre ou cinq journées; et, afin d'allonger encore plus leur chemin, il fit enfoncer tous les bacs et bateaux, et garder le port de Saint-Nicolas : si bien que, sans nulle crainte, dès que son canon fut arrivé, il battit le château, et mit les assiégés, en nombre de cent cinquante, en si mauvais termes qu'ils se rendirent aux conditions de subir les mêmes peines que l'on feroit souffrir aux prisonniers de Galargues, se persuadant qu'Annibal, à qui étoit la maison, et qui est frère bâtard du duc de Montmorency, auroit assez de crédit envers lui pour sauver ses parens et amis. Mais, afin de faire éclater cette action à la cour, ledit de Montmorency ayant mandé qu'il avoit pris l'élite des capitaines et soldats des Sevennes, le Roi ordonna que tous les chefs et officiers fussent pendus, les soldats mis aux galères; et le prince en ayant eu connoissance ne voulut donner le temps de faire savoir à la cour ce qui étoit arrivé à Monts, si bien qu'il en fit pendre soixante-quatre, non qu'ils fussent tous officiers (1), mais ceux qui étoient bien vêtus se disoient tels, pensant être mieux traités. Voilà comme souvent on se trompe. Le duc de Rohan, de son côté, en fit pendre autant, n'oubliant les principaux, hormis quel-

---

(1) Nous croyons devoir donner ici une lettre fort curieuse du prince

ques-uns qu'il retint pour en retirer d'autres qu'Annibal avoit obtenus pour les siens, dont depuis l'échange s'est fait.

Cependant Montauban faisoit fort bien la guerre. C'est la ville de tout le parti des réformés qui, sans aide de personne, l'a toujours mieux faite. Saint-Mi-

de Condé au duc de Rohan, et la réponse très-piquante que lui fit ce dernier.

Lettre de M. le prince à M. le duc de Rohan.

Monsieur,

Les précises volontés du Roi, d'entretenir ceux de la religion prétendue réformée en entière liberté de conscience, m'ont fait, jusques ici, conserver tous ceux qui sont demeurés dans l'obéissance due à Sa Majesté, tant dans les places, pays, que villes catholiques, en une entière liberté. La justice a eu son libre cours; le prêche se continue partout, hormis en deux ou trois lieux où il servoit, non d'exercice de religion, mais de moyen pour s'acheminer à la rébellion. Les officiers sortis des villes rebelles ont continué leurs charges; en un mot, on a traité les prétendus réformés obéissans également aux catholiques fidèles au Roi. Aussi les plus avisés de votre religion ont maudit votre rébellion, et connu que le Roi ne vous a fait et à eux du mal, que celui que vous vous êtes procuré vous-même, la malédiction de Dieu, et la juste colère du Roi sur vous. J'ai vu par la vôtre, que vous écriviez au sieur Edmond, la résolution de l'assemblée d'Anduze. A quel terme vous porte le désespoir de vos finesses découvertes, et la folle résolution que vous prenez contre les catholiques? Ceux qui ont été pris à Galargues sont pendus par votre ordonnance, puisque vous préférez Aymargues à leur vie. Par toute règle de guerre, quand ce seroit entre deux souverains, ils périssent justement. Mais, en ce fait ici, qui est du valet au maître, et du sujet, tel que vous êtes, à son Roi et souverain, ouïr vos menaces, tant contre les prisonniers, tous d'autre nature que les vôtres, que contre les catholiques restés dans les villes rebelles, cela retombera sur vous : vous crachez contre le ciel; vous et vos suivans en recevrez tôt ou tard une punition exemplaire. Pour moi, je vous l'avoue, que je ne lairrai de disposer des prisonniers pris à Galargues comme j'entendrai avec raison; et outre Savignac que je tiens, et trente autres avec lui, ès prisons de Toulouse, les prisonniers du Traquet et Montpellier, et tous autres pris et à prendre, souffriront le même traitement que vous ferez souffrir à ceux que vous tenez; et tous les huguenots du royaume, les ministres et officiers non

chel, avant que rien entreprendre, pourvut à Caussade, sur les soupçons que Châtillon, gouverneur dudit lieu, donna de lui, lequel se portoit mollement aux actions de la guerre, et fort négligemment à la conservation de la ville, mais principalement à cause des communications fréquentes qu'il entretenoit avec exempts, le même que ferez recevoir aux catholiques qui sont en votre puissance dans les villes que vous occupez : tenez-le très-assuré. Et sur la fin des abois de La Rochelle, à cette heure que les Anglais, connoissant vos tromperies, vous ont abandonné, contentez-vous d'avoir ajouté à toutes ces rébellions passées trois crimes notables : le premier, d'avoir vous seul appelé l'étranger dans le royaume, et de vous en être vanté par écrit; le second, d'avoir créé des officiers de justice ; le troisième, d'avoir fait battre monnoie aux marques royales et dues au Roi seul. Dieu vous récompense selon vos bienfaits, et vous donne un bon amendement! Pour moi, je voudrois, de bon cœur, que le service du Roi me permît d'être

Votre affectionné serviteur,
HENRI DE BOURBON.

A Béziers, le 4 novembre 1628.

Réponse de M. le duc de Rohan à M. le prince.

MONSEIGNEUR,

Comme votre qualité de prince du sang vous donne des priviléges de m'écrire ce qu'il vous plaît, aussi elle m'empêche de vous répondre avec toute liberté mon sentiment, me contentant de me justifier sur vos principales accusations. J'avoue d'avoir une seule fois pris les armes mal à propos, pource que ce n'étoit point pour les affaires de notre religion, mais pour celles de votre personne, qui nous promettoit de faire réparer les infractions de nos édits, et n'en fîtes rien, ayant songé à la paix avant qu'avoir nouvelles de l'assemblée générale. Depuis ce temps-là, chacun sait que je n'ai eu les armes à la main que par une pure nécessité, pour défendre nos biens, nos vies et la liberté de nos consciences. Si les Anglais sont venus à notre assistance, ils y étoient plus obligés que les Allemands que vous fîtes entrer en France, parce que, par le consentement du Roi, ils étoient entremetteurs de la paix, et s'en rendirent garans. Si on a battu monnoie parmi nous, c'a été au coin du Roi, comme il s'est pratiqué en toutes nos guerres civiles. Je me connois assez pour ne prétendre à être souverain; aussi n'ai-je jamais fait tirer mon horoscope pour voir si je le deviendrois. J'avoue

ceux du parti contraire, sous prétexte de la délivrance de son frère qui étoit prisonnier dès la paix. Il entra aussi en ombrage qu'on le voulût faire sortir de son gouvernement, et commença à chercher les moyens de s'y maintenir de lui-même. Il tâche d'attirer à soi les gens de guerre et le peuple; mais, avant qu'avoir bien fait sa partie, il publie imprudemment qu'il ne

que je suis en exécration parmi ceux qui procurent la ruine de l'église de Dieu, et m'en glorifie. Pour vos menaces, elles ne m'étonnent point: je suis résolu à tous événemens. Je cherche mon repos au ciel, et Dieu me fera la grâce de trouver toujours celui de ma conscience en la terre. Vous faites mourir les prisonniers de Galargues; je vous imite en faisant le semblable de ceux que j'ai pris à Monts: je crois que ce jeu nuira plus aux vôtres qu'aux nôtres, pource qu'ils doivent plus craindre la mort, puisqu'ils sont incertains de leur salut. Vous me faites commencer un métier contre mon naturel; mais je penserois être cruel à mes soldats si je ne leur immolois des victimes. Quant aux massacres dont vous menacez ceux de la religion qui, sous la foi publique, sont parmi vous, c'est un bel exemple pour leur apprendre à se fier à leurs ennemis, et une justification de notre légitime défense. J'espère aussi que le Roi connoîtra un jour que je ne l'ai pas desservi, et qu'il s'apaisera. Vous dites que Dieu me maudira; j'avoue que je suis un grand pécheur, dont j'ai une sérieuse repentance; mais, outre que les prophéties sont accomplies, et que je n'ajoute nulle foi à celles de ce temps, je ne crains point que le feu du ciel m'abîme. En un mot, je ne crois pas que ce soit tout de bon que vous fassiez ces imprécations contre moi, mais seulement pour acquérir une créance sublime parmi les papistes; car en cette guerre vous n'y avez mal fait vos affaires, à ce qu'on dit. C'est ce qui me donne quelque assurance que vous laisserez en repos nos pauvres Sevennes, vu qu'il y a plus de coups à recevoir que de pistoles. Il ne me reste, pour la fin, qu'à prier Dieu qu'il ne vous traite selon vos œuvres; mais que, vous faisant encore retourner à la vraie religion, il vous donne la constance d'y persévérer jusques au bout, afin qu'à l'exemple de M. votre père et aïeul, vous deveniez le défenseur de notre Église; et ce sera lors que je me pourrai dire de votre personne ce que je me dis maintenant de votre qualité, que je suis,

Monseigneur,

Votre serviteur, HENRI DE ROHAN.

En Alez, ce 6 novembre 1628.

veut plus reconnoître Saint-Michel, lequel, pour prévenir le mal et l'étouffer en sa naissance, ayant fait voir en son conseil les charges qu'il y avoit contre ledit Châtillon, il fut résolu qu'on se saisiroit de sa personne, et qu'on le feroit juger par le conseil de guerre, ce qui fut exécuté dextrement par ledit Saint-Michel; car, ayant fait couler insensiblement des gens de guerre dans Caussade, et y arrivant inopinément, il se saisit dudit Châtillon sans aucune émotion, le mena prisonnier à Montauban où il fut retenu quelque temps prisonnier et interrogé; mais, soit que les preuves ne fussent assez claires, ou qu'on appréhendât que sa punition n'apportât du refroidissement aux autres étrangers, on l'élargit sans donner aucun jugement contre lui, et on mit en sa place audit Caussade Ponteton, qui y a demeuré jusques à la paix.

Saint-Michel ayant assuré cette ville, il songe à ôter force petits forts et châteaux qui incommodoient Montauban, en ayant l'occasion fort opportune, à cause que la peste avoit chassé toutes les garnisons que le duc d'Epernon avoit laissées autour de lui. Il met le canon en campagne et commence par le château de La Motte-d'Ardne, au-delà de la rivière de l'Aveyron; il le bat et l'emporte d'assaut le deuxième de septembre, et le brûle. Étant de retour à Montauban, il eut avis qu'il se faisoit un gros de gens de guerre, tant du pays que de quelques régimens qu'on avoit fait venir exprès afin de s'opposer à ses desseins. Le sixième dudit mois il leur dresse une embuscade dans le vignoble de Dieu-Pantole, à deux lieues de Montauban, et, avec sa cavalerie, il va pour les y attirer, et les rencontre dans la plaine de Catalans et Saint-Porquier, lesquels, sans attendre qu'ils fussent tous assemblés, ni même sans s'attendre les uns les autres, il les poursuit en désordre jusques à l'embuscade, où, les ayant engagés, il les charge de tous côtés et en laissa de morts quatre ou cinq cents sur la place, et grand nombre de blessés, n'ayant perdu en ce combat que trois ou quatre des siens. Ils passe jusques auxdits lieux de Catalans, Saint-Porquier et autres bourgs et métairies où il mit le feu, puis retourna à Montauban. Dès le lendemain il assiége le château de La Villedieu, qui, après avoir souffert le canon un jour, se rendit le lendemain; et ceux qui étoient dedans eurent la vie sauve seulement, et demeurèrent prisonniers de guerre; ledit lieu fut brûlé. Le huitième d'octobre il part pour aller assiéger Escalies à deux lieues de Montauban; mais ceux de dedans ne l'attendirent pas non plus que ceux de Blavet, lesquels se retirent tous à Salvagnac. Il fit brûler les deux forts. Et pource que La Moulière, gouverneur de Villemur, avoit son régiment sur pied, il veut tâcher de l'attirer en quelque embuscade, en faisant brûler les moulins dudit Villemur à la vue de la ville, d'où néanmoins il ne sortit personne; et, s'en retournant, il passa devant le château de Poulauron, qu'il força.

La garnison de Salvagnac s'étant renforcée de celle d'Escalies et Blavet, elle en devint insolente, et ne vouloit plus tenir la convention qu'elle avoit faite avec ceux de Montauban, de les laisser passer librement; ce qui l'obligea de leur dresser une embuscade sur la fin d'octobre, et les envoya attirer par soixante chevaux et cinquante hommes de pied. Elle ne manque de faire sortir cent ou cent vingt soldats pour gagner le gué du ruisseau de Tescou ; mais ils y furent chargés si rudement qu'ils demeurèrent presque tous.

Au commencement de novembre, soixante-sept soldats de la garnison de Loubejac étant venus faire une embuscade proche de Montauban, sur le grand chemin de Négrepelisse, Saint-Michel en est averti, sort avec vingt chevaux seulement, leur fait une contre-embuscade sur leur retraite, et, les ayant attaqués en une belle plaine, en tue soixante-quatre; ensuite il prend par pétard le château de Bourquet. Plusieurs autres petites actions se sont passées audit Montauban, où Saint-Michel a toujours acquis de l'honneur.

Il est temps de retourner au bas Languedoc, où, incontinent après la prise du château de Monts, arrivèrent nouvelles de la reddition de La Rochelle à la vue de l'armée anglaise, qui ne servit, la première fois, qu'à consommer une partie de leurs vivres; la seconde, qu'à les mettre au désespoir, et la troisième, qu'à faire mourir de faim quinze ou seize mille personnes, s'étant vue en ce peuple une grande constance depuis qu'ils se furent résolus. En voici les particularités :

Ceux de La Rochelle, après la retraite de la seconde flotte, firent partir quatre personnes pour l'Angleterre avec pareilles dépêches, qui représentoient au Roi le déplorable état auquel ils s'en alloient réduits, et, lui ramentevant ses promesses, le supplioient de hâter leur secours; lui donnant cette assurance que, pour si extrêmes que fussent leurs incommodités, ils étoient résolus de les surmonter et de l'attendre. La Grossettière, qui étoit un des quatre, y arriva le 15 juin, et est renvoyé le 30 avec une infinité de belles promesses; mais à son retour il fut pris, mené au Roi et gardé prisonnier jusques à la prise de La Rochelle, après laquelle il fut exécuté. Le 10 de juillet suivant, arriva le second, le 14 arriva le troisième, et le dernier, qui avoit passé par la Hollande, fut un peu plus long-temps en chemin.

Avant l'arrivée de La Grossettière, le roi de la Grande-Bretagne avoit dépêché La Lande et deux autres soldats pour porter nouvelles aux Rochelois du puissant secours qu'il leur préparoit; et après lui fut encore dépêché Champ-Fleury pour leur donner les mêmes assurances, qui y entra un jour seulement devant que la dernière flotte parût. Les vaisseaux qu'on préparoit pour ce secours n'étant encore achevés, on entreprend une autre besogne, à savoir, trois vaisseaux bâtis de brique par dedans, et, par dessus la brique, chargés de pierres d'une immense grosseur, et, au dedans, on y avoit mis douze milliers de poudre pour faire jouer ces mines contre la palissade : et parce que ce travail ne se diligentoit pas assez au gré du Roi, il partit le dernier de juillet pour l'aller hâter en personne, et le duc de Soubise le suivit.

Le duc de Buckingham étoit demeuré derrière, qui cherchoit toutes sortes de moyens pour empêcher ce partement; et à cet effet il tâche, par la voie des ambassadeurs de Venise résidant en France et en Angleterre, d'ouvrir quelques propositions de paix : mais, voyant que cela ne réussissoit pas, il se résout d'aller à Portsmouth, et avant partir fait venir Vincent, pasteur de La Rochelle, et lui fait écrire une lettre aux Rochelois, qui les exhortoit de se disposer à recevoir la paix que le duc de Buckingham leur procuroit. L'ambassadeur de Savoie, en ayant eu le vent, fait connoître audit Vincent que ce n'étoit qu'un amusement pour retarder le partement de la flotte, et rompit ce coup.

Enfin, le 24 août, le duc de Buckingham arrive à Portsmouth : le 29 y arrivèrent 50 navires, les uns armés en guerre, les autres chargés de vivres et de munitions. Mais, le 2 de septembre, comme il sortoit de dîner, le duc de Soubise l'étant allé voir, il lui dit qu'il venoit de recevoir nouvelles très-assurées que La Rochelle avoit été ravitaillée, et qu'il s'en alloit de ce pas en porter la nouvelle au Roi; et sur la difficulté que le duc de Soubise lui fit de croire cette nouvelle, comme étant hors d'apparence, il l'en assura avec serment; et ayant encore les paroles à la bouche, et levant une tapisserie pour sortir de la salle, il reçut un coup de couteau dans la grosse artère du cœur par un gentilhomme nommé Felt, dont il tomba et mourut soudainement. Le duc de Soubise et les siens ne furent point sans danger, ayant couru un bruit dans la chambre que c'étoit un François qui avoit fait le coup; mais Felt, qui pouvoit se sauver en faisant bonne mine, parce qu'il n'avoit été bien remarqué de personne, se découvrit volontairement, disant qu'il valoit mieux que deux hommes périssent qu'un royaume. Le lendemain le Roi donne la charge d'amiral au comte de Lindsey, celle de vice-amiral au comte de Morton, et celle d'arrière-amiral au milord Montjoye. Au reste rien ne fut changé, et les mêmes capitaines de la précédente flotte furent renvoyés beaucoup plus forts, mais avec le même courage. Il se trouva, après la mort de Buckingham, que les munitions et provisions qu'il falloit pour la flotte n'étoient pas à demi chargées, et qu'à travailler comme on avoit commencé il y en avoit encore pour trois mois. Néanmoins, par les soins et la présence du Roi, on travailla plus en dix ou douze jours que l'on n'avoit fait en plusieurs semaines; et tout étant embarqué on se mit à la voile le 18 de septembre. Ce qui faisoit concevoir au duc de Soubise meilleure espérance de cette flotte que de l'autre, étoit la diligence et le soin que le Roi y apporta, et le commandement qu'il donna, en sa présence, à son amiral, de ne rien faire sans son avis, commettant à eux deux conjointement cette expédition; mais les choses qui s'ensuivirent témoignèrent que ce commandement étoit feint, ou que le Roi étoit mal obéi.

Le 29 de septembre la flotte arrive à la rade de La Rochelle, et après un calme du dimanche suivant, la nuit du lundi, se lève un fort bon vent pour aller au combat; de sorte qu'à deux heures avant le jour l'amiral ayant fait tirer un coup de canon, tout se met à la voile, et à six heures du matin on commence une escarmouche qui dura environ trois heures, où fut tiré, de part et d'autre, trois ou quatre mille coups de canon, et ce fut tout. Le lendemain on recommença à la même heure la chose plus mollement et de plus loin; et en ces deux jours ne fut tué un seul Anglais dans leurs vaisseaux.

Le 3 octobre arrive Friquelet, un des capitaines qui, autrefois, avoient servi le duc de Soubise, et venant, comme il disoit, de la Tremblade, montre une lettre du capitaine Trélebois, qui le prioit de savoir si l'on vouloit entendre à un traité de paix : on lui répond qu'il apporte des passe-ports ou bien que ledit Trélebois s'avance dans une chaloupe, entre les deux flottes, pour savoir ce qu'il aura à dire : ce qu'il fit le 7 dudit mois avec un nommé de L'Ile; et furent envoyés vers eux Montagu et Forain, qui, ayant trouvé qu'il n'avoit point de charge, mais qu'il venoit seulement pour savoir si les Français vouloient traiter séparément sans les Anglais, leur répondirent que cela ne se pouvoit, et chacun se retira de part et d'autre. Néanmoins, ensuite de cette entrevue, l'amiral envoya, le 2 octobre, ledit Montagu, accompagné d'un gentilhomme allemand nommé Kimphaussen, sous prétexte de demander quelques matelots qui étoient prisonniers en la flotte française; mais ce qu'il y retourna encore les deux jours suivans, disant qu'on lui avoit promis de lui faire voir la palissade, et qu'au retour il confessa ne l'avoir point vue à cause que la marée ne s'étoit trouvée à propos, fait croire qu'il y alloit pour un autre sujet. Et de fait, le bruit ayant couru que certains articles avoient été envoyés de part et d'autre, le duc de Soubise s'étant plaint de ce que l'on traitoit sans son su et de ceux qui y avoient le principal intérêt, on le lui nia tout à plat. Mais le soupçon étant confirmé par la continuation des allées et venues dudit Montagu et de Bautru, on lui dit pour excuse qu'il se traitoit de choses qui ne le concernoient point, ni les intérêts de France; et ensuite de cela ledit amiral dépêcha Montagu en Angleterre, avec un passe-port que le cardinal de Richelieu lui fit bailler.

Le dimanche, 21 dudit mois, arriva une chose remarquable, c'est qu'un certain capitaine nommé Pojanne, qui autrefois avoit été au service du duc de Soubise, et qui étoit homme couvert de crimes, ayant racheté sa vie par les promesses qu'il avoit faites audit cardinal de tuer ou faire brûler ledit Soubise dans son vaisseau, part de la rivière de Bordeaux avec un bon navire de deux cents tonneaux remplis de matière propre à brûler; et pour couvrir mieux son dessein passe comme ennemi, fait des prises sur les Français et se vient rendre aux Anglais : étant abordé, il dit qu'il vient pour servir le parti réformé comme il avoit fait autrefois, et demande d'être mené au duc de Soubise, qui le connoissoit bien. Avec lui étoit un gentilhomme angevin, qui, s'en allant à La Rochelle, avoit été pris en Espagne où la tempête l'avoit jeté, et de là envoyé au cardinal, qui, le trouvant homme hardi et délibéré, lui promit non-seulement pardon, mais de grandes récompenses s'il veut accompagner Pojanne en cette exécution. Le désir de se sauver et les persuasions de son frère, qui étoit au service du cardinal, lui font promettre tout ce qu'on veut de lui; mais étant arrivé il découvre à Soubise tout le dessein : tellement que Pojanne est arrêté, son navire et ses prises saisies; et pour montrer que ce gentilhomme ne disoit rien qui ne fût véritable, il offre d'entrer dans La Rochelle par la permission du cardinal, et d'en rapporter le véritable état. On se sert de cette occasion, on lui donne doubles lettres, desquelles il montra les unes audit cardinal, qui lui permit de faire son voyage à condition de lui faire voir au retour la réponse qu'il porteroit; ce qu'il fit, et revint avec d'autres lettres cachées, qui représentoient au vrai l'état de La Rochelle, qui étoit tel que, si dans deux jours ils n'étoient secourus, il n'y demeureroit personne en vie, et qu'ils étoient sur le point de se rendre.

Ils furent menés tous deux en Angleterre, l'un prisonnier, l'autre demandant quelque reconnoissance du bon service qu'il avoit rendu. Le premier fut relâché, ses frais payés, et renvoyé en France avec récompense; l'autre ayant demeuré cinq ou six mois à poursuivre inutilement, et voyant qu'il ne pouvoit seulement obtenir de quoi se retirer en Hollande, le duc de Soubise fut enfin contraint de lui donner de l'argent pour faire son voyage.

Le lundi 22, à dix heures du matin, la flotte fait semblant d'aller au combat; mais les capitaines n'ayant rien exécuté de ce qu'ils avoient promis, tout se passe en canonnades, qui ne firent pas grand dommage, et la plupart des navires à feu furent consumés inutilement pour être mal conduits. Cependant à la vue de cette puissante flotte et de tant de vivres dont elle étoit fournie, tandis que l'on laisse couler le temps sans vouloir tenter le passage, ni recevoir les offres que faisoit le duc de Soubise, de montrer le chemin avec les Français, priant l'amiral de le vouloir seulement suivre, ni celles du comte de Laval, qui étoit de conduire à la palissade les trois navires maçonnés, dans lesquels on avoit fait des mines, pendant qu'on attacheroit le combat, ce qui déjà lui avoit été promis, la famine achève son ouvrage dans La Rochelle. Il n'y a presque plus d'hommes qui se puissent soutenir sans bâton; tout ce qui reste en vie est si peu et si atténué, qu'il n'a la force de tenir ses armes : de sorte que le même jour que l'amiral d'Angleterre résout en son conseil de faire un dernier effort pour la secourir, ils firent leur capitulation, et se rendirent le 28 d'octobre; et le 10 de novembre suivant toute la flotte partit de la rade, et reprit le chemin d'Angleterre.

Les défauts de cette action ayant été rejetés sur la lâcheté et désobéissance de quelques capitaines, on délivra une commission pour informer contre eux, et y en eut quelques-uns à qui on bailla leurs maisons pour prison ; mais peu de jours après cette recherche s'évanouit, et ceux-là furent payés comme les autres.

La mère du duc de Rohan et sa sœur ne voulurent point être nommées particulièrement dans la capitulation, afin que l'on n'attribuât cette reddition à leur persuasion et pour leur respect, croyant néanmoins qu'elles en jouiroient comme tous les autres. Mais comme l'interprétation des capitulations se fait par le victorieux, aussi le conseil du Roi jugea qu'elles n'y étoient point comprises, puisqu'elles n'y étoient point nommées : rigueur hors d'exemple, qu'une personne de cette qualité, en l'âge de 70 ans, sortant d'un siége où elle et sa fille avoient vécu trois mois durant de chair de cheval, et de quatre ou cinq onces de pain par jour, soient retenues captives sans exercice de leur religion, et si étroitement qu'elles n'avoient qu'un domestique pour les servir ; ce qui, néanmoins, ne leur ôta ni le courage ni le zèle accoutumé au bien de leur parti : et la mère manda au duc de Rohan, son fils, qu'il n'ajoutât aucune foi à ses lettres, pource que l'on pourroit les lui faire écrire par force, et que la considération de sa misérable condition ne le fît relâcher au préjudice de son parti, quelque mal qu'on lui fît souffrir. Résolution vraiment chrétienne, et qui ne dément point tout le cours de sa vie, qui ayant été un tissu d'afflictions continuelles, elle s'y est trouvée tellement fortifiée de l'assistance de Dieu, qu'elle en est en bénédiction à tous les gens de bien, et sera à la postérité un exemple illustre d'une vertu sans exemple, et d'une piété admirable. Voilà comme cette pauvre ville, qui fut autrefois la retraite et les délices du roi Henri IV, est devenue, depuis, l'ire et la gloire de son fils Louis XIII. Elle a été attaquée par le Français et abandonnée par l'Anglais. Elle s'est trouvée ensevelie dans une âpre et impitoyable famine, et en sa fin a acquis, par sa constance, une plus longue vie dans la renommée des siècles à venir, que celles qui, aujourd'hui, prospèrent dans le siècle présent.

Cette nouvelle donna une merveilleuse consternation partout; chacun commença à minuter une paix particulière, et plusieurs à en faire des propositions publiques, alléguant que, puisque nous n'avions pris les armes que pour sauver La Rochelle, et qu'elle étoit perdue, il falloit maintenant songer à faire sa paix sans attendre une plus grande extrémité. D'autre part, les catholiques romains faisoient savoir aux partisans qu'ils avoient dans les villes des réformés, qu'il se falloit hâter, et que les premiers venus seroient les mieux traités; offrant de belles récompenses à ceux qui porteroient leurs communautés à députer vers le Roi, qui en même temps fit une déclaration qu'il recevroit en sa grâce les particuliers ou villes particulières qui la viendroient requérir.

Les peuples, las et ruinés de la guerre, et qui de leur naturel s'abattent fort facilement dans l'adversité, les marchands s'ennuyant de ne gagner plus rien, les bourgeois voyant leurs possessions brûlées et incultes, tous inclinoient à avoir une paix en quelque façon que ce fût. Mais, sur toutes les autres, la ville de Castres étoit la plus malade, à cause des divisions de Chavagnac avec Saint-Germier, qui, soutenu des consuls et de tous ceux qui étoient demeurés dans la ville pour nuire au parti, font si bien leur partie avec le conseil d'Albigeois, qu'ils font faire une députation vers Rohan pour requérir sa présence, sans laquelle on ne pouvoit remédier à leurs maux, et pour le sommer de convoquer une assemblée générale selon ses promesses, qui avec lui ait soin des affaires publiques, et les charge de rapporter sa réponse au plus tôt, afin que selon icelle, ils avisent ce qu'ils auront à faire.

Cette résolution et le choix des personnes députées se fit contre l'avis de Chavagnac; car l'un étoit parent de Saint-Germier. Néanmoins il fut contraint d'acquiescer; et le dessein de cet envoi étoit fondé sur l'impossibilité qu'ils jugeoient que ledit duc auroit de passer, et sur ce qu'ils ne croyoient pas qu'il voulût brider son autorité par une assemblée générale : tellement qu'ils se promettoient, par son refus, d'avoir un prétexte plausible pour faire leur paix, ou, en tout cas, que faisant ladite assemblée ils le contraindroient à accepter ce qu'ils voudroient. De quoi ledit Rohan s'étant bien aperçu, et même ayant jugé, avant leur venue, que le seul moyen de contenir tout le monde en union étoit de former ladite assemblée, leur accorde tout ; et, sans perdre temps, il les mène à Nîmes, où la députation du bas Languedoc se fait ; de là aux Sevennes où ils font le semblable, remettant le lieu et le jour où il trouveroit à propos ; mande en Vivarais qu'ils fassent leur députation, et, ayant pourvu aux fortifications d'Aymargues, qu'il entreprend très-belles, et aux garnisons nécessaires aux deux provinces pendant son absence, il prend toute sa cavalerie et cinq cents hommes de pied, et passe à Castres sur le commencement de décembre, où il trouve La Rousselière que les habitans de Saverdun avoient chassé de leur ville, par le moyen de La Plante, son lieutenant, qui, s'étant laissé gagner, fit sortir la garnison des tours de la ville haute qu'il livra aux habitans ; à quoi servit bien la mésintelligence qui étoit survenue entre Mazaribal (que le duc de Rohan avoit fait gouverneur de Foix depuis la mort de Saint-Etienne) et La Rousselière, laquelle étoit venue sur ce que ledit Mazaribal, par sa facilité, et à la prière de quelques habitans de Mazères, soutenoit les ennemis de La Rousselière, tant de Saverdun que du Carlat, desquels ne connoissant encore la méchanceté, comme il confessa depuis, il les tenoit pour gens de bien. Ce qui occasiona ledit La Rousselière d'user de pareil support envers quelques-uns à qui ledit Mazaribal vouloit mal ; et les choses se portèrent à telles aigreurs, que ledit Mazaribal empêcha en ce qu'il put le paiement de la garnison de Saverdun, et donna libre passage aux soldats qui l'abandonnoient ; ce qui haussa le courage aux ennemis de La Rousselière, lesquels faisoient espérer audit Mazaribal que, s'ils pouvoient s'en défaire, ils le recevroient dans la place. Mais, quand ils l'eurent chassé et qu'il y voulut aller, ils lui réglèrent son train pour la première fois, et lui fermèrent les portes à la seconde, protestant toujours de demeurer dans le parti. Néanmoins, quand ils se furent bien assurés de ladite place, ils l'abandonnèrent et députèrent vers le Roi. Ce fut lors que ledit Mazaribal s'aperçut, mais trop tard, de la méchanceté des ennemis dudit La Rousselière, dont il ne pouvoit assez exagérer la trahison.

[1629] La première chose que le duc de Rohan fit, étant arrivé à Castres, fut de convoquer les deux colloques d'Albigeois et Lauragais, pour leur faire entendre la résolution du bas Languedoc et des Sevennes; et, à leur imitation, députèrent pour l'assemblée générale : Montauban, Foix et Rouergue firent le semblable. Après cela, il voulut pourvoir à la division de Chavagnac et Saint-Germier, qui s'étoit convertie en querelle formée, y ayant eu appels de part et d'autre. Mais, encore que Saint-Germier ne refusât l'accord, il ne voulut néanmoins condescendre à reconnoître Chavagnac de la ville de Castres, étant en cela incapable de comprendre aucune raison : au contraire, il témoigna en public et en particulier, et même dans la maison de ville, qu'il le choqueroit en tout et partout; ce qui fit résoudre le duc de Rohan de l'emmener au bas Languedoc, lui offrant une compagnie de chevau-légers et un entretien honorable pour lui et son train. Mais ses partisans, voyant que c'étoit les ruiner, l'en détournèrent, lui promettant que, s'il pouvoit s'empêcher de faire le voyage, ils le rendroient maître de la ville.

Il apprit aussi le grand défaut de blé qui étoit dans

Castres, pour auquel pourvoir il fait résoudre un emprunt de dix mille écus pour en acheter, offrant, durant son séjour, les escortes nécessaires pour le faire apporter; mais, cela ne s'exécutant point, il cherche d'autres moyens d'en pourvoir la ville. Il apprend qu'à Saint-Amant, qui est dans le vallon de Mazamet, il y avoit trois ou quatre mille setiers de blé; il fait pétarder la ville et assiéger le château, qui, se sentant pressé, se rendit, et, en trois ou quatre convois, fit porter le blé dans Castres. Chavagnac fit cette exécution : il envoya aussi prendre du blé dans quelques maisons des réformés qui vivoient sous la déclaration, et, par là, croyoient être en sûreté de tous côtés.

Il fit faire le procès et exécuter Donaret, premier consul de Réalmont, et qui avoit aidé à perdre la ville; mais ce fut avec beaucoup de peine, à cause qu'ayant épousé une nièce du président Montespieu, on se fâchoit de le juger à mort, et aussi que tels garnemens ne manquent jamais d'intercesseurs. Après cela l'hiver vint si rude qu'il ne put point entreprendre sur Brassac, comme il avoit projeté.

Durant son séjour à Castres, il rompit deux négociations qui se tramoient pour des paix particulières. La première fut par Déjan, natif de Montauban, qui ayant autrefois acheté la charge de viguier de la ville, elle s'y opposa comme ayant été supprimée. Après avoir plaidé longuement et y avoir beaucoup dépendu, il fut contraint de se contenter du remboursement de la finance qu'il avoit déboursée. Se trouvant à la cour, on lui fait espérer de nouveau cette charge, s'il pouvoit opérer quelque chose en cette négociation. Ce leurre lui fait accepter la commission; il vint chargé de deux lettres de Galand, l'une pour Montauban, l'autre pour Castres; à la première, il est rebuté et renvoyé au duc de Rohan; pour la seconde, il n'y ose venir tout droit, mais s'en approche jusqu'à la Bouquière qui n'en est qu'à une lieue, d'où il écrit à Dupuy pour lui dire qu'il désiroit le voir pour affaire de grande importance; lequel lui manda qu'il ne le pouvoit faire sans savoir ce que c'étoit. Il s'efforça encore une fois de lui persuader, mais ce fut en vain; ce qui l'obligea à se retirer sans oser entrer dans Castres. Ainsi son voyage ayant été infructueux pour la cour, il le fut aussi pour lui, n'ayant obtenu ce qu'on lui avoit fait espérer.

L'autre négociation se ménageoit par l'évêque de Mende, qui s'y opiniâtra davantage, comme il se verra en un autre lieu; mais, pour le présent, il se fit entendre, même au duc de Rohan, qu'étant créature du cardinal, il avoit eu charge de traiter avec les particuliers et communautés, ou chacun à part, ou toutes ensemble, surtout avec lui; que s'il y vouloit entendre en particulier, on lui feroit de grandes conditions, et dont il seroit content; mais que s'il ne vouloit traiter que généralement, sa condition en diminueroit; et publia tellement son dessein, que Saint-Michel, gouverneur de Montauban, appréhendant que ce traité se fît sans sa connoissance, il envoya un des siens vers le duc de Rohan pour découvrir ce qui en étoit, afin que, selon ce qu'il apprendroit, il en prît mieux ses mesures; mais quand il vit qu'on ne vouloit écouter un homme sans charge, ni traiter en cachette ni en particulier, il s'ouvrit lors, et dit qu'il étoit envoyé pour lui faire entendre que ledit évêque s'étoit adressé à lui pour le traité particulier de Montauban, lequel avoit été rejeté; néanmoins que, s'il vouloit entendre au général, il avoit grande connoissance avec lui, et y pouvoit beaucoup servir.

D'ailleurs, ledit évêque n'ayant aucun contentement de la réponse dudit Rohan, et jugeant bien que sa présence traversoit son dessein, il se résout d'avoir patience qu'il s'en fût retourné au bas Languedoc, afin de travailler, en son absence, avec plus d'efficace dans les communautés.

Il ne restoit plus que de bien pourvoir à Castres, afin qu'en son absence il n'y arrivât aucun inconvénient. Pour cet effet, il pourvut le consulat de gens de bien, et qui lui étoient affidés; il mit hors de la ville trois des anciens consuls, et quelques autres personnes qui lui étoient suspectes, et y établit quatre compagnies de gens de pied, ayant pourvu à leur entretènement. La seule affaire de Saint-Germier est celle où il ne peut pourvoir nettement, pource qu'il s'absenta de la ville; ce qui obligea ledit duc de Rohan de bailler une ordonnance, par laquelle il défendoit à Chavagnac et aux consuls de ne le laisser entrer dans ladite ville, ni aucun de ses frères, et de le déclarer déserteur du parti s'il ne le venoit trouver dans huit jours. Il met aussi une compagnie de gens de pied à Roquecourde et une à Viane, leur défend d'y recevoir Saint-Germier ni ses frères, et laisse les trois cents hommes qu'il avoit amenés du bas Languedoc dans Saint-Amant, où il trouva moyen de les entretenir d'une partie du blé qui s'y trouva.

Cela fait, il prend la route de Nîmes avec les députés de l'assemblée générale, où il voyoit que le grand choc alloit fondre, et où sa personne étoit nécessaire ; il crut que ladite assemblée y seroit aussi fort utile, et ne tarda guères après son arrivée de la former. La première et plus importante affaire qu'elle eut à traiter, fut ce qui arriva à Castres. Depuis le partement du duc de Rohan, Saint-Germier, poussé par les déserteurs de Castres, et sollicité des partisans qui lui restoient dans la ville, et que sa mère et sa femme, qui y étoient demeurées à cause de leur sexe, entretenoient en bonne humeur, il se résout d'y entrer : et de fait, lui quatrième, il se présente à la porte ; on ne lui donne aucun empêchement ; il va à son logis où trente ou quarante personnes s'y ramassent, lui persuadent de sortir à la place, et l'assurent que tout le peuple se joindra à lui. Chavagnac, qui étoit au prêche, averti de cela, va à son logis, assemble sa garnison, fait monter à cheval sa compagnie, résolu de l'aller attaquer où il seroit ; mais L'Espuguet, son lieutenant, se trouvant tout à propos à cheval avec une vingtaine de ses compagnons, pensant aller à la guerre, sur l'alarme va droit à la place, y trouve Saint-Germier, le charge sans reconnoître, reçoit cinq blessures sur lui ; il perd un de ses compagnons, mais il en tue et blesse plusieurs, et les écarte si bien les uns des autres, qu'ils n'eurent plus envie de se rassembler. Sur cette rumeur, les consuls et le consistoire s'interposent en cette affaire, et trop charitablement procurent la sortie de Saint-Germier, au lieu de l'arrêter prisonnier. Et c'est ce qui gâte ordinairement les affaires publiques, que cette indulgence dont on use envers les coupables, sous ce beau prétexte de piété et de clémence dont aux affaires d'autrui chacun se pique ;

et en ses intérêts particuliers nul n'y veut entendre.

Ce doux traitement, au lieu d'adoucir Saint-Germier, l'enorgueillit; il croit qu'on le craint, et, poussé par ses partisans, et avec l'aide de plusieurs voleurs réfugiés qui étoient dans Roquecourde, il y entre, en chasse la garnison, et s'en rend maître. L'assemblée générale, jugeant la conséquence de cette affaire, y envoie un député, avec ordre de communiquer sa charge à Chavagnac et au conseil de la province, et tâcher, par arbitres, de l'accommoder afin de ne donner sujet à Saint-Germier de perdre cette ville; mais, en étant le maître, il se moqua de tous accommodemens : tellement que ledit député, à son retour, fit entendre que tout ce qui s'étoit pu faire avoit été de raffermir Roquecourde dans le parti, ayant juré de nouveau de ne s'en départir point, et que, pour le présent, il étoit impossible d'en chasser Saint-Germier. Néanmoins on espéroit d'y travailler de telle sorte, qu'avec un peu de patience, jointe avec son imprudence, on en viendroit à bout; et de fait, peu de jours après, les ayant voulu presser de se déclarer du parti du Roi, et étant bien avertis qu'on les vouloit brider d'une garnison de catholiques romains, ils mirent dehors plusieurs de ses partisans; ce qui l'étonna tellement, que, ne croyant plus être sûrement dans la ville, il sort avec eux, et va à La Camp, maison proche de là; dont Chavagnac étant averti, l'envoie assiéger et le prend avec un de ses frères, et quinze ou seize, moitié catholiques romains, moitié réformés, et l'envoie au duc de Rohan. Après tels attentats, encore se trouva-t-il force intercesseurs qui trouvoient qu'on le traitoit trop rudement de le tenir dans une prison jusqu'à la paix ; faisant des mécontens de ce qu'on ne lui faisoit rendre tout son équipage, et qu'on ne lui donnoit aucune compagnie de chevau-légers pour servir le parti. Ainsi passa cette affaire.

La seconde fut la tentative de l'évêque de Mende pour ébranler Montauban. Il y employa Virières, gentilhomme de Quercy, qui se dit réformé, lequel écrivit à la ville que, s'en allant avec passe-port du Roi trouver le duc de Rohan pour lui faire des propositions utiles au public, il n'avoit voulu partir sans lui en donner avis, et que, si elle vouloit les entendre de sa bouche, il s'assuroit qu'elle les approuveroit.

On ne trouve pas bonne son entrée, comme dangereuse ; mais la curiosité naturelle aux Français, en un temps où chacun aspiroit à la paix, fit désirer de savoir ce qu'il portoit. Pour cet effet, on lui députa quatre hommes pour l'entendre ; il leur dit qu'étant réformé il souhaitoit le bien de leur parti, et que l'évêque de Mende ayant tout pouvoir de traiter, il alloit, de sa part, trouver le duc de Rohan et l'assemblée générale pour leur en faire les propositions ; mais, afin qu'elles fussent mieux reçues, et que leur ville en eût une partie du gré, il lui conseilloit d'y députer, lui offrant, en ce cas, des passe-ports du Roi pour y conduire sûrement ses députés. Cet avis, rapporté au conseil de ville, fut approuvé. On fait sur-le-champ la députation, et on en donne avis à l'assemblée.

Le duc de Rohan avoit pour suspect Virières, le connoissant de longue main pour un grand charlatan. Néanmoins, on attend avec grande impatience cette députation : le bruit de cet envoi vole partout ; chacun en espéroit quelque fruit, et tenoit toute sorte d'esprits en suspens; trois semaines se passent sans en avoir aucunes nouvelles; enfin, voici une dépêche de Montauban, qui mande comme l'évêque lui avoit fait savoir qu'il n'avoit pu obtenir de la cour les passe-ports promis par Virières; mais que si elle vouloit députer pour persuader l'assemblée d'accepter telle paix que le Roi voudroit donner, et, en cas de refus, qu'elle voulût déclarer qu'ils étoient résolus de l'accepter, lui donnoit parole de faire conduire ses députés en sûreté; ce qui avoit détrompé toute la ville, et l'avoit fait résoudre de nouveau de renvoyer dorénavant toutes propositions de paix à l'assemblée générale; ce qu'ils observèrent en la proposition que leur fit faire le maréchal de La Force, qui portoit que le Roi étoit résolu de ne donner aucune déclaration de paix générale; que, néanmoins, si on vouloit traiter chacun en particulier, ne refusant la paix à nulle ville, il se trouveroit insensiblement qu'elle seroit générale.

Cette affaire de Montauban vidée, il arriva une dépêche du Vivarais fort pressante, sur ce que l'armée qui étoit devant La Rochelle, après la prise d'icelle, étoit passée en Auvergne sous le commandement de Thoiras, pour se rafraîchir, et prenoit maintenant la route du haut Vivarais pour aller à Valence, et attendre le Roi en Dauphiné. Ce passage, si proche d'eux, les mit en grande alarme, surtout pour Sojon dont Chevrilles s'étoit saisi, et le faisoit fortifier depuis six mois; si bien qu'ils envoyèrent demander hommes et munitions de guerre. Le bas Languedoc fournit la levée de quinze cents hommes, dont le duc de Rohan donne le commandement à Saint-André de Montbrun, en qualité de maréchal de camp, et envoya aussi avec lui la compagnie de chevau-légers de La Cassagne qui étoit prisonnier depuis trois mois, et auquel, en cet endroit, je dois rendre cet honneur, qu'il a résisté aux menaces et aux promesses de la cour avec beaucoup de générosité. Car, étant premier consul de Nîmes et y ayant crédit, ils espéroient, par son moyen, d'y faire un puissant parti, et de la détacher de celui des réformés.

Mais pour revenir à ceux du Vivarais, voyant l'armée du Roi passée en Dauphiné, et eux hors d'appréhension, contremandent les troupes ; ce qui leur fut de grand préjudice : si bien que Rohan les ayant avant le temps sur les bras, il tâche à les employer entre le Vivarais et les Sevennes, et mande à Saint-André qu'il attaque Saint-Jean-de-Valle-Francisque, et se saisisse de Genovillac et Chamberigaud, pour, de là, attaquer Villefort ou Postes. Il commence par Saint-Jean qu'il prend, comme aussi le fort de Chamberigaud, et quelques autres qui le pouvoient incommoder ; puis prend son logement à Genovillac, d'où il va à Villefort pour le bloquer ; mais il y trouve le marquis de Portes avec plus de forces qu'il n'en avoit, qui voulut lui disputer les passages. Néanmoins, il les lui fait quitter, va jusques à Villefort, tâche de se loger dans les faubourgs ; ce que n'ayant pu faire, il se retire à Genovillac et au colloque de Saint-Germain, et mande à Rohan que ses troupes se dissipent s'il ne les retire de là ; lequel les loge à Saint-Ambroix, Barjac, Vallon et La Gorce, afin qu'elles fussent toutes prêtes pour passer à Privas quand il en seroit besoin.

Cependant nouvelles assurances lui viennent d'Angleterre, qu'il ne sera point abandonné, et que jamais on ne fera la paix sans y comprendre les réformés de France et sa maison, l'exhortant à la persévérance et à ne s'étonner point pour la perte de La Rochelle. Le prince Thomas lui envoie un gentilhomme pour lui dire que s'il est en même humeur que par le passé, et qu'il veuille s'approcher, il fera une diversion en Dauphiné, et le viendra joindre sur le bord du Rhône avec dix mille hommes de pied et mille chevaux; auquel il répond qu'il est en meilleure humeur que jamais, et prêt à marcher aux premières nouvelles qu'il aura de lui.

D'autre part, le Roi s'achemine en Dauphiné, passe à Vienne à cause que la peste étoit à Lyon; il fait son gros à Grenoble, et prépare toutes choses pour le secours et avitaillement de Casal, et donne jalousie au duc de Savoie de son passage en divers endroits, ayant une armée en Provence pour attaquer Nice, et une autre en Bresse qui tient en échec la Savoie, et la troisième qu'il fait marcher vers le Pas-de-Suse, qui est l'entrée du Piémont; si bien que ledit duc est obligé de séparer ses forces pour s'opposer partout, et même appelle de celles d'Espagne pour lui aider à garder ledit Pas-de-Suse.

Les choses s'acheminant ainsi, il y avoit apparence que le Roi auroit des occupations pour long-temps, qui le divertiroient de venir contre les réformés. Et sur ce que dans Nîmes on faisoit courir quelques discours parmi le peuple, que si l'on vouloit aller demander la paix, on bailleroit tous les passe-ports nécessaires pour faire le voyage, l'assemblée eut le soin de savoir d'où venoient de tels discours, et s'ils étoient véritables; mais n'y ayant trouvé que de la fausseté, et s'étant aperçue que telles propositions ne venoient que de quelques conseillers du présidial, ou habitans qui avoient été chassés de la ville, ou bien de ceux d'Aigues-Mortes, les uns poussés par le duc de Montmorency, les autres par le marquis de Varennes, pour tâcher plutôt à les diviser qu'à leur faire du bien, elle résolut que toutes personnes qui auroient à faire quelques propositions et ouvertures de paix, seroient exhortées de les venir déclarer à l'assemblée, afin de les examiner et de s'en servir utilement; mais elle défendit très-expressément d'épandre, sous main et malicieusement, tels discours parmi le peuple, afin de le ralentir au travail des fortifications; et cependant fut mis en proposition des moyens qu'il falloit tenir pour obtenir la paix qui fût sûre et de durée. Sur quoi on posa toujours ce fondement, qu'elle ne se pouvoit trouver telle que conjointement avec le roi de la Grande-Bretagne, et que lui ne pourroit nous l'acquérir si bonne qu'après avoir fait une descente en France, dont il avoit lors une commodité sûre et facile, le Roi étant à l'autre extrémité de son royaume avec toutes ses meilleurs forces pour exécuter un dessein hors d'icelui, où il trouvoit en tête les forces de l'Empereur, du roi d'Espagne et du duc de Savoie pour s'y opposer. Pour cet effet, il lui fut écrit au nom de l'assemblée et du duc de Rohan, afin de l'inciter à prendre cette occasion au poil, et pour l'assurer de nouveau des constantes résolutions des réformés de France à ne rien traiter que conjointement avec lui. Et pource que la nécessité d'argent étoit très-grande, et que, sans quelque assistance étrangère, il étoit impossible de faire subsister les gens de guerre ni de faire avancer les fortifications, le duc de Rohan fut prié d'écrire à Clausel qu'on ne pouvoit plus subsister sans argent, et qu'il fît connoître aux Espagnols que la paix de France ne se pouvoit plus du tout empêcher s'ils ne lui en faisoient tenir en diligence. Aussi on résolut qu'on tâcheroit d'obtenir des passe-ports, ou même des sûretés qui n'éclatassent point, pour pouvoir envoyer en Angleterre, avec assurance qu'on donnoit de porter les affaires à la paix. Du Cros, de Montpellier, qui vit le duc de Rohan du consentement du marquis de Fossé, emporta cette parole de lui, laquelle lui fut confirmée par toute l'assemblée.

Voilà comme l'on n'omit aucune chose pour se bien défendre ou pour procurer la paix, au temps même que l'on avoit plus d'espérance du bon succès des affaires des réformés. Mais Dieu, qui en avoit autrement disposé, souffla sur tous ces projets, car le Roi, qui ne partit jamais de Paris pour venir au secours de Casal, qu'il n'eût tiré secrètement parole du roi de la Grande-Bretagne qu'il ne l'attaqueroit point pendant cette expédition, et même étant comme assuré de la paix avec lui sans y comprendre les réformés, il ne voulut permettre qu'ils envoyassent vers lui, craignant qu'ils ne le fissent changer de résolution; à quoi il faut ajouter que sa diligence, au plus fort de l'hiver, surprit ses ennemis, et dès le premier effort qu'il fit au Pas-de-Suse, il l'emporta facilement, et ensuite la ville; et les étonna tellement que don Gonzales leva le siége de Casal, et le duc de Savoie, pour éviter la perte du Piémont, moyenna la paix, par laquelle il s'obligea de faire avitailler Casal; et le Roi séjourna encore en ce pays-là plus d'un mois, afin de faire exécuter les choses promises. Ce qu'étant fait, il laisse Thoiras au Montferrat avec quatre mille hommes de pied et cinq cents chevaux, et le maréchal de Créqui à Suse avec autant, puis il tourne toutes ses pensées et le reste de ses forces à la guerre de Languedoc. Il envoie par avance le maréchal de Schomberg à Valence pour recevoir les troupes qui venoient du côté de Bresse et du Lyonnais, faire avancer le canon et munitions de guerre, et achever quelque traité commencé avec Chevrilles pour le Vivarais. Il mande au duc de Montmorency qu'il aille assiéger Sojon; au duc de Guise qu'il remette son armée ès mains du maréchal d'Estrées, qui a charge de la mener au bas Languedoc, et de faire le dégât de Nîmes. Après cela le Roi vint en personne à Valence avec peu de cavalerie seulement; et, quelques jours après, le cardinal le suivit, qui lui mena le reste de son armée, dont il détache quinze cents chevaux sous la conduite du duc de La Trimouille pour aller joindre le maréchal d'Estrées.

Tandis que tous ces préparatifs s'acheminent, l'ambassadeur du roi de la Grande-Bretagne en Italie, nommé Voak, qui étoit pour lors à Turin, écrit un billet au duc de Rohan, que la paix étoit faite là, qu'elle ne dureroit pas, qu'on s'en va à lui; mais que l'armée est fort débiffée, et que, s'il peut soutenir le premier effort, il y aura de grandes diversions en sa faveur. Clausel l'enchérissoit encore par dessus lui, et promettoit prompte assistance d'armes et d'argent. Nîmes et Aymargues travailloient très-lâchement à leurs fortifications, Uzès un peu mieux; néanmoins aucune ville ne vouloit nourrir les gens de guerre, qu'elle ne se vît sur le point d'être attaquée. Ce qui obligea le duc de Rohan de se servir de son moyen ordinaire, qui étoit d'offrir à quelque ville de lui ôter l'épine qui la pique. Il s'adresse à Sauve pour le siége de Corsonne où il va, et trouve la besogne plus difficile qu'on ne lui avoit faite, pource qu'après avoir abattu les défenses, il fallut aller à l'assaut avec des échelles d'extrême longueur; tellement que la première fois elles se trouvèrent trop courtes, et fut contraint d'en faire faire de toutes neuves. Cependant le maréchal d'Estrées, pressé du marquis de Fossé, eut le temps de venir au secours avec six mille hommes de pied et quatre cents maîtres, ce qui fit retirer ledit duc à Sauve. Le lendemain il voulut voir passer l'armée dudit maréchal, qui prit son logement à Sommières. Il lui fut proposé que, pour retourner à Saint-Gilles, il lui falloit passer le Vistre proche d'Aymargues, ou le Gardon, s'il vouloit aller au Vivarais, comme le bruit en couroit, auxquels deux passages de rivière on le pouvoit voir et combattre avec avantage. Il approuve ce dessein, et, pour l'exécuter, il écrit à Uzès afin d'en tirer des troupes; envoie Aubais à Nîmes pour même effet; Lèques passe à Anduze pour en prendre, et Goudin et La Baume vont avec lui; il mande encore à Saint-Hippolyte et aux environs, et donne à tous le rendez-vous dans le Vauvage; et lui part, dès la pointe du jour, avec deux mille hommes de pied et quatre-vingts maîtres pour prendre son logement à Canisson, grand bourg et tout ouvert, d'où il pouvoit prendre ses avantages, de quelque côté que le maréchal prît son chemin; mais, soit qu'il eût la même pensée de prendre son lo-

gement à Canisson, ou bien avis que ledit duc y dût
venir avec si peu de troupes, il le trouva marchant
sur la route de Sommières à Canisson. Néanmoins, ledit duc ayant le devant, il va droit au village, où
s'étant avancé, il commence à vouloir mettre l'avant-
garde en bataille aux avenues les plus avantageuses
d'icelui, afin de faire ledit logement sans désordre,
surtout pouvant être suivi d'une armée deux fois plus
forte que la sienne; mais la grande chaleur qu'il avoit
fait tout le jour, et le renom du bon vin qui étoit en
ce bourg, y avoit attiré la plupart des officiers de
toutes les troupes, tellement qu'il lui fut impossible
d'y donner ordre. En même temps il entend plusieurs
mousquetades de l'arrière-garde, qui étoit escarmou-
chée par cinq cents mousquetaires que ledit maréchal
fit avancer pour voir s'il la pourroit ébranler; et,
cependant, il étoit avec le reste de son armée sur un
tertre qui découvroit tout, jusque dans Canisson
même, d'où voyant le grand désordre qu'il y avoit partout, il fit donner de tous côtés. Le duc de Rohan
envoya Montredon pour rassurer ses gens, puis Car-
lincas, enseigne de ses gardes, qu'il mène au château de Canisson, lequel est sur une petite montagne
qui domine tout le village, et en rend l'attaque difficile, leur commandant de bien garder ce lieu-là.
Cela fait, il va autour dudit village, qu'il commence
à bien faire barricader. Ainsi qu'il achevoit le tour, il
rencontre Lèques, Goudin et La Baume; il leur dit
qu'il falloit se résoudre à garder ce lieu-là, et en disputer les dehors jusqu'à ce qu'il fût barricadé. Lèques
entreprend cet ouvrage; et, voyant que les soldats
qui étoient au château de Canisson l'avoient quitté,

il y retourne en mettre d'autres, et dispute si bien le dehors du côté qu'il étoit, que, voulant entrer dans le village, il trouva que les ennemis lui avoient coupé le passage, tellement qu'il fut contraint de prendre la campagne. Pour La Baume, il les trouve aussi en tête, et n'y peut entrer. Quant à Goudin, à cause de l'incommodité de sa blessure, le duc de Rohan ne lui permit de s'y enfermer; lequel, après avoir donné tout l'ordre qui lui fut possible pour la défense de son infanterie, il se retira avec sa cavalerie à Nîmes pour y hâter le secours qu'il avoit par avance envoyé préparer.

Cependant Montredon, La Boissière, sergent de bataille, et Alizon, après avoir disputé les dehors de poste en poste, se renfermèrent dans Canisson : chacun prend son quartier à faire accommoder; ils sont attaqués de toutes parts fort furieusement, mais sans son ordre. La nécessité apprend là aux soldats à se défendre : on les repousse avec vigueur, et à leur vue on achève les barricades; ils gagnent quelques maisons qu'ils commencent à percer pour entrer dans le lieu, mais avec le feu qu'on met au voisinage on leur en ôte le moyen : l'attaque dura depuis deux heures après midi jusqu'à la nuit. Ceux de dedans, après les premiers efforts, s'étant reconnus et rassurés, se défendirent avec très-bon ordre, et en cette action, Montredon, La Boissière et Alizon qui la conduisoient, en acquirent la principale gloire. Chacun avoit ses incommodités : les munitions de guerre manquoient à ceux de dedans, celles de bouche à ceux de dehors; si bien que, dès la nuit, le maréchal d'Estrées fit parler aux assiégés pour les induire à quelque capitulation, laquelle ils rejetèrent, lui mandant qu'ils verroient bientôt le duc de Rohan avec de nouvelles forces, qui le contraindroient de se retirer : et de fait, dès la nuit même il avoit envoyé deux mille hommes de la ville de Nîmes, sous le commandement d'Aubais, pour s'approcher de Canisson, avec charge expresse de faire savoir aux assiégés qu'il étoit là pour les assister; mais il revint sans avoir pu leur faire savoir de ses nouvelles, nul messager n'y ayant pu ou osé entrer, ni même sans leur avoir fait aucun signal, comme il en avoit charge expresse : ce qui fâcha fort ledit duc, lequel fit repaître tout le monde, et se résout d'y aller en personne pour délivrer ses gens ou s'y perdre. A cet effet il manda à Lèques qu'il tînt la garnison d'Aymargues toute prête pour le venir joindre; mais, durant ce préparatif, il apprit la capitulation qui fut faite ainsi : à savoir, que les assiégés se retireroient aux Sevennes en toute sûreté; que le maréchal d'Estrées n'entreroit point avec son armée dans le bourg de Canisson; que ladite armée seroit éloignée du chemin qu'ils prendroient; que les blessés des deux partis qu'on ne pourroit emporter, seroient retirés sûrement dans ledit bourg; et que, pour cet effet, seroient donnés otages de part et d'autre; ce qui fut fort bien observé de tous côtés. Il y eut de morts, du côté des réformés, cinquante ou soixante, et le double de blessés : du côté des catholiques romains, il y en eut plus de quatre cents de morts et huit cents de blessés.

Ainsi se passa cette affaire, où peu s'en fallut que le duc de Rohan ne reçût un échec qui entraînoit sa ruine et celle de son parti : et jugeant que ledit maréchal n'avoit point opiniâtré sans sujet que ses troupes ne vinssent point à Nîmes, il crut qu'il vouloit repasser le Vistre auprès d'Aymargues pour regagner plus promptement son logement de Saint-Gilles ; ce qui lui donna envie de le revoir une autre fois. A cet effet, il prend deux mille hommes de Nîmes et sa cavalerie, et vint loger à Aymargues ; le lendemain il se met en bataille entre Aymargues et ledit passage, en intention de le charger à moitié passé ; ce que ledit maréchal ayant appris change de dessein et de route ; et, allongeant son chemin d'une grande journée, va passer par Aigues-Mortes, et ledit duc retourne à Nîmes. Lequel voyant que les préparatifs s'acheminoient de toutes parts pour attaquer le bas Languedoc et les Sevennes, il fait résoudre que les villes du bas Languedoc recevroient leurs garnisons ; il ordonne dans Nîmes les régimens de Goudin, Fourniquet et Bonal ; dans Uzès ceux de La Baume et de Faulgères, et dans Aymargues celui de Sandres. Après cela et la prise du fort de Sojon par le duc de Montmorency, qui ne dura que trois jours, quoique Chevrilles eût promis qu'il résisteroit trois semaines, le duc de Rohan ayant appris les particularités du traité de Vivarais, fait par ledit Chevrilles avec le garde des sceaux, pour vingt mille écus, il jugea qu'il ne falloit plus tarder à le secourir. Il fait passer à Privas Saint-André de Montbrun, avec cinq cents hommes de pied et douze maîtres de la compagnie de La Cassagne, où il se rendit heureusement, ayant repoussé Montréal et L'Estrange, qui l'attendoient en de mauvais passages avec plus de forces qu'il n'en avoit. Arrivé qu'il y fut, il trouve les consuls assemblés à la place avec leur conseil, qui lui dirent qu'ils avoient autrefois souhaité sa venue, mais qu'à présent elle leur étoit à charge, pource qu'ils n'avoient pas besoin de gens de guerre, et voulurent loger ses troupes dans les villages écartés, afin de pouvoir leur refuser la porte; ce que Saint-André reconnoissant s'opiniâtra de les vouloir loger dans la ville. Chevrilles, qui pour lors étoit au Chaylard, est mandé en toute diligence; il arrive le lendemain avec tous ceux de sa faction, et aussitôt assemble le conseil de la province et de la ville pour faire prier Saint-André de s'en retourner, et, au cas qu'il ne le voulût faire, l'y induire en traitant mal ses troupes; dont étant averti, il va dans leur assemblée, leur déclare qu'il est là par le commandement du duc de Rohan, lequel seul l'en peut retirer, et que, quoi qu'ils délibèrent, il ne bougera sans son ordre. Chevrilles, se voyant déchu de ses espérances, proposa que Saint-André, soutenant le siége, serviroit mieux dehors que dedans; qu'il lèveroit quinze cents hommes, desquels il en jetteroit dans la place ce qu'on jugeroit nécessaire, et avec le reste il incommoderoit les vivres de l'armée du Roi.

Sa proposition est approuvée, et ainsi il part dès le lendemain. Incontinent après, trois grands bateaux chargés de blé furent pris sur le Rhône: Saint-André y accourt; mais ce ne fut assez à temps pource que les frégates les avoient déjà fait quitter aux preneurs. Néanmoins, en cette sortie, il apprit que le Roi étoit arrivé à Valence avec peu de gens, croyant le traité de Vivarais fait sur ce que lui en avoit mandé le garde des sceaux; mais qu'ayant trouvé les affaires changées par l'arrivée de Saint-André, il se disposoit au siége de Privas, qui devoit être bloqué dans quatre ou cinq jours. Il lui fit faire des offres jusques à la valeur de cent mille écus ; mais il témoigna, par sa réponse, être plein d'honneur et de foi, les ayant généreusement rejetées. Étant de retour à Privas, il fait résoudre tout le monde à soutenir le siége, avec serment que le premier qui parleroit de capituler seroit tué. Il départ tous les quartiers, et ordonne tous les travaux de dehors, auxquels, auparavant sa venue, on n'avoit aucunement travaillé ; il ne les peut commencer que le propre jour qu'on les investit ; néanmoins il y fit une telle diligence, qu'il en mit quelques-uns en bonne défense, et qui résistèrent.

Le siége ainsi commencé, le cardinal arrive avec le reste de l'armée qui étoit demeuré à Suse ; il presse Chevrilles de tenir sa parole, qui, pour ne perdre tout-à-fait la récompense de sa trahison, demande d'avoir part à l'honneur du siége, et offre d'y mener quinze cents hommes. On accepte son offre, il y vient, mais tout seul. Dès le lendemain un trompette du Roi vint sommer la place, accompagné d'Argencourt ; ledit Chevrilles, qui ne manqua de se trouver où ledit trompette devoit arriver, envoie un de ses capitaines pour savoir ce qu'il vouloit dire. Saint-André, averti de cela, vient en diligence et le fait retirer sans aucune réponse ; et, n'ayant voulu permettre qu'on mît en délibération si on entendroit à une capitulation, ledit Chevrilles se retira pour la seconde fois, avec ce qu'il put emmener de ceux qui étoient dans la place, empêchant toujours les soldats des Bouttières de s'y jeter, en les assurant qu'il les y conduiroit assez à temps ; tellement qu'il rendit vains les effets de ceux que Saint-André y avoit envoyés pour en faire venir.

Après son partement, Brunel d'Anduze, qui commandoit cinq compagnies des Sevennes, se rallie avec les traîtres et les poltrons, fait dessein de tuer Saint-André en cas qu'il ne voulût entendre à se rendre, et lui porta parole, assisté de tous ses partisans, qu'on le livreroit s'il n'y consentoit. Il fut donc trouvé bon par le conseil de guerre qu'il s'aboucheroit avec Gordes ; ce qu'il fit, mais il ne se put accorder avec lui des conditions.

Cependant, depuis la venue du cardinal, on avoit entièrement bloqué la place, fait les approches et batteries, et ensuite on donna un assaut où les attaquans furent repoussés avec beaucoup de vigueur, et perte de leurs gens ; néanmoins il étonna ceux de dedans, qui pressèrent de nouveau Saint-André de voir Gordes. En sa place on y envoie Vennes, capitaine au régiment des Gardes, qui lui offre composition honorable pour lui et pour ses soldats, mais non pour les habitans ; ce qu'il refuse, protestant de ne les abandonner jamais. Ledit Saint-André ayant fait son rapport, lesdits habitans s'en épouvantent et même ceux de Vivarais, lesquels, tous ensemble, abandonnent la ville, et se sauvent dans les Bouttières ; tellement qu'ils laissent Saint-André dans Privas avec cinq cents hommes, pour défendre une place où il en falloit deux mille. En cette extrémité il ne juge meilleur parti que de se retirer au fort de Toulon, où il pouvoit faire sa capitulation plus sûrement que dans la ville, pource que l'on ne le pouvoit forcer sans beaucoup de temps et perte de beaucoup d'hommes. Sur le point du jour, Deffiat, Gordes et Vennes veulent parler à lui, il s'abouche avec eux ; on ne lui offre la vie que pour sa personne en abandonnant ses soldats; il les rebute rudement et se retire pour courir même fortune avec eux. Voyant qu'on ne pouvoit l'ébranler, on le semond d'envoyer encore quelqu'un des siens pour faire savoir sa dernière résolution. Brunel du Dauphiné, lieutenant d'une compagnie, s'y offre; on trouve bon qu'il y aille; il y fait trois voyages, durant lesquels il est gagné. Au dernier, il apporte assurance de la vie pour tout le monde; mais, avant que de rien écrire, il dit qu'il falloit que Saint-André, avec quelques capitaines, allât se jeter aux pieds du Roi pour lui demander pardon, et que le comte de Soissons, qui le devoit présenter, l'avoit chargé, par exprès, de lui dire qu'il se hâtât, qu'il ne falloit perdre le temps, et qu'il l'attendroit avec impatience. Il assemble là-dessus ses capitaines, qui tous le prièrent d'aller; et, quand il en fit difficulté, ils lui reprochèrent qu'il les avoit mis en peine, mais qu'il ne les en vouloit tirer. Ainsi étant forcé, il sort avec cinq capitaines. Il est conduit par Saint-Preuil et Fourille dans la chambre de Saint-Simon, où le cardinal le vint voir, et lui déclara qu'étant sorti sans aucune parole il étoit prisonnier. On lui fit écrire à ceux du fort qu'ils se rendissent à discrétion, et qu'ils auroient le même traitement que lui; mais ne s'y voulant fier, ni à Brunel qu'on y envoya, ils demandent de voir Saint-André. On l'y conduit avec grosse escorte; dès qu'ils le virent ils crurent avoir la vie assurée, ce qui les fit résoudre à se rendre. Les premiers qui entrèrent dans le fort mirent le feu à quelques caques de poudre, afin d'avoir un prétexte de faire main-basse, comme il leur avoit été commandé, ce qu'ils firent; et ledit

Saint-André et ses capitaines furent retenus prisonniers. Ainsi par la fraude périt la plupart de ceux du fort ; quelques-uns des prisonniers furent pendus, et les autres envoyés aux galères.

J'ai voulu particulariser cette affaire pour montrer comme la perfidie de Chevrilles, des deux Brunels et des principaux de Privas, fit périr misérablement leur ville, partie de leurs habitans et le secours du Languedoc, et empêcha une paix honorable aux réformés, qui, depuis la publication de celle d'Angleterre (qui se fit durant ce siége), en traitoient avec le marquis de Fossé, qui en avoit le pouvoir du Roi.

Mais cette prise, aussi inopinée aux catholiques romains qu'aux réformés, vu la vigoureuse résistance du commencement du siége, ruina cette affaire ; car du Cros avoit moyenné l'abouchement d'Aubais, Dupuy et Lucan, députés de l'assemblée générale, avec ledit Fossé ; et quoiqu'en cette première conférence il ne voulût passer outre si on ne relâchoit la démolition des fortifications, néanmoins on eût toujours traité plus avantageusement durant l'éloignement du Roi et la résistance de Privas, que quand il fut dans les Sevennes, et qu'il eut reconnu les désunions, foiblesses, lâchetés et trahisons qui étoient parmi les réformés.

La prise de Privas, d'où on attendoit une plus longue résistance, surprit et étonna force gens, et fit croire au duc de Rohan qu'il étoit temps qu'il passât aux Sevennes pour y donner ordre, et s'opposer aux premiers efforts qui y viendroient. Il ne l'avoit pu faire plus tôt, pource qu'il n'osoit abandonner Nîmes, qu'on tâchoit de lui soustraire, qu'il ne l'eût fournie de gens de guerre, et elle ne voulut en recevoir qu'à l'extrémité; joint qu'ayant résolu d'y laisser Lèques pour y commander en cas de siége, il ne l'osoit déclarer qu'au besoin, à cause qu'il savoit qu'Aubais avoit la même prétention, et qu'il briguoit sous main pour y rendre ledit Lèques odieux et pour se faire demander. Il avoit la même peine pour Uzès, où Goudin vouloit commander, et les habitans n'en vouloient point. Donc il part, passe à Uzès, y prend le régiment de Faulgères, le mène à Alais d'où il le jette dans Saint-Ambroix, espérant que ce lieu lui donneroit quelque loisir pour pourvoir aux Sevennes, où il s'attendoit de trouver de l'argent tout prêt de quelques fermes qu'il avoit baillées par avance pour faire ses levées. Mais l'appréhension de la venue du Roi empêcha la plupart des fermiers de payer. A ce défaut il proposa un autre expédient, que les viguiers feroient l'avance pour la levée des gens de guerre, et qu'on leur affecteroit pour leur remboursement non-seulement les susdites fermes, mais aussi une imposition qui fut faite tout à l'heure sur le pays, tant du principal que des intérêts de l'avance; mais tous ces expédiens ne pouvant faire sortir de l'argent des bourses, ledit Rohan fut contraint d'appeler les communes.

Cependant le maréchal d'Estrées avec le duc de la Trimouille commencent le dégât autour de Nîmes, où il se fit de belles escarmouches toutes à l'avantage de ceux de la ville, qui, ayant leurs mousquetaires logés avantageusement, en tuèrent ou blessèrent douze ou quinze cents; hormis un jour que, quelques habitans s'étant avancés un peu inconsidérément, ils furent attrapés par la cavalerie qui les malmena, et en demeura sur la place une quarantaine, sans les blessés; et si Lèques ne se fût avancé avec ses troupes réglées, il y eût eu plus de mal. Pour lui, il en fut quitte pour son cheval qu'on lui tua entre les jambes, et le dégât n'approcha pas la portée du canon de la ville.

Le Roi, de son côté, ne perd pas temps: après la prise de Privas il fait passer partie de son armée vers La Gorce et Barjac qui se rendent; Beauvoir et Saint-Florent font leur paix, et deviennent maquignons des places des réformés. Le premier vient à Saint-Ambroix pour leur faire imiter Barjac; les principaux habitans le désirent, et, sans les gens de guerre, la chose étoit dès lors faite. Ils ne laissent de continuer leurs intelligences, et, à l'approche du Roi, quoiqu'il n'eût aucun canon, et n'en pût avoir de huit ou dix jours, les deux parties d'habitans qui auparavant se haïssoient, la peur les fait accorder, et tous ensemble obligent les gens de guerre à s'accorder avec eux ; si bien que la capitulation se fait à la charge que lesdits gens de guerre ne porteroient plus les armes pour les réformés. Il y eut quelqu'un des capitaines qui voulut faire quelque difficulté là-dessus; sur quoi le duc de Montmorency lui dit qu'on ne traitoit point autrement avec le Roi, mais que ce n'étoit qu'une formalité qui n'obligeoit personne qu'en tant qu'il le vouloit. Puis il commença à cajoler les uns et les autres, et leur promet grandes récompenses s'ils demeuroient dans Alais pour y servir le Roi, se joignant au baron d'Aleth qui avoit promis de lui livrer la ville.

Voici arriver tous les gens de guerre de Saint-Ambroix, qui se déchargent sur ce que les habitans les ont forcés de se rendre, et promettent que, nonobstant la capitulation, ils sont résolus de servir le parti des réformés partout où on leur commandera : tellement que le duc de Rohan se trouva dans Alais, le Roi à trois lieues de lui avec son armée, sans avoir aucunes troupes fournies que le régiment de Faulgères, et cinq ou six compagnies qu'il avoit levées nouvellement, les habitans d'Alais fort peu résolus de se défendre, et le baron d'Aleth qui avoit promis de livrer la ville, et qui pour cet effet vouloit à toute force être gouverneur d'icelle. Sur tout ce désordre il voulut mettre Aubais pour défendre la place, pource qu'en qualité de maréchal de camp tout le monde lui eût cédé, lui promettant de mettre auprès de lui tous les meilleurs hommes qu'il eût. Il s'excusa sur ce que ne l'ayant laissé dedans Nîmes, il avoit pris résolution de ne se trouver dans aucune place assiégée. Il y veut mettre Assas, à l'âge et l'expérience duquel on eût porté honneur et respect ; il refusa absolument la charge. Il en parla à Boissière qui n'y voulut demeurer comme chef, ne se sentant assez absolu pour cela, s'offrant d'y être avec Aubais, ou tel autre à qui il dût obéir ; si bien qu'il se trouva en cette extrémité d'y laisser Mirabel, vieux gentilhomme du Vivarais, fort incommodé de la vue et des jambes. Et le Roi étant venu prendre son logement à une lieue dudit Alais, le duc de Rohan en tira le baron d'Aleth, et partit le matin dont le soir la ville fut bloquée, leur promettant de leur envoyer tout autant de gens de guerre qu'il lui en viendroit : à quoi il fit si bonne diligence qu'à diverses fois il y en jeta plus de quinze cents, outre ceux qui y étoient, faisant en tout deux mille cinq cents hommes.

Le Roi se voyant trompé en l'attente qu'il avoit d'entrer dans la place sans résistance, il envoie chercher son canon, et cependant, pour ne perdre temps, il fait commencer ses approches. La ville d'Alais est située d'un côté dans la plaine, et de l'autre si proche des montagnes que la moitié d'icelle en est fort dominée. La rivière du Gardon passe du long des murailles, laquelle nuit plus à la fortification qu'elle ne sert, pource que ce n'est qu'un petit torrent, lequel est toujours guéable, et serre si bien les murailles qu'il ne laisse nul moyen d'y faire aucun flanc. Les maisons aussi, qui font partie d'icelle, empêchent qu'on ne se puisse retrancher par le dedans; tellement que pour défendre de ce côté-là il faut fortifier au-delà de la rivière, et occuper par des forts des petites montagnes qui commandent tout le lieu, lesquelles encore il faut joindre à deux grands ponts de pierre qui traversent la rivière : bref, c'est un grand travail et de grande dépense, et où il faut quantité de gens de guerre pour garder cette ville; ce qui avoit toujours empêché de la fortifier. Mais les habitans, voyant qu'Anduze se fortifioit, voulurent faire le semblable. Ce fut une maladie qui prit à toutes les communautés des Sevennes, et celle-ci commença la sienne en l'absence du duc de Rohan, durant son voyage de Foix, lequel, quoiqu'il prévît bien qu'il y avoit plus de fortifications à demi faites que de gens à les garder, il ne voulut s'opposer à ce torrent, de peur de les dépiter et leur ôter le courage. Il y a encore ce mal, c'est qu'outre qu'ils entreprennent au-delà de leur pouvoir, la première ferveur étant passée, ils ne font ce qu'ils peuvent, et ne travaillent que quand la peur les prend. J'y ajoute celui-ci de plus, qu'on ne leur peut persuader qu'il faut, en même temps qu'ils se fortifient, se fournir de munitions de guerre ; car, en cette manière, une dépense attire l'autre, et si une de ces quatre choses manque, à savoir, de bonnes fortifications, des munitions de guerre, des vivres et des soldats, les autres ne servent de rien.

Cette ville étant de cette qualité, elle se trouve fort surprise, pource qu'ayant négligé de faire le troisième fort, et ledit duc s'étant efforcé d'en faire un promptement avec des barriques, il ne put résister à la première attaque, et par ce seul côté on prépare la batterie entre le pont et le jardin du duc d'Angoulême. Cette première attaque étonna les habitans. Ils ne songent plus qu'au moyen de se rendre ; à quoi ils sont sollicités par les capitaines sortis de Saint-Ambroix, et par ceux qui étoient de la cabale du baron d'Aleth, et en vinrent jusque-là que de faire des trous en la muraille pour donner entrée aux assiégeans ; ce qu'étant découvert, on y remédie sans punir personne ; si bien qu'on ne fait que dilayer le mal sans l'ôter, et rendre les mal affectionnés plus soigneux à mieux couvrir leur dessein. Deux ou trois desdits capitaines se font députer vers le duc de Rohan, pour lui représenter le peu de gens qu'il y avoit dans la la place, et le peu de résolution qu'ils avoient de s'y défendre ; que de ceux qui y étoient et qu'on y envoyoit, le nombre en diminuoit à toute heure, pource que chacun se sauvoit de la place. Sur quoi leur ayant remontré que ce qu'ils lui disoient ne pouvoit être, qu'il savoit le nombre de gens de guerre qu'il y avoit laissés et celui qu'il y avoit mis; que tous les jours il y en mettroit encore avec des munitions de guerre ce qu'il en seroit besoin, les exhortant de s'en retourner promptement pour les encourager; ce qu'ils lui refusèrent, alléguant, pour dernière raison, qu'ils se feroient pendre, vu ce qu'ils avoient promis au duc de Montmorency sortant de Saint-Ambroix. Aussi ayant appris qu'ils avoient communiqué secrètement avec le baron d'Aleth, et qu'ils avoient résolu d'envoyer dans la place Mesargues son cornette, il les fit tous arrêter prisonniers, et envoya pour surcroît La Blacquière dans ladite place avec cinq cents hommes, et un ordre de tuer le premier qui parleroit de se rendre. Mais la maladie étoit pour lors incurable, les habitans ayant caché les munitions de guerre, et abandonné le travail du terrassement nécessaire vis-à-vis de la batterie; tellement que tout ce qu'il put faire, fut d'allonger la capitulation de trois ou quatre jours, et de sauver deux mille cinq cents hommes; lesquels, s'ils se fussent perdus comme ceux de Privas, il ne se fût trouvé à l'avenir aucun qui eût fait contenance de se défendre. Ce qu'il y eut de plus mauvais en cette reddition, est qu'ils promirent, comme ceux de Saint-Ambroix, de ne porter plus les armes contre le Roi.

Dès que le duc de Rohan sut cette nouvelle, il envoya Falquières, lieutenant de ses gardes, à Sauve, où les habitans, sur la reddition d'Alais, avoient pris une grande épouvante; et les principaux, se promettant quelque bon traitement par la faveur du duc d'Angoulême, leur seigneur, ils refusèrent les portes audit Falquières. Néanmoins, ayant des connoissances là-dedans, comme étant du lieu, il y entra avec des échelles, mais il les trouva résolus de s'accommoder; et s'étant saisis du château et d'une tour qui commandoit à la ville, lui servant de citadelle, ils lui dirent clairement qu'ils vouloient chercher les moyens de ne se perdre point.

Cependant le comte d'Alais, fils du duc d'Angoulême, appelé par ceux qui avoient traité secrètement avec lui, s'avance avec trois ou quatre cents chevaux à demi-lieue de la ville, où, ayant appris que l'arrivée de Falquières avec des gens de guerre avoit interrompu son entrée, il envoie un trompette devers eux pour leur faire de belles offres. Ledit Falquières ne peut les détourner de députer vers lui pour l'assurer que, encore qu'ils eussent été empêchés de le recevoir présentement, ils étoient maîtres de leurs forteresses, et que si le duc de Rohan ne faisoit promptement la paix générale, comme il leur promettoit, ils feroient la leur particulière par son moyen, et espéroient d'entraîner avec eux une grande partie des Sevennes. Le comte leur répondit qu'ils ne devoient attendre aucune paix générale, et que ledit duc les abreuvoit de cela pour avoir le loisir de faire la sienne particulière, et puis les abandonner; que s'ils pouvoient attirer d'autres communautés à se détacher de leur parti, leur condition en seroit plus avantageuse, et qu'ils n'auroient qu'une garnison de trente soldats dans leur château, commandée par lui. Ils l'assurèrent de travailler à ce qu'ils lui promettoient, et que dans deux jours ils lui feroient réponse par un député. Falquières, qui avoit vu tous ces envois, et qui oyoit les habitans lui parler haut, dépêche au duc de Rohan, et lui mande que s'il ne lui envoie sans délai quatre cents hommes pour le moins, on le mettra hors de la ville.

L'importance de cette nouvelle l'émeut ; il prend à part trois ou quatre de ses confidens pour la leur communiquer et avoir leurs avis. Les uns d'abord, trouvent cette affaire sans remède, pource qu'ils savoient qu'aux dernières guerres les principaux de cette ville-là avoient été mal affectionnés aux affaires des réformés ; qu'ils étoient maîtres du château, par où ils pouvoient introduire les ennemis sans qu'on les en pût empêcher ; que même il étoit très-difficile de leur envoyer des gens de guerre, pource que ceux d'Anduze, qui étoient à la veille d'un siége, et qui n'en avoient suffisamment pour se défendre, ne trouveroient bon de leur ôter quatre cents hommes ; que si le duc de Rohan y alloit en personne, qui étoit le plus sûr remède, on feroit courir le bruit qu'il abandonneroit tout : par ainsi, voulant conserver Sauve, il étoit à craindre qu'il ne perdît Anduze ; si bien qu'ils conclurent de mander à Falquières, qu'il s'y maintînt le mieux qu'il pourroit, les assurant que si le Roi alloit à eux, ils seroient bien assistés, et qu'on ne vouloit les charger de gens de guerre qu'à la nécessité, afin de conserver leurs vivres. Les autres remontrèrent l'importance de cette place être telle, que sa perte entraînoit avec elle tout le reste des Sevennes jusqu'au Vigan, et ôtoit toute la communication du bas Languedoc à Anduze ; tellement que le duc de Rohan y demeureroit enfermé sans pouvoir en sortir ; qu'on l'accuseroit de l'avoir livrée comme

Alais et Saint-Ambroix, et que, dans un tel désordre et étonnement, on pouvoit appréhender que le peuple d'Anduze ne prît des résolutions très-dangereuses contre lui; qu'on le reconnoissoit assez séditieux pour cela, et qu'il y avoit de mauvais esprits dedans; bref, qu'en une telle extrémité ils étoient capables de le livrer; qu'il valoit mieux faire un effort d'envoyer quatre cents hommes à Sauve pour tâcher à la conserver.

Cette opinion prévalut. Il fait sortir tous les gens de guerre d'Anduze, en choisit quatre cents hommes pour y aller; mais nul ne les y voulut mener que le capitaine Randon, aide de sergent de bataille; encore fut-ce avec cette condition, qu'il auroit un ordre dudit duc de lui ramener ses troupes s'il voyoit l'armée du Roi approcher de lui, afin de pouvoir sauver son honneur; promettant néanmoins de ne s'en servir qu'à l'extrémité. Ainsi il fallut que, pour sauver l'honneur d'autrui, il mît le sien en compromis.

En ces perplexités, qui n'étoient pas petites, les partisans que la cour avoit dans les Sevennes, usoient de divers artifices pour résoudre les communautés à faire leur paix en abandonnant le duc de Rohan; dont les plus dangereux furent, premièrement, d'empêcher les gens de guerre de venir à Anduze et à Sauve, les alarmant que partie de l'armée du Roi passeroit au travers du pays pour mettre tout à feu et à sang, si bien qu'on ne pouvoit tirer aucun soldat de sa maison; puis de convoquer une assemblée sans sa permission, où ils n'appeloient que ceux dont ils s'assuroient, pour faire résoudre une députation en cour, de la part de plusieurs communautés, afin de faire leur paix particulière, et, en dernier lieu, de publier, contre son honneur, que Privas et Saint-Ambroix avoient été abandonnés par son ordre; qu'à Alais il y avoit envoyé La Blacquière pour la même chose, et qu'ayant fait sa condition, il vouloit contraindre les peuples à recevoir celles qu'il plairoit au Roi leur accorder. Et de fait, tels discours étant semés par de petits séditieux qui espéroient par là de faire leur fortune, on en murmuroit partout; car les peuples, particulièrement ceux du Languedoc, sont faciles à croire mal des gens de bien, et à croire bien des méchans, s'accordant volontiers avec ces criards qui blâment tout et ne font rien, et qui cachent leur hypocrisie d'un zèle indiscret et séditieux à la religion et à la liberté.

En même temps il reçoit dépêche sur dépêche des provinces du haut Languedoc, Foix, Montauban et Rouergue, qui lui demandent hommes et argent. Mazaribal écrit que si on ne lui envoie cent bons hommes choisis et payés, qu'il ne peut sauver Mazères, et que sans cela, ou la paix, il sera chassé dans un mois du pays. Saint-Michel et la ville de Montauban écrivent que le prince et le duc d'Epernon se préparent à faire le dégât autour d'icelle, ce qu'ils feront s'ils ne sont assistés; mais qu'avec mille hommes de plus et de l'argent, ils l'empêcheront glorieusement, et pressent fort pour les avoir. Chavagnac et la ville de Castres remontrent qu'ils sont à la faim s'ils ne font leur récolte; qu'ils ne sont promptement assistés de mille hommes de pied et cent maîtres, payés pour deux ou trois mois, et de l'argent pour faire montre aux gens de guerre du pays; que le duc de Ventadour, qui a son armée autour d'eux, leur fait espérer des conditions fort avantageuses s'ils veulent faire leur paix particulière ; qu'ils l'ont refusé sur l'espérance d'une grande et prompte assistance, sans laquelle ils seront contraints de traiter. Milhaud fait la même harangue, et Alteirac, gouverneur de la ville, lui mande qu'il ne peut plus en répondre s'il n'est fortifié de gens de guerre. Et le reste du Vabres demande des hommes ou bien la paix.

A tant de mauvaises affaires qui se présentent et qui s'augmentent d'heure à autre, le duc de Rohan ne voit autre expédient que celui de la paix, à laquelle il appréhende de grandes difficultés ; car il jugeoit que le Roi, voyant le mauvais état des affaires des réformés, ne se relâcheroit point sur l'article des fortifications. D'autre part, il reconnoissoit qu'encore que ces peuples n'eussent la résolution de se défendre, ni même la volonté de s'y préparer, ils ne pouvoient digérer la démolition des fortifications ; si aussi il se résout à toute extrémité, il considéroit que quittant Anduze les Sevennes étoient perdues, et une enfilade de tout le reste feroit joug jusques aux portes de Montauban. S'il y demeuroit, il y attiroit le siége et ne la jugeoit suffisante de le souffrir longuement. Si le Roi appréhendoit de s'y embarquer, passant à Sauve, tout le pays se rendroit, et chaque communauté ayant fait sa paix, Anduze demeureroit seule et dénuée de gens de guerre. Néanmoins, il falloit promptement se résoudre à prendre le parti le moins ruineux.

Il jugea qu'une paix générale, quelque désavantageuse qu'elle pût être, étoit meilleure qu'une dissipation des édits, qui s'ensuivroit indubitablement si chaque communauté faisoit sa paix en particulier.

Pour y parvenir, il convoqua une assemblée à Anduze de toutes les communautés des Sevennes, afin de dissiper celle qui se faisoit sans sa permission, et, en même temps, envoie Montredon à La Salle faire entendre à ceux qui se trouveroient déjà assemblés pour demander leur paix particulière, comme l'assemblée de la province étoit convoquée à Anduze pour faire une paix générale; que s'ils opiniâtroient à continuer la leur après leur avoir ordonné de se séparer, il avoit chargé dudit duc d'assembler tout le peuple de La Salle, et de leur faire entendre leur désobéissance, et de les prier de l'assister pour se saisir d'eux et les amener prisonniers. Ces exhortations mêlées de menaces les font acquiescer, car souvent la crainte est puissante à persuader.

Après cela il envoie chercher Caudiac, conseiller en la chambre de Languedoc, qui avoit déjà fait divers voyages à la cour pour moyenner la paix, et qui ne faisoit que d'en revenir, où il avoit trouvé qu'elle se promettoit la dissipation de tout le parti par des traités particuliers. Il le prie, pour la dernière fois, d'y retourner de sa part, et dire au cardinal de Richelieu qu'il est bon Français, qu'il désire la paix de l'Etat et le repos de son parti; mais que lui et la plupart d'icelui se perdront plutôt que de ne l'obtenir générale, et suivant les édits de pacification; que c'est chose dangereuse d'ôter tout espoir de salut à des personnes qui ont les armes à la main, quelque foibles qu'ils puissent être; et que, moyennant un traité général, si le Roi donne quatre jours seulement pour faire venir l'assemblée générale de Nîmes à Anduze, et des passe-ports aux députés d'icelle pour en aller traiter, et que durant ce temps-là on ne forme aucun siége, il se promet qu'on fera la paix. Caudiac accepte la commission, obtient les quatre jours et les passe-ports, et lui-même a charge d'aller chercher ladite assemblée.

Pendant ce délai, chacun essaie de s'en servir à son avantage. Les partisans du Roi continuent leurs menées dans la province ; mais surtout on entreprit avec ardeur le dessein de Sauve, où Randon étant arrivé avec les quatre cents soldats, les mal affectionnés, pour faire crier le peuple, le surchargent de logemens, témoignent du mécontentement de la personne de Randon, comme n'étant de qualité de leur commander, et par là tâchent de montrer que le duc de Rohan les méprisoit. Et quand il voulut, suivant son ordre, mêler ses soldats avec les habitans pour faire la garde partout, ils ne le voulurent permettre au château, faisant sonner haut leurs priviléges, à quoi un peuple se laisse facilement emporter ; si bien que Randon se voyant ainsi malmené, il lui échappe de dire qu'il avoit ordre dudit duc de Rohan de les abandonner à la vue de l'armée du Roi, s'il n'étoit le maître dans la ville. Cette parole, indiscrètement lâchée par lui, et recueillie par les mal affectionnés, pensa tout ruiner, car ils la firent valoir parmi le peuple, publiant qu'on leur envoyoit des gens pour les abandonner au besoin, qui ne demandoient d'être les plus forts que pour faire leur condition à leurs dépens. De sorte que, sur ces défiances, ils assemblèrent le conseil général, firent résoudre de mourir tous, plutôt que de souffrir qu'aucun soldat étranger entrât dans le château.

Ainsi qu'ils délibéroient là-dessus, leur arrivent des lettres du duc de Rohan, qui convoquoit l'assemblée de sa province dans Anduze, pour traiter des conditions de la paix générale : ce qui les adoucit un peu, et leur y fit députer. Mais le conseil étant séparé, les mal affectionnés publient que c'est un artifice dudit duc pour rompre les traités particuliers, et tenir à Anduze les principaux des villes pour s'en saisir, et faire remettre leurs forteresses entre ses mains : tellement qu'ils font trouver bon d'envoyer dès le lendemain un député seulement pour sonder le gué, et voir comme les affaires s'y porteroient, afin que, selon cela, ils se gouvernassent, et secrètement en envoyèrent un autre au rendez-vous donné au comte d'Alais, pour lui dire que l'espérance fraîchement donnée d'une paix générale, avoit fait différer l'exécution du dessein qu'ils lui avoient promis ; que néanmoins ils soupçonnoient que ce ne fût un artifice pour les empêcher de traiter en particulier. Pour cet effet, ils le supplioient de les en éclaircir, et de croire que, cela n'étant point, la place de Sauve étoit à lui, qu'il en pouvoit assurer le Roi, et qu'ils avoient lettres des communautés de Ganges, Sumêne et Le Vigan, qui leur donnoient pouvoir de traiter pour eux, et qu'encore que Randon fût dans la ville, ils pouvoient l'introduire dans le château dont ils étoient les maîtres.

Cette nouvelle portée au Roi, il crut tant de facilité à se rendre maître de toutes les Sevennes, qu'il fit dépêcher, en toute diligence, à Caudiac qu'il le vînt retrouver sans amener l'assemblée générale à Anduze. Cette dépêche trouve ledit Caudiac et toute l'assemblée en chemin ; si bien qu'avec un grand étonnement elle rebrousse chemin, et lui va à Alais. Durant ce temps-là, Randon et Falquières mandent au duc de Rohan les dernières résolutions du peuple de Sauve, leurs envois et menées avec le comte d'Alais, et que, s'il n'y pourvoit promptement, cette place alloit se perdre. Sur quoi il travailla de nouveau à y jeter des gens de guerre ; et, pour découvrir au fond le mal afin d'y remédier mieux, il envoie Rossel, son pasteur, qui l'avoit été autrefois de l'église recueillie en ladite ville, et y avoit eu grand pouvoir. Arrivé qu'il y fut, il fit assembler le conseil général, leur remontre l'état des affaires, et comme on étoit à la veille d'obtenir une paix générale si on demeuroit unis; mais que s'ils font la leur particulière ils ruinent tout le parti, après quoi ils ne se sauveront pas; que le moyen de maintenir leurs libertés, dont ils se montrent si jaloux, n'est d'introduire une garnison de contraire religion dans leur château, sans quoi ils ne peuvent faire leur paix particulière ; que c'est mal nommer étrangers ceux qui sont leurs parens et voisins, et qui quittent leurs maisons, femmes et enfans pour les venir défendre ; que, refusant les ordres de leur général, et à telles gens la moitié de la garde du château, comme ils leur accordent celle des murailles et des portes, c'est une défiance très-mal fondée et préjudiciable, vu l'état des affaires ; qu'il savoit bien qu'on publioit que les troupes du duc de Rohan n'avoient fait leur devoir dans les villes qu'on avoit prises, mais que c'étoit le contraire ; qu'à Privas le peuple avoit abandonné le secours qu'on y avoit envoyé ; à Saint-Ambroix et Alais le peuple avoit contraint les garnisons qu'on y avoit envoyées de capituler, et que tous les malheurs de ces villes-là n'étoient arrivés que par ceux qui étoient gagnés de leurs ennemis, ou persuadés de la peur, qui par contagion enfin y entraînoient tout le reste; qu'il se falloit garder de telles pestes, et être plus obéissans aux ordres de leur général.

Ces remontrances ne les purent résoudre à recevoir les étrangers dans leur château. Ce que voyant ledit Rossel, il propose que le peuple en nommât un certain nombre, et que d'icelui le tiers en fût tiré au sort pour y être, chacun à son tour, vingt-quatre heures. Le peuple approuvoit cet expédient, mais les consuls, auxquels il n'agréoit pas, quittent le conseil, disant que puisqu'on se défioit d'eux ils vouloient quitter leurs charges. Néanmoins on les fit rappeler, et, avant que bouger de là, il fit établir cette garde. Après quoi, il aborde Puyredon, un des plus puissans de la ville en moyens, esprit et courage, qui étoit son ami, et avoit toujours montré être affectionné au duc de Rohan, lequel il pressa si fort, qu'il lui fit confesser tout ce qui s'étoit négocié avec le comte d'Alais; et sur les assurances qu'il lui donne que la paix générale s'en alloit faite s'ils ne se détachoient point, et qu'en icelle l'affaire des représailles y seroit comprise, à laquelle il étoit intéressé de vingt mille écus, il lui promit qu'il empêcheroit qu'il ne fût rien innové de vingt-quatre heures, quoi que pût rapporter le député qu'on avoit envoyé vers le comte d'Alais.

Au sortir de là, Rossel trouve que Randon n'étoit content de la délibération prise, et menaçoit de quitter; mais il lui dit qu'il ne pouvoit être assiégé de quatre jours, qu'il en attendît deux seulement, et qu'on pourvoiroit à toutes choses selon son désir; de quoi il se contenta, et comme cela il partit de Sauve. En chemin il rencontra le député qui revenoit de devers le comte d'Alais, auquel il donna toute bonne espérance d'une paix générale; mais lui, ne répondant autre chose, sinon Dieu le veuille, et ayant dit au capitaine qui conduisoit ledit Rossel que le duc de Rohan les avoit trop long-temps abusés par ses artifices, et qu'il vouloit encore les tenir en haleine par les espérances d'une paix générale, pour faire perdre à leur communauté les avantageuses conditions qui leur étoient offertes par un traité particulier, qu'ils n'étoient plus en humeur de l'en croire, et qu'il savoit bien que tout ce discours de paix générale n'étoit qu'une piperie, il l'arrêta et le mena à Anduze.

Rossel étant de retour fait son rapport au duc de Rohan, et lui dit que tout ce qu'il avoit pu faire avoit été d'arrêter le mal jusques à ce qu'il y pourvoie en personne; ce qui le fit partir à l'heure même. Son arrivée à Sauve étonne les mal affectionnés; mais ils étoient si engagés, qu'ils ne quittent encore la partie. Le second consul gagne le château; ledit duc le mande, il n'ose refuser de venir. Étant arrivé, et ayant assemblé le conseil général, il leur fait entendre le délai de quatre jours qu'il a obtenu pour faire venir l'assemblée générale; qu'il espère obtenir une bonne paix, pourvu qu'on demeure bien unis, et qu'on prenne de la confiance les uns des autres; qu'il ne combat depuis huit ans que pour la conservation de la religion et de leurs priviléges, dont il est aussi jaloux qu'eux; mais qu'il désire savoir s'ils le reconnoissent encore pour leur général, et en cette qualité lui veulent obéir: sur quoi tout le peuple cria qu'ils vouloient lui obéir. Il reprit la parole, et leur dit qu'il vouloit aller au château, et y mettre tels des habitans qu'il lui plairoit. Les consuls firent difficulté d'y aller, et voulurent de nouveau lui remettre leurs charges, disant qu'il se défioit d'eux. Et toutefois, quand ils virent qu'il montoit au château et que tout le peuple le suivoit, ils y montent aussi; et, après qu'il eut fait sortir tous ceux qui étoient dedans, il choisit le nombre d'habitans qu'il jugea nécessaire pour la conservation d'icelui, auxquels il fit prêter serment de n'y laisser entrer personne de plus fort, et de le garder sous l'autorité des consuls pour le bien du parti réformé; dont le peuple demeura fort content : et ayant laissé mille soldats dans la ville, venus de Saint-Hippolyte, du Vigan et autres lieux, il retourna, dès le même jour, à Anduze.

Ces nouvelles, portées à Alais en même temps que Caudiac y arriva, fâchèrent le conseil du Roi, qui se plaignoit de ce que ledit duc de Rohan n'avoit tenu sa parole, lui disant que le Roi n'avoit bougé d'Alais, et que lui étoit allé à Sauve, s'étoit saisi du château et des tours, et y avoit mis force gens de guerre; toutefois qu'il ne laissât pas de retourner chercher l'assemblée, et qu'il fît diligence; mais que le Roi ne s'obligeoit plus de demeurer dans Alais. Ledit Caudiac, voyant bien que toute cette colère ne provenoit que de la rupture de l'entreprise de Sauve, leur répondit que ledit de Rohan ne s'étoit engagé de parole de ne bouger d'Anduze, mais bien de ne rien entreprendre sur les villes qui lui étoient contraires, et que ce n'étoit contrevenir à sa parole de pourvoir à celles de son parti, qu'au surplus il alloit chercher l'assemblée; laquelle étant arrivée elle le trouva en peine sur l'article de la démolition des fortifications, pource qu'outre les députés de ladite assemblée, les villes de Nîmes et Uzès en avoient envoyé de particuliers pour s'opposer audit article, et pour tâcher à y faire résoudre les Sevennes.

Sur quoi fut trouvé à propos, avant que de rien conclure, d'avoir le sentiment de l'assemblée provinciale des Sevennes, afin que selon icelui ils pussent se mieux résoudre. Ladite assemblée, avant que d'en délibérer, voulut aussi avoir l'avis du conseil de la ville d'Anduze, comme la plus intéressée en la subsistance de ses bâtimens et fortifications, et la plus résolue à les bien défendre. Ledit conseil porta son avis dans la provinciale, et la provinciale dans la générale, qui contenoit de députer pour traiter de la paix qui étoit absolument nécessaire, et de charger les députés de ménager l'article des fortifications, comme il avoit déjà été proposé, en tout ou en partie, ou à temps.

L'assemblée générale ne voulant encore se charger elle seule de ce traité, elle agrége les douze députés extraordinaires de Nîmes et Uzès, et autant de l'assemblée des Sevennes; et tous ensemble prennent résolution de députer au Roi pour lui demander la paix, et ménager cet article des fortifications, comme il avoit déjà été proposé.

Les députés vont à la cour; on entre en conférence avec eux, on convient de beaucoup de choses; mais quand ce vint à l'article mentionné, on ne veut ouïr parler d'aucun ménagement, et comme cela on les renvoie. Ils font leur rapport dans la même assemblée qui les avoit députés, où ils déclarent nettement qu'il ne falloit espérer aucun adoucissement sur cet article, qui sembloit être la pierre d'achoppement. Sur quoi la ville d'Anduze et la province des Sevennes, ayant été de nouveau consultées, remontrèrent la perte évidente de toute leur province si la paix ne se faisoit, parce que chacun étoit résolu de la prendre en particulier, et que de leur ruine celle du bas Languedoc s'en ensuivoit; que le feu étoit à leur porte, et qu'ils aimoient mieux subir ledit article que de n'avoir la paix.

Après quoi, l'affaire bien examinée, fut résolu qu'on subiroit ledit article, et les députés furent renvoyés avec plein pouvoir de traiter et conclure la paix. Cela fait, le duc de Rohan pria ladite assemblée de charger ses députés d'avoir soin de ses affaires particulières quand les publiques seroient résolues; ce qu'elle fit.

Ainsi la paix se conclut à Alais le vingt-septième jour de juin 1629, dont voici la substance des principaux articles :

Abolition générale de tout le passé.

Rétablissement de l'édit de Nantes et autres édits, articles secrets, brevets et déclarations registrées ès parlemens.

Reddition des temples et cimetières.

Décharge des contributions, tant des présens que des précédens mouvemens.

Décharge de ce qui reste à payer des impositions et contributions mises par les gouverneurs sur aucuns réformés, où il y a catholiques exempts.

Rétablissement de tous leurs biens-meubles et immeubles, nonobstant tous dons, confiscations et représailles.

Que chacun rentre dans ses maisons et les puisse rebâtir.

Que les jugemens donnés par les réformés, tant civils que criminels, tiendront.

Que l'ordre ancien, tant pour le consulat que police et assemblée des conseils des villes, sera observé comme il se pratiquoit devant les mouvemens.

Décharge de tous comptes, sans que la chambre des comptes les puisse revoir.

Les officiers royaux reçus à payer le droit annuel.

Rétablissement des siéges de justice, bureaux de recettes et autres qui auroient été transférés pendant les mouvemens.

Rétablissement de la chambre de Languedoc à Castres.

Que les assemblées d'état se feront en Foix à l'accoutumée.

Que les habitans de Pamiers rentreront dans leurs biens.

Et démolition de toutes fortifications.

Les députés extraordinaires de Nîmes déclarèrent que s'ils acceptoient cette paix ils seroient désavoués, et qu'on les assommeroit à leur arrivée, et ainsi s'en retournèrent, se déchargeant de cette affaire sur la perfidie du duc de Rohan qui les avoit vendus, et de ceux qui étoient auprès de lui. Assemblent les chefs de gens de guerre et les habitans, et leur font jurer de se défendre jusques au bout; envoient dans les Sevennes pour leur faire couler de nouvelles troupes; et, après avoir attiré l'armée du Roi à leurs portes, les mêmes personnes qui avoient fait toute cette émotion pour s'accréditer aux dépens d'autrui, se font députer pour traiter la paix de leur ville, qui n'en reçut autre avantage que le dégât de leur territoire, et ce que les députés eurent en leur particulier, pour disposer ladite ville à supplier le Roi de vouloir l'honorer de sa présence.

Pour la ville d'Uzès, elle accepta dès le commencement la paix, et ensuite tout le Rouergue, haut Languedoc et Foix. On ne se doutoit que de la ville de Montauban, où le prince de Condé ne voulut cesser le dégât jusqu'à ce que le Roi y envoya exprès pour la seconde fois ; et au passage du cardinal elle accepta la paix générale.

Voilà ce qui s'est passé en cette dernière guerre, où l'assistance que la ville de La Rochelle a eue d'Angleterre n'a servi qu'à manger ses vivres, et à faire résoudre les habitans de périr de faim; et les espérances vaines d'Angleterre, Espagne et Savoie données au bas Languedoc ont pensé causer la ruine de tout le reste du parti (1).

Dieu, qui, en ses grandes compassions, a eu soin de ses pauvres églises, leur a encore donné le loisir de respirer, afin de se pouvoir sérieusement repentir de leurs fautes, et par un vrai amendement de vie attirer autant de bénédictions sur elles que leurs péchés leur ont causé de calamités.

(1) Le duc de Rohan crut devoir publier une apologie de sa conduite. Cette pièce contient des détails très-intéressans qu'on ne sera peut-être pas fâché de trouver ici.

DISCOURS.

Apologie du duc de Rohan sur les derniers troubles de la France à cause de la religion.

C'est un labeur bien ingrat de servir au public, surtout un parti foible, volontaire; car, si chacun n'y rencontre ce qu'il s'est proposé, tous ensemble crient contre leurs conducteurs. C'est ce que j'éprouve maintenant. Je suis blâmé par les peuples, n'ayant le soulagement qu'ils attendoient, poussés à cela principalement par les faux-frères, qui, pour se faire valoir dans le parti contraire, prennent à tâche de me publier ce qu'ils sont, comme aussi par nos pacifiques, qui, d'un ton zélé déplorant nos misères, en rejettent la faute sur ceux, à leur dire, qui ont précipité les affaires, et après les ont perdues. J'excuse volontiers un pauvre peuple ignorant qui, dans ses grandes souffrances, jugeant des choses plutôt par les événemens que par la raison, s'en prend à ce qu'il rencontre devant lui; semblable en cela aux bêtes brutes qui mordent le dard qui les blesse, et non le bras qui le lance. Mais je ne le puis pardonner aux hommes de raison, instruits aux affaires du monde, qui voient tous les jours comme les desseins les mieux conçus ne réussissent pas infailliblement, ni toujours ne succombent les mal entrepris. La ville seule de La Rochelle nous fournit, à mon grand regret, un exemple notable sur cela. Son premier siége arriva après le massacre et la dissipation de son parti, étant foible de fortifications, réduite aux derniers abois, abandonnée de tout le monde ; ce qui même obligea M. de La Noue, illustre en piété, prudence et valeur, de tâcher à la faire rendre, afin de la tirer d'une plus grande désolation. Néanmoins elle se vit délivrée par des ambassadeurs polonais qui viennent demander pour roi celui qui la tenoit oppressée. Au second siége, elle se trouva dans un parti considérable, très-bien fortifiée, et munie puissamment du dedans et du dehors du royaume, et en un temps où elle devoit espérer des diversions meilleures en sa faveur ; et pourtant nous l'avons vue périr. Ce qui nous doit apprendre à ne juger légèrement des entreprises des hommes par leurs bons ou mauvais succès, encore moins les blâmer sans en rendre bonne raison : autrement on se feroit connoître plus envieux de la gloire d'autrui que désireux du bien public. J'eusse néanmoins souffert telles censures, si elles n'eussent touché qu'à mon imprudence et incapacité, et eusse fait seulement reproche à mes censeurs de ce qu'ils n'avoient pris ma place pour faire mieux ; mais je ne puis passer sous silence l'accusation qu'ils me font d'avoir précipité par mon ambition la ruine des Eglises de France, et, pour comble de toute méchanceté, les avoir livrées pour satisfaire à mon avarice. C'est à quoi je me dispose de répondre, afin que chacun juge qui a eu plus de soin d'elles, ou ceux qui ont sauvé leurs biens, et acquis de belles charges en les abandonnant ou leur faisant la guerre, ou bien ceux qui, pour les maintenir, ont vu constamment la dissipation de leurs biens, la démolition de leurs maisons, la perte de leurs gouvernemens, l'indignation de leur Roi, la dispersion de leurs plus proches parens et l'exil de leur patrie.

Pour bien comprendre cette affaire, faut savoir que la source de nos maux fut l'assemblée générale de La Rochelle, convoquée par le sieur de Favas, député général. Son prétexte étoit pour remédier aux affaires de Béarn, qui étoient sans remède, et, le vrai sujet, le refus du gouvernement de Lectour; pensant se rendre considérable par là, et se faire rechercher pour y profiter. Mais, comme il est plus facile de pousser un homme dans un précipice que de l'en retirer, aussi lui fut-il plus aisé de former l'assemblée que de la dissiper. J'en augurai le mal : je tâchai d'empêcher qu'elle ne se formât; et, formée, je m'efforçai de la séparer. J'en fus accusé, comme gagné de la cour : et chacun sait assez qui la fit subsister. Si, en ce temps-là, mon ambition m'eût poussé à me voir un des principaux chefs du parti, pour lors considérable, et en un temps où je n'avois éprouvé les angoisses qui s'y rencontrent, je n'eusse perdu une si belle occasion de montrer ma vigueur avec ces zélés auxquels elle ne dura guère, nous ayant abandonnés aussitôt qu'ils eurent leur compte.

Voilà comme je suis innocent du tout de la faute la plus signalée qui se soit faite dans nos affaires. Cette subsistance de l'assemblée attira le Roi sur nos bras; chacun se rend, et lui livre les places de sûreté. Et depuis Saumur jusqu'à Montauban tout fait joug sans résistance, hormis Saint-Jean-d'Angely que mon frère défendit tant qu'il put. Ce n'est ici le lieu de décrire les divers événemens que cette guerre eut. Mais enfin la paix se fait devant Montpellier, en laquelle ne se trouvèrent compris des chefs des provinces que mon frère et moi, tous les autres ayant fait leur paix particulière avec récompense. Je ne laissai néanmoins d'être accusé par eux, comme à présent, d'avoir trahi le parti. Mais le temps et les persécutions que j'ai reçues durant la paix effacèrent ces bruits.

Venons à la seconde guerre. Le sujet d'icelle fut l'infraction de la paix en tous ses points, surtout en la rétention de Montpellier, du fort Louis, et des dettes des particuliers qui mettoient chacun au déséspoir. Mes affaires domestiques ne m'obligeoient qu'à la continuation de la paix; car, mes persécutions cessées avec la faveur de M. le chancelier de Sillery et de M. de Puysieux, et j'avois mes assignations pour la récompense de mes gouvernemens. Mais ce qui se trouve encore de plus pressant, ce fut les préparatifs qui se faisoient publiquement à Blavet pour le blocus de La Rochelle, qui recourut à moi; et mon frère me vint trouver, qui me communiqua le dessein qu'il avoit pour détourner l'orage qui la menaçoit. Je l'approuve; il entreprend de l'exécuter aux dépens de son bien et au hasard de sa vie, avec cette condition que s'il réussissoit je l'assistasse, et s'il failloit je le désavouasse. Je ne sais guères de nos censeurs qui eussent voulu risquer de la sorte. La perfidie de quelques-uns de la religion le rendit très-périlleux, et fut cause qu'il ne se fit qu'à demi. Néanmoins, s'étant saisi de tous les vaisseaux, il se rendit maître de la mer et des îles de Ré et d'Oleron, et battit tout ce qui se présenta devant lui, jusqu'à ce que les navires anglais et hollandais renforcèrent ceux de France: ce qui nous fit rechercher la paix, laquelle nous obtînmes, sinon telle qu'elle nous étoit nécessaire, au moins meilleure que la précédente, pource que toutes les fortifications faites subsistèrent, et que, par consentement du Roi, le roi d'Angleterre en demeura caution, auquel on promit la démolition du fort Louis en peu de temps.

Voyons maintenant la troisième guerre, et qui l'a suscitée. Les désertions et infidélités que j'avois rencontrées ès deux précédentes m'ôtoient assez l'envie de recommencer le jeu; et nul ne peut assez juger de la pesanteur de ce fardeau qui ne l'a éprouvé. Ce n'est pas que je ne visse la perte de La Rochelle s'ensuivre de la continuation de la paix, sans quelque extraordinaire assistance. Néanmoins, jugeant le mal irrémédiable au dedans de nous, je me contentois de prier Dieu pour sa délivrance; croyant avoir assez de satisfaction en ma conscience, d'avoir aucunement amélioré la condition des églises en la précédente paix, et avoir rejeté les événemens de l'exécution d'icelle sur les épaules d'un puissant Roi, et qu'on craindroit de mécontenter, et qui seul pouvoit tenter la délivrance de La Rochelle.

Etant en cette résolution, voici venir vers moi un gentilhomme du roi de la Grande-Bretagne, pour me remontrer qu'étant garant de notre paix il compatissoit à nos souffrances, et y vouloit chercher les remèdes convenables; et qu'il jugeoit bien, par les préparatifs faits contre La Rochelle, qu'on la vouloit perdre, nonobstant la parole qu'on lui avoit donnée du contraire; ce qui le faisoit résoudre de l'assister jusqu'au bout, et qu'il s'y préparoit; cependant qu'il insisteroit vers le Roi par ses ambassadeurs pour nous faire exécuter les choses promises; et qu'encore qu'il n'en espérât rien, il croyoit être obligé de tenter les voies douces avant que d'en venir aux extrêmes. A quoi, s'il y étoit contraint, il emploieroit tous ses royaumes et sa propre personne en une si juste guerre, où il se sentoit obligé par conscience et honneur, pourvu que, de notre part, nous voulussions prendre les armes avec lui, et promettre, comme il feroit, de n'entendre à aucun traité conjointement avec lui; qu'il entretiendroit ses armées de terre et de mer à ses dépens jusqu'à la fin de la guerre; qu'il n'avoit autre but que l'exécution de la paix, dont il se trouvoit garant; me sommant de n'abandonner mon parti en une occasion si juste, nécessaire et apparente pour sa restauration; protestant que, si nous ne voulions entendre à cette offre, qu'il se sentoit déchargé de sa parole envers Dieu et les hommes. Et, pour la fin, il m'exhorta de lui envoyer au plus tôt un gentilhomme pour l'informer de la résolution de nos provinces et de la mienne.

Je demande maintenant à mes censeurs ce que j'avois à faire là-dessus. Si j'eusse refusé les offres, et qu'après la perte de La Rochelle le roi de la Grande-Bretagne eût publié qu'il n'avoit tenu qu'à moi seul qu'il ne l'eût sauvée, en quel prédicament m'eût-on tenu? N'eussé-je pas été en exécration à tous ceux de ma religion? Quel sujet leur eussé-je donné de me blâmer? Je somme ici chacun en particulier de se mettre en ma place, et de juger si je pouvois en conscience m'en dédire. D'autre part, je considérois quel fardeau je prenois sur mes épaules pour la troisième fois. Je me ramentevois l'inconstance de nos peuples, l'infidélité des principaux d'iceux, les partis formés que le Roi avoit dans toutes nos communautés, l'indigence de la campagne, l'avarice des villes, et surtout l'irréligion de tous.

Toutes ces choses étoient capables de troubler un plus fort esprit que le mien. Néanmoins, espérant que Dieu, qui jusqu'à présent m'avoit fortifié, ne m'abandonneroit point, je fermai les yeux à toute autre considération qu'à celle du bien de son Église, et fis réponse au roi de la Grande-Bretagne que je louois sa piété et généreuse résolution, et lui promettois qu'après la descente faite de son armée dans l'Ile de Ré, je prendrois les armes et non plus tôt, pource qu'il falloit cet aiguillon pour émouvoir nos peuples; et que, selon son désir, je lui enverrois dans peu de jours un gentilhomme pour lui rendre très-humbles grâces de l'assistance qu'il nous offroit, et pour l'informer de ce qu'il vouloit savoir. Le sieur de Saint-Blancart fut celui qui l'alla trouver de ma part. Ensuite de quoi le mylord Montagu, avec lettre de créance, m'apporta confirmation de ce que dessus.

L'armée anglaise fit sa descente, et, peu de temps après, je pris les armes. Je ne suis pas cause que cette armée ne prît la citadelle de Ré, ni que la seconde n'avitaillât La Rochelle, ni que la troisième ne la sauvât; car, de ma part, j'eus toujours deux ou trois armées sur les bras, qui étoit la diversion qu'on attendoit de moi, auxquelles je m'opposai sans me lasser ni rebuter des traverses qu'on me donnoit. Et Dieu me fortifia tellement, que dans nos foiblesses elles ne gagnèrent aucun avantage sur moi.

L'on me blâme encore de ce que, voyant La Rochelle perdue et le Roi embarqué au secours de Casal, je ne prenois cette occasion pour rechercher la paix.

A quoi je réponds qu'il y avoit une assemblée générale sur pied, avec laquelle je gouvernois les affaires : tellement que s'il y avoit eu de la faute il ne s'en faut prendre à moi seul. Mais nous eûmes cette maxime de ne souffrir aucun traité qu'avec de bons pouvoirs ; car l'expérience des précédens nous avoit appris que cette curiosité avoit autrefois ruiné nos affaires, pource que, pendant telles espérances de paix, nos ennemis ne perdoient aucun temps à se préparer à la guerre, et nos peuples se ralentissoient tout-à-fait : si bien que ce n'étoit que des amusemens pour nous endormir. Aussi telles propositions ne venoient que de nos ennemis, auxquels on répondoit toujours que nous étions prêts à la rechercher avec le respect et honneur dû à notre Roi ; que nous ne demandions qu'une permission d'envoyer vers le roi de la Grande-Bretagne, sans lequel nous ne pourrions rien faire. Et pour moi, j'avoue que j'eusse plutôt souffert toutes sortes d'extrémités, que de manquer à tant de sermens religieux que nous lui avions faits de n'entendre à aucun traité sans lui. J'ajoute que les espérances que nous avions de divers princes étrangers, d'une grande et prompte assistance, et les assurances réitérées du roi de la Grande-Bretagne, qu'il ne feroit jamais la paix sans nous y comprendre, et les grandes affaires que le Roi avoit sur les bras, étoient, ce me semble, des sujets assez puissans pour ne précipiter un traité mal à propos.

Il ne reste plus à parler que de ce qui s'est passé en la paix, où il faut voir l'état auquel le Roi étoit, celui où nous nous trouvions, et comme les choses se sont passées, afin de juger si on pouvoit faire beaucoup mieux. Notre impiété éloigna notre délivrance; Dieu nous la montra seulement, comme il fit la terre de Canaan aux enfans d'Israël, qui moururent dans le désert. Mais, si nous ne nous amendons, il la réservera, comme à eux, à nos neveux.

Il permit que le Roi allât, vît et vainquît. Car, forcer les pas des montagnes, prendre la ville de Suse, ravitailler Casal et faire la paix avec le roi d'Espagne et le duc de Savoie, furent une même chose. Cette expédition faite, et la paix d'Angleterre conclue sans nous y comprendre, il tourne toutes ses forces vers nous. Le dégât se fait en même temps à Montauban par M. le prince et M. d'Epernon, à Castres par M. le duc de Ventadour, à Milhaud par M. de Noailles, et à Nîmes par M. le maréchal d'Estrées; et le Roi en personne vint avec son armée victorieuse, à laquelle il fit joindre celle de M. de Montmorency par le Vivarais et les Sevennes.

Voilà six armées en même temps fondant sur nos bras, qui font plus de cinquante mille hommes, avec l'équipage de cinquante canons, et de quoi tirer cinquante mille coups, et les blés nécessaires pour nourrir l'armée du bas Languedoc. Ce fut alors que les partisans que le Roi avoit dans nos villes prirent cœur, offrant des paix particulières pour détruire la générale. Chacune de ces grosses communautés, attaquée par le dégât, requéroit ma présence avec une armée, ou menaçoit d'une paix particulière. J'excepte de cette menace Nîmes et Montauban. La perfidie du sieur de Chevrilles fait périr le sieur de Saint-André de Montbrun, avec huit cents hommes du Languedoc et la ville de Privas. Le sieur de Beauvoir, après avoir fait sa paix, fut le maquignon de Saint-Ambroix, d'où les gens de guerre que j'y avois mis sortirent tous orateurs, pour persuader les autres à être aussi méchans et lâches qu'eux. Je ne trouvai aucun homme de Languedoc et des Sevennes qui voulût commander dans Alais, pour y soutenir le siége, ni même dans Anduze, si je ne m'y enfermois. Les assemblées de diverses communautés se formèrent à ma vue et malgré moi, pour demander la paix en particulier. Je fus contraint, pour les dissiper, d'en faire une provinciale, et de leur promettre que, si par icelle je ne l'obtenois générale, elles pourroient faire la leur particulière. Tous les principaux du parti, peu exceptés, cherchoient noise, ou entre eux ou avec moi; plusieurs d'eux traitent en particulier, car on ne pensoit pas à sauver du naufrage que ce qui étoit sien; bref, nul ne songeoit au général. J'eusse bien voulu en ce temps-là voir ces conseillers d'état, qui, hors du péril, étant bien à leur aise, censurent tout le monde: je crois qu'en une telle extrémité ils n'eussent été sans peine non plus que moi.

Ce n'est pas tout: je voyois bien la paix générale du tout nécessaire, mais je trouvois de grandes difficultés à l'obtenir. Le conseil du Roi, qui savoit toutes nos foiblesses et lâchetés, avoit envie de passer outre, et y étoit poussé par nos faux-frères, qui, tous les jours, lui faisoient de nouvelles ouvertures pour nous perdre; et si je n'eusse empêché l'exécution de la ville de Sauve, nous n'avions point de paix générale. De l'autre part, encore que nulle communauté ne se mît en état de se défendre, étant impossible de les faire travailler à leurs fortifications, ni trouver un denier pour lever un homme de guerre, ni d'en faire venir pour s'enfermer dans les villes où l'on appréhendoit le siége, néanmoins, à l'instigation de quelques petits séditieux payés pour nous troubler et brouiller, ils murmuroient quand on parloit de démolir une pierre de leurs fortifications.

Pour surmonter ces difficultés, je fis savoir à la cour que je mourrois gaîment avec la plupart de tout le parti, plutôt que de n'obtenir une paix générale; qu'il étoit dangereux d'ôter tout espoir de salut à des personnes qui ont les armes à la main ; que je ne la traiterois jamais tout seul, mais que si on me donnoit quatre jours sans rien entreprendre, et sûreté pour faire venir l'assemblée générale de Nîmes à Anduze, je me promettois qu'on la feroit : ce qui enfin, avec quelque difficulté, fut accordé. L'assemblée générale étant arrivée, ne voulut seule se charger du traité de paix, surtout en un temps où elle ne la pouvoit obtenir à souhait, et où les reproches étoient plus à craindre que les remercîmens à espérer. Elle désire avoir le sentiment de la provinciale des Sevennes, qui étoit la plus pressée ; la provinciale, celui de la ville d'Anduze, comme la plus menacée du siége, et la plus intéressée en ses fortifications. Tous concluent que la paix générale étoit nécessaire et qu'il falloit seulement tâcher à ménager l'article des fortifications. Ladite assemblée générale ne se contente encore de cela; elle agrégea à elle douze députés, six de Nîmes et six d'Uzès, venus extraordinairement pour travailler à la conservation des fortifications, et autant de l'assemblée des Sevennes; si bien que ladite assemblée se trouva composée de quarante-cinq ou cinquante personnes, qui, tous ensemble, députèrent en cour.

On les entend, on traite avec eux, on convient de beaucoup d'articles; mais sur celui des fortifications on ne veut ouïr parler d'aucune modification : tellement que nos députés retournent sans rien faire, et en font leur rapport à ladite assemblée, qui, sur cette difficulté, consulte le sentiment des Sevennes. La ville d'Anduze conclut la première à la paix, aux dépens desdites fortifications; la provinciale fait le semblable, et ensuite la générale. Elle renvoie ses députés pour la conclure, auxquels elle donne charge de me procurer quelques dédommagemens pour mes pertes reçues. Ainsi la paix générale fut faite, ayant eu à mon particulier promesse de cent mille écus, sur lesquels j'ai baillé des assignations à ceux qui ont servi le parti, ou payé des gens de guerre pour plus de quatre-vingts mille écus; si bien qu'il ne me reste pas vingt mille écus pour rétablir mes maisons ruinées.

Je laisse maintenant à juger à gens équitables si je suis cause de la première guerre ; si la seconde a été dommageable à ceux de notre religion; si j'ai procuré la troisième; si, étant sollicité du roi de la Grande-Bretagne d'y entrer, je le devois refuser; si, m'étant obligé de n'entendre à aucun traité de paix que conjointément avec lui, je me devois parjurer; et si, après la paix d'Angleterre faite avec la France, me voyant attaqué de toutes parts, je devois souffrir l'extinction de nos édits, plutôt que de les conserver par une paix générale, aux dépens des fortifications que nous ne pouvions défendre.

Voilà mes crimes, pour lesquels j'ai été condamné

à Toulouse d'être tiré à quatre chevaux (de quoi je me glorifie, puisqu'ils ont bien condamné Henri-le-Grand, et arquebusé son effigie), et ce dont je suis blâmé par nos pacifiques. Je souhaite à ceux qui viendront après moi qu'ils aient autant d'affection, de fidélité et de patience que j'en ai eu ; qu'ils rencontrent des peuples plus constans, moins avares et plus zélés que je n'ai fait ; et que Dieu les veuille accompagner de plus grandes prospérités, afin qu'en restaurant les Églises de France ils exécutent ce que j'ai osé entreprendre. Amen.

TABLE DES MATIÈRES

CONTENUES

DANS LE DIX-HUITIÈME VOLUME.

MÉMOIRES DU DUC DE ROHAN.

Avertissement. Page 3
Notice sur Henri duc de Rohan, et sur ses ouvrages. 5
Livre premier. Des troubles advenus durant la minorité du Roi. 85
Discours sur le voyage du Roi, en juillet 1615. 161
Discours sur le gouvernement de la Reine-mère, fait en l'année 1617. 166
Libre discours sur le temps présent, 1617. 173
Livre second. Première guerre contre les Réformés. 183
Discours sur les raisons de la paix faite devant Montpellier, 1622. 232
Livre troisième. Seconde guerre contre les Réformés. 243
Livre quatrième. Troisième guerre contre les Réformés. 280
Discours. Apologie du duc de Rohan sur les derniers troubles de la France à cause de la religion. 444

FIN DU TOME DIX-HUITIÈME.

www.ingramcontent.com/pod-product-compliance
Lightning Source LLC
Chambersburg PA
CBHW070220240426
43671CB00007B/711